中华当代学术著作辑要

从狭义价值论到广义价值论

（修订版）

蔡继明 著

图书在版编目(CIP)数据

从狭义价值论到广义价值论/蔡继明著.—修订本.—北京:商务印书馆,2022(2023.7重印)
(中华当代学术著作辑要)
ISBN 978-7-100-20747-8

Ⅰ.①从… Ⅱ.①蔡… Ⅲ.①价值论—研究 Ⅳ.①F014.31

中国版本图书馆 CIP 数据核字(2022)第 028155 号

权利保留,侵权必究。

中华当代学术著作辑要
从狭义价值论到广义价值论
(修订版)
蔡继明 著

商 务 印 书 馆 出 版
(北京王府井大街36号 邮政编码100710)
商 务 印 书 馆 发 行
北 京 通 州 皇 家 印 刷 厂 印 刷
ISBN 978-7-100-20747-8

2022年10月第1版　　　开本710×1000 1/16
2023年7月北京第2次印刷　印张24½
定价:138.00元

中华当代学术著作辑要
出　版　说　明

　　学术升降,代有沉浮。中华学术,继近现代大量吸纳西学、涤荡本土体系以来,至上世纪八十年代,因重开国门,迎来了学术发展的又一个高峰期。在中西文化的相互激荡之下,中华大地集中迸发出学术创新、思想创新、文化创新的强大力量,产生了一大批卓有影响的学术成果。这些出自新一代学人的著作,充分体现了当代学术精神,不仅与中国近现代学术成就先后辉映,也成为激荡未来社会发展的文化力量。

　　为展现改革开放以来中国学术所取得的标志性成就,我馆组织出版"中华当代学术著作辑要",旨在系统整理当代学人的学术成果,展现当代中国学术的演进与突破,更立足于向世界展示中华学人立足本土、独立思考的思想结晶与学术智慧,使其不仅并立于世界学术之林,更成为滋养中国乃至人类文明的宝贵资源。

　　"中华当代学术著作辑要"主要收录改革开放以来中国大陆学者、兼及港澳台地区和海外华人学者的原创名著,涵盖文学、历史、哲学、政治、经济、法律、社会学和文艺理论等众多学科。丛书选目遵循优中选精的原则,所收须为立意高远、见解独到,在相关学科领域具有重要影响的专著或论文集;须经历时间的积淀,具有定评,且侧重于首次出版十年以上的著作;须在当时具有广泛的学术影响,并至今仍富于生命力。

　　自1897年始创起,本馆以"昌明教育、开启民智"为己任,近年又确立了"服务教育,引领学术,担当文化,激动潮流"的出版宗旨,继上世纪八十年代以来系统出版"汉译世界学术名著丛书"后,近期又有"中华现代学术名著丛书"等大型学术经典丛书陆续推出,"中华当代学术著作辑要"为又一重要接续,冀彼此间相互辉映,促成域外经典、中华现代与当代经典的聚首,全景式展示世界学术发展的整体脉络。尤其寄望于这套丛书的出版,不仅仅服务于当下学术,更成为引领未来学术的基础,并让经典激发思想,激荡社会,推动文明滚滚向前。

商务印书馆编辑部
2016 年 1 月

修订版序言

本书是《从狭义价值论到广义价值论》(2010年出版)一书的修订版。初版作为 2001 年出版的《广义价值论》(蔡继明、李仁君, 2001)的姊妹篇,试图概括笔者 2001—2010 年这十年间有关广义价值论研究的新成果(详见初版前言)。从 2010 年至今,又一个十年过去了,承蒙商务印书馆将此书列入"中华当代学术著作辑要",使我有机会通过对此书的修订,对过去十年中广义价值论研究所取得的新进展做一次全面的总结。

回顾过去的十年,广义价值论研究也正好在以下十个方面有所推进。

1. 完成了对古典经济学价值理论的再认识

在经济思想史上,一般都认为古典经济学派的基本倾向是劳动价值论。马克思认为:"把交换价值归结于劳动时间或相同的社会劳动,是古典政治经济学一个半世纪以上的研究得出的批判性的最后成果。"(马克思、恩格斯,1962,第 41 页)《经济学百科全书》也这样写道:劳动价值论是由英国古典经济学家,其中主要是亚当·斯密、大卫·李嘉图、约翰·穆勒创立的(Greenwald, 1982, p. 595)。斯皮格尔指出:"古典学派提出了劳动价值论或生产成本价值论,这一理论被边际革命所抛弃,后者提出了一种主观或效用价值论以代替前者。"(斯皮格尔,1999,第 10 页)胡寄窗等也认为,古典经济学的功绩之一，在于提出了当时较为科学的劳动价值论（胡寄窗主编，1991，第40页）。

而我们的研究表明，虽然古典学派价值理论从最初产生起带有一定的劳动价值论色彩，并始终围绕劳动在价值决定中的作用展开了探讨和争论，但无论是从威廉·配第的"土地是财富之母、劳动是财富之父"的名言，还是从重农学派作为自然恩赐的"纯产品"理论，也无论是从马尔萨斯购买的劳动决定价值和萨伊的三位一体公式，还是斯拉法的用商品生产商品的理论，总体来看，古典学派的基本倾向是多要素生产费用价值论。①

即使是被马克思认为具有两种乃至三种甚至四种价值理论的亚当·斯密，其价值理论其实也是前后一贯的，是一元多要素价值论：所谓一元，就是要素价值论，只不过当只有劳动一种要素是稀缺要素时，是单一劳动价值论；当资本和土地也成为稀缺要素时，是多要素价值论。斯密的价值理论由单要素模型向多要素模型的转化，不仅符合西方主流经济学所倡导的构建理论模型的逐步法，也符合马克思经济学所秉持的从抽象上升到具体的逻辑方法，同时也符合逻辑与历史相一致的原则。由此看来，无论是指责斯密具有劳动价值论倾向的新古典主义者，还是把劳动价值论当作斯密价值理论中科学成分的马克思主

---

① 关于经济学的古典时期及其代表，经济思想史上有不同的划分。马克思所说的古典经济学仅指从17世纪中期到19世纪初期英法两国资产阶级政治经济学，其代表人物在英国是威廉·配第、亚当·斯密和大卫·李嘉图，在法国是布阿吉尔贝尔、魁奈和西斯蒙第（参见马克思、恩格斯，1962，第41页）。著名的经济思想史学家马克·布劳格认为，古典经济学有时用来特指经济思想史上1750—1870年这个阶段（伊特韦尔等，1992a，第473页）。根据这一口径，绝大多数西方经济思想史著作都把马尔萨斯和萨伊列入古典经济学派。萨缪尔森甚至认为，马克思是一个不重要的后李嘉图主义者（Samuelson, P., 1967, p. 616），而斯拉法则是"一个有返祖现象的古典经济学家"（转引自伊特韦尔等，1992d，第493页）。胡寄窗认为：古典经济学由重农学派初建，到亚当·斯密时形成体系，经李嘉图深化发展，后为萨伊、穆勒和屠能等所继承（胡寄窗，1991，第52页）。

义者,似乎都是在无的放矢。前述马尔萨斯和萨伊继承的是斯密多要素价值论,成为尔后新古典经济学和现代西方经济学的主流,而李嘉图则继承的是被斯密认为只适用于原始蒙昧时期的单要素劳动价值论,该理论的逻辑悖论及其与经济现实的矛盾备受马尔萨斯、萨伊等同时代的古典经济学家的诟病,并导致李嘉图学派的解体。

本书第1章"价值理论回顾",在重新认识和评价古典学派价值理论的基本倾向特别是斯密价值理论的逻辑一致性的基础上,分析了单要素劳动价值论、多要素新古典价值论和独树一帜的斯拉法价值论各自的科学成分和局限,从而为全书阐述的广义价值论预先做了经济思想史的铺垫。①

2. 构建了不同形态劳动生产力的范畴体系

马克思主义政治经济学的劳动生产力(率)范畴是指单位劳动时间所生产的使用价值量,或者指单位使用价值与生产中耗费的劳动时间之比,本书将其定义为**绝对生产力**。绝对生产力的倒数就是绝对成本(单位成本或单位产品劳动耗费)。绝对生产力较高的生产者相对于同类生产者而言拥有绝对优势,但正如马克思所指出的,"生产力当然始终是有用的具体的劳动的生产力,它事实上只决定有目的的生产活动在一定时间内的效率"(马克思、恩格斯,1972b,第59页),不同部门不同使用价值生产者之间的绝对生产力彼此是不能直接比较的。

根据李嘉图的比较优势理论,决定分工交换的不是绝对优势,而是比较优势。所谓比较优势是指一个生产者在一种产品上的生产力相对地高于自身另一种产品的生产力,它是由两个生产者(企业、部门、地区、国家)在两种产品生产上各自的绝对生产力的差别决定的,具体

---

① 关于古典学派价值理论的分野,详见蔡继明、陈臣(2017)。

说,就是生产者 1 在产品 1 和产品 2 上的绝对生产力之比即 q_{11}/q_{12} 和生产者 2 在产品 1 和产品 2 上的绝对生产力之比即 q_{21}/q_{22} 的比例决定的,我们把前者称为生产者 1 的相对生产力 RP_1,把后者称为生产者 2 的相对生产力 RP_2,把二者之比 $RP_{1/2}$ 称为相对生产力系数:当 $RP_{1/2}>1$ 时,表明生产者 1 在产品 1 上的生产力相对地高于产品 2,生产者 2 在产品 2 上的生产力相对地高于产品 1,双方分别在产品 1 和产品 2 的生产上具有比较优势;当 $RP_{1/2}<1$ 时,比较优势发生逆转;当 $RP_{1/2}=1$ 时,说明双方的相对生产力差别程度相等,彼此在任何产品生产上均没有比较优势。本书第 2 章关于分工交换的起源的分析,就是建立在相对生产力概念基础上的。

在以比较优势为分工交换基础的两部门模型中,我们发现根据比较利益率均等原则形成的均衡交换比例,并非是由马克思所说的"社会必要劳动时间"即前述绝对成本的比例决定的,而是由两部门生产同一产品的单位劳动耗费的几何平均 $\sqrt{t_{11}t_{21}}$ 和 $\sqrt{t_{12}t_{22}}$ 的比例决定的。由此,我们把这种两部门生产同一产品的单位劳动耗费的几何平均定义为该产品的社会平均劳动耗费或平均生产力,而把两种产品的社会平均生产力 AP_2 和 AP_1 之比,即 $AP_{2/1}=\sqrt{\dfrac{t_{11}t_{21}}{t_{12}t_{22}}}=\sqrt{\dfrac{q_{12}q_{22}}{q_{11}q_{21}}}$ 定义为两部门社会平均生产力系数。关于广义价值论界定的社会平均劳动时间与马克思的社会必要劳动时间之间的区别,本书第 3 章第 3.3 节做了具体分析。

在进一步分析单位商品价值量和单位劳动创造的价值量以及部门总劳动创造的价值量时,我们发现商品的价值量总是与同一部门生产两种产品的绝对生产力的几何平均相关,本书把同一部门生产两种产品的绝对生产力的几何平均定义为该部门在两种产品生产上的综合生产力即 $CP_1=\sqrt{q_{11}q_{12}}$ 和 $CP_2=\sqrt{q_{21}q_{22}}$,两个部门综合生产力之比即

$CP_{1/2} = \sqrt{q_{11}q_{12}/q_{21}q_{22}}$ 定义为综合生产力系数,该系数与相对生产力系数相结合,用来判断一个部门在某种产品上与另一个部门在另一种产品上的比较生产力孰高孰低。关于相对生产力系数、综合生产力系数与比较生产力的关系,本书第 5 章第 5.1.5 节做了详细论述。

在考察跨期的社会价值总量决定时,为了破解"价值总量之谜"[1],本书把 t 期的 CP_1 和 CP_2 的几何平均定义 t 期社会总和生产力,即第 5 章中的式(5.6):

$$TP_t = \sqrt{CP_{1t} \cdot CP_{2t}} = \left(\sqrt{q_{11_t}q_{12_t}}\sqrt{q_{21_t}q_{22_t}}\right)^{1/2} = (q_{11_t}q_{12_t}q_{21_t}q_{22_t})^{1/4}$$

把 t 期相对于 $t-1$ 期的净增长率定义为社会总和生产力增长率,即式(5.7):

$$g = (TP_t - TP_{t-1})/TP_{t-1} = TP_t/TP_{t-1} - 1 = \left(\frac{q_{11_t}q_{12_t}q_{21_t}q_{22_t}}{q_{11_{t-1}}q_{12_{t-1}}q_{21_{t-1}}q_{22_{t-1}}}\right)^{1/4} - 1$$

这就为研究内生经济增长理论提供了一个新的分析工具。本书第 5 章第 5.10 节和第 12 章对此做了详细论述。

总之,从绝对生产力到相对生产力,从平均生产力到综合生产力,从比较生产力到总和生产力,广义价值论构建了一个迄今为止最完整的不同形态的生产力系统。这些不同形态的生产力在广义价值论分工模式的选择、均衡比较利益率和交换比例以及价值量的决定、功能性分配、经济增长和国际贸易研究中,都发挥着不同的重要作用。

3. 揭示了均衡比较利益率与相对生产力差别的正相关性

广义价值论最初是分别用实物量、效用和节省的时间成本等概念来表示比较利益率均等原则的,而进一步的推导和分析表明,均等的比

---

[1] 所谓价值总量之谜是谷书堂教授提出的以不变价格计算的 GDP 增速远高于劳动总量增速的矛盾(谷书堂,2002)。

较利益率是由相对生产力的差别决定的,如本书的式(3.11)所示:

$$CB'_{1=2} = \frac{x_2 q_{21}}{x_1 q_{22}} - 1 = \sqrt{\frac{q_{12} q_{22}}{q_{11} q_{21}} \cdot \frac{q_{21}}{q_{22}}} - 1 = \sqrt{\frac{q_{11} q_{22}}{q_{12} q_{21}}} - 1 = \sqrt{RP_{1/2}} - 1$$

式(3.11)揭示了均衡比较利益率与相对生产力差别的正相关性,这不仅证明了广义价值论提出的比较利益率均等原则并非单纯的规范命题,而是有其客观的实证基础的。这一原理为我们分析分工交换各方强化比较优势和弱化比较劣势对各自的比较利益率和均等的比较利益率以及个别福利和整体福利的不同效应提供了有力的工具。本书第3章第3.4节、第5章第5.3节以及第13章"基于广义价值论的国际贸易理论",对此做了详细的分析和论证。

4. 揭示了均衡交换比例与社会平均生产力差别的关系

广义价值论的均衡交换比例在逻辑上是根据比较利益率均等原则推导出来的,在前述界定了社会平均生产力概念的基础上,广义价值论进一步揭示出根据比较利益率均等原则确定的均衡交换比例同时等于两种产品的社会平均生产力之比,如第3章中的式(3.9)所示: $R_{2/1} = \frac{x_2}{x_1} = \sqrt{\frac{t_{11} t_{21}}{t_{12} t_{22}}} = \sqrt{\frac{q_{12} q_{22}}{q_{11} q_{21}}} = AP_{2/1}$。这就再次表明,基于广义价值论比较利益率均等原则形成的均衡交换比例,不仅符合逻辑一致性原则,同样具有坚实的客观物质基础。

5. 揭示了不同含义价值量决定的基本原理

初版的广义价值论往往笼统地讨论具有不同内涵的价值量决定,如同马克思的劳动生产力与价值量决定的三种关系时而成反比,时而成正比,时而不相关,很容易引起误解。本书修订版把均衡交换比例(相对价值)决定与价值决定分开来讨论,并在第4章和第5章分别阐明了单位商品价值量(V_i^c)、单位平均劳动创造的价值量(V_i^t)、单位个别劳动创造的价值量(V_{ijk}^t)、部门总劳动创造的价值量(V_i)、全社会总劳动创造的价值量(V)以及跨期全社会价值总量(V_t)的决定,这就为我们分析不同形态生产力对不同内涵价值量决定的影响提供了可能。

6. 揭示了比较生产力与价值量的正相关性

本书修订版把马克思的劳动生产力与价值量正相关原理由只适用于单位个别劳动依次扩展到整个部门和整个社会,依次揭示了单位商品价值量(V_i^c)、单位平均劳动创造的价值量(V_i^t)、单位个别劳动创造的价值量(V_{ijk}^t)、部门总劳动创造的价值量(V_i)与比较生产力的正相关性。由于比较生产力是由四个绝对生产力的组合决定的,而每个绝对生产力又都是由劳动、资本、土地、技术、管理等各种生产要素决定的,承认商品的价值量与比较生产力正相关,就等于承认各种生产要素都参与了价值决定,从而不仅为各行为主体(包括单个生产者、企业、部门和国家)提高劳动生产力提供了有效的激励机制,同时也为非劳动生产要素按价值贡献参与分配提供了理论基础,为保护私有财产和发展非公经济提供了理论依据。本书第8章和第9章对此做了详细论证。

7. 建立了三种分工体系下的价值决定模型

初版的广义价值论只分析了可变分工和不变分工两种分工体系下的价值决定,①本书修订版第6章把广义价值决定扩展到了混合分工体系,并进而对可变分工、不变分工和混合分工三种分工体系做出了各自严格的界定,在引入效用函数的框架下,构建了不同分工体系中广义

---

① 刘玉勋(2005)认为广义价值论比较利益率均等原则既不适用于固定分工体系,也不适用于混合分工体系,而可变分工体系只是尚未完成的分工状态。修订版对此做出了更全面的分析,同时回答了刘玉勋的批评。

价值决定的模型,从而使广义价值论更名副其实,其基本原理更具有一般性和可应用性。

8. 建立了基于广义价值论的一般均衡模型

一般均衡理论与局部均衡理论是价值理论体系的两个组成部分。虽然以麦肯齐-阿罗-德布鲁(McKenzie,1954,pp. 147－161;McKenzie,1959,pp. 54－71;Arrow and Debreu,1954,pp. 265－290)为代表的一般均衡理论,已经在西方主流经济学界占据了统治地位,以这一理论为基础发展出的可计算一般均衡(Computable General Equilibrium,CGE)和动态随机一般均衡(Dynamic Stochastic General Equilibrium,DSGE)等分析方法和分析框架,也已经成为标准的政策分析工具,在世界银行、经济合作与发展组织(OECD)等国际组织以及政府机构中有广泛应用。但是,与新古典局部均衡理论一脉相承,新古典一般均衡理论同样将分工和交换作为给定的条件,同样没有考虑机会成本的作用,阿罗-德布鲁有关规模报酬递减的假设本身也使其无法分析分工问题。有鉴于此,本书修订版第7章,引入分工交换和机会成本,并采用消费-生产者两阶段决策分析框架和规模报酬非递减假设,在广义价值论基础上论证了竞争性均衡的存在性、唯一性和稳定性,从而实现了广义价值论由局部均衡分析向一般均衡分析的过渡。

9. 将广义价值论原理扩展到经济增长理论

从根本上说,人类社会真正的经济增长,无一不是起始于自给自足经济向分工交换经济的转变,分工交换是经济增长的原始动力,即使在劳动生产力保持不变即没有技术进步的条件下,与自给自足相比,单纯的分工交换就能产生一个净收益即比较利益,从而初始的分工交换就促进了经济增长。另一方面,比较利益是经济增长的内在源泉:只要比较利益的分配合理(即比较利益率均等),初始的分工交换就能循环往复,各部门把获得的部分比较利益再用于积累即扩大再生产,分工交换的规模就会不断扩大。正是遵循着这一逻辑,本书修订版第 12 章,将广义价值论基本原理的研究扩展到经济增长领域,建立了一个基于广义价值论的内生增长模型,并尝试用这一模型去破解"价值总量之谜"。

10. 将广义价值论原理扩展到国际贸易理论

基于比较优势的分工交换无论是在历史上还是在逻辑上,原本都是遵循着由单个生产者向部门、由国内向国际扩展的路径的,只是囿于劳动价值论的束缚,比较优势原理的首创者李嘉图才坚持国内的交换是基于劳动价值论的,而把基于比较优势分工的不等价(实际上是不等量劳动)交换局限在国际贸易中。广义价值论使基于比较优势的分工交换的产生和发展的探索回到历史和逻辑的起点,在基本完成了广义价值论一般模型的构建后,将国内分工交换的研究扩展到国际,在本书修订版第 13 章初步建立一个基于广义价值论的国际贸易模型,并将这一模型与萨缪尔森新古典模型相对照,分析了中美两国的贸易问题。广义价值论基于比较利益率均等原则的国际均衡交换比例,不仅为国际贸易价格的形成奠定了价值理论基础,而且为国际贸易利益即比较利益的分配提供了公平的标准,广义价值论有关强化比较优势和弱化比较劣势对各国福利和全球福利的影响的分析,也将为各国贸易政策的制定提供理论依据。

除了以上与广义价值论研究十个方面的新进展相关的章节,本书修订版还增加了第 10 章"不完全竞争条件下的收入决定"和第 11 章"垄断与竞争行业的比较生产力与收入差距",增补了"广义价值论与相对剩余价值论之比较""技术进步对贸易模式和利益分配的影响""中国城乡比较生产力与相对收入差别"等内容,在分析叙述中增加了若干图解,在结构上由初版的 9 章扩展为 15 章,在篇幅上扩大了将近一倍。

以上提到的十年来广义价值论研究所取得的十大进展，是我领导的广义价值论团队集体努力的结果，虽然我已经在书中引用和吸收各项成果时对每个合作者都一一注明了，但在这里，我还是要把为广义价值论研究做出贡献的团队成员列出来，一并表示衷心的感谢！他们是（按毕业先后排序）：

  杨 正：山东大学计算机学士、南开大学经济学硕士、多伦多大学经济学博士

  刘澜飙：南开大学经济学学士/硕士/博士，现为南开大学金融学院教授

  李仁君：河南大学经济学硕士、南开大学经济学博士，现任海南大学经济学院教授

  江永基：台湾清华大学经济学学士、台湾"中央研究院"经济学硕士、清华大学经济学博士，厦门大学经济学院讲师

  李亚鹏：南开大学经济学学士、清华大学经济学硕士/博士，郑州商品交易所研究员

  陈 臣：清华大学经济学博士、清华大学社会学系博士后

  熊 柴：南开大学经济学学士/硕士、清华大学经济学博士，恒大研究院院长助理，副教授

  高 宏：南开大学经济学学士、清华大学经济学硕士/博士，中国人民银行金融研究所助理研究员

此外，特别感谢商务印书馆将此书收入"中华当代学术著作辑要"！

蔡继明

2020 年 8 月 30 日于清华园明斋

初 版 前 言

本书是《广义价值论》(蔡继明、李仁君,2001)的姊妹篇:前书从逻辑的角度阐述了广义价值论的基本原理,本书则既从逻辑的角度,又从经济思想史的角度,揭示价值理论从狭义向广义的演变。

本书概括了笔者自 2000 年以来有关广义价值论研究的新成果。与前书《广义价值论》相比,本书主要在以下几个方面推进了广义价值论的研究。

首先,本书阐明了价值决定与价值分配之间的关系,对价值理论研究中存在的若干似是而非的论点进行了剖析(见第 1 章),旨在强调"价值是凝结在商品中的一般人类劳动"这一命题,仅仅是古典经济学家在探讨价值决定问题时得出的个别结论,并非价值本身的定义或价值理论研究的逻辑起点,价值作为"交换价值的基础"和"调节价格运动的规律",才是价值理论研究的逻辑起点;价值所反映的是不同部门生产者的分工交换关系,价值的决定既不能离开生产(供给),也不能离开交换(需求),更不能离开分配。正是遵循着这些似非而是的命题,本书依次分析了由劳动价值论向生产费用论的转化,以及由客观价值论向主观价值论的转化(见第 2 章),在分别肯定了这些价值理论各自具有的真理性的同时,强调它们只是适用于特定条件下的狭义价值论,而只有根据比较利益率均等的原则决定的价值才是具有普遍适用性的广义价值(见第 3 章至第 5 章)。

其次,本书把新古典经济学的边际生产力理论引入广义要素价值决定模型,在广义价值论基础上阐明了功能性分配,从而建立了包括产品价值决定和要素价值决定在内的完整的广义价值论体系(见第6章)。这一创新性成果,为生产要素按贡献分配奠定了更坚实的理论基础(见第8章)。

最后,本书建立了不变分工体系下的价值决定模型,并分析了不变分工体系与可变分工体系的关系,论证了可变分工的价值决定模型和不变分工的价值决定模型的一致性,从而建立了既适用于可变分工体系也适用于不变分工体系的统一的广义价值论模型(见第7章)。这一研究成果一方面进一步限定了传统的劳动价值论的有效性,另一方面扩展了广义价值论的适用范围。

本书着重探讨的是价值理论及其演变的历史,对于本书所阐述的广义价值论的应用价值,本书只是概略地指出了若干领域及其研究方向(见第8章)。关于广义价值论对于确立各种生产要素按贡献参与分配原则的理论意义和政策意义,可参见由人民出版社2008年出版的笔者另一部学术专著《从按劳分配到按生产要素贡献分配》(蔡继明,2008)。至于广义价值论其他应用方面的研究,还有待于笔者或其他研究者的继续努力。

目　　录

1. 价值理论回顾 ··· 1
   1.1 价值概念内涵的历史演变 ································ 1
      1.1.1 价值的最初含义:物品的使用价值或效用 ············ 1
      1.1.2 价值一词一分为二:使用价值和交换价值 ············ 2
      1.1.3 交换价值与使用价值的关系 ······················· 3
      1.1.4 作为价格运动规律的价值 ························· 3
      1.1.5 价值理论的三个功能 ····························· 6
      1.1.6 三种不同的价值理论 ····························· 6
   1.2 古典学派价值理论的分野 ································ 7
      1.2.1 单要素模型:价值决定于生产物品所耗费的劳动 ······ 8
      1.2.2 多要素模型:价值决定于生产中耗费的各种要素 ······ 8
      1.2.3 基于多要素模型的分配理论 ······················· 9
      1.2.4 对斯密价值理论的评价 ·························· 10
   1.3 斯密单要素模型的传承:从李嘉图到马克思的
       劳动价值论 ·· 12
      1.3.1 李嘉图的劳动价值论 ···························· 12
      1.3.2 马克思的劳动价值论 ···························· 17
   1.4 斯密多要素模型的传承:从马尔萨斯、萨伊到
       新古典价值论 ·· 20

- 1.4.1 马尔萨斯的价值理论 ·· 20
- 1.4.2 萨伊的价值理论 ·· 22
- 1.4.3 边际价值论 ··· 25
- 1.4.4 马歇尔的均衡价格论 ·· 27
- 1.4.5 新古典价值论的逻辑悖论 ·· 28
- 1.5 独树一帜的斯拉法价值论 ·· 30
  - 1.5.1 斯拉法的价值决定模型 ··· 30
  - 1.5.2 对边际理论的批判 ·· 31
  - 1.5.3 质疑劳动价值论及其转形理论 ···································· 32
- 1.6 对三大价值理论的简要评价 ·· 33
- 1.7 若干似是而非观点的辨析 ·· 34
  - 1.7.1 劳动是价值的唯一源泉无须证明 ································· 34
  - 1.7.2 价值是由活劳动创造的,价值的分配是按生产要素所有权进行的 ··· 37
  - 1.7.3 价值是在生产过程中决定的,在流通中实现的 ················· 38
  - 1.7.4 价值是一种社会关系,其中不包含任何使用价值原子 ······· 39
2. 分工交换的起源和发展 ·· 40
  - 2.1 分工交换在价值理论乃至整个经济理论中的重要地位 ······ 40
  - 2.2 经济学说史上对分工和交换起源的探讨 ··························· 41
    - 2.2.1 古代思想家论分工和交换的起源 ······························ 41
    - 2.2.2 斯密论分工和交换的起源 ·· 41
    - 2.2.3 马克思论分工和交换的起源 ····································· 42
    - 2.2.4 新古典学派以分工为既定前提 ·································· 43
    - 2.2.5 我国理论界论分工和交换的起源 ······························ 44
  - 2.3 比较利益是社会分工和交换产生的条件 ··························· 44
    - 2.3.1 机会成本与比较利益 ·· 45

  2.3.2 比较利益是社会分工和交换产生的原因或条件 ········ 46

  2.3.3 比较利益是由比较优势即相对生产力差别决定的 ········ 47

 2.4 相对生产力系数决定专业化分工方向 ················ 54

 2.5 农业内部以及工农业之间分工交换的产生和发展 ········ 56

  2.5.1 农业内部分工交换的产生和发展 ················ 56

  2.5.2 工农业部门之间分工交换的产生和发展 ············ 59

3. 均衡交换比例的确定 ································ 63

 3.1 交换条件 ······································ 63

 3.2 均衡交换比率是根据比较利益率均等原则决定的 ········ 65

  3.2.1 何为比较利益率 ···························· 65

  3.2.2 比较利益的分配必须和交换比例的形成通过相同的

     机制同时确定 ···························· 67

  3.2.3 根据比较利益率均等原则确定均衡交换比例 ········ 67

 3.3 社会平均生产力与均衡交换比例 ···················· 67

 3.4 平均比较利益率的推导 ···························· 68

4. 价值决定的一般原理 ································ 70

 4.1 单位商品价值决定 ································ 70

 4.2 单位个别劳动创造的价值量 ························ 72

 4.3 部门单位平均劳动创造的价值量 ···················· 73

 4.4 部门总劳动创造的商品价值总量 ···················· 74

 4.5 全社会价值总量 ································ 74

 附录A：对李嘉图比较利益说的再评价 ···················· 75

  A-1 比较利益说的重大贡献 ························ 75

  A-2 比较利益说的局限 ···························· 76

  A-3 局限的成因 ·································· 77

5. 劳动生产力与价值决定·· 79
  5.1 劳动生产力的多种形态及其规定性 ································· 79
    5.1.1 绝对生产力 ·· 79
    5.1.2 相对生产力 ·· 81
    5.1.3 社会平均生产力 ·· 81
    5.1.4 综合生产力 ·· 81
    5.1.5 比较生产力的界定及其与综合生产力和相对生产力的关系 ··· 82
  5.2 马克思关于劳动生产力与价值决定的三个命题 ··············· 83
    5.2.1 劳动生产力与价值量成反比 ·· 83
    5.2.2 劳动生产力与价值量正相关 ·· 83
    5.2.3 劳动生产力与价值量不相关 ·· 84
  5.3 劳动生产力变动对比较利益率和交换比例的影响 ············ 85
    5.3.1 部门 1 具有比较优势产品的生产力 q_{11} 提高的影响 ············ 85
    5.3.2 部门 1 具有比较劣势产品的生产力 q_{12} 提高的影响 ············ 85
    5.3.3 部门 2 具有比较优势产品的生产力 q_{22} 提高的影响 ············ 87
    5.3.4 部门 2 具有比较劣势产品的生产力 q_{21} 提高的影响 ············ 87
    5.3.5 四种生产力变动效应的总结 ·· 88
  5.4 均衡交换比例与社会平均生产力系数正相关 ··················· 88
  5.5 单位商品价值与绝对生产力负相关,与比较生产力正相关 ·· 92
  5.6 单位个别劳动创造的价值量与其绝对生产力和部门比较生产力正相关 ··· 95
  5.7 单位平均劳动创造的价值量与部门比较生产力正相关 ·· 98

5.8 部门总劳动创造的价值总量与部门比较生产力
正相关 ··· 100

5.9 部门间必要劳动投入之比决定于部门间综合生产力
之比 ··· 101

5.10 全社会价值总量与社会总和生产力正相关 ··············· 102

附录B:广义价值论与相对剩余价值论之比较 ···················· 104
 B-1 两种理论的相同点 ·· 104
 B-2 两种理论的不同点 ·· 105

6. 不同分工体系下的价值决定 ·· 111
6.1 不同分工体系的界定 ·· 111
6.1.1 可变分工体系 ·· 111
6.1.2 不变分工体系 ·· 112
6.1.3 混合分工体系 ·· 113
6.1.4 小结:三种分工体系的地位和联系 ···················· 113
6.2 引入效用函数后可变分工体系下的价值决定 ············ 114
6.2.1 基本假定 ·· 114
6.2.2 自给自足情况下的效用 ···································· 115
6.2.3 分工和交换条件下的效用 ································ 116
6.2.4 交换比例及广义价值的确定 ···························· 117
6.2.5 比较静态分析——广义价值论定理的引申 ········· 118
6.3 不变分工体系下的价值决定 ··································· 119
6.3.1 分工交换前的效用 ·· 119
6.3.2 分工交换条件下的效用 ··································· 119
6.3.3 交换比例及广义价值的确定 ···························· 120
6.3.4 比较静态分析 ·· 122
6.4 混合分工体系中的广义价值决定 ···························· 122

xx 从狭义价值论到广义价值论

  6.4.1 自给自足时的效用 …………………………………… 123
  6.4.2 分工交换条件下的效用 ………………………………… 123
  6.4.3 交换比例及广义价值的确定 …………………………… 124
  6.4.4 比较静态分析 …………………………………………… 125
 6.5 三种分工体系下广义价值决定模型的比较分析 ………… 125
  6.5.1 商品交换与价值关系 …………………………………… 126
  6.5.2 异质劳动的折算 ………………………………………… 127
  6.5.3 经济意义 ………………………………………………… 127
  6.5.4 政策意义 ………………………………………………… 128
 6.6 分工体系与广义价值决定的方法论 ……………………… 128
  6.6.1 从特殊到一般的认识论 ………………………………… 128
  6.6.2 劳动价值论的有效性或适用性 ………………………… 129
  6.6.3 广义价值论的普遍适用性 ……………………………… 130

7. 竞争性均衡的存在性、唯一性和稳定性 ………………………… 132
 7.1 一般均衡理论的回顾 ……………………………………… 132
  7.1.1 瓦尔拉斯的一般均衡分析 ……………………………… 133
  7.1.2 阿罗-德布鲁的一般均衡分析 ………………………… 133
  7.1.3 斯拉法的一般均衡分析 ………………………………… 135
  7.1.4 对以往一般均衡理论的评价 …………………………… 136
  7.1.5 本章的目的 ……………………………………………… 138
 7.2 多部门一般均衡模型的设定 ……………………………… 138
  7.2.1 消费-生产者的个体行为 ……………………………… 138
  7.2.2 经济体的整体行为 ……………………………………… 141
 7.3 一般均衡的存在性、唯一性和稳定性 …………………… 143
  7.3.1 均衡的存在性和唯一性 ………………………………… 143
  7.3.2 均衡的稳定性 …………………………………………… 147

- 7.4 数值分析 ·· 148
  - 7.4.1 可变分工体系 ······································ 148
  - 7.4.2 不变分工体系 ······································ 150
  - 7.4.3 稳定性的数值分析 ·································· 151
- 7.5 总结：各种均衡理论的比较 ······························ 152
  - 7.5.1 与斯拉法体系相比 ·································· 152
  - 7.5.2 与阿罗-德布鲁一般均衡理论相比 ······················ 153
  - 7.5.3 本研究的不足 ······································ 154

8. 基于广义价值论的功能性分配理论 ···························· 156
   - 8.1 分配理论回顾 ··· 157
     - 8.1.1 以经济剩余为基础的分配理论 ······················ 157
     - 8.1.2 以要素贡献为基础的分配理论 ······················ 160
     - 8.1.3 基于广义价值论的分配理论 ························ 161
   - 8.2 劳动生产力与价值量正相关原理回顾 ····················· 162
     - 8.2.1 单位个别劳动生产力与价值量正相关定理 ············ 162
     - 8.2.2 部门综合生产力与单位平均劳动价值量正相关定理 ····· 162
     - 8.2.3 部门比较生产力与部门价值总量正相关定理 ·········· 163
   - 8.3 绝对生产力变动对价值量的影响 ························· 163
   - 8.4 绝对生产力是由多种生产要素决定的 ····················· 164
   - 8.5 各种生产要素均参与价值决定 ··························· 166
   - 8.6 要素价值决定于要素对价值增量的边际贡献 ··············· 168
   - 8.7 各种功能性分配理论的比较 ····························· 171
     - 8.7.1 广义价值论分配论与传统马克思主义分配论的差别 ······ 171
     - 8.7.2 广义价值论分配理论与新古典功能性分配论的区别 ······ 172
     - 8.7.3 广义价值论分配论与斯拉法分配论的比较 ············ 174
   - 8.8 结束语：尚需研究的问题 ······························ 175

9. 广义价值分配论与按生产要素贡献分配论 …… 176
9.1 按生产要素贡献分配:理论与实践 …… 176
9.1.1 按生产要素贡献分配论的提出 …… 176
9.1.2 按生产要素贡献分配论在批判和争论中发展完善 …… 177
9.1.3 按生产要素贡献分配:从确立原则到完善制度和体制机制 …… 177
9.2 按生产要素贡献分配是广义价值分配论的实现形式 …… 179
9.2.1 物质财富与社会财富的内涵及二者的关系 …… 179
9.2.2 使用价值和价值的内涵及二者的关系 …… 182
9.2.3 决定或创造物质财富的因素同样决定或创造社会财富 …… 183
9.3 非劳动要素按贡献参与分配不等于剥削 …… 186
9.3.1 剥削概念辨析 …… 186
9.3.2 以要素贡献为基础的非劳动收入不等于剥削 …… 187
9.4 剥削与私有制没有必然的联系 …… 188
9.5 消灭剥削与发展非公经济可以并行不悖 …… 189
9.6 按生产要素贡献分配是保护私有财产的理论依据 …… 190

10. 不完全竞争条件下的收入决定 …… 192
10.1 引言 …… 192
10.2 劳动异质性是分工交换产生的重要前提 …… 194
10.3 从完全竞争到垄断竞争 …… 196
10.4 垄断竞争条件下分工和报酬决定的理论模型 …… 198
10.5 比较静态分析 …… 205
10.6 结论 …… 209

11. 垄断与竞争行业的比较生产力与收入差距 …… 211
11.1 引言 …… 211

11.2 行业相对收入理论模型 ·········· 213
11.2.1 广义价值论基本定理 ·········· 213
11.2.2 行业间相对收入差距的确定 ·········· 215

11.3 我国行业相对收入差距的经验检验 ·········· 218
11.3.1 数据来源 ·········· 218
11.3.2 描述性统计及收入方程回归结果 ·········· 220
11.3.3 瓦哈卡-布林德分解及比较生产力的计算 ·········· 224

11.4 结论 ·········· 227

12. 基于广义价值论的经济增长理论 ·········· 229

12.1 从价值总量之谜谈起 ·········· 229
12.1.1 中国的 GDP 增速超过就业人口增速 ·········· 229
12.1.2 "价值总量之谜"的提出 ·········· 231

12.2 破解谜底的各种思路 ·········· 232
12.2.1 "谜"之产生是出于对劳动价值论的误解 ·········· 232
12.2.2 "谜"之产生是出于对 GDP 内涵的误解 ·········· 233
12.2.3 引入非劳动因素的解释 ·········· 234

12.3 广义价值论分析框架 ·········· 236
12.3.1 经济增长理论与价值理论的内在联系 ·········· 236
12.3.2 广义价值论对经济增长的解释 ·········· 236

12.4 学习型内生增长模型设定 ·········· 238
12.4.1 消费-生产者资源禀赋设定 ·········· 238
12.4.2 消费-生产者 i 的生产决策 ·········· 240
12.4.3 消费-生产者 i 的消费决策 ·········· 242
12.4.4 市场均衡 ·········· 243

12.5 总结 ·········· 246

13. 基于广义价值论的国际贸易理论 …… 248

- 13.1 国际分工交换的价值基础 …… 248
- 13.2 比较利益的公平分配原则 …… 250
  - 13.2.1 等价交换与不等价交换辨析 …… 250
  - 13.2.2 比较利益率均等是判断等价交换和公平分配的标准 …… 253
- 13.3 劳动生产力对贸易模式的影响 …… 254
- 13.4 国际贸易政策的理论基础 …… 255
  - 13.4.1 平等与效率相统一的原则 …… 255
  - 13.4.2 发展中国家赶超战略的理论指导 …… 256
  - 13.4.3 发达国家对待发展中国家技术进步和赶超的正确态度 …… 256
  - 13.4.4 构建人类命运共同体的基础 …… 257
- 13.5 技术进步对贸易模式和利益分配的影响 …… 257
  - 13.5.1 从萨缪尔森 2004 年的大作谈起 …… 257
  - 13.5.2 本节的分析与萨文分析的异同 …… 261
  - 13.5.3 得自两种分析范式比较的结论 …… 273
- 13.6 国际贸易模型的经验验证 …… 278
  - 13.6.1 中美两国汽车/家具贸易 …… 278
  - 13.6.2 经验验证:日英两国电工仪表/集成电路贸易 …… 292
  - 13.6.3 经验验证的意义 …… 297
  - 13.6.4 经验验证存在的不足 …… 299

14. 广义价值论的应用 …… 301

- 14.1 广义价值论与生俱来的可操作性 …… 301
- 14.2 复杂劳动与简单劳动难题的破解 …… 302
- 14.3 工农业产品剪刀差的测算基准 …… 303
- 14.4 价值"转形"问题的伪科学性 …… 308

14.5 按生产要素贡献分配的价值基础 ………………………… 310

附录C:中国城乡比较生产力与相对收入差别 …………………… 312

 C-1 我国城乡居民相对收入差别的现状 ………………… 313

 C-2 我国城乡居民相对收入理论模型 …………………… 316

 C-3 城乡人均收入模型及相对收入差别的确定 ………… 318

 C-4 若干政策建议 ………………………………………… 322

15. 广义价值论与狭义价值论的比较 …………………………… 325

15.1 狭义与广义的含义 ……………………………………… 325

15.2 一般、特殊和个别的辩证法 …………………………… 326

 15.2.1 勿把一般的经济关系和特定的所有制联系在一起 …… 327

 15.2.2 勿把适用于一般商品经济的范畴当作资本主义的特殊范畴 …………………………………………… 329

 15.2.3 一般经济规律及其特殊和个别表现 ……………… 329

 15.2.4 生产方式的一般、特殊和个别 …………………… 330

15.3 广义价值论与劳动价值论的比较 ……………………… 330

 15.3.1 生产价格和广义价值的相似点 …………………… 331

 15.3.2 生产价格和广义价值之间的区别 ………………… 332

15.4 广义价值论与新古典价值论的比较 …………………… 332

15.5 广义价值论与斯拉法价值论的比较 …………………… 334

15.6 结论:狭义价值论是广义价值论的特例,广义价值论是狭义价值论的一般化 ……………………………… 334

15.7 尚需研究的问题 ………………………………………… 336

附录D:广义价值论的基础及推广 ………………………………… 337

 D-1 交换条件 ……………………………………………… 337

 D-2 广义价值 ……………………………………………… 338

D-3 依比较利益率均等原则确定的广义价值 …………… 341
D-4 总劳动时间比与比较生产力判定系数的关联 ………… 344
D-5 广义价值论基本命题的推广 …………………………… 347

参考文献 ………………………………………………………… 349
初版后记 ………………………………………………………… 363

1. 价值理论回顾

经济学本质上是一门历史科学,即使是一个抽象的经济范畴或经济理论,也只是对截至这个范畴或理论产生时的经济生活或经济史的有限概括,因而只具有相对真理和特殊的或狭义的属性。① 而经济思想史上依次产生的价值理论,既在一定程度上反映了各自对应的历史时期商品交换的特殊规律,也反映了从狭义价值论到广义价值论的逐步演进。为了避免本书的讨论引起人们的误解,本章首先追溯价值一词演变的历史,并以绝大多数经济学家共同认可的价值概念作为本书研究的起点,然后回顾经济思想史上三大价值理论的产生和发展,最后对三大价值理论的真理性和局限性进行简要的评价。

1.1 价值概念内涵的历史演变

1.1.1 价值的最初含义:物品的使用价值或效用

价值(value)一词的最初含义本来是指物品的使用价值或效用。价值的这一含义是和历史上自给自足的自然经济以及由此而产生的观念相吻合的:因为对于只为满足个人需要而生产出来的产品来说,其使用

---

① 只有在最丰富的具体发展的地方,才会产生最一般的抽象,因为:"在那里,一种东西为许多东西所共有,为一切所共有。这样一来,它就不再只是在特殊形式上才能加以思考了。"(马克思、恩格斯,1979a,第42页)

价值或效用的大小，是唯一值得生产者关心的属性。即使在现代的日常生活中，人们也经常在使用价值的意义上运用价值这一概念。比如《辞海》给价值所下的最初定义就是"事物的用途或积极作用"。当我们说一本书的学术价值、一篇文献的参考价值、一种理论的实用价值以及时间的价值和生命的价值时，实际上都是就其使用价值或效用而言。杰文斯曾把使用价值称作"价值一辞的通俗用法"(杰文斯，1984，第77页)。

1.1.2 价值一词一分为二：使用价值和交换价值

随着劳动产品逐渐转化为商品，人们发现一种物品除了具有满足个人需要的价值(即前述使用价值或效用)外，还能够用来交换其他物品，从而具有用于交换的价值(仍为前述使用价值或用途)。为了对二者加以区别，人们开始称前者为使用价值，称后者为交换价值。

关于使用价值与交换价值的区分，在古希腊的著名历史学家和作家色诺芬(Xenophon，约前440—前355)的思想中已略见端倪。他首先把财富定义为具有使用价值的东西，然后指出："一支笛子对于会吹它的人是财富，而对于不会吹它的人，……只有在他们卖掉它时是财富。"(色诺芬，1961，第3页)

由此可以看出，色诺芬已经认识到作为财富的使用价值，既有直接满足需要的功能，又有用于交换的功能。关于这一点，古希腊的伟大思想家亚里士多德(Aristotle，前384—前322)后来曾做了更为明确的表述。他说："每种货物都有两种用途。——一种是物本身所固有的，另一种则不然，例如鞋，既用来穿，又可以用来交换。二者都是鞋的使用价值，因为谁用鞋来交换他所需要的东西，例如食物，谁就是利用了鞋。"[①]这里，亚里士多德显然是把交换价值当作与直接满足个人需要

---

① 转引自马克思、恩格斯，1972b，第103页注(39)。

的使用价值相对立的另一种使用价值来看待的。

第一个明确地把价值区分为使用价值和交换价值的是英国古典经济学家亚当·斯密(1723—1790)。斯密指出:"价值一词有二个不同的意义。它有时表示特定物品的效用,有时又表示由于占有某物而取得的对他种货物的购买力。前者可叫做使用价值,后者可叫做交换价值。"(斯密,1972,第25页)斯密的这一区分,在价值学说的发展中无疑起到了重要的积极作用。①

1.1.3 交换价值与使用价值的关系

马克思曾经为交换价值下了一个经典性定义:"交换价值首先表现为一种使用价值同另一种使用价值相交换的量的关系或比例。"(马克思、恩格斯,1972b,第49页)②这种不同使用价值相交换的数量关系或比例因不同的时间和地点而不断发生变化。随着交换范围的不断扩大,简单的交换价值形式发展为扩大的交换价值形式。当所有使用价值都以同一种使用价值为媒介而进行交换时,交换价值就发展为一般的形式。而当货币产生后,交换价值便取得价格这种形式。所谓商品的价格不过是用货币来表现的交换价值,它是交换价值发展的完成形态。③

1.1.4 作为价格运动规律的价值

当商品的交换价值取得价格这种形态以后,由于供求状况的不断

---

① "在十七世纪,我们还常常看到英国著作家用《worth》表示使用价值,用《value》表示交换价值;这完全符合英语的精神,英语喜欢用日耳曼语源的词表示直接的东西,用罗马语源的词表示被反射的东西。"[转引自马克思、恩格斯,1972b,第48页注(4)。]

② 这里马克思之所以说"交换价值首先表现为……",是因为随着作为一般等价物或交换媒介的货币的出现,物物交换发展为以货币为媒介的商品流通,交换价值或价值形式就进一步表现为货币形式即价格。

③ 中英文的使用价值(use value,or value in use)和交换价值(exchange value,or value in exchange)两个概念中,都含有价值一词,似乎也昭示着价值一词包含着两种含义。

变动,商品的价格是不断波动的。但是,人们通过较长时期的观察发现,价格的这种表面上看来杂乱无章的波动实际上总是围绕着一个相对稳定的中心发生的,也就是说,价格的运动是有规律可循的。当政治经济学作为一门科学出现的时候,它的首要任务之一就是要阐明价格运动的规律是如何决定的。而在具体探讨价格运动的中心或规律是由什么决定的这一问题时,又首先有必要选择一个合适的名词来表示或概括这一规律本身。很显然价格运动的规律既不是使用价值,也不是交换价值,当然更不是价格。为了与所有这些概念相区别,经济学家们有时将价格围绕波动的中心或重心即价格运动的规律称为"自然价格"(参见配第,1978,第48页),有时将它称为"正常价格",还有时将它称为"自然价值"(维塞尔,1982),但更多的人在更多的场合则简单地称其为"价值"。这样,价值这一概念作为调节价格运动的规律或价格围绕波动的重心,其特定的内涵便逐渐确定下来。① 价值内涵的这一历史演变过程如图1.1所示:

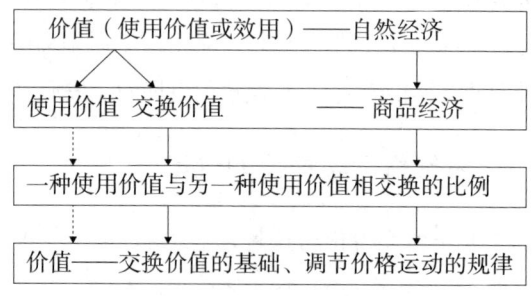

图1.1 价值内涵的历史演变

以上我们简要地叙述了价值概念内涵的历史演变与商品交换产生和发展的过程。正如马克思所指出的:"对人类生活形式的思索,从而

---

① 列宁也指出:"价格是价值规律的表现。价值是价格的规律,即价格现象的概括表现。"(列宁,1988,第47页)

对它的科学分析,总是采取同实际发展相反的道路。这种思索是从事后开始的,就是说,是从发展过程的完成的结果开始的。……只有商品价格的分析才导致价值量的决定,只有商品共同的货币表现才导致商品的价值性质的确定。"(马克思、恩格斯,1972b,第92页)当政治经济学刚一出现的时候,经济学家们所面临的已经是价格这种交换价值的完成形态。因此,对所谓价值决定的探讨,实际上就是对价格运动的规律或交换价值的基础的探讨。

今之论者往往从"价值是生产商品所耗费的劳动或凝结在商品中的抽象劳动"这一定义出发,批评持非劳动价值论的学者,殊不知人们常挂在嘴边的这句话原本出自马克思之口,它也仅仅是诸多经济学家在探讨这个调节价格运动规律的价值到底是由什么决定时的一种认识,其本身并不是价值的定义,更不是不证自明的公理。① 正确的做法应该是回到作为调节交换价值或价格运动规律的价值这一逻辑起点,对价值决定本身重新进行探讨。关于价值决定,尽管可以有不同的理论,但只要我们从同一个逻辑起点而不是一个尚需证明的概念出发,坚持从实证的角度而不是规范的角度探讨价值的决定,总会得出比较一致或大体接近的结论。②

本书对价值理论的研究,既不是从规范的角度,也不是从已有的价值理论出发,更不是从"价值是凝结在商品中的一般人类劳动"这一抽象定义出发,而是从实证的角度,回到价值理论研究的逻辑起点,从商

---

① 马克思认为:"把交换价值归结于劳动时间或相同的社会劳动,是古典政治经济学一个半世纪以上的研究得出的批判性的最后成果。"(马克思、恩格斯,1962,第41页)。本章后面的分析将表明,在古典经济学家中,除了李嘉图,包括斯密、马尔萨斯、萨伊在内的其他经济学家并不认同劳动价值论。

② 从 Labor Theory of Value 的原意来看,劳动价值论实际上只是把劳动作为决定因素的价值理论,而不是关于劳动价值的理论(Theory of Labor Value),更不是关于价值的一般理论(Theory of Value)。这也就意味着"价值是凝结在商品中的一般人类劳动"仅仅是劳动价值论者对决定价值的因素所做的一种假定,它并不能代替前述有关价值的一般定义。

品的交换价值引出价值,然后探讨作为调节商品交换价值(或价格)运动的一般规律的价值是由什么决定以及如何决定的。

1.1.5 价值理论的三个功能

作为实证经济学的价值理论具有如下三个基本功能:

一是作为相对价格理论,其功能是揭示价格运动的规律,阐明生产什么,生产多少,何时生产,如何生产?

二是作为功能性分配理论,其功能是阐明生产要素如何根据各自对财富的贡献参与分配,即要素定价理论或要素价值论。

三是作为社会财富和福利的度量理论,其功能是阐明社会财富和福利的总量及其变动如何度量,有没有不变的价值尺度,什么是不变的价值尺度。

1.1.6 三种不同的价值理论

虽然经济学家对价值作为价格运动的规律早已达成共识,但关于价值本身是如何决定的,即前述相对价格或均衡的交换比例是如何决定的,价值实体或价值尺度究竟是什么,价值的决定与价值的分配是什么关系,经济学家却众说纷纭,在长期的争论中提出了多种观点,形成了多种说法。但真正形成完整体系并至今仍产生重要影响的价值理论可以概括为三种:

其一是劳动价值论,以古典经济学家大卫·李嘉图为代表,以马克思的劳动价值论为终极版,该理论属于单要素(劳动)生产费用论;

其二是新古典价值论,由边际效用价值论和边际生产力价值论构成,以剑桥学派马歇尔的均衡价格论为代表,以萨缪尔森、阿罗-德布鲁的价值理论为终极版,该理论属于多要素生产费用论与效用论的融合;

其三是斯拉法价值论,由新剑桥学派经济学家皮埃罗·斯拉法所创立,并由斯蒂德曼等所继承,该理论属于独树一帜的客观价值论。

以上三种理论虽然在不同侧面不同程度上揭示了价值的运行规律,但都存在一定缺陷,均属于狭义价值论范畴。本章下面将从经济思想史的角度,具体探讨这三种价值理论的主要内容,各自包含的科学成分和逻辑矛盾,以期为本书所要阐述的广义价值论奠定基础。

1.2 古典学派价值理论的分野

经济思想史上的各个流派,原本同宗同源,都奉古典经济学家亚当·斯密为经济学之父①,如图1.2所示:

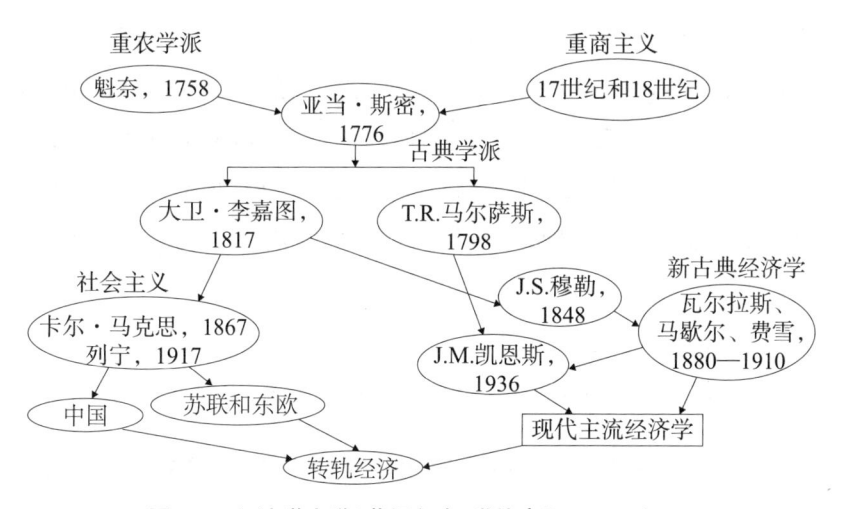

图1.2 经济学家谱(萨缪尔森、诺德豪斯,1999,扉页)

在亚当·斯密之后,英法两国古典经济学家李嘉图与马尔萨斯和萨伊之所以在经济思想上产生分歧,主要是对斯密价值理论有不同理解,从而各自形成了单要素劳动价值论和多要素生产费用价值论,以致

---

① 参见维基百科(https://zh.wikipedia.org/wiki/亚当·斯密)。

由此成为尔后两大经济思想体系的分水岭。① 所以,为了厘清当代三大价值理论来龙去脉,我们必须追根溯源,对作为经济学之父的斯密的价值理论先行做一个梳理,以期一方面消除经济思想史上对斯密价值理论的误解,另一方面揭示李嘉图和马克思劳动价值论内在矛盾产生的根源。

1.2.1 单要素模型:价值决定于生产物品所耗费的劳动

斯密首先提出了一个单要素价值决定模型,认为"在资本积累和土地私有尚未发生以前的初期野蛮社会,获取各种物品所需要的劳动量之间的比例,似乎是各种物品相互交换的唯一标准"。"在这种社会状态下,劳动的全部生产物都属于劳动者自己。一种物品通常应可购换或支配的劳动量,只由取得或生产这物品一般所需要的劳动量来决定。"(斯密,1972,第42页)因为道理很简单,这一时期土地是无主的,可以无偿地遂意使用,而资本也尚未积累起来,在这种条件下,唯一决定各种物品产量的就是所耗费的劳动,所以,构成两种物品交换比例的也必然是两种物品生产中所花费的劳动时间:如果捕获1只鹿和捕获2只海狸耗费了同量劳动,那么,1只鹿就只能和2只海狸相交换。因此,"只有劳动才是价值的普遍尺度和正确尺度"(斯密,1972,第32页)。

1.2.2 多要素模型:价值决定于生产中耗费的各种要素

但是,斯密马上就指出,上述价值决定于劳动时间的规律,只适用于"资本累积和土地私有尚未发生之前的初期野蛮社会",而在土地私有和资本积累产生以后的进步社会,价值就不是由劳动时间,而是由工

---

① 胡寄窗认为:古典经济学由重农学派初建,到斯密时形成体系,经李嘉图深化发展,后为萨伊、穆勒、屠能等所继承(胡寄窗,1991,第52页)。

资、地租和利润这三种收入决定了(参见斯密,1972,第42—44页)。显然,正是由于土地的私有和资本的积累,为使用这些生产要素必须支付代价或报酬,劳动产品不能只归劳动者,而必须在劳动者、土地所有者和资本所有者之间分配,所以,价值也就不再单纯决定于劳动耗费,而是由劳动(费用)、资本(费用)、土地(费用)共同决定了。这样,斯密就由单要素价值决定模型转向多要素价值决定模型,即认为在使用多种要素进行生产的情况下,商品的价值是对制造商品所使用的所有要素的正常支付的总和。

由于斯密认为,在分工交换的商品经济中,一个人是贫是富,取决于他所能支配、交换或购买多少劳动,所以,上述单要素模型中,商品的价值即它所能换取的劳动就取决于商品生产中所耗费的劳动,或者说,商品的价值是由耗费的劳动决定的;而在多要素模型中,由于商品生产中,除了耗费劳动要素外,还要耗费资本和土地等非劳动要素,所以,这时商品的价值即它所能购买和支配的劳动量就不能由单纯的劳动耗费所决定了,而是由耗费的劳动、资本和土地共同决定,也就是说,由工资、利润、地租所构成的生产费用所决定。这个时候,一个人(或者是资本家,或者是拥有资本和土地的小商品生产者)可以用耗费较少劳动生产的商品,换取较多的劳动或需要耗费较多劳动才能生产的其他商品。

关于亚当·斯密的购买劳动与耗费的劳动以及"交换价值的真实尺度"和"商品的真实价格",请参考陈岱孙(2014,第71—72页)和晏智杰(2002,第108—109页)的分析。

1.2.3 基于多要素模型的分配理论

在市场经济条件下,价值理论与分配理论是一枚硬币的两个方面:一方面分配理论是以价值理论为基础的,另一方面,财富的分配又会影响价值的形成。斯密的分配理论与价值理论也正是在这种相互影响、相互决定中形成的。

斯密认为,在没有资本和土地私有权的原始蒙昧时期,劳动的全部生产物属于劳动者,当然也就构成了劳动者的自然工资。在这种状态下,由分工和劳动生产率提高带来的好处全部归劳动者所有,用于交换的商品中所包含的劳动与该商品所能购买或支配的劳动是一致的。

当资本积累起来之后,劳动者则不得不与资本家分享劳动生产率增进所产生的收益,劳动生产物分割为工资和利润,二者的比例在一定程度上就取决于雇主和雇佣工人之间的竞争。

土地私有权产生之后,使用土地必须支付报酬,劳动生产物也就必须再分解出一部分作为地租支付给土地所有者。

1.2.4 对斯密价值理论的评价

马克思一直批评斯密的价值理论是多元的,认为斯密由单要素价值论转变成多要素价值论,由耗费的劳动决定价值转变成购买的劳动或三种收入决定价值,是由科学的劳动价值论转变成庸俗的要素价值论,由此为尔后的庸俗经济学价值论埋下了种子(参见马克思、恩格斯,1962,第49—50页;1972b,第425页;1972c,第47—48页)。马克思认为,斯密的劳动价值论所采用的是深入研究资产阶级制度内在联系的方法,是一种科学的方法,后来被李嘉图所继承;而斯密的多要素价值论(或三种收入价值论)所采用的是把资产阶级生产过程中外部表现出来的东西加以描写、分类、叙述并归入简单概括的概念规定之中的方法,是一种庸俗的方法,而凡是采用这种方法的后起经济学家,都被马克思列入资产阶级庸俗经济学家的行列(参见马克思、恩格斯,1973,第181—183页)。

而以马克思《资本论》第四卷《剩余价值理论》为蓝本的国内经济

思想史著作或教科书,也大都沿袭了马克思的观点(参见鲁友章、李宗正,1979,第186—198页)。陈岱孙教授也指出:在斯密的价值学说中,科学的和庸俗的成分和平共处,成为后来资产阶级经济学在价值理论上分歧的根源。在陈岱孙教授看来,李嘉图吸取了斯密价值论的科学成分并把它发展为资产阶级经济学对价值的最好的分析,而"购买的劳动论"和"收入构成论"则成为后来庸俗经济学反对劳动价值论的依据,前者为马尔萨斯等人所接受;后者成为萨伊等人生产费用论的出发点(陈岱孙,2014,第75页)。

其实,无论是马克思本人,还是依据马克思的《剩余价值理论》编写的"经济思想史",对斯密价值理论的批评都有失公允。斯密并没有多种价值理论,他只有一种价值理论,就是生产要素价值论或生产费用价值论,他始终坚持用购买的劳动作为价值尺度,只不过当生产中只使用劳动一种要素时(其实任何劳动都离不开土地,只不过这时的土地是无主的,可以自由取用的,因而不计入生产费用),购买的劳动与耗费的劳动是相等的,所以有价值由耗费劳动决定的单要素模型;而当土地私有资本积累起来之后,资本和土地都成了有主的稀缺的经济资源,决定购买的劳动量多少的,当然就变成了生产中使用的多种要素了。这说明斯密的单要素价值决定模型转变为多要素价值决定模型,不仅符合抽象上升到具体的逻辑分析方法,而且与原始蒙昧的生产方式转变为以私有制为基础的现代生产方式的历史相一致。

著名经济思想史学家马克·布劳格也指出,斯密没有劳动价值理论,《国富论》第1篇第6章的结构"清楚地表明它是对斯密的一些前辈所暗示的劳动成本价值理论的驳斥:他表明这样的理论只是在'初期野蛮社会'的特殊的和人为假设的状况下才是站得住脚的"(布劳格,2009,第25页)。

继亚当·斯密之后,李嘉图和马尔萨斯以及萨伊成为同时代英法两国古典政治经济学的杰出代表,但三人各自继承了亚当·斯密价值理论中的不同成分:李嘉图把亚当·斯密的单要素模型推向极端,建立了一个至少是93%的劳动价值论,后者又被马克思所继承,并发展成100%的劳动价值论;马尔萨斯和萨伊则继承了斯密的多要素模型,为尔后新古典经济学的诞生奠定了基础。古典经济学的价值理论由此出现分野。

1.3 斯密单要素模型的传承:从李嘉图到马克思的劳动价值论

1.3.1 李嘉图的劳动价值论

1)价值由耗费的劳动决定而不是由购买的劳动决定

李嘉图(1772—1823)对价值理论的研究是从探讨斯密的价值理论开始的。李嘉图首先肯定了斯密对使用价值和交换价值的区分,但他认为斯密由单要素劳动价值论转向多要素价值论是一个严重的错误。他指出:"亚当·斯密如此精确地说明了交换价值的原始源泉,他要使自己的说法前后一贯,就应该认为一切物品价值的大小和它们的生产过程中所投下的劳动量成比例;但他自己却又树立了另一种价值标准尺度,并说各种物品价值的大小和它们所能交换的这种标准尺度的量成比例。"(李嘉图,1962,第9页)在李嘉图看来,生产商品所耗费的劳动与商品交换中所能购买到的劳动,在资本主义条件下并不相等,而且是经常变动的,因此,如果两者均作为决定价值的标准,势必造成混乱。

2)对劳动决定价值原理的修正

虽然李嘉图试图前后一贯地坚持价值决定于劳动时间这一规定,

但是他不得不承认,投在商品生产中的劳动量决定商品相对价值的原理,因使用机器及其他固定耐久资本而有了很大的变更:当商品生产中所使用的资本的耐久性和垫支时间的长短都相同时,工资的变动或收入的变化不会引起商品价值的任何变化;当固定资本与流动资本的比例不同时,上述原理需要修正(李嘉图,1962,第23页)。以表1.1为例:

表 1.1 由资本构成差别引起的矛盾

部门	固定资本	流动资本	利润(%)	价格
I	20	80	20	120
II	50	50	20	120
III	80	20	20	120

假定工资上涨10%,若商品仍按原价出售,则各部门利润率会不等;若使利润率相等,价格就要变动,见表1.2:

表 1.2 工资变动对价格的影响

	固定资本	流动资本	若价格保持不变	利润率不等(%)	利润 a	若保持利润率相等(%)	利润 b	价格必须变动
I	20	88	120	$11\frac{1}{9}$	12	$14\frac{2}{7}$	15.43	123.43
II	50	55	120	$14\frac{2}{7}$	15	$14\frac{2}{7}$	15	120
III	80	22	120	$17\frac{11}{17}$	18	$14\frac{2}{7}$	14.57	116.57

在这种情况下,如果利润率要保持相等,则商品的价格(价值)就必须变动,这显然是违反劳动价值论原理的,因为根据劳动价值论,价值是由劳动决定的,只要生产商品所耗费的劳动量不变,工资的变动只能引起剩余价值的变动,而不会导致价值的变动;而要保持价值不变,利润率就会出现不等,这又明显违反了平均利润率即等量资本获得等量

利润的规律。

不仅如此,由于资本周转速度不同,等量资本即使推动等量的活劳动,也会在单位时间比如说一年内创造不等量的价值:如果商品按价值交换,不同部门的利润率就会不等;若保持均等的利润率,商品的价值就必须变动,这显然是违反劳动价值论的。

李嘉图对此深感困惑。他在大约逝世前一个月写给其弟子麦克库洛赫的信中说:"关于在地窖里贮藏了三四年的酒,或最初在劳动方面花费了也许还不到2先令后来却值100镑的橡树,我不能克服这一困难。"(李嘉图,1986,第311页)

3)对李嘉图劳动价值论的批评

托伦斯指出:斯密曾经慎重地把劳动量衡量价值的原理限制在早期原始社会状态,李嘉图则走得更远,他搞错了,上述不适用的情况并不是例外,而是普遍情形。李嘉图将一种偶然的巧合误认为是必然的联系(参见霍兰德,1979,第96页)。他继续说道:"只要两笔资本相等,它们的产品的价值就相等,不管它们所推动的,或者说它们的产品所需要的直接劳动量如何不同。如果两笔资本不等,它们的产品的价值就不等,虽然花费在它们的产品上的劳动总量完全相同。"据此,托伦斯(Torrens,1821,pp.39-40)认为,"在资本家和工人之间发生上述分离以后,交换价值就开始由资本量,由积累劳动量决定,而不像在这种分离以前那样,由花费在生产上的积累劳动和直接劳动的总量来决定了"。

马尔萨斯指出:在李嘉图那里,规律成了例外,例外成了规律。除了资本构成和周转速度的差别外,还有至少三个因素影响价值的决定:(1)制造业所使用的外国商品的数量;(2)人们公认的赋税影响;(3)在一切进步国家的实际状况下地租几乎是普遍存在的。所以,一种商品在生产过程中所耗费的劳动量,既不是在同一时间和同一地点相对价值的正确尺度,也不是在不同国家和不同时期内真实交换价值的尺度(参见霍兰德,1979,第98页)。①

4) 李嘉图及其弟子的辩护

面对劳动价值论遇到的矛盾和批评意见,李嘉图表现出一个学者应有的科学态度,他承认,以前认为是例外的一切情况,现在开始具有同等的重要性,生产时间对决定相对价值有着同等的影响。他在1820年5月2日写给麦克库洛赫的信中说:"在我对这个问题详加考虑之后,我认为有两个原因引起商品相对价值的变动:第一,生产商品所需要的相对劳动量,第二,在这种劳动的成果能送往市场之前必须经过的相对时间。所有关于固定资本的问题都服从第二条规则。"(李嘉图,1987,第164页)

然而他在回答马尔萨斯的批评时仍然坚持:"你说我的命题'除了少数例外,投入商品的劳动量决定它们互相交换的比率,是没有充分根据的'。我承认,它不是严格地正确的。但我说,作为衡量相对价值的尺度,它是我所听说过的最接近于真理的。"(李嘉图,1987,第253页)

按照李嘉图的意见,因为各个生产部门的资本构成的不同是很偶然的,所以,由耗费的劳动以外的因素引起的价值变动,也是例外情况。因此,劳动时间决定价值的原理仍然是正确的。

正是因为李嘉图非常牵强地将非劳动因素影响的作用限定在

---

① 在李嘉图与马尔萨斯的关系中,与终身论敌相伴是另一层关系——终身朋友。在1811年6月马尔萨斯向李嘉图"冒昧地引见自己"之后,他们不仅十几年间持续通信交流思想,还经常相互拜访。李嘉图不仅通过自己的证券经营帮助过马尔萨斯赚取投资收益,临终前还留赠了马尔萨斯一笔生活费用。同他们作为论敌的持久争论具有持久的影响一样,他们持久的友谊也是思想史上的一段佳话。尽管马克思对李嘉图和马尔萨斯的评价有天渊之别:马尔萨斯的特点是思想极端卑鄙(马克思、恩格斯,1973,第124页),而李嘉图在科学上是诚实、公正、毫无顾忌的(同上书,第125、134页),但马尔萨斯与李嘉图之间的友谊和彼此对科学的尊重,并不亚于马克思与恩格斯的关系。

7%,因而当作"例外"而被强制地抽象掉,乃至于斯蒂格勒幽默地把李嘉图的价值理论称为93%的劳动价值论(Stigler,1958)。

詹姆斯·穆勒(1993)在解决反映(劳动)价值规律与等量资本获取等量利润之间矛盾的新旧葡萄酒价格之争时认为,劳动价值论中的劳动包括直接劳动(活劳动)和积累劳动(资本)。酒放在酒窖中时,虽然直接劳动基本结束,但积累劳动仍在继续,故其价值仍在增加。

麦克库洛赫认为,资本只不过是积累起来的劳动。陈酒之所以比新酒贵,是由于酒在窖藏期间,机器设备以及自然力对酒发生了一种我们所期望的作用。而"有充分理由可以把劳动定义为任何一种旨在引起某一合乎愿望的结果的作用或操作,而不管它是由人,由动物,由机器还是由自然力完成的"(转引自马克思、恩格斯,1974c,第195页)。

由于李嘉图弟子把劳动范畴泛化,使劳动价值论庸俗化,最终导致李嘉图学派解体。①

5)对李嘉图劳动价值论的评价

斯蒂格勒认为,李嘉图的理论其实就是斯密的成本价值理论,因为除了劳动以外、固定资本、固定资本耐久性,上市时间等很多因素都影响相对价值,区别只是李嘉图忽略了地租。这一理论更像是经验的(Empirical)劳动价值理论而不是分析的(Analytical)劳动价值论,因为生产所需的劳动量只是决定相对价值主导(Dominated)的因素(Stigler,1958,p. 361)。布劳格也认为李嘉图持有的是经验的价值理论,即劳动投入的数量在决定相对价值方面起到了重要的作用。但这是一种信

---

① 关于李嘉图学派的解体,请参考晏智杰(1983;2002,第164—170页)。今天一些学者一方面仍然坚持劳动价值论,另一方面又要解释资本、技术、企业家才能等非劳动要素按贡献参与分配的合理性,不得不把资本说成是物化劳动、把技术说成是复杂劳动、把企业家才能说成是管理劳动,这和当年李嘉图的弟子把劳动价值论庸俗化的行为完全如出一辙。

念,这一信念认为商品交换比例更多地受劳动数量这一因素的影响,其他因素,比如地租和资本利息并不是主要的影响因素。分析的劳动价值论,指的是认为产出的价值是劳动这一单一变量的函数,即价值仅由劳动决定(布劳格,2009,第86页)。

1.3.2 马克思的劳动价值论

马克思(1818—1883)继承了李嘉图的劳动价值论(包括其内在的矛盾),把价值决定于劳动时间这一命题发挥到登峰造极的地步。他强调价值的唯一源泉是活劳动;物化劳动只转移自身已有的价值,而不会创造新价值(马克思、恩格斯,1972b,第一篇)。

1)关于劳动与劳动力的区分

为了消除李嘉图"劳动价值论与资本和劳动相交换的矛盾",马克思区分了"劳动力"和"劳动"两个概念,认为工人出卖的是劳动力而不是劳动,劳动力的使用即劳动创造的超过劳动力价值的价值即剩余价值被资本家无偿占有,资本与劳动力商品交换并不违反劳动价值论(马克思、恩格斯,1972b,第三、六篇)。按照传统的劳动价值论,工资是劳动力价值或价格的转化形式,而劳动力价值是由维持劳动力再生产所必需的生活资料的价值决定的。但是,如果我们承认工人的需要不仅仅限于维持其生存的需要,而是受历史和道德因素的制约,包含着发展和享受的需要,那么,劳动力的价值就是一个不定量。因为工人为维持其劳动力的再生产所必需的生活资料,无论从质量上还是从数量上看,都没有一个自然的客观的界限。质量较高、数量较多的生活资料与质量较差、数量较少的生活资料,都同样能够维持一定质量的劳动力的再生产。因为工人所需要的生活资料和社会上其他阶层所需要的生活资料一样,一般地说是没有止境的,所以,经济学上不能空泛地讲需要,而只能讲有支付能力的需求。但一个人的支付能力,是由他的收入水平所决定的。工人的支付能力则是由他的劳动收入即工资所决定的。而工资之所以被规定为工人所创造的一部分价值而不是全部价值,这一点恰恰需要做出独立的说明。如果我们又反过来讲工人的工资是由劳动者有支付能力的需求决定的,那岂不是循环论证?

正是由于劳动力的价值难以确定,工人与资本家才围绕工作日的长短不断地展开斗争。甚至马克思本人也承认,"工作日不是一个不变量,而是一个可变量";"工作日是可以确定的,但是它本身是不定的"(马克思、恩格斯,1972b,第259页)。根据商品交换规律,资本家有权利尽量延长工作日,工人也同样有权利要求把工作日限制在一定的正常量内,"于是这里出现了二律背反,权利同权利相对抗,而这两种权利都同样是商品交换规律所承认的。在平等的权利之间,力量就起决定作用"(马克思、恩格斯,1972b,第262页)。而当工人阶级与资本家阶级的力量对比达到平衡时,工作日的长短又是由何决定的却无法论证。[1]

2)关于价值与生产价格的区分

为了消除李嘉图"等量劳动创造等量价值和等量资本获得等量利润的矛盾",马克思区分了价值和生产价格两个概念,并试图借助价值向生产价格的转化,根据"两个总计相等"的命题,[2]论证由等量劳动创造的价值转化为由等量资本获得等量利润决定的生产价格,二者并不矛盾(马克思、恩格斯,1974a,第二篇)。以表1.3为例:

---

[1] 威克斯蒂德在1884年10月发表在宣传社会主义的杂志《今日》上的一篇批评《资本论》第1卷的文章中指出,在非奴隶社会中,劳动者并没有在竞争的压力下被配置到"劳动力"的生产中,因此,他推论出货币工资率与必需工资品中的劳动价值的比例没有理由必然等于一般商品的货币价格与其所包含的劳动价值的比例,从而他得出结论,马克思没有说明"剩余劳动"是利润的源泉。无论是萧伯纳,还是《今日》杂志和那个时期其他英国宣传社会主义的杂志的作者们,都没能对威克斯蒂德的批评作出有说服力的回答(伊特韦尔等,1992d,第992—993页)。

[2] 即总价值与总生产价格相等,总剩余价值与总利润相等。

表 1.3 价值向生产价格的转化

部门	预付资本	价值	个别利润率(%)	平均利润率(%)	生产价格
I	$70c+30v$	130	30	$\bar{P}' = \dfrac{60}{300} = 20$	120
II	$80c+20v$	120	20		120
III	$90c+10v$	110	10		120
总计	300	360			360

注:假定各部门剩余价值率均等, $m' = 100\%$。

如果说李嘉图还能够理智地承认其劳动价值论存在着许多例外,终生都在探索走出困境的出路,马克思则运用比李嘉图更加抽象的方法,把李嘉图遇到的矛盾强制地抽象掉了,由此创立了一个100%的劳动价值论,当然也就受到西方主流经济学家的更加激烈的批评。其实,撇开争论中各种复杂的数学和计量模型不说,即使单纯就包括马克思本人在内的经济学家有关价值的定义而言,所谓价值向生产价格的转形就存在着逻辑矛盾。因为,既然价值被定义为调节价格运动的规律,本质上是商品生产者相互分工交换产品的一种社会关系,那么,一方面,各部门商品在没有交换之前,怎么就能认定资本有机构成低的部门比资本有机构成高的部门能创造更多的价值呢,殊不知投入各部门的劳动在没有进入交换过程从而被市场证明为是社会必要劳动之前,仅仅是劳动耗费,而并非已经形成价值;另一方面,既然生产价格同样是调节市场价格的运动的规律,那么它本身就是价值,决定生产价格的因素本身就是决定价值的因素,何须用"两个总计相等"来证明二者的一致性呢?[①] 不仅如此,两部门的两总计相等,并不能排除比较生产力高的部门所创造的价值总量高于部门劳动总量(比较生产力低的部门则相反)。关于这一点,本书第5章将加以论证。关于转形问题,可参考本章第1.5.3节斯拉法的分析。

---

① 鉴于马克思的劳动价值论已为国内经济学界所熟知,这里不再赘述。关于西方学者对转形问题的研究,参见谢富胜(2000)。

1.4 斯密多要素模型的传承:从马尔萨斯、萨伊到新古典价值论

1.4.1 马尔萨斯的价值理论

马尔萨斯(1766—1834)与李嘉图同是亚当·斯密的追随者,但由于二人采用的方法不同,各自继承了斯密价值理论的不同思想,以致古典价值理论出现了分野。马尔萨斯坚信,虽然他在某些观点上公开批评了斯密,但他是斯密的忠实信徒,而詹姆斯·穆勒、李嘉图和麦克库洛赫的"新政治经济学",则是不会长久的异常观点。

1) 注重多因素的研究方法

马尔萨斯与李嘉图在方法上的主要区别在于,他们在多大程度上相信简单的模型能够对现实做出令人满意的解释。马尔萨斯责难李嘉图:在政治经济学中,简单化的想法使人们不愿意承认生产特定物品有不止一种原因在起作用,只要某类现象的大部分能用一种原因来说明,就把整个现象都认为是这种原因造成的,而对于不容许这样解释的事实未给予充分注意。

李嘉图完全肯定多种原因起作用这一事实,但他从中得出了相反的结论,即:复杂模型很难进行恰当的操作,与其建立多个模型,人们不可能从中得出确定的结论,不如建立简单模型更有启发性,尽管它是简单的,却有代表性。马尔萨斯却认为,在政治经济学的科学研究者中,目前流行的错误和分歧的主要原因,就是轻率地倾向于简单化和一般化(参见伊特韦尔等,1992c,第 309 页)。

2) 价值由支配的(或购买的劳动)决定

马尔萨斯不同意李嘉图商品的交换价值取决于生产上耗费的劳动

的观点,而赞成斯密关于价值决定于商品所能购买的劳动的提法,认为购买到的劳动,在通常情况下,总是大于耗费的劳动。耗费的劳动只包括积累劳动和直接劳动,而购买的劳动"必然可以代表和衡量其中所包含的劳动量和利润"(马尔萨斯,1960,第92页)。他批评李嘉图说:既然承认耗费劳动决定价值的法则有很多例外,其法则就不能适用;既然所谓的例外如此之多,则耗费劳动决定价值的法则就可以看作是例外,而例外倒成了法则。

3) 供求既决定商品价格也决定要素价格

马尔萨斯认为,没有必要像斯密那样提出两种价格形成理论,一种用于短期市场价格,适用于商品,由供求决定;另一种用于长期自然价格,适用于生产要素,由生产成本决定。伟大的供求法则既可以用来决定自然价格,又可以用来决定市场价格(Malthus,1836,p.71)。

生产成本的组成部分即地租、利润和工资本身也是由供求决定的,求助于生产成本,就很难避开供求的作用。他指出:自然价格或必要价格(即要素价格)同市场价格(产品价格)一样,都受供求原理调节(Malthus,1820,p.78)。

马尔萨斯在《政治经济学原理》中强调了供求在经济学家分析工具中的极端重要性。他说:"必须承认,在政治经济学的所有原理中,没有一个原理像供求原理那样在它考察的现象之中,起着如此大分量的作用……当我们说价格决定于供给和需求时,并不意味着价格是单独由需求或单独由供给决定的,而是由供求的相互关系决定的。"(Malthus,1836,p.62)

李嘉图声称作为斯密遗产的一部分,在产品市场和生产要素市场之间存在二分法,这是正确的。但马尔萨斯做得更好,他强调要改正斯密的学说,而不是步其后尘。马尔萨斯有关供求的思想如果当时被全盘接受,恐怕马歇尔的综合(均衡价格论)就成为多余的了(参见伊特韦尔等,1992c,第310页)。

4)价值尺度

马尔萨斯认为,一国所能支配的劳动量是其国民生产总值(Gross National Product,GNP)的福利含量的最真实的尺度。在论证只有物质产品才应该构成国民收入的唯一组成部分这一观点时,马尔萨斯不得已指出:如果采用较广义的交换价值概念,国民收入核算工作者必然会面临种种困难。这使他有资格被视为国民收入核算的第一位方法论学者(参见伊特韦尔等,1992c,第310—311页)。

5)评价

虽然马尔萨斯以其《人口论》闻名于世,但对于今天的经济学家来说,其重要性主要在于他的《政治经济学原理》。正是由于这一著作,凯恩斯重新把他确立为当代经济思想中的一个重要人物(伊特韦尔等,1992c,第306页)。

马尔萨斯的一般过剩原理由于凯恩斯的好评,在20世纪首次得到人们的赞同,马尔萨斯由此在生前和整个19、20世纪受到人们的推崇,成为最负盛名的社会科学家(布劳格等,1987,第406页)。计量经济学之父、《凯恩斯的革命》一书的作者克莱因指出,如果马尔萨斯能对投资表的形状和地位做更好的分析,那也许会发生一场马尔萨斯的革命了(克莱因,1962,第127页)。

凯恩斯说:要是19世纪经济学开始时来源于马尔萨斯而不是李嘉图,当今世界将会是多么明智而富裕得多的地方啊!(转引自伊特韦尔等,1992c,第313页)

1.4.2　萨伊的价值理论

萨伊(1767—1832)是斯密的经济思想在欧洲大陆的解释者,但他对斯密的理解不同于李嘉图,其后西方主流经济学更多地是沿着萨伊而不是李嘉图的思路发展的。与斯密不同的是,在萨伊的价值理论中,使用价值、价值之间是有密切联系的,且价值一词的含义亦与斯密和李嘉图有所不同。在其主要经济学著作《政治经济学概论》的第一章,萨伊指出,"财富这个名词是用以称呼具有内在价值的许许多多东西",它与价值成比例,"组成财富的价值的总计越大,财富便越大;组成财富的价值的总计越小,财富便越小"(萨伊,1963,第58页)。

1) 价值的基础是效用

萨伊认为,人们所给与物品的价值,是由物品的用途而产生的。当人们承认某东西有价值时,所根据的总是它的有用性即效用,效用就是物品满足人类需要的内在力量,创造具有任何效用的物品,就等于创造财富。这是因为物品的效用就是物品价值的基础,而物品的价值就是财富所由构成的(见萨伊,1963,第59页)。显然,萨伊的价值概念是与使用价值、效用联系在一起考虑的。他强调价值是一个相对的概念,估定一件特定物品的价值,只不过是估定它和另一件特定物品在一定程度上相比较的价值,而任何其他有价值的物品都可作为比较物。另外,萨伊认为,效用不仅由那些生产有形物品的人,而且也由那些提供服务的人创造出来。这显然也是对亚当·斯密把生产劳动仅仅限于生产耐久物品的劳动的一个突破。

2) 价值是由生产三要素共同创造的

萨伊认为,斯密把劳动视为财富的唯一尺度是不正确的。他写道:"事实已经证明,所生产出来的价值,都是归因于劳动、资本和自然力这三者的作用和协力"(萨伊,1963,第75页)。也就是说,效用是由劳动、资本、土地共同创造的,生产三要素是价值的源泉。萨伊将生产要素划分成劳动、土地和资本三种类型,这一划分成为19世纪经济学文献中的标准。

3) 价值是由供求关系决定的

萨伊认为:"价格是测量物品的价值的尺度,而物品的价值又是测量物品的效用的尺度。"(萨伊,1963,第60页)。那物品的价格又是如何决定的呢？萨伊回答说:"在一定时间和地点,一种货物的价格,随着需求的增加与供给的减少而比例地上升;反过来也是一样。换句话说,物价的上升和需求成正比例,但和供给成反比例。"(萨伊,1963,第325—326页)

总之,在萨伊那里,价值实际上有三层含义。一般意义的价值是指获得商品必须支付的代价,即劳动、资本、土地的努力;市价是指供求所影响和决定的价值;价值则是基于来自生产费用的物品的效用。萨伊的价值论是生产要素论、供求论、生产费用论和效用论的结合,从根本上是与斯密和李嘉图的单纯的生产费用或劳动价值论相对立的(参见晏智杰,2002,第150页)。

4) 三位一体的分配公式

萨伊认为,收入来自生产三要素即劳动、资本、土地的市价,而三要素的市价同其他物品的市价一样,决定于供求。而供求的对象是生产要素的"生产性服务",即劳动、资本、土地为生产产品所作的生产性贡献。他写道:"产品由人类所掌握的生产手段创造出来,即由人的劳动、资本和自然力创造出来。这样创造出来的产品构成拥有这些生产手段的人的收入。"(萨伊,1963,第328页)按照萨伊的价值理论,劳动、资本、土地都是价值的创造者,都对效用的生产做出了贡献,因此都有从它们共同生产的价值中获得报酬的权利:劳动的报酬是工资,资本的报酬是利息,土地的报酬是地租。这就是所谓三位一体的分配公式:1)劳动—工资;2)土地—地租;3)资本—利息。这也就是尔后新古典功能性分配的雏形。

1.4.3 边际价值论

边际价值论指采用边际分析方法建立的价值论,包括边际效用价值论和边际生产力价值论。

1)边际效用价值论

该理论是由门格尔(1840—1921)、维塞尔(1851—1926)和庞巴维克(1851—1914)为代表的奥地利学派和杰文斯(1835—1882)、瓦尔拉斯(1834—1910)为代表的数理学派创立的,主张商品价值是由其边际效用决定的。效用论(包括边际效用论)的主要错误并不在于效用本身的主观性和难以度量性,而在于它完全否定了商品的另一个基本属性即生产费用在价值决定中的作用。

2)边际生产力价值论

该理论是也是由众多经济学家共同建立的。其中边际生产力论首次应用在马尔萨斯(Malthus,1798/1820)-李嘉图(Ricardo,1817)的地租论中。

朗菲尔德(Longfield,1834)认为利润是由物质资本的边际生产力决定的,但没有推广到工资(参见伊特韦尔等,1992c,第256—257页)。

杜能(Von Thünen,1783—1850)几乎把这一原理同时运用于工资和利息,但公开发表太晚,没有什么影响。

杜能(1986)设总劳动产品为 p,总工资为 A,总利润为 $p-A$,利润(利息)率为 $\dfrac{p-A}{A}$。又设总工资中用于必要生活资料的部分为 a,工人所得的剩余总额为 $A-a$。这个剩余总额按利润(利息)率投资,可以获得的收入为:$\dfrac{p-A}{A}(A-a)=p-A-\dfrac{ap}{A}+a$。

为了求出工资的最大值,必须使 $p-A-\dfrac{ap}{A}+a$ 的一阶导数为零,即:

$$\frac{d(p-A-\frac{ap}{A}+a)}{dA}=-1+\frac{ap}{A^2}=0,$$ 由此得到 $A^2=ap$，即 $A=\sqrt{ap}$。杜能去世(1850年9月22日)后，其墓碑上镌刻着他用以表示自然工资的数学公式：$\sqrt{ap}$。

工资理论的另一方面是劳动最后生产力工资理论。工资等于大规模经营中最后雇佣的工人所增加的产品。如果工资的提高使最后雇佣工人的收入超出他所增加的产品的价值，雇主就会解雇工人，直至最后留用工人的产品价值与提高了的工资相等为止。反之亦然。劳动最后生产力工资论和资本最后生产力利息论构成了要素最后生产力论，这是"边际生产力论"的最初形式。资本是物，而不是经济关系。资本是劳动的产物，只能是劳动所生产的多于他们所消耗的那部分东西构成的。劳动和资本之关系是协作关系，资本与劳动之间存在共同利益，这个共同利益在于提高生产。如果生产下降，双方都蒙受损失，如果生产提高，双方都受益。

克拉克(1847—1938)运用19世纪70年代以后广泛流行的边际分析方法，从一般的"生产率递减规律"引出了"劳动生产递减规律"。假定资本不变，投入的劳动力多了，则平均每一单位劳动所摊到的设备少了，因此，每一单位劳动生产出来的产品少于从前每一单位劳动的产品。最后增加的一单位劳动是"边际劳动"，"边际劳动"所生产的产品量是"劳动边际的生产率"。"劳动边际的生产率"不但决定了"边际劳动"工人的工资，还决定了其他同一熟练程度工人的工资。这样得来的工资标准是一个静态的标准。在这种场合，工资决定于"边际生产率"。任何一个单位所得的工资便等于最后一个单位所能创造的产量。资本家所得是利息，企业家的所得是工资加利润。在静态经济中，企业家仅得到工资，利润并不存在，只有在动态经济中才产生利润(克拉克,1997)。

1894年,威克斯蒂德在《论分配法则的协调》一书中指出,对于具有不变规模收益的生产过程来说,总产值正好等于按各个要素边际值所支付的报酬总额。这等于再次独立发现齐次函数的欧拉定理。如果一个函数是齐次线性的,且每一项都乘以其偏导数,则函数各项自变量的和等于函数值。用经济学语言讲,就是如果一个生产函数是规模收益不变的(每一笔投入以一个确定的比例变动,则产出将以同一比例变动),而且如果每一笔投入被支付的报酬等于其边际产品,则产品将被耗尽,既不多也不少(伊特韦尔等,1992d,第993页)。

1.4.4 马歇尔的均衡价格论

新古典价值论是由新古典学派的代表马歇尔(1842—1924)在19世纪末完成的。马歇尔于1890年发表了《经济学原理》一书,将生产成本论、供求论和边际效用价值论等方面的理论加以综合,提出了"均衡价格"理论。马歇尔(1964)用边际效用解释需求,用边际生产力解释供给,工资、利润、地租分别决定于劳动、资本、土地的边际生产力(在完全竞争条件下等于边际产值,在不完全竞争条件下等于边际收益产品)。边际革命三杰(门格尔、杰文斯、瓦尔拉斯)以及威克斯蒂德(2016)、克拉克(1997)等都对这一理论做出过贡献,而著名的欧拉定理则为边际生产力的产品耗尽原理提供了数学证明。

新古典价值论将工资、利息、地租和利润,看作是劳动者、资本家、土地所有者和企业家,各自凭借其劳动、资本、土地和企业家才能等生产要素对价值创造所做贡献应得的报酬,其中不存在任何剥削,由此得出资本主义分配关系是和谐的,资本主义制度是合理的和永恒的结论(参见马歇尔,1964;马歇尔,1965)。

1.4.5　新古典价值论的逻辑悖论

琼·罗宾逊 1953 年在《生产函数与资本理论》(罗宾逊,1984)一文中,批评了新古典的生产函数和资本理论,但遭到以萨缪尔森为首的新古典综合派的反击。这场争论持续到 20 世纪 60 年代达到高潮,被称作资本争论或两个剑桥之争。

新古典生产函数是用来表明一种商品的产出量与所需要的各生产要素投入量之间的技术关系,通常表示为:$Q=f(L,K)$。它一般假定规模收益不变,生产要素之间有完全的替代性。根据新古典生产函数,投入品的最佳组合是每种生产要素的边际产值等于该要素的价格。其中,利息率等于资本的边际生产力,而资本的边际生产力可以直接从生产函数中得出。

罗宾逊认为:由生产函数中的边际生产力确定利息率是行不通的,因为资本是异质品,要度量资本的价值必须以对利息率的认识为先决条件。也就是说,如果经济学理论必须解释利息率,就不能为了测量资本量而假设自己已知资本的获利能力,这是循环论证。[①]

生产函数只能勉强适用于短期分析,一旦超出短期分析,便会遇到有关资本度量的难题。若以实际发生的成本度量,那只有历史意义,因为购买力已经变化了;若以真实货币计算,又取决于采用什么指数;若用现行重置成本计算,又与实际情况相悖:没有一个资本家愿意投资建设一个完全原样的工厂。

如果已知某一资本品的预期产出率和预期价格及成本,只要确定了利息率,就可以按照资本获得的未来的利润流量进行贴现,求出资本

---

① 其实,不仅资本是异质的,劳动何尝不是异质的。如果资本的度量有问题,劳动的度量同样有问题。

的现值。以这种方法估价资本,必须预先确定利息率,但建立生产函数的主要目的却在于表明工资和利息率是如何由技术条件和要素比例决定的。

罗宾逊由此得出结论:不知道利息率,就不知道一国经济中的资本存量。计算边际产品的困难导致了各种利益集团在确定收入份额上的矛盾和对立,而决定最终结果的将是各竞争者讨价还价的力量和政治技巧。

索洛(Solow,1957)承认:使生产函数中资本计量具有实际意义的条件在特定情况下一般难以碰到,因此,生产函数理论的适用范围相当有限。

布劳格(Blaug,1975)认为:罗宾逊所说的生产函数正是希克斯所谓的一国经济中的总量生产函数(Hicks,1932),而不是微观生产函数,其中,资本存量大致代表了资本服务的流量,对它的计量并不需要知道一国经济中的利息率。

萨缪尔森(Samuelson,1962)提出替代生产函数(surrogate production function),企图以此对抗新剑桥学派的再转辙理论(利息率与资本密集度之间没有任何单调关系)。但他最终在总结再转辙辩论的文章中(Samuelson,1966)承认再转辙现象的存在,认为通常的新古典学派的寓言是过分简单化了。他指出,政治经济学这门科学还不具备实际的材料来判断,现实世界究竟更加接近于新古典的寓言,还是简单的再转辙模型。

其实,撇开"两个剑桥"(英国剑桥大学的新剑桥学派和位于美国剑桥麻省理工学院的萨缪尔森一派)围绕资本的争论不说,从流行的微观经济学教科书中一眼就能看出新古典价值理论中存在的循环论证:新古典价值理论在讨论产品市场均衡价格时预先假定要素价格已经存在,由此才能导出由成本(即工资、利润和地租)曲线构成的供给曲线；而在讨论要素市场时，又假定产品价格已经存在，由此才能形成由要素的边际产品收益构成的要素需求曲线。这不是典型的循环论证吗？

1.5 独树一帜的斯拉法价值论

斯拉法1960年在《用商品生产商品》一书中构造的价格决定模型奠定了新剑桥学派价值理论的基础。作为斯拉法在新剑桥学派的同事，琼·罗宾逊把斯拉法的理论视为"经济理论的第二次革命"。①

1.5.1 斯拉法的价值决定模型

斯拉法对价值决定的分析起点是维持生存的生产体系，然后转入具有剩余的生产体系，后者又分为抽象掉劳动要素和引入劳动要素两种情况。我们这里简要介绍其劳动作为独立要素的具有剩余的价值决定模型。

斯拉法认为，在有劳动要素参加的经济体系中，工人工资不仅能够维持自己的生存，还可能分享一部分剩余产品。也就是说，工人的工资由两部分构成，一部分是维持工人生活的生存工资，斯拉法认为这一部分工资的地位是和生产中使用的"引擎燃料或牲畜饲料一样"（斯拉法，1963，第15页），因而将其计算在生产资料中；另一部分是工人分享的剩余产品，这一部分是可变的，它的大小取决于劳动量 L 和工资率 w。现在，全部工资可以分两部分，即生存工资和剩余工资。由于按照习惯和通常的分析，工资是当作一个整体来看的，剩余工资可变就导致

---

① 按照琼·罗宾逊的观点，"经济理论的第一次革命"是指"凯恩斯革命"（杨德明，1978）。由此看来，琼·罗宾逊将斯拉法的理论体系称为"斯拉法革命"，并与"凯恩斯革命"相提并论，其重视程度的确非同小可。

了全部工资可变。

根据以上设定,斯拉法得到了下列一般的剩余生产方程组：

$$(X_{11}P_1 + X_{21}P_2 + \cdots + X_{n1}P_n)(1+r) + L_1 w = X_1 P_1$$
$$(X_{12}P_1 + X_{22}P_2 + \cdots + X_{n2}P_n)(1+r) + L_2 w = X_2 P_2$$
$$\vdots \qquad \vdots \qquad \vdots \qquad \vdots \qquad (1.1)$$
$$(X_{1n}P_1 + X_{2n}P_2 + \cdots + X_{nn}P_n)(1+r) + L_n w = X_n P_n$$

方程组(1.1)共有 n 个方程,但却有个 $n+2$ 个未知数,那么 n 种商品的交换价值和利润率 r、工资率 w 就无法确定。因此斯拉法又增加了两个方程:一个是规定各部门使用的年劳动量之和等于1,即：

$$L_1 + L_2 + \cdots + L_n = L = 1 \qquad (1.2)$$

另一个是规定每年的剩余产品的价值,这是每年的社会剩余,"是从总国民产品中一项一项地除去用于更新在所有生产部门中消耗完了的生产资料余留下来的"(斯拉法,1963,第17页)那一部分,即全部的国民收入等于1,即：

$$\sum_{j=1}^{n} \left[X_j - \sum_{i=1}^{n} X_{ij} \right] P_j = 1 \qquad (1.3)$$

现在方程组(1.1)—(1.3)就是一个可决定的生产体系了,而且在这个生产体系中,深刻地表明了收入分配变量 r、w 与相对价值变动之间的密切的联系,这是斯拉法模型的核心。

1.5.2 对边际理论的批判

斯拉法运用李嘉图的抽象法和里昂惕夫的投入产出分析法,建立了一个在既定生产技术条件下各生产部门的产品价格、工资和利润率决定的模型。斯拉法的这一价值理论体系的形成是对以边际分析为基础的新古典价值理论有力的反击,虽然后者自边际革命以来一直居于经济理论的正统地位。正如斯拉法在《用商品生产商品》一书的"序言"中所强调的:"我现在发表的这套命题有一个特征,虽然它们没有对价值和分配的边际学说进行任何讨论,它们仍然是为了作为批判那一学说的基础而设计的。"(斯拉法,1963,第 7 页)因为从斯拉法的整个价值决定模型中,都是假定各种生产要素之间的技术比例是固定不变的,这样就否定了边际分析的可能以及由此而得出的任何结论。①

1.5.3 质疑劳动价值论及其转形理论

在斯拉法的价值决定模型中,价值和利润率是在同一过程中同时决定的。斯拉法强调,利润率"在我们知道商品价格之前,是不能决定的。另一方面,我们不能把剩余的分配推迟到价格决定之后,因为,我们就要说明,在求出利润率之前,价格是不能决定的。结果是,剩余分配的决定,必须和商品价格的决定,通过相同的机构,同时进行"(斯拉法,1963,第 12 页)。

斯拉法的这一分析,不仅预示了以边际分析为基础的新古典价值和分配理论是一种循环论证(因为按照边际生产力分配理论,要确定工资率和利润率,就首先要知道产品和资本品的价格,而要得到产品和资本品的价格,又必须首先确定工资率和利润率,这样就导致了循环论证),而且质疑了劳动价值论及其转形理论,因为后者同样假定先有一个由劳动决定的价值和剩余劳动决定的剩余价值,然后再假定剩余价值按照一个统一的平均利润率在各部门之间进行分配,而按照斯拉法的逻辑,剩余价值在价值决定之前,是不可能按照任何比率在各部门进行分配的,而在剩余价值未分配之前,价值又是不可能决定的,甚至在

---

① 面对以斯拉法、罗宾逊为首的新剑桥学派的批评,新古典综合派的领袖萨缪尔森也不得不承认边际生产力价值论的不完善性。参见 Samuelson(1962)。有关异质资本和技术再转辙方面的批评,参见 Robinson(1956)、Garegnani(1966)、Garegnani(1970)、Levhari(1965)、Pasinetti(1966)。

价值决定之前,剩余价值本身就是难以决定的。

斯拉法的价值决定模型表明,所谓价值向生产价格的转化即所谓转形问题本身是虚构的,是一个伪问题,围绕着转形问题展开的长达一个世纪的争论实际上是毫无意义的。①

1.6 对三大价值理论的简要评价

自经济学产生以来,价值理论就一直是争论的焦点,其中劳动价值论、新古典价值论和斯拉法价值论相互对峙,形成三足鼎立之势。

传统的劳动价值论由于只承认劳动是价值的唯一源泉,从而对非劳动要素在价值形成中的作用以及所得到的收入难以做出令人满意的数量分析。国内外经济学界对劳动价值论,或者全盘否定者,或者当作教条,或者用死劳动偷换活劳动从而使之庸俗化,总之,有关劳动价值论的研究,100多年来并未取得实质性进展。

新古典价值论虽然对各种生产要素在价值决定中的作用以及功能性分配给出了数量解,但其内在的逻辑矛盾(循环论证)和固有的辩护性(宣扬阶级调和),亦受到马克思主义经济学家和新剑桥学派的批评。

至于斯拉法的价值论,由于一方面给予边际生产力论致命一击,另一方面又通过揭示出交换比例与利润率形成的同一机制而使"价值向生产价格的转换"成为多余,因此,尽管有关文献资料浩如烟海,但它似乎既不能被马克思主义阵营所接收,也难以融入西方经济学主流。

正是在上述不同的价值理论基础上,形成了不同的收入分配理论乃至不同的经济学体系,每个经济学体系都各自创立了自己独特的基

---

① 参见萨缪尔森对转形问题的分析(Samuelson,1966)。

本范畴,如资本、利润、利息、地租和工资等,这些范畴所反映的经济关系都各不相同的,以至于正处在转形期的中国理论经济学的建立缺乏统一的基础。

实际上,上述三种价值理论,都是在不同的假定条件下才能成立的,因而都只是一种狭义的价值理论。本书以下几章试图通过对这些狭义价值理论的比较研究,建立一个反映市场经济一般规律的价值理论即广义价值论,揭示广义价值规律在不同条件下借以实现的形式,使价值理论与收入分配理论内在地统一起来。

1.7 若干似是而非观点的辨析

在进入本书正面阐述广义价值论之前,我们首先要对价值理论研究中若干似是而非的观点进行一下辨析,以便消除读者对本书正面阐述的观点所产生的误解。

1.7.1 劳动是价值的唯一源泉无须证明

许多研究者认为,深化对劳动价值论的认识,前提是坚持劳动是价值的唯一源泉,似乎价值的唯一源泉是活劳动,这是一个无须证明或不证自明的公理。事实上,只要我们把价值理解为支配现实交换价值运动的规律,任何有关价值量决定的规律或定理,都必须经过逻辑证明和经验验证。

吴易风(1995)曾指出,使用价值是多元函数,而价值是劳动的一元函数。我们知道,使用价值是多元函数,不仅可以由柯布-道格拉斯等生产函数得到逻辑验证,还可以被农业、工业、采掘业中大量的经验事实所证明,应该说是一个无须证明或不证自明的公理。但是,价值是劳动的一元函数,尽管马克思主义经济学家做了大量论述,但尚无任何逻辑一致性的证明,更很少有经验证据。

古典经济学家亚当·斯密曾以鹿和海狸的交换为例说明价值决定,认为,1只鹿之所以能和2只海狸相交换,是因为捕获1只鹿和捕获2只海狸耗费了同量劳动,因此,"只有劳动才是价值的普遍尺度和正确尺度"(斯密,1972,第32页)。但是,他马上指出,上述价值决定于劳动时间的规律,只适用于"资本累积和土地私有尚未发生以前的初期野蛮社会",而在土地私有和资本积累产生以后的进步社会,价值就不是由劳动时间,而是由工资、地租和利润这三种收入决定了(参见斯密,1972,第42—44页)。

应该说,斯密对价值决定于劳动时间这一命题既做了逻辑论证,也做了经验检验,结论是,劳动价值只适用于特定的时期和特定的条件,不具有普遍性。马克思主义经济学家一向批评斯密有两种价值理论,其一是劳动价值论,其二是生产费用论,并认为前者是科学的,后者是庸俗的(马克思、恩格斯,1972c,第47—48页)。其实,斯密只有一种价值理论,这就是生产费用论,而上述两种价值规定不过是根据不同的前提假设而对生产费用的不同规定。

古典经济学的集大成者李嘉图一生都致力于建立一个逻辑上前后一致的劳动价值论,不幸的是,他的劳动价值论充满了逻辑矛盾:其一,把价值规定为由最不利的生产条件下的劳动耗费决定,由此必然造成不同生产部门在级差系数①不一致的情况下,投入同量劳动所创造的

---

① 设第 i 部门不同等级的同量土地投入等量资本,q_{ih} 为第 i 部门第 h 等级土地的产量($h=1,2,3,\cdots,w$),q_{i1} 为最劣等土地的产量,则第 i 部门的级差产量系数为:$Q_i = \sum_{h=1}^{w}(\frac{q_{ih}}{q_{i1}}-1)$(参见蔡继明,1991)。

价值不等,而全社会的总价值会超过总劳动量;其二,等量劳动相交换与等量资本获得等量利润相矛盾①;其三,级差地租理论与劳动价值论及平均利润理论相矛盾。②

不仅如此,当李嘉图用经验事实去验证其价值理论时,不得不承认诸如工资率的变动、资本的耐久性、资本垫支时间的长短以及固定资本与流动资本比例的不同等非劳动因素都会影响价值决定,尽管他非常牵强地将上述影响的作用限定在 7%,因而当作"例外"而被强制地抽象掉,乃至于斯蒂格勒幽默地把李嘉图的价值理论称为 93%的劳动价值论。但是,正如与李嘉图同时代的经济学家马尔萨斯和托伦斯所批评的,李嘉图事实上是把"例外"当作了规律,而把"规律"当作了例外。

由此可见,李嘉图的价值理论既没有得到逻辑证明,又没有通过经验验证。

马克思在论证价值是凝结在商品中的一般人类劳动这一命题时,使用了排除法。在他看来,商品具有两个基本规定性,其一是使用价值,其二是劳动产品。既然使用价值是异质的,不能进行比较,剩下来能够成为价值基础的就只有商品生产中所耗费的劳动了。但是,如果认为使用价值是异质的从而不能作为价值决定的因素,那么,劳动也是异质的,同样不能作为价值决定的因素。反过来,如果认为各种具体的异质的劳动可以抽象为无差别的一般人类劳动,那么,这一抽象过程同样适用于各种异质的使用价值。或者说,当人们将具体劳动抽象为无差别的一般人类劳动的同时,事实上也就把各

---

① 关于这一矛盾,马克思主义经济学家已有大量的分析和介绍,这里毋庸赘述。

② 根据李嘉图的价值规定,农业部门较优等土地产品的价值与劣等地产品价值之间的差额转化为级差地租,由此必然会造成工农业部门之间利润率的不等。即使假定工业部门也按照同样的规则交纳级差地租,只要各部门级差系数不等,上述第一个矛盾同样会存在(参见蔡继明,1985a)。

种使用价值抽象为一般的使用价值即效用。① 由此我们看到,马克思并没有直接把古典学派价值决定于劳动时间这一规定当作不证自明的公理加以接受,而是试图从逻辑上对其加以证明,尽管他最初对价值所做的抽象,就带有一定的强制性。不仅如此,马克思还考察劳动价值这一规定在资本主义社会的适用范围,指出:"'直接的'价值规定在资产阶级社会中的作用是多么小。"(马克思、恩格斯,1974b,第12页)②这至少表明马克思自己都承认"价值决定于劳动时间"这一规定缺乏充足的经验证据。

1.7.2 价值是由活劳动创造的,价值的分配是按生产要素所有权进行的

这是目前广为流行的观点,认为价值的创造和价值的分配是两回事,不能混为一谈:价值决定自然以马克思劳动价值论为基础,而价值分配的依据则是生产要素所有权。这种观点意在说明社会主义初级阶段的多种分配形式以及党的十六大(2002)确立的生产要素按贡献参与分配的原则,并不违背劳动价值论。

但是,这种观点不能说明,其一,单纯的要素所有权为什么能给要素所有者带来收入,如果说非劳动要素的所有者可以凭借着非劳动要素的所有权获得唯一由劳动所创造的剩余价值,那么,为什么劳动者不能凭借劳动的所有权获得劳动所创造的全部价值?其二,各种要素的收入是如何决定的?为什么资本家只得到平均利润,而土地所有者则得到超额利润?为什么土地所有者不能凭借其土地所有

---

① 事实上,后一种抽象比前一种抽象似乎更加容易。比如,消费者既需要冰箱又需要彩电,当其收入给定而两种商品价格又相同时,若消费者优先购买冰箱,这说明消费者通过对两种商品使用价值的抽象比较,认为前者的效用大于后者。

② 马克思这里所说的"直接的"价值规定,显然是指价值决定于劳动时间的规定。

权的垄断而得到土地的大部乃至全部产品？同样的问题也适用于资本和劳动。

显然，任何形式的生产要素的所有权，都不是凭空产生的，它必然要以该种生产要素的稀缺性和有用性为前提。所有权本身并不创造收益，它不过把各生产要素所创造的收益转归各生产要素的所有者。要阐明各种要素的收入是如何决定的，必须说明各种生产要素在价值形成中所起的作用或所做出的贡献。把价值决定与价值分配截然分开，无法确定各种收入的数量。

1.7.3　价值是在生产过程中决定的，在流通中实现的

这种观点完全否认供求关系对价值决定的影响，认为均衡价格论是庸俗的价值理论，主张价值由第一种含义的社会必要劳动决定，第二种含义的社会必要劳动决定价值的实现，或者说，价值是由生产中耗费的劳动决定的，供求关系只影响价格对价值的偏离，流通领域发生的一切，都归结为价值的分配和价值转形。

令人不解的是，持上述观点的学者又无一不承认价值所体现的是不同生产者(部门)之间的交换关系。既然如此，离开了交换过程，离开了商品的买方(消费者)和卖方(生产者)之间的竞争，又何以谈价值决定？在商品进入交换之前乃至成交之前，其生产中所耗费的东西包括劳动仅仅是一种生产成本或生产费用(二者意思相同，英文都是 production cost)，它们是决定价值的因素，但本身并不直接就是价值。价值的形成(或者叫价值决定)既离不开生产，也离不开交换，价值是由供给(生产者)和需求(消费者)共同决定的。既然价值是一种使用价值与另一种使用价值相交换的均衡比例，那些影响交换价值均衡的因素，自然也就是影响价值决定的因素。

1.7.4 价值是一种社会关系,其中不包含任何使用价值原子

这种观点完全割裂了价值与使用价值的关系。诚如马克思所说,价值所反映的人与人之间的关系,是商品的社会属性,使用价值所反映的是人与物之间的关系,是商品的自然属性。但商品的社会属性是以自然属性为基础的,使用价值是价值的物质承担者,抛开了使用价值这一价值的物质承担者,又何以谈价值?

其实,价值作为一种社会关系,虽然不像使用价值满足人们的需要那样一目了然,但也并非复杂到令人难以捉摸的程度。价值所反映的不过是商品生产者分工生产并相互交换自己的劳动产品这样一种生产关系,它不是虚无缥缈的东西,而是整个商品体(当然包括商品的使用价值)的一种社会形式,具体地表现为一种使用价值与另一种使用价值相交换的均衡比例。既然价值本身就是一种使用价值与另一种使用价值的均衡交换比例,怎么能说价值关系中不包含任何使用价值原子呢?

正是由于传统的劳动价值论割裂了价值与使用价值的关系,因而才把价值的决定完全看作是生产领域中的事,与流通领域无关,因而也就否认了需求对价值决定的影响;也正是由于传统的劳动价值论割裂了价值与使用价值的关系,从而否认了不同部门的劳动生产力对价值决定的影响,进而也就否认了非劳动生产要素对价值决定的影响。

2. 分工交换的起源和发展

价值理论是资源配置和收入分配理论乃至整个理论经济学的基础。前述各种价值理论都是以绝对生产力或绝对成本为基础的,因而都是特殊形态的价值理论,它们只有在极其严格的假定条件下才能成立。有鉴于此,本章另辟蹊径,利用李嘉图的比较优势原理,引入机会成本,揭示分工与交换的起源,构建一个两部门的广义价值论模型,阐明价值决定的一般规律。

2.1 分工交换在价值理论乃至整个经济理论中的重要地位

人类社会最初的生产方式无疑是一种自给自足的生产方式,人类社会的发展也一定是起始于由自给自足的生产方式即自然经济向分工交换的生产方式即商品经济或市场经济的转变,而价值正是伴随着自然经济向商品经济的转化而产生的,整个经济学的发展,从古典经济学到现代经济学,也无一不是以商品经济或市场经济为研究对象的。从这个意义上说,分工和交换既是价值理论研究的逻辑起点,也是整个经济学研究的逻辑起点。

正是由于价值和交换价值是在分工和交换的基础上产生的,所以,本章的分析,首先从探讨分工和交换的起源开始。

2.2 经济学说史上对分工和交换起源的探讨

分工与交换是社会生产力和国民财富增长的重要源泉,也是政治经济学的两个最基本的范畴,它构成经济学研究的基本前提和出发点。然而,社会分工和交换是如何产生的,这在经济学说史上则是一个既古老又新颖的问题。

2.2.1 古代思想家论分工和交换的起源

古希腊著名的思想家色诺芬第一次论述了劳动分工的必要性,他认为,一个人不可能精通一切技艺,而专门从事一种技艺会使产品造得更好。"从事最简单工作的人,无疑能最出色地完成这项工作,这是必然的。"古希腊的另一位著名思想家柏拉图,则从个人需要的多面性和个人才能的片面性来说明公社内部的分工。他指出:"如果一个人根据自己的天生才能,在适当的时间内不做别的工作,而只做一件事,那末他就能做得更多、更出色、更容易。"还有的古代著作家指出:"不同的人喜欢从事不同的工作","每个人都在不同的工作中得到乐趣。"(转引自马克思、恩格斯,1972b,第404—405页)

上述这些思想家虽然分析了分工产生的必要性,但他们大都是从个人的兴趣、天赋和需要等方面来论述分工的起源,而没有阐明究竟是什么东西使得具有不同兴趣、天赋和需要的人不是自己生产自己能够生产的各种必需品,而是必须要进行分工生产和交换。

2.2.2 斯密论分工和交换的起源

亚当·斯密在经济学说史上第一次对分工和交换进行了系统的考察,从而成为古典分工学说的集大成者。斯密认为,引起分工的原因,是人类"互通有无、物物交换、互相交易"的倾向。他说:"当初产生分工的也正是人类要求互相交换这个倾向。"(斯密,1972,第14页)那么,交换倾向又是由什么决定的呢?斯密对此没有做出明确而直接的回答,在他看来:"这种倾向,是不是一种不能进一步分析的本然的性能,或者更确切地说是不是理性和言语能力的必然结果,这不属于我们现在研究的范围。"(斯密,1972,第13页)

从以上论述中可以看出,斯密主要关心的是分工如何增进劳动生产力和社会财富以及制约工发展的因素是什么,至于分工本身的起源,他没有把它纳入《国富论》的研究范围,而只是把它简单地归结为人类本能的倾向之使然。这一点使斯密的分工理论显得很不完善,从而给后人留下了进一步探索的余地。

2.2.3 马克思论分工和交换的起源

斯密的分工理论之所以存在着上述缺陷,一个重要原因在于,"政治经济学作为一门独立的科学,是在工场手工业时期才产生的,它只是从工场手工业分工的观点来考察社会分工,把社会分工看成是用同量劳动生产更多商品,从而使商品便宜和加速资本积累的手段"(马克思、恩格斯,1972b,第404页)。

马克思在研究分工和交换的关系时,排除了原始公社之间不是专门为交换而生产,而是偶有剩余的产品交换,指出,真正的商品交换是不能离开社会分工而存在的。他说:"如果没有分工,不论这种分工是自然发生的或者本身已经是历史的结果,也就没有交换。"(马克思、恩格斯,1979a,第36页)

马克思还区分了工场手工业内部的分工和社会内部的分工,指出社会内部的分工以及个人被相应地限制在特殊职业范围内的现象,是从相反的两个起点发展起来的:(1)在家庭内部,随后在氏族内部,由于性别和年龄的差别,也就是在纯生理的基础上产生了一种自然分工,这种分工随着公社的扩大、人口的增长、特别是各氏族间的冲突以及一个氏族征服另一个氏族而扩大和发展起来;(2)不同的公社在各自的自然环境中,找到不同的生产资料和不同的生活资料,因此,它们的生产方式、生活方式和产品也就各不相同,这种自然的差别,在公社互相接触时引起了产品的互相交换。在这里,社会分工是由原来不同而又互不依赖的生产领域之间的交换产生的(马克思、恩格斯,1972b,第389—390页)。

但是,撇开单纯地由于自然环境的差别而产生的不同地域之间的分工不说,即使是在纯生理的基础上产生的自然分工,也有其更深层的经济根源,而且,这种生理分工并非原始公社内部典型的分工形式。至于自给自足的自然经济中农业、畜牧业和手工业的分工交换是如何产生和发展起来的,马克思同样没有展开具体的分析。更进一步说,单纯的自然环境的差别,也并不一定就引起不同地域之间的分工和交换。比如,在不存在自然垄断的情况下,如果个人或部落通过在不同地域之间的迁徙而生产满足自身不同需要的产品更为有利可图,不同域之间的分工交换就不会发生。

2.2.4 新古典学派以分工为既定前提

新古典学派并没能将古典学派在分工理论方面的成就发扬光大,而只是把分工与交换作为一个既定的事实,甚至视为一种人类的生理特性,作为其经济分析的前提。新古典学派的代表人物之一瓦尔拉斯在其《纯粹经济学要义》中就表达了这一观点:"人类不仅具有关于分工的生理特性,而且我们随后会看到,这一特性是人类生存和获得给养的一个不可缺少的条件。在满足欲望的追求中,人类的命运决不是互相独立而是连结在一起的。但是这里不准备探索分工的性质和起源。

目前我们所注意的只是这一现象的存在,就同我们在上面所注意到的人类精神上的自由和伦理上的人格的存在情形一样。这一现象是确实存在的,因为我们并不只是为了自己的需要而各自从事于增加稀少物质的数量,也并不只是在各自所需要的程度上把物质的间接效用转变成直接效用,而是把这项任务分化成种种专职来进行的。有些人以耕种为专业而不做别的工作,还有些人则以纺织为专业而不做别的工作,等等。让我们再说一遍,这就构成了分工的本质。这种现象在人类社会中的存在是一目了然的。"(瓦尔拉斯,1989,第58—59页)

2.2.5 我国理论界论分工和交换的起源

我国理论界目前尚没有出现全面阐述分工和交换理论的专著,有关分工和交换的起源的论述,散见于个别的文章和专著之中,而且大都是沿袭马克思的成说和对以往分工学说的论述。比较有代表性的是这样一种观点,即认为:"不是交换引起分工,而是分工引起交换。要先存在社会分工和私有制,才会出现商品交换。"(鲁友章、李宗正,1979,第181页)这种观点存在着一个明显的缺陷,就是把分工与交换割裂开来,把交换看成是分工引起的结果,那么分工又是由什么引起的呢?它显然又是以交换为前提的。因为,如果没有交换这一前提,人们就不可能专门从事单一的生产。所以说,这种观点最终难免陷入循环论证的泥潭。

由以上分析可知,社会分工和交换的起源,仍然是一个尚未得到科学阐释的问题。

2.3 比较利益是社会分工和交换产生的条件

实际上,社会分工与交换,犹如闪电和雷鸣,它们是同一个事物的两个方面,二者之间并不存在因果关系。它们的产生是直接以比较利益的存在为前提的。

2.3.1 机会成本与比较利益

比较利益首先是和机会成本相联系的一个范畴。

所谓机会成本(Opportunity Cost, OC),就是当一定的资源用于生产某种产品时所放弃的可能生产的另一种产品的产量;当一种资源有多种用途并能进行价值(效用)比较时,其中一种用途的机会成本就是所放弃的其他用途中最高的收益(价值或效用)。下面,我们通过图2.1中的生产可能性曲线来说明机会成本的含义。

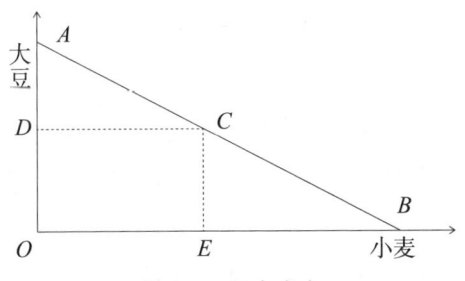

图 2.1 机会成本

图2.1中AB线表示某生产者用一定量资源比如说劳动所能生产的大豆和小麦的所有组合,即生产可能性曲线。如果他把全部资源用于生产小麦,其产量可能为OB,如果把全部资源用于生产大豆,其产量可能为OA,那么,OA单位大豆的机会成本,就是OB单位小麦,或者如图2.1所示,OE单位小麦的机会成本,就是AD单位大豆。

而所谓比较利益(Comparative Benefit, CB)就是生产者通过分工交换而得到的收益(效用),高于自给自足时的收益(效用),如下式所示:

$$CB_1 = (U_1^E - U_1^A) > 0 \ ; \ CB_2 = (U_2^E - U_2^A) > 0 \qquad (2.1)$$

或通过交换得到的收益高于其所让渡的产品机会成本的差额,如

下式所示：①

$$CB_1 = y_1^d - y_1^{oc} > 0 \; ; \; CB_2 = x_2^d - x_2^{oc} > 0 \qquad (2.2)$$

设生产者 1 生产单位产品 1 的劳动时间为 t_{11}，生产单位产品 2 的劳动时间为 t_{12}，生产者 2 生产单位产品 1 的劳动时间是 t_{21}，生产单位产品 2 的劳动时间是 t_{22}，两种产品的交换比例为 $R_{2/1} = x_2/x_1$，则用分工交换节省的劳动时间所表示的比较利益如下式所示：

$$CB_1 = x_2 t_{12} - x_1 t_{11} > 0 \, , \; CB_2 = x_1 t_{21} - x_2 t_{22} > 0 \qquad (2.3)$$

2.3.2 比较利益是社会分工和交换产生的原因或条件

毫无疑问，正是由于上述潜在的比较利益的存在②，才使得社会分工和交换成为可能。很明显，如果生产者 1 和生产者 2 通过产品 1 和产品 2 的交换所得到的收益与各自产品的机会成本相等，这种交换就没有任何经济意义，因而事实上也就不可能发生——即使偶然发生了，也不会反复地持续进行。

当然，比较利益对于交换的双方必须同时存在，分工交换才可能发生。如果通过交换只有一方可能得到比较利益，另一方的收益与其丧失的机会成本相等，那么，这种交换也不会发生，或者说，即使偶然发生了，也不会反复进行。

至此，我们的分析已经比古代思想家和古典经济学家的分析进了一步。在他们那里，仅仅指出了通过交换，双方可以得到好处，而没有说明这种好处的性质及其量的规定。而在我们这里，交换双方得到的

---

① 所谓让渡其产品的机会成本是指消费者 i 为了满足对于产品 j 的需求需要拿出一部分产品 i 去交换，这部分产品 i 所用到的资源通过自身的生产能够生产的产品 j 的数量，用数学式表示为：$x_{ij}^{oc} \equiv f_{ij}(f_{ii}^{-1}(\frac{V_j^c x_{ij}^d}{V_i^c}))$，$j \in M$。本书第 7 章将详细讨论这个公式的经济学含义。

② 这里之所以说是"潜在的"，因为在分工交换之前，比较利益是不能实现的。

收益具有了明确的质的规定和量的规定,并被抽象为比较利益这一范畴。

那么,比较利益又是由什么决定的呢?

2.3.3 比较利益是由比较优势即相对生产力差别决定的

比较优势是与绝对优势相对应的一个概念,后者是由绝对生产力的差别决定的,前者是由相对生产力的差别决定的。要说明比较优势和绝对优势,必须首先对绝对生产力和相对生产力概念做出界定。

1) 绝对生产力的定义

所谓绝对生产力或绝对生产率(Absolute Productivity)是指单位劳动耗费(包括活劳动和物化劳动的耗费)所生产的使用价值量,或者指单位使用价值与生产密切耗费的劳动量之比。这一定义,也就是传统的政治经济学对劳动生产力(率)所下的一般定义。我们分别用 q_{11}、q_{12} 和 q_{21}、q_{22} 分别表示生产者1和生产者2在产品1和产品2上的绝对生产力,它们分别等于前述单位产品劳动耗费的倒数: $q_{11}=1/t_{11}$, $q_{12}=1/t_{12}$, $q_{21}=1/t_{21}$, $q_{22}=1/t_{22}$。①

马克思指出:"生产力当然始终是有用的具体的劳动的生产力,它事实上只决定有目的的生产活动在一定时间内的效率。"(马克思、恩格斯,1972b,第59页)由于不同的具体劳动总是创造不同的使用价值,所以,不同部门的生产力水平(在这里指绝对生产力水平)不能直接进行比较;我们不能因为生产1盎司金与生产1吨铁需要同量劳动时间,就说金的生产力低于铁。或者换一句提法,我们不能因为生产1吨铁比生产1吨金需要少得多的劳动时间,就说铁的生产力高于金(马克思、恩格斯,1973,第87页)。当我们说某一生产部门现实的绝对生

---

① 劳动生产力 q_{ij} 与单位产品的劳动成本(劳动时间) t_{ij} 互为倒数,即: $q_{ij}=t_{ij}^{-}$。

力水平高低时,总是与该部门过去的或将来的绝对生产力水平相比较而言。同样地,对于单个的生产者来说,只有与他自身过去的或将来的以及生产同一产品的其他生产者的绝对生产力水平相比较而言,说他现实的绝对生产力水平之高低,才有意义。比如,q_{11} 与 q_{21} 以及 q_{12} 与 q_{22} 的差别,所反映的就是生产者 1 和生产者 2 分别在产品 1 和产品 2 上的绝对生产力的差别。具体说,如果 $q_{11}=4, q_{21}=2$,则表明生产者 1 在产品 1 上的绝对生产力比比生产 2 高一倍。

在同种产品生产上较高的绝对生产力被称为绝对优势(Absolute Advantage)。

2) 相对生产力的定义

如前所述,不同产品的绝对生产力水平,不能直接进行比较,但却可以进行间接地比较。所谓相对生产力(Relative Productivity, RP)是指同一生产者在不同产品上绝对生产力之比。生产者 1 的相对生产力 RP_1 和生产者 2 的相对生产力 RP_2 分别为:

$$\begin{cases} RP_1 = q_{11}/q_{12} \\ RP_2 = q_{21}/q_{22} \end{cases} \quad (2.4)$$

RP_1 和 RP_2 都只是一个相对量,单纯就一个比值不能确定其高低,一个生产者(或部门)在不同产品上的相对生产力的高低是通过与另一个生产者(或部门)相对生产力之比即相对生产力系数 $RP_{1/2}$ 来确定的,用公式表示为:

$$RP_{1/2} = \frac{q_{11}/q_{12}}{q_{21}/q_{22}} = q_{11}q_{22}/q_{21}q_{12} \quad (2.5)$$

如果 $RP_{1/2} = 1$,即 $q_{11}/q_{21} = q_{12}/q_{22}$ 时,表明生产者 1 和生产者 2 在产品 1 上的绝对生产力的差别与在产品 2 上的绝对生产力的差别程度相等,也就是说 q_{11} 相对于 q_{12} 的生产力相等,q_{21} 相对于 q_{22} 的生产力相等。

如果 $RP_{1/2} \neq 1$，表明 q_{11} 与 q_{21}，q_{12} 与 q_{22} 的绝对生产力的差别程度不等，这就意味着 q_{11} 相对于 q_{12} 的生产力不等，q_{21} 相对于 q_{22} 的生产力不等。至于 q_{11} 与 q_{12}（或 q_{21} 与 q_{22}）相对生产力，究竟孰高孰低，这要取决于 $RP_{1/2}$ 的大小。

如果 $RP_{1/2}>1$，表明 q_{11} 与 q_{21} 的绝对生产力差别，高于 q_{22} 与 q_{12} 的绝对生产力差别，从而意味着 q_{11} 的生产力相对地高于 q_{12}，q_{22} 的生产力相对地高于 q_{21}。

如果 $RP_{1/2}<1$，表明 q_{11} 与 q_{21} 的绝对生产力差别，低于 q_{22} 与 q_{12} 的绝对生产力差别，从而意味着 q_{11} 的生产力相对地低于 q_{12}，q_{22} 的生产力相对地低于 q_{21}。

我们把一个生产者生产一种产品的生产力相对地高于自身生产另一种产品的生产力称为该种产品的比较优势（Comparative Advantage），它是由相对生产力系数决定的。①

3）比较利益产生于由相对生产力差别决定的比较优势

如果 $RP_{1/2}=1$，则意味着生产者 1 用单位劳动生产的产品 1 所能换得的产品 2 至多等于其机会成本 q_{12}，同样地，生产者 2 用产品 2 所能换得的产品 1 至多也只等于其机会成本 q_{21}。这样生产者 1 和 2 之间不存在比较利益，双方也就没有必要进行分工交换。

下面，我们试用几何图形来说明这一情况。按照 $RP_{1/2}=1$ 的假定，生产者 1 和 2 关于产品 1 和产品 2 的生产可能性曲线如图 2.2 所示：

---

① 由于 Advantage 既可以翻译成优势，也可以翻译成利益，所以我国学术界通常把 Comparative Advantage 既翻译成比较优势，又翻译成比较利益，而且经常把两个概念混用。本书把 Comparative Advantage 仅仅定义为由相对生产力差别决定的生产上的比较优势，而用比较利益（Comparative Benefit）表示根据比较优势分工交换所获得的高于自给自足生产的收益，亦即所谓贸易利益。

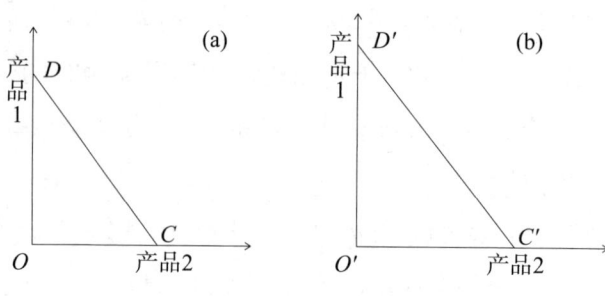

图 2.2 $RP_{1/2}=1$ 的情况

图 2.2(a)中 DC 表示生产者 1 的生产可能性曲线,图 2.2(b)中的 $D'C'$ 表示生产者 2 的生产可能性曲线。因为 $RP_{1/2}=1$,所以 $OD/OC=O'D'/O'C'$,DC 和 $D'C'$ 的斜率相等。我们以 O' 为圆心,将图 2.2(b)沿顺时针方向旋转 180 度,然后与图 2.2(a)组合为图 2.3:

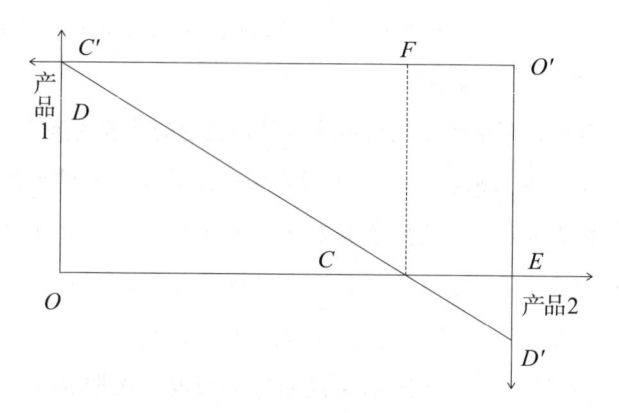

图 2.3 无分工交换必要

从图 2.3 中可以看出,OD 的机会成本 $=OC$,而 $OC=C'F'$,$C'F$ 是 $O'E$ 的机会成本,$O'E$ 又与 OD 相等,这就意味着生产者 1 用单位劳动生产的产品 1 所能换得的产品 2 至多等于其机会成本 q_{12};同样地,对于生产者 2 来说,$C'F$ 的机会成本 $=O'E'$,而 $O'E=OD$,由于 OD 的机会成本 $=OC$,这意味着生产者 2 用单位劳动生产的产品 2 所能换得的产品 1 至多也等于其机会成本 q_{21}。由于生产者 1 和 2 之间不存在比较利益,也就排除了双方在产品 1 和产品 2 上的分工与交换的可能。

只有当 $RP_{1/2} \neq 1$ 时,才有可能使生产者 1 用 q_{11} 所能换得的产品 2 至少大于其机会成本 q_{12},同样地,生产者 2 用 q_{22} 所能换得的产品 1 至少也大于其机会成本 q_{21}。在这种情况下,因为生产者 1 和 2 双方都存在着比较利益,这就使双方在产品 1 和产品 2 生产上的分工和交换成为可能。

下面,我们仍利用几何图形来进一步说明这种情况。

如果 $RP_{1/2} \neq 1$,则生产者 1 和 2 的生产可能性曲线的斜率必然不等,其形状如图 2.4 所示:

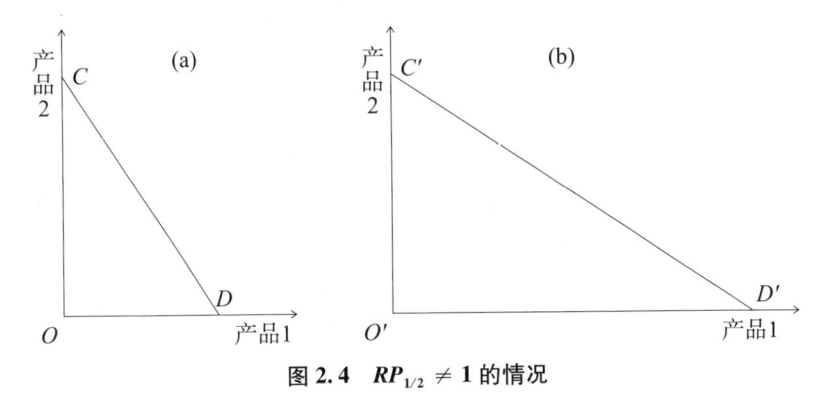

图 2.4　$RP_{1/2} \neq 1$ 的情况

我们仍按照前述方法,将以上两图组合为图 2.5:

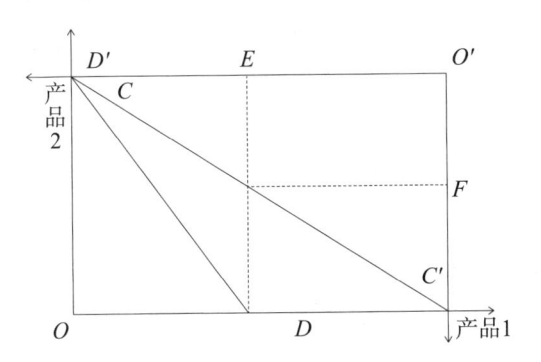

图 2.5　存在分工和交换的可能性

在图 2.5 中，OC 的机会成本 $= OD$，而 $OC = O'C'$，$O'C'$ 的机会成本 $= O'D'$，因为 $O'D' > OD$，这就有可能使生产者 1 用 q_{11} 所能换得的产品 2 至少大于其机会成本 q_{12}。而 $D'E$ 的机会成本为 $O'F$，$D'E = OD$，OD 的机会成本 $= OC$，由于 $OC > O'F$，这就同样有可能使生产者 2 用 q_{22} 所能换得的产品 1 至少大于其机会成本 q_{21}。在这种情况下，因为生产者 1 和 2 双方都存在着比较利益，这就使双方在产品 1 和产品 2 生产上的分工和交换成为可能。可见，正是相对生产力的差别即比较优势，决定了比较利益的存在，而后者又成为分工与交换由以产生的前提。

这里，我们最好引述一下李嘉图曾经举过的例子："如果两人都能制造鞋和帽，其中一个人在两种职业上都比另一个人强一些，不过制帽时只强五分之一或百分之二十，而制鞋时则强三分之一或百分之三十三，那么这个较强的人专门制鞋，而那个较差的人专门制帽，岂不是对于双方都有利么？"（李嘉图，1962，第 114 页）

如果使用相对生产力水平的判别式 $RP_{1/2}$，那么，李嘉图的上述例子可以重新表述如下：假定那个较差的人在一定时间内制造 100 顶帽，其机会成本是 100 双鞋，而较强的人在同一时间内制造 133 双鞋（即制鞋时比那个较差的人强 1/3），其机会成本为 120 顶帽（即制帽时比较差的人强 1/5），这样，$RP_{1/2} = \dfrac{133/100}{120/100} = 1\dfrac{13}{120} > 1$，这表明两个人在鞋、帽生产上的相对生产力不等，较强的人其制鞋的相对生产力高于其制帽的相对生产力，而较弱的人其制帽的相对生产力高于其制鞋的相对生产力，故二者之间存在着比较利益，分工交换对双方都是有利的。

4) 绝对优势与比较优势的关系

若两个生产者分别在两种不同的产品上与对方相比均具有绝对优势，则与自身另一种产品相比同时会具有比较优势。在这种情况下，绝

对优势被看作比较优势的一个特例。以矩阵(2.1)为例:

$$矩阵(2.1) \begin{pmatrix} q_{11} & q_{12} \\ q_{21} & q_{22} \end{pmatrix} = \begin{pmatrix} 4 & 2 \\ 2 & 4 \end{pmatrix}$$

由矩阵(2.1)可知,$RP_{1/2} = (4/2)/(2/4) = 4 > 1$,$q_{11}$ 相对于 q_{21} 具有绝对优势,q_{22} 相对于 q_{12} 具有绝对优势;q_{11} 相对于 q_{12} 具有比较优势;q_{22} 相对于 q_{21} 具有比较优势。

当两个生产者的两种不同的产品具有比较优势时,并非同时具有绝对优势。以矩阵(2.2)为例:

$$矩阵(2.2) \begin{pmatrix} q_{11} & q_{12} \\ q_{21} & q_{22} \end{pmatrix} = \begin{pmatrix} 4 & 2 \\ 3 & 1 \end{pmatrix}$$

由矩阵(2.2)可知,:$RP_{1/2} = (4/2)/(3/1) = 2/3 < 1$,$q_{11}$ 相对于 q_{21} 具有绝对优势,相对于 q_{12} 具有比较劣势;q_{22} 相对于 q_{12} 具有绝对劣势,相对于 q_{21} 具有比较劣势。

当一个国家在两种产品上都具有绝对优势,且与另一个国家的相对生产力的差别程度相等,双方在任何一种产品上都没有比较优势。以矩阵(2.3)为例:

$$矩阵(2.3) \begin{pmatrix} q_{11} & q_{12} \\ q_{21} & q_{22} \end{pmatrix} = \begin{pmatrix} 4 & 2 \\ 2 & 1 \end{pmatrix}$$

由矩阵(2.3)可知,$RP_{1/2} = (4/2)/(2/1) = 1$,$q_{11}$ 相对于 q_{21} 具有绝对优势,q_{12} 相对于 q_{22} 具有绝对优势;但 q_{11} 相对于 q_{12} 没有比较优势,q_{21} 相对于 q_{22} 也不具有比较优势。

综上所述,绝对优势与比较优势的关系可以概括如下:

a. 比较优势是分工交换的充分必要条件,双方均具有绝对优势是分工交换的充分条件。

b. 绝对优势不一定双方共有,而比较优势则一定双方共存。

c. 在 A、B 两种产品中,若甲方在产品 A 具有比较优势,则意味着在产品 B 具有比较劣势,同时意味着乙方在产品 B 具有比较优势,在产品 A 具有比较劣势。

2.4 相对生产力系数决定专业化分工方向

以上分析了社会分工和交换由此产生的根本原因,下面进一步阐明专业化分工的方向是如何确定的。很明显,如果客观上存在着分工和交换的可能,那么,分工的方向则主要取决于相对生产力水平的高低。具体说,如果 $RP_{1/2}>1$,则 q_{11} 相对地高于 q_{12},生产者 1 生产产品 1 的成本 $1/q_{11}$ 相对地低于生产产品 2 的成本 $1/q_{12}$,生产者 2 生产产品 2 的成本 $1/q_{22}$ 相对地低于生产产品 1 的成本 $1/q_{21}$。① 这表明生产者 1 和 2 双方分别在产品 1 和产品 2 生产上具有比较优势,因而生产者 1 专门生产产品 1 有利,生产者 2 专门生产产品有利,双方通过产品 1 和产品 2 的交换,就都能获得比较收益。

相反,如果 $RP_{1/2}<1$,则表明 q_{12} 的相对生产力高于 q_{11},q_{21} 的相对生产力高于 q_{22},双方分别在产品 2 和产品 1 生产上具有比较优势,因而,生产者 1 专门生产产品 2 有利,生产者 2 专门生产产品 1 有利,双方通过产品 2 和产品 1 的交换,就都能获得比较收益。

同绝对生产力一样,相对生产力的高低也是由多种因素决定的,其中包括劳动者的熟练程度、技艺、天赋,对不同自然条件的垄断,生产资

---

① 相对成本(Relative Cost,RC)的大小,可以通过比较两个生产者(部门)生产不同使用价值的绝对成本的差别即 t_{11}/t_{21} 和 t_{12}/t_{22} 加以确定。就产品 1 对产品 2 而言,其相对成本的判别式 $RC_{1/2}=\dfrac{t_{11}/t_{21}}{t_{12}/t_{22}}$,它实际上是 $RP_{1/2}$ 的倒数。如果 $RC_{1/2}>1$,表明 t_{11} 相对地高于 t_{12},t_{22} 相对地高于 t_{21};如果 $RC_{1/2}<1$,情况则相反。只有当 $RC_{1/2}=1$ 时,t_{11} 和 t_{12},t_{22} 和 t_{21} 的相对成本才相等。

料的占有规模以及性别和年龄等生理特征。性别,年龄以及自然条件本身的差别并不必然就导致分工交换(即以纯粹生理为基础的自然分工和以自然条件差别为特征的地域分工),只有当这些差别引起整个相对生产力的差别时,它们才构成分工交换产生的条件。而在有些情况下,这些生理差别和自然条件的差别很可能被天赋才能以及劳动的技巧,熟练程度和资本的占有等因素所抵消,因而从整体上看并不存在相对生产力的差别,结果也就不会产生分工和交换。

这里,我们有必要对斯密的分工理论的另一个方面,再做一简要的评述。从根本上说,斯密的分工理论(包括国际分工理论)是建立在生产上的绝对优势或绝对生产力的差别基础上的。在斯密看来,一个国家所输出的商品一定是生产具有绝对优势的商品,这个国家生产这种商品所需的成本绝对地小于其他国家。就国内贸易而言,从事分工交换的各个生产者,所生产的产品也一定是他与别人相比最擅长生产的产品。这种观点具有很大片面性。诚然,当两个人(或两个国家)在两种产品的生产上分别具有绝对优势时,他们可以根据各自绝对优势进行分工生产。但是,正如李嘉图所分析的那样,即使一个人在两种产品的生产上都比另一个人强,也就是说,他在两种生产上都具有绝对优势,而另一个人在两种生产上都处于绝对劣势,分工和交换仍有可能发生。只要前者所具有的两种优势程度不同,或者相对地说,后者所具有的两种劣势程度不一样,也就是说,两个人在两种产品上的相对生产力水平存在着差别,二者根据各自的比较优势就仍然能够进行分工和交换。由此可见,相对生产力的差别是决定分工交换产生和专业化方向的一般原因,从事分工交换的各方所依据的是各自的比较优势或较高的相对生产力,这种比较优势或较高的相对生产力可能同时是一种绝对优势或绝对高的生产力,也可能不是。所以说,斯密的分工理论在这方面仅仅是一个特例,而不代表一般情况。

2.5 农业内部以及工农业之间分工交换的产生和发展

以上,我们从比较利益和相对生产力的差别出发,分析了社会分工和交换产生的一般原因。下面,我们要具体分析农业内部以及工农业之间分工交换产生和发展的过程。

2.5.1 农业内部分工交换的产生和发展

农业是人们利用生物的机能,通过自己的劳动去强化或控制生物生命的过程,以取得符合社会需要的产品的生产部门。农业是人类衣食之源,生存之本,是一切生产的首要条件。人类社会产生后所从事的第一种活动,就是农业生产。所以,我们首先从农业内部的分工和交换的产生谈起。

1)原始公社内部的自然分工

人类在发展的早期,主要依靠直接采集自然界的天然产物(如野菜、果实、根茎等野生植物)和捕捉猎取自然界现成动物为生活资料的来源。因而,采集和渔猎成为原始人的主要生产活动,它们长期地结合在一起,互相补充。在这种以采集经济和狩猎经济为主要特征的原始社会中,氏族成员之间出现了自然分工:成年男子外出作战、打猎、捕鱼,并制造为此所必需的工具;妇女在家采集果实,从事原始的种植业、管理家务、制备食物和衣着;老人指导和参加制作劳动工具和武器;小孩帮助妇女工作。这种最简单的分工形式,使劳动生产率有了一定的提高,从而成为人类社会分工的一个起点。

那么,这种原始的分工形式产生的原因是什么呢?从表面上看,它产生于性别和年龄等纯粹生理的差别。而从根本上说,它仍然是由上一节所论述的相对生产力的差别决定的,只不过由于这里假定实行的是原始的生产资料公有制,由这种分工所产生的比较利益是在整个氏族成员之间分配的。因为很明显、单纯的性别和年龄等生理上的差别并不足以构成不同氏族成员从事不同工作的绝对限制。比如说,成年男人同样也可以采集果实,管理家务,而妇女也一样能狩猎、捕鱼;小孩也可以去采集果实,老人也同样可以参加狩猎活动。但实际的经济过程之所以没有发生这后一种分工,这主要是由于成年男子在狩猎、制造工具方面的相对生产力水平高于在采集果实、管理家务方面的相对生产力水平,而妇女的相对生产力水平则与成年男子相反,她们在采集果实和管理家务方面具有比较优势;老人由于其经验丰富在指导和参加制造工具方面具有比较优势,小孩则由于其体单力薄并对母亲具有较强的依赖性而在采集果实和家务的辅助劳动方面具有比较优势。正是这种比较优势或相对生产力的差别,才构成上述自然分工的基础。

自然分工不仅存在于原始社会、在近代一些农民和手工业者的家庭中也仍然存在。在我国农村目前所实行的家庭承包经营制中以及城市个体工商户中,这种按性别和年龄等条件所进行的自然分工,就较为明显。但决定这种分工的深层原因,也仍然是相对生产力的差别。

2) 不同公社之间的地域分工和交换

如前所述,在原始社会,各个原始公社从事大体相同的生产活动,既从事采集,也从事狩猎,并在这二者基础上逐渐产生了原始农业和原始畜牧业。这两者在很长时期内是结合在一起的,它们构成氏族社会的综合经济。后来,原始的畜牧业与原始的农业分离开来。这种分离,最初表现为不同地域之间的分工和交换。

在原始社会经济发展过程中,某些部落的畜牧业在有利的地理条件(如牧场广阔,水草丰盛)下日渐发展起来,成为主要经济部门,于是出现了专门经营畜牧业的游牧部落;而有些部落的原始农业也在其相对有利的地理条件(如土壤肥沃、地势原坦、水源充足等)下逐步发展起来,从而形成了以经营农业为主的农业部落。

农业与畜牧业之间的分工,必然引起不同部落之间的交换。起初,这种交换是偶然发生的,也就是说,是在不同部落的不同产品偶然出现剩余的情况下发生的。当交换不断重复地进行,也就是说,当有些产品一开始就是为了交换而生产时,这种产品交换就发展成为商品交换。

以上关于农业和畜牧业之间的分工所说的,在一定意义上,同样适用于林业、渔业和副业以及种植业内部的分工和交换的产生。林业、渔业、副业和种植业内部的分工交换的产生,最初也大都和一定的地理环境有关。例如,美国的宾州煤田附近盛产钢材,堪萨斯州盛产矿石,中美洲盛产香蕉,巴西盛产咖啡,而在中国,秦岭则成为种植稻、麦的分界线。但是,正如本书第2.2.3节所指出的,不同的地理环境,并不是决定分工交换的根本原因。只有当这些地理环境的差别引起不同生产领域的相对生产力的差别时,才会产生上述所谓不同地域之间的分工和交换。

3) 农业内部分工和交换的发展

但是,无论自然分工还是地域分工,都不是社会分工的典型形式。拿农业来说、广义的农业,不仅包括种植业,而且包括畜牧业、林业、渔业和副业。每个行业还包括许多不同的子行业。仍以种植业为例,它不仅包括粮、棉、油、麻、瓜、菜、饲料、绿肥等作物的生产,而且包括果树、茶叶、药材、花卉等产品的生产。而粮食本身,又包括小麦、稻米、谷物、高粱、玉米、豆类、薯类等。如此精细的专业化分工生产,可能发生在自然环境不同的地区,也可能发生在自然环境大体相同的地区。无论是在哪种情况下,农业内部的这种细致的分工,归根结底,都是产生于相对生产力的差别。另一方面,农业内部的这种分工交换的产生和发展,也是和私有制的产生和发展分不开的。撇开处于不同地域的各个原始公社之间的分工交换不说,就公社内部而言,虽然氏族成员在不同生产活动上的比较优势或相对生力的差别是公社内部分工和交换的必要前提,但正如马克思所指出的:"只有独立的互不依赖的私人劳动的产品,才作为商品互相对立。"(马克思、恩格斯,1972b,第55页)这就是说,只有在私有制产生以后,作为与自给自足的自然经济相对立,以分工和交换为基础的商品经济才会产生和发展起来。而商品经济的产生和发展,又反过来促进社会分工的进一步发展。农业部门内部的分工交换正是在这种相互促进的过程中不断发展起来的。

2.5.2 工农业部门之间分工交换的产生和发展

以上关于农业部门内部分工交换的分析,也同样适用于工农业部门之间分工交换的产生。这里,我们只是简要地说明一下这种分工交换产生的过程以及其发展所需要的其他条件。

1) 农业和手工业的分工交换

在原始社会,农业和非农业最初也是结合在一起的。原始人除了从事农业生产活动以外,还要从事工具和武器制作、房屋建筑、皮革加工、服装制作等手工业生产活动。农业和非农业的分工,最初就是从农业和手工业的分离开始的。亚当·斯密生动地描述了这一分离过程。他指出,在狩猎或游牧民族中,有个善于制造弓矢的人,他往往以自己制成的弓矢,与他人交换家畜或兽肉,结果他发觉,与其亲自到野外捕猎,倒不如与猎人交换,因为交换所得比较多。为他自身的利益打算,他只好以制造弓矢为主要业务,于是他便成为一种武器制造者。另有一个人,因长于建造小茅屋或移动房屋的框架和屋顶,往往被人请去造屋,得家畜兽肉为酬,于是他终于发觉,完全献身于这一工作对自己有利,因而就成为一个房屋建筑者。同样,第三个人成为铁匠或铜匠,第四个人成为硝皮者或制革者(参见斯密,1972,第14页)。斯密这里所说的"利益",实际上就是本章所分析的比较利益,虽然斯密本人并没有意识到这一点——因为,如前所述,他是以绝对生产力的差别或绝对优势出发来确定分工方向的,所以,他不能抽象出比较利益的概念。

不言而喻,以上关于个人之间农业与手工业分工交换的分析,完全适用于农业部门与手工业部门之间的分工交换,只要我们把从事不同生产活动(这里主要指农业和手工业生产)的不同的个人换成不同类型的阶层就行了。

2) 农业部门和工业部门分工交换的发展

手工业从农业中分离出来以后,随着劳动工具从简陋的手工工具转变为机器,便出现了以使用机器为特征的大工业。工业由于劳动对象的不同,可分为采掘工业和加工工业。采掘工业以原始的自然物质资源为对象进行开采或采集,如采矿、采油、伐木、捕鱼等工业。加工工业以各原材料为对象,进行加工、组装、改变其形态或性能,制成人们所需要的产品,如冶金、机械制造、纺织等工业。

农业部门和工业部门分工交换的产生,是由于这两个生产领域的相对生产力的差别,这一点无须再详述。但是,农业部门与工业部门之间分工和交换的发展,除了受相对生产力差别的制约外,还要受绝对生产力,特别是农业的绝对生产力水平的制约。

如前所述,人类最初的劳动是以采集野生果实和渔猎等觅取食物的生产活动开始的。后来产生了原始畜牧业和原始种植业,但农业劳动生产率非常低,人们几乎要用全部劳动时间去谋取最低限度的生活资料。随着生产力的发展,农业劳动生产率逐步提高,生产出来的生活资料除满足农业劳动者的需要外还有剩余,才可以让一部分人从事农业以外的劳动,因此才有农业与手工业的分工,采掘、加工和交通运输等部门相继出现。正如马克思所指出的,只有当社会上的一部分人用在农业上的全部劳动必须足以为整个社会,从而也为非农业工人生产必要的食物时,生产食物的农民和生产原料的农民以及从事农业的人和从事工业的人才有实行分工的可能(参见马克思、恩格斯,1974a,第716页)。也就是说,超越于农业劳动者直接的个人需要的农业劳动生产率,是农业与非农业部门实行分工交换的基础。

不仅如此,工业等国民经济部门从农业中独立出来之后,要得到发展,仍然要建立在农业发展的基础上。农业劳动生产率愈高,农业能够为工业和其他部门提供的生活资料、原料、劳动力和市场愈多愈广,这些部门的发展也就愈快。用马克思的话说:"社会为生产小麦,牲畜等等所需要的时间越少,它所赢得的从事其他生产,物质的或精神的生产的时间就越多。"(马克思、恩格斯,1979a,第120页)因此,农业绝对生产力水平的不断提高,是工农业部门之间分工交换进一步发展的基础。

分工与交换产生于比较优势,这是我们反复加以说明的一个法则,这个法则不仅适用于国际贸易,而且还适用于国内交换。杨小凯和张五常则表达了完全相反的观点。杨小凯将比较优势分为外生比较优势和内生比较优势,在此需要略加讨论。杨小凯认为外生比较优势"主要是李嘉图的思想",因此外生比较优势原理和我们已经讨论过的比较优势原理不会有太大的差别。内生比较优势是指"由于选择不同专业方向的决策造成的事后生产率差别"(杨小凯,1998,第53页)。张五常和杨小凯有类似的看法:"毫无疑问,比较优势促进了专业化分工,但它并不是专业化分工产生的必要条件。即使每一个人生而天性相同,以至于我们都具有相同的天赋优势,我仍然怀疑现实世界中的专业化分工太少。实际上,专业化分工很大程度上减少了学习的成本。因而除了比较优势之外,由专业化分工所获得的收益远远高于亚当·斯密在其制针工厂的故事中所表明的收益。"(张五常,1999)这样,按照杨小凯和张五常的内生比较优势理论,即使天生完全相同的人,也可能因内生比较优势而产生分工。这一点正是和我们的分析所不同的地

方。虽然杨小凯和张五常的内生比较优势理论不无一定的道理,但是这里还是要指出以下三点:

首先,从分析分工与交换的产生来看,天生完全相同的人,最初未必能事先预料到选择分工可以造成生产率的差别,当然,偶然的分工与交换是会产生的,但是,如果这种分工并不能导致劳动生产率的差别,它就只是带有偶然的性质而不会持久;如果偶然的分工带来了劳动生产率的差别,那么,从这时起它就和外生比较优势没有什么两样了。

其次,不能忽视内生比较优势可以转化为内生比较劣势。因为内生比较优势是假设天生完全相同的人,通过专业化而形成的比较优势。这种专业化丝毫没有发挥天赋和特长等因素的作用,所以,不能排除长时期的专业化导致生产乏味、创造力衰退而造成内生比较劣势的可能。

最后,即使是外生比较优势所产生的分工,当分工一经产生,内生比较优势也就开始发挥作用时,原有的分工方向就会得到强化。当由内生比较优势产生的分工,在分工过程中一旦转化为内生比较劣势时,分工方向就会发生逆转。

3. 均衡交换比例的确定

上一章从相对生产力原理出发,分析了社会分工交换的起源。那么,不同产品之间的交换比例即交换价值又是如何确定呢?这就是本章要进一步研究的问题。

3.1 交换条件

假定生产者 1 和 2 分别在产品 1 和产品 2 两种产品的生产上具有比较优势,则二者的生产可能性曲线的组合如图 3.1 所示:

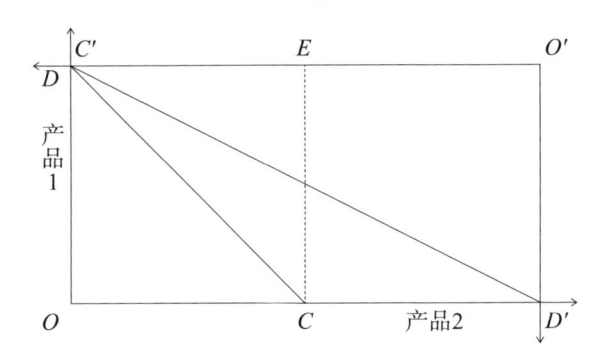

图 3.1 交换条件

图 3.1 中 DC 和 $D'C'$ 分别表示生产者 1 和 2 在使用相同资源的情况下关于产品 1 和产品 2 两种产品的生产可能性曲线。从图 3.1 中可以明显地看出,生产者 1 在产品 1 的生产上具有比较优势,生产者 2 在

产品 2 的生产上具有比较优势。如果生产者 1 把全部资源都用于产品 1 的生产,生产者 2 把全部资源都用于产品 2 的生产,则三角形 $C'D'C$ 表示比较利益总量。接下来遇到的问题便是 $C'D'C$ 如何在生产者 1 和 2 之间分配。这显然取决于产品 1 和产品 2 的交换比例。

如果把交换比例定在 DC 线上,这会使生产者 2 用 OC 单位($=C'E$)的产品 2 换取生产者 1 的 OD 单位产品 1,这就意味着比较利益,即由分工得到的好处全部被生产者 2 拿走了;如果把交换比例定在 $D'C'$ 线上,这会使生产者 1 用 $O'D'$ 单位($=OD$)的产品 1 换取生产者 2 $O'C'$ 单位产品 2,这就意味着比较利益全部归生产者 1 所有。以上是两种极端的情况。一般地说,在没有任何人为的或自然的垄断以及任何默契或超经济强制的条件下,上述情况是不会发生的,因为在两种场合下,其中总有一方通过分工交换没有得到任何好处,所以,这种交换是不可能发的,即便偶然发生,也不会重复进行。

实际上,由分工而产生的比较利益,是在交换双方之间分配的。也就是说,产品 1 和产品 2 的交换,必须满足下述条件:

生产者 1 用 q_{11} 所换到的产品 2 必须大于其机会成本 q_{12},但要小于生产者 2 为换取产品 1 而付出的机会成本 q_{21};生产者 2 用 q_{22} 所换到的产品 1 必须大于其机会成本 q_{21},但必须小于生产者 1 为换取产品 2 所付出的机会成本 q_{12}。这一交换条件用公式表示如下:

$$\frac{q_{12}}{q_{11}} = \frac{t_{11}}{t_{12}} < r_{2/1} = \frac{x_2}{x_1} < \frac{t_{21}}{t_{22}} = \frac{q_{22}}{q_{21}} \tag{3.1}$$

这一交换条件的合理性是显而易见的。因为根据假定,生产者 1 用于生产 q_{11} 的资源同样可以生产 q_{12},如果交换比例 $r_{2/1}$ 小于或等于 q_{12}/q_{11},这种分工交换对他就没有意义。但 $r_{2/1}$ 又必须小于 q_{22}/q_{21},因为生产者 2 用生产 q_{22} 的资源也能生产 q_{21},$r_{2/1}$ 等于或大于 q_{22}/q_{21},对生产者 2 来说同样无利可图。

3.2 均衡交换比率是根据比较利益率均等原则决定的

然而,上述交换条件比较宽泛,在这个条件所限定的范围内,交换比例的确定具有很大的伸缩性。如果把交换比例确定在靠近 DC 线的某个地方,那么生产者 2 所得到的比较利益率则高于生产者 1;如果把交换比例定在靠近 $D'C'$ 线的某个地方,情况则相反,生产者 1 所得到的比较利益率则高于生产者 2。那么,交换比例究竟应如何确定才合理呢?

我们认为,生产者 1 和 2 双方通过竞争,在供求一致的情况下,产品 1 和产品 2 之间的交换比例是根据比较利益率均等的原则确定的。

3.2.1 何为比较利益率

比较利益率是比较利益的相对量,等于比较利益与机会成本的比率。

用实物量表示:比较利益率 CB'_i 等于生产者用交换来的产品减去所让渡产品的机会成本,与该机会成本的比率:

$$CB'_1 = (y_1^d - y_1^{oc})/y_1^{oc}, \quad CB'_2 = (x_2^d - x_2^{oc})/x_2^{oc} \tag{3.2}$$

用效用来表示:比较利益率等于分工交换得到的效用减去自给自足状态下的效用,与自给自足状态下的效用的比率:

$$CB'_1 = (U_1^E - U_1^A)/U_1^A, \quad CB'_2 = (U_2^E - U_2^A)/U_2^A \tag{3.3}$$

用节省的时间成本来表示:比较利益率等于生产者若自己生产所换得的商品必须耗费的时间,减去为换取该商品所耗费的时间,然后用二者的差额除以为换取该商品所耗费的时间:

$$CB'_1 = (x_2 t_{12} - x_1 t_{11})/x_1 t_{11}, \quad CB'_2 = (x_1 t_{21} - x_2 t_{22})/x_2 t_{22} \tag{3.4}$$

CB_i' 的取值范围为①：

$$\begin{cases} 0 = \dfrac{q_{11}}{q_{12}} r_{2/1}^{Mix} - 1 < CB_1' < \dfrac{q_{11}}{q_{12}} r_{2/1}^{Max} - 1 = RP_{1/2} - 1 \\ \\ 0 = \dfrac{q_{22}}{q_{21} \cdot r_{2/1}^{Max}} - 1 < CB_2' < \dfrac{q_{22}}{q_{21} \cdot r_{2/1}^{Mix}} - 1 = RP_{1/2} - 1 \end{cases} \quad (3.5)$$

在非均衡状态下：若 $CB_1' > CB_2'$，$r_{2/1} > R_{2/1}$；若 $CB_1' < CB_2'$，$r_{2/1} < R_{2/1}$；

在均衡状态下：$\qquad CB_1' = CB_2' = CB_{1=2}' \qquad (3.6)$

假定 $RP_{1/2}$ 保持不变，部门比较利益率 CB' 和商品交换比例 $r_{2/1}$ 的关系，如图 3.2 所示：

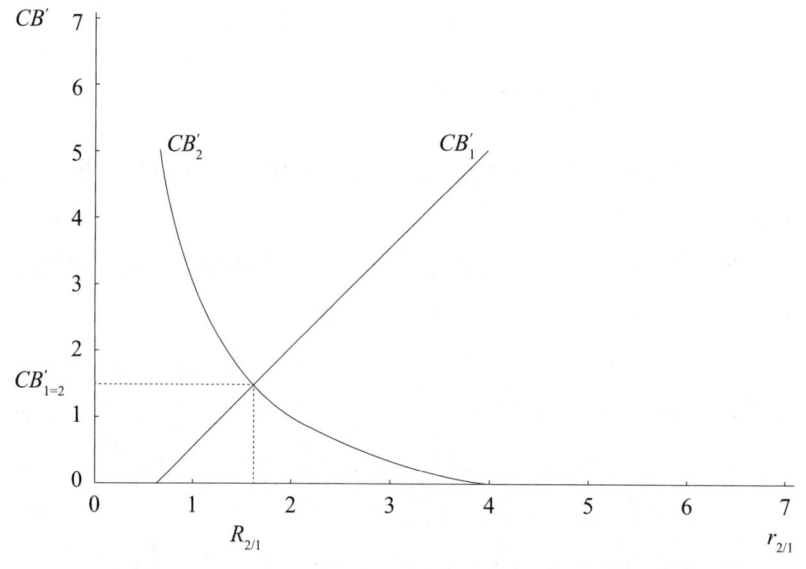

图 3.2 部门比较利益率 CB_i' 和商品交换比例 $r_{2/1}$ 的关系

---

① $r_{2/1}$ 和 $R_{2/1}$ 表示分别产品 1 和产品 2 的市场交换比例和均衡交换比例；$r_{2/1}^{Mix}$ 和 $r_{2/1}^{Max}$ 分别表示最低和最高交换比例；CB_i' 和 $CB_{i=j}'$ 分别表示部门比较利益率和平均比较利益率。

3.2.2 比较利益的分配必须和交换比例的形成通过相同的机制同时确定

由式(3.6)可得:

$$\frac{x_2 t_{12} - x_1 t_{11}}{x_1 t_{11}} = \frac{x_1 t_{21} - x_2 t_{22}}{x_2 t_{22}} \tag{3.7}$$

3.2.3 根据比较利益率均等原则确定均衡交换比例

由式(3.7)可得均衡的交换比例:

$$R_{2/1} = \frac{x_2}{x_1} = \sqrt{\frac{t_{11} t_{21}}{t_{12} t_{22}}} = \sqrt{\frac{q_{12} q_{22}}{q_{11} q_{21}}} \tag{3.8}$$

这样,按照式(3.8)所确定的交换比例,生产者 1 和 2 双方通过交换,都能获得同等程度的比较利益。因此,可以说这是一种合理的交换比例。这种交换比例不是随着时间和地点的不同而不断改变的在市场上偶然形成的那种交换比例,而是一种在长期中实际支配后者的稳定的交换比例,或者说,是支配交换价值运动的规律。

以上关于两个生产者所说的,同样适用于两个部门,只要把其中的 t_{ij} 和 q_{ij} 分别看作是第 i 部门第 j 产品的部门平均成本或部门平均劳动生产力(绝对生产力)就可以了,它们分别是通过两个部门内部同类生产者的竞争形成的。

3.3 社会平均生产力与均衡交换比例

式(3.8)中的 $\sqrt{t_{11} t_{21}}$ 和 $\sqrt{t_{12} t_{22}}$ 分别为两个部门同时生产产品 1 和产品 2 的部门必要劳动时间的几何平均,可以分别看作生产产品 1

和产品 2 的社会必要劳动时间,①二者之比即两种产品的社会必要劳动时间之比。由于单位产品劳动耗费是单位劳动生产力的倒数,所以,$\sqrt{q_{12}q_{22}}$ 和 $\sqrt{q_{11}q_{21}}$ 分别为两个部门同时生产产品 2 和产品 1 的劳动生产力的几何平均,可以分别看作产品 2 和产品 1 的社会平均生产力 AP_2 和 AP_1,二者之比即 $AP_{2/1}$ 为两种产品的社会平均生产力系数。由此可见,根据比较利益率均等原则确定的均衡交换比例同时等于两种产品的社会平均生产力之比,式(3.8)可重新表述如下:

$$R_{2/1} = \frac{x_2}{x_1} = \sqrt{\frac{t_{11}t_{21}}{t_{12}t_{22}}} = \sqrt{\frac{q_{12}q_{22}}{q_{11}q_{21}}} = AP_{2/1} \qquad (3.9)$$

3.4 平均比较利益率的推导

由于劳动生产力 q_{ij} 与单位产品的劳动成本(劳动时间)t_{ij} 互为倒数,即 $q_{ij} = t_{ij}^{-}$,可将比较利益率均等式(3.7)转换为:

$$\frac{x_2 q_{11}}{x_1 q_{12}} - 1 = \frac{x_1 q_{22}}{x_2 q_{21}} - 1 \qquad (3.10)$$

将均衡交换比率式(3.9)代入式(3.10)右边(左边也一样)可得均等的比较利益率 $CB'_{1=2}$:

$$CB'_{1=2} = \frac{x_2 q_{11}}{x_1 q_{12}} - 1 = \sqrt{\frac{q_{12}q_{22}}{q_{11}q_{21}}} \cdot \frac{q_{11}}{q_{12}} - 1 = \sqrt{\frac{q_{11}q_{22}}{q_{12}q_{21}}} - 1$$

$$= \sqrt{RP_{1/2}} - 1 \qquad (3.11)$$

---

① 马克思在讲到决定单位商品价值量的社会必要劳动时间时指出:"社会必要劳动时间是在现有的社会正常的生产条件下,在社会平均的劳动熟练程度和劳动强度下制造某种使用价值所需要的劳动时间。"(马克思、恩格斯,1972b,第 52 页)根据本书的研究,马克思所定义的社会必要劳动时间实际上只是前述部门必要劳动时间。

式(3.11)表明,两部门均等的比较利益率与两部门相对生产力的比例或相对生产力系数正相关,分工双方各自的比较优势越强,均等的比较利益率越高,由此可以引申出一个定理,分工双方或任何一方提高自身具有比较优势产品的生产力都会提高均等的比较利益率,从而使双方都受益。

4. 价值决定的一般原理

上一章考察的均衡交换比例反映的是商品的相对价值或相对价格,下面以劳动时间作为尺度,推导商品的价值。

4.1 单位商品价值决定

1)设单位商品 1 的价值为 V_1^c,单位商品 2 的价值为 V_2^c,根据等价交换原则有:

$$V_1^c \cdot x_1 = V_2^c \cdot x_2 \qquad (4.1)$$

2)我们以进入交换的全部产品耗费的劳动时间作为价值尺度,因为生产者 1 和生产者 2 为生产均衡交换量各自耗费的时间分别为 $x_1 t_{11}$ 和 $x_2 t_{22}$,则两个生产者等价交换的商品价值总量等于两个生产者为此所耗费的时间之和:

$$V_1^c x_1 + V_2^c x_2 = x_1 t_{11} + x_2 t_{22} \qquad (4.2)$$

3)解式(3.9)、(4.1)、(4.2)可得两部门单位商品价值量:

$$\begin{cases} V_1^c = \dfrac{1}{2}(t_{11} + t_{22}\sqrt{\dfrac{t_{11}t_{21}}{t_{22}t_{12}}}) = \dfrac{1}{2}(\dfrac{1}{q_{11}} + \dfrac{1}{q_{22}}\sqrt{\dfrac{q_{12}q_{22}}{q_{11}q_{21}}}) \\ \\ V_2^c = \dfrac{1}{2}(t_{22} + t_{11}\sqrt{\dfrac{t_{22}t_{12}}{t_{11}t_{21}}}) = \dfrac{1}{2}(\dfrac{1}{q_{22}} + \dfrac{1}{q_{11}}\sqrt{\dfrac{q_{11}q_{21}}{q_{12}q_{22}}}) \end{cases} \qquad (4.3)$$

对式(4.3)进行恒等变换,得出式(4.4):

$$\begin{cases} V_1^c = \dfrac{t_{11}}{2}\left(1 + \dfrac{\sqrt{t_{21}t_{22}}}{\sqrt{t_{11}t_{12}}}\right) = \dfrac{1}{2q_{11}}\left(1 + \dfrac{\sqrt{q_{11}q_{12}}}{\sqrt{q_{22}q_{21}}}\right) \\ V_2^c = \dfrac{t_{22}}{2}\left(1 + \dfrac{\sqrt{t_{11}t_{12}}}{\sqrt{t_{21}t_{22}}}\right) = \dfrac{1}{2q_{22}}\left(1 + \dfrac{\sqrt{q_{21}q_{22}}}{\sqrt{q_{12}q_{11}}}\right) \end{cases} \quad (4.4)$$

我们将式(4.4)中的 $\sqrt{q_{11}q_{12}}$ 和 $\sqrt{q_{22}q_{21}}$ 即两部门不同劳动生产力的几何平均定义为两部门的综合生产力(Comprehensive Productivity, CP),表示同一部门在多种产品上具有的劳动生产力的总和:$CP_1 = \sqrt{q_{11}q_{12}}$;$CP_2 = \sqrt{q_{21}q_{22}}$,将两部门综合生产力的比率定义为综合生产力系数,表示两个部门在已确定的专业化生产上相比较而言的生产力即比较生产力(Comparative Productivity, CP):①

$$\begin{cases} CP_{1/2} = \sqrt{q_{11}q_{12}/q_{21}q_{22}} \\ CP_{2/1} = \sqrt{q_{21}q_{22}/q_{11}q_{12}} \end{cases} \quad (4.5)$$

由此,式(4.4)所表示的单位商品价值量可简化为:

$$\begin{cases} V_1^c = \dfrac{1}{2q_{11}}(1 + CP_{1/2}) \\ V_2^c = \dfrac{1}{2q_{22}}(1 + CP_{2/1}) \end{cases} \quad (4.6)$$

4)广义价值与劳动价值的关系:从式(4.6)可以看出,单位商品的价值 V_i^c 与单位商品所耗费的劳动时间 t_{ij} 之间的关系,取决于部门比较

---

① 这里的综合生产力(Comprehensive Productivity)和比较生产力(Comparative Productivity)的缩写虽然都是 CP,但当我们讲综合生产力时,可以分别指部门 1 的综合生产力 CP_1 和部门 2 的综合生产力 CP_2,当我们讲比较生产力时是指两个部门综合生产力之比,即综合生产力系数:相对于部门 2 来说,部门 1 的比较生产力表示为 $CP_{1/2}$,而相对于部门 1 来说,部门 2 的比较生产力表示为 $CP_{2/1}$。

生产力 CP 的高低:当 $CP_{1/2}$ 大于 1 时,单位商品价值 V_1^c 大于单位劳动时间 t_{11},单位商品价值 V_2^c 小于单位劳动时间 t_{22};当 $CP_{1/2}$ 小于 1 时,单位商品价值 V_1^c 小于单位劳动时间 t_{11},单位商品价值 V_2^c 大于单位劳动时间 t_{22};只有当 $CP_{1/2}$ 等于 1 时,单位商品价值 V_1^c 才等于单位劳动时间 t_{11},单位商品价值 V_2^c 才等于单位劳动时间 t_{22}。也就是说,劳动价值论只适用于比较生产力等于 1 的特殊情况,而广义价值论无论在比较生产力等于 1 和不等于 1 的情况下都是适用的。从这个意义上说,劳动价值论只是广义价值论的一个特例。

5) 交换价值与价值的关系:传统的劳动价值论认为,先有凝结(耗费)在商品生产中的无差别的人类劳动即抽象劳动形成价值实体,然后这种价值实体再通过交换以交换价值的形式(即所谓价值形式)表现出来,价值是内容,交换价值是形式,价值是本质,交换价值是现象,构成交换价值的使用价值只是交换的前提条件,交换价值由价值决定,价值由凝结在商品中的抽象劳动决定,归根结底,支配商品交换的价值决定和价值规律就与交换价值乃至使用价值没有任何关系了。根据本章的分析,实际的逻辑关系是,生产者为了追求比较利益,根据比较优势分工生产使用价值,再按照比较利益率均等原则形成均衡的(使用价值)交换比例,根据均衡的交换比例再推导出单位商品的价值,而由此得到的单位商品价值与其耗费的劳动是否一致,完全取决于比较生产力系数是否等于 1。这样就完全颠覆了传统的思维定式:价值和抽象劳动是不能先于交换价值的确定或具体劳动(或异质劳动)的折算而存在的,均衡交换价值(交换比例)的确定或异质劳动的折算本身即价值的决定过程。

4.2　单位个别劳动创造的价值量

由单位商品价值式(4.6)还可进一步推导出部门内单位个别劳动

创造的价值量：

$$\begin{cases} V_{11k}^t = q_{11k}V_1^c = q_{11k}\dfrac{1}{2q_{11}}(1+CP_{1/2}) \\ \qquad = \dfrac{1}{2}\dfrac{q_{11k}}{q_{11}}(1+CP_{1/2}) = \dfrac{1}{2}q_{11}^k(1+CP_{1/2}) \\ V_{22k}^t = q_{22k}V_2^c = q_{22k}\dfrac{1}{2q_{22}}(1+CP_{2/1}) \\ \qquad = \dfrac{1}{2}\dfrac{q_{22k}}{q_{22}}(1+CP_{2/1}) = \dfrac{1}{2}q_{22}^k(1+CP_{2/1}) \end{cases} \quad (4.7)$$

其中 V_{ijk}^t 表示生产者 k 在第 i 个部门第 j 产品上单位劳动创造的价值量，q_{ijk} 表示该生产者的劳动生产力，q_{ij}^k 表示绝对生产力差别系数，等于生产者 k 在第 i 部门第 j 产品上的劳动生产力与该产品的部门平均生产力之比，q_{11}、q_{22} 和 $CP_{1/2}$ 表示部门平均生产力和综合生产力系数。

4.3　部门单位平均劳动创造的价值量

部门单位平均劳动创造的价值总量等于单位平均劳动的产量乘以单位商品价值，由单位商品价值式(4.6)可推导出部门单位平均劳动创造的价值量：

$$\begin{cases} V_1^t = q_{11}V_1^c = q_{11}\dfrac{1}{2q_{11}}(1+CP_{1/2}) = \dfrac{1}{2}(1+CP_{1/2}) \\ V_2^t = q_{22}V_2^c = q_{22}\dfrac{1}{2q_{22}}(1+CP_{2/1}) = \dfrac{1}{2}(1+CP_{2/1}) \end{cases} \quad (4.8)$$

4.4 部门总劳动创造的商品价值总量

部门总劳动创造的商品价值总量等于部门总产量乘以单位商品价值量,由部门平均劳动创造的价值量式(4.8)可推导出部门总劳动创造的价值量:

$$\begin{cases} V_1 = T_1 q_{11} V_1^c = T_1 q_{11} \dfrac{1}{2q_{11}}(1+CP_{1/2}) = T_1 \dfrac{1}{2}(1+CP_{1/2}) \\ \\ V_2 = T_2 q_{22} V_2^c = T_2 q_{22} \dfrac{1}{2q_{22}}(1+CP_{2/1}) = T_2 \dfrac{1}{2}(1+CP_{2/1}) \end{cases} \quad (4.9)$$

式(4.7)和式(4.9)进一步说明,单位平均劳动或部门总劳动与其所创造的价值量只有在部门比较生产力等于 1 的情况下才是相等的,而当比较生产力大于 1 时,较少量的劳动会创造较大量的价值;当比较生产力小于 1 时,较大量的劳动只能创造较少量的价值。也就是说,等量劳动创造等量价值的劳动价值论基本原理,只有在比较生产力等于 1 的情况下才是成立的。

4.5 全社会价值总量

在两部门经济的均衡条件下,部门 1 价值总量等于部门 2 价值总量,设全社会价值总量为 V,全社会劳动投入总量为 T,根据式(4.9)可得:

$$V = V_1 + V_2 = 2V_1 = 2T_1 \dfrac{1}{2}(1+CP_{1/2})$$
$$= T_1(1+CP_{1/2}) = T_1 + T_1 CP_{1/2} \quad (4.10)$$

由式(3.9)、式(4.1)和式(4.2)可得：$\frac{T_2}{T_1} = CP_{1/2}$，$T_1 CP_{1/2} = T_2$，代入式(4.10)，可得：

$$V = V_1 + V_2 = 2V_1 = 2T_1 \frac{1}{2}(1 + CP_{1/2})$$

$$= T_1(1 + CP_{1/2}) = T_1 + T_1 CP_{1/2} = T_1 + T_2 = T \quad (4.11)$$

式(4.11)表明，全社会价值总量等于劳动总量，这是在假定当期各部门综合生产力水平保持不变的前提下得出的。当各部门综合生产力水平发生变动时，跨期的全社会价值总量并不等于劳动总量。关于这个问题，下一章讨论劳动生产力与价值决定的关系时将具体说明。

附录 A：对李嘉图比较利益说的再评价

A-1 比较利益说的重大贡献

比较利益说最初是作为一种国际贸易理论由李嘉图创立的。李嘉图从生产力的相对差别出发，认为如果两国生产力水平不相等，甲国生产任何一种商品的生产力水平都高于乙国，处于绝对优势，而乙国则处于绝对劣势，但两国间仍然存在着互利的国际分工和贸易的可能。只要两国生产力水平的差别并不是在任何商品生产上都程度相同，甲乙两国各自生产生产力水平相对较高的商品，通过国际贸易互相交换就可以节省双方的劳动，彼此都得到好处。他举例说：假设葡萄牙生产一桶酒只需 80 人年的劳动，生产一匹布只需 90 人年的劳动，而英国生产同量的酒和布，分别需要 120 人年和 100 人年的劳动。[1] 按照比较优

---

[1] 李嘉图在葡萄牙与英国有关酒和布的贸易例子中提到的这两组四个数字 80、90、120、100，成为后来学者阐述比较优势原理时常用的数例，曾被萨缪尔森称为"四个有魔力的数字"[转引自文浩(2019)]。

势原理,葡萄牙只应专门生产酒以换布,英国只应专门生产布以换酒。二者的交换比例是 1 匹布换 1 桶酒,这显然是不等价交换。但同一交换关系,对葡萄牙来说,等于用 80 人年的劳动生产的 1 桶酒换回自己需要 90 人年的劳动才能生产出来的 1 匹布,而对英国来说,则等于用 100 人年的劳动生产的 1 匹布换回自己需要 120 人年的劳动才能生产出来的 1 桶酒,所以,交换双方都得到了利益(参见李嘉图,1962,第113—114 页)。

李嘉图比较利益说的科学价值,不仅在于它是对斯密以生产力的绝对差别为前提而建立的国际贸易理论的重大突破和发展,而且在于它第一次论述了以比较利益为前提的国际贸易中的"不等价"交换及其在经济上的合理性,从而为比较利益一般原理的研究奠定了基础,这是李嘉图的一个重大的理论贡献。

A-2 比较利益说的局限

但是,李嘉图的比较利益说有很多缺陷,其中最主要的是他认为比较利益只存在于国际贸易中,而一国内的商品都是按"价值"进行交换的。他说:"支配一个国家中商品相对价值的法则不能支配两个或更多国家间相互交换的商品的相对价值。"(李嘉图,1962,第 112 页)而我们的分析则相反,支配国际交换的比较利益法则,同样支配国内的商品交换,而且,首先是作为支配一国内部分工交换的规律而发生作用的。如果说在国际市场上按比较利益法则决定的商品交换是"不等价"交换,那么,由此较利益法则决定的国内商品交换也同样是"不等价"交换。应该指出的是。李嘉图本人的论述在观点上并不是始终一致的。他曾打比方说:"如果两人都能制造鞋和帽,其中一个人在两种职业上都比另一个人强一些,不过制帽时只强五分之一或百分之二十,而制鞋时则强三分之一或百分之三十三,那么这个较强的人专门制鞋,而那个较差的人专门制帽,岂不是对于双方都有利么?"(李嘉图,1962,第114页脚注)这里,双方得到的利益显然是比较利益。既然比较利益法则适用于两个人之间的交换,为什么不适用于一国内不同部门之间的交换呢?

A-3 局限的成因

李嘉图之所以认为比较利益法则只存在于国际交换之中,据说是因为"资本由一国转移到另一国以寻找更为有利的用途"是有困难的(李嘉图,1962,第114页)。且不说把资本的转移仅仅理解为由一国到另一国的空间移动是否正确,[①]也不论把阻碍资本转移的因素归结为"不安全感"和不愿意离乡背井的"感情"是否妥当,即使假定资本和劳动力能够自由地转移,结果又如何呢?我们知道,根据马克思的分析,劳动生产力的差别大体上是由五种因素决定的,它们分别是(1)工人的平均熟练程度、(2)科学的发展水平及其在工艺上应用的程度、(3)生产过程的社会结合、(4)生产资料的规模和效能、(5)自然条件(马克思、恩格斯,1972b,第53页)。显然,由前三种因素决定的劳动生产力的差别,单靠资本的转移是消除不了的;而由第五种因素即自然条件决定的劳动生产力的差别更是人力所不能消除的。因为有利的自然条件即土地,如果已经被人使用,就排斥了新资本的投入,如果存在着土地所有权的垄断,那么由于使用有利的自然条件而获得的经济利益,应归土所有者所有。以上所说的无论对国内和国外,都是适用的。因此,无论国际间是否存在着资本的转移,各国生产力水平的差别都不会消失。而且问题并不在于生产同类商品的不同国家的生产力水平的绝对差别,

---

① 事实上,在国际贸易中,各国可以根据国际市场的需要和比较利益原则改变自己的出口产品,而不一定把资本转移到国外。

只要各类国家相对生产力水平不等,国际绝对成本就会转化为国际比较成本,等"价"交换就会变成不等"价"交换。可见,李嘉图并没有正确阐明比较利益法则产生的客观原因。

此外,李嘉图例子中酒和布的交换比例也是随意假定的。事实上,在比较利益>0 的前提下,酒与布的交换比例可以在如下界限内变动:

对于葡萄牙来说:8/9 匹<1 桶酒换到的布<12/10 匹;

对于英国来说:10/12 桶<1 匹布换到的酒<9/8 桶。

因为英国生产布和酒的绝对成本分别为 $t_{11}=$ 80 人年,$t_{12}=$ 90 人年,葡萄牙生产布和酒的绝对成本分别为 $t_{21}=$ 120 人年,$t_{22}=$ 100 人年,所以,在供求平衡的条件下,根据广义价值论比较利益率均等原则,酒与布的均衡交换比例为 $\sqrt{\dfrac{80 \times 120}{90 \times 100}}$,即 1 匹布换 $\sqrt{\dfrac{16}{15}} \approx 1.03$ 桶酒。

葡英两国按照上述比例进行交换,就能获得同等程度的比较利益。而李嘉图只是对比较利益>0 的贸易条件做了定性的描述,并在这个贸易条件限制的范围内任意假定了一个 1∶1 的交换比例,没有对均衡交换比例做出量的规定,从而没有揭示比较利益分配的公平原则。①

以往学术界对李嘉图比较利益说的科学价值估量不足,而对它的过多批评又没有切中要害。所以,公正地重新评价李嘉图的比较利益说,对于价值理论的重建,是很有必要的。

---

① 有关这方面的批评,参见高师岸根(1983)和宋承先(1984)。

5. 劳动生产力与价值决定

上一章是在给定劳动生产力保持不变的情况下抽象地分析了分工交换的产生以及均衡交换比例、均等的比较利益率以及单位商品价值量、单位劳动价值量和部门总劳动价值量的决定。本章进一步分析劳动生产力的变化对上述相关变量的影响。

5.1 劳动生产力的多种形态及其规定性

劳动生产力也称为劳动生产率(二者的英文都是 Labor Productivity),其本身有多种形态和规定性,不同含义的劳动生产力对价值决定的影响是不同的,所以,我们首先要对不同含义的劳动生产力做出严格的界定,以避免引起读者对价值决定相关命题的误解。

5.1.1 绝对生产力

1)所谓绝对生产力或绝对生产率(Absolute Productivity)即马克思经济学中的劳动生产力(率)。马克思说:"生产力当然始终是有用的具体的劳动的生产力,它事实上只决定有目的的生产活动在一定时间内的效率。"(马克思、恩格斯,1972b,第 59 页)也就是说,所谓绝对生产力(率)是指单位劳动时间所生产的使用价值量,或者指单位使用价值与生产中耗费的劳动时间之比。对于线性生产函数 $f(L) = qL$ 来说,绝对生产力就是 q。绝对生产力与绝对成本(单位成本)和绝对优势,是同一含义的概念。

2) 同一生产者自身的绝对生产力的变化以及同一产品的不同生产者的绝对生产力水平,彼此可以直接进行比较;同一生产者在不同产品上的绝对生产力以及不同产品生产者的绝对生产力之间不能直接进行比较,但可以借助于下面将依次界定的相对生产力(系数)和综合生产力(系数)间接进行比较,从而形成比较生产力。

3) 绝对生产力可以分为个别劳动生产力和部门平均劳动生产力,前者指同一部门内每个劳动者在单位时间内生产的使用价值量,后者指一个部门内所有劳动者单位时间所生产的使用价值量的加权平均,等于部门总产量与部门总劳动量之比。

4) 劳动生产力 q_{ij} 与单位产品的劳动成本(劳动时间) t_{ij} 互为倒数,即: $q_{ij} = 1/t_{ij}$。所以,前述部门平均劳动生产力就是马克思所谓决定单位商品价值量的"社会必要劳动时间"的倒数,[①] 与微观经济学中的平均产量同义。

5) 如前所述,按照马克思的概括,绝对生产力水平的高低取决于工人的平均熟练程度、科学的发展水平和它在工艺上应用的程度、生产过程的社会结合、生产资料的规模和效能,以及自然条件等五个因素(马克思、恩格斯,1972b,第 53 页)。

6) 马克思把由自然条件决定的生产力称为劳动的自然生产力,把由分工协作所决定的生产力称为劳动的社会生产力(马克思、恩格斯,1972b,第 366、370、372、423—424 页;1974a,第 712—713、726、740、842 页),以此类推,似乎也可以把由生产资料的使用所决定的生产力称之

---

① 马克思指出:"社会必要劳动时间是在现有的社会正常的生产条件下,在社会平均的劳动熟练程度和劳动强度下制造某种使用价值所需要的劳动时间。"(马克思、恩格斯,1972b,第 52 页)这种从生产者(供给方)的角度定义的社会必要劳动时间被称作第一种含义的社会必要劳动时间;马克思后来从满足社会需要(需求方)的角度,又提出了第二种含义的社会必要劳动时间(参见马克思、恩格斯,1974a,第 205、208—209 页)。

为劳动的资本生产力。

5.1.2 相对生产力

如前所述,所谓相对生产力(relative productivity)是指同一生产者在不同产品上的绝对生产力之比,两个部门相对生产力之比即相对生产力系数[见第2章的式(2.5)],关于相对生产力系数与比较优势及专业化分工的关系,第2章第2.4节已做详细分析,这里不再赘述。

5.1.3 社会平均生产力

如果说单个生产者(劳动者、企业)生产单位商品所耗费的时间为个别劳动时间,同一部门不同生产者生产单位产品个别劳动时间的加权平均为部门平均劳动时间,那么,所有部门(社会全部资源)生产同一单位产品的时间为社会平均劳动时间,等于各部门平均劳动时间的几何平均:$\sqrt{t_{11}t_{21}}$;$\sqrt{t_{12}t_{22}}$,①而社会平均劳动时间的倒数即社会平均生产力,等于两个部门在同一产品上的生产力的几何平均:$\sqrt{q_{11}q_{21}}$;$\sqrt{q_{12}q_{22}}$,而两种产品的社会平均生产力系数,等于产品2的平均生产力AP_2和产品1的平均生产力AP_1之比,即$AP_{2/1}=\sqrt{\dfrac{t_{11}t_{21}}{t_{12}t_{22}}}=\sqrt{\dfrac{q_{12}q_{22}}{q_{11}q_{21}}}$。

5.1.4 综合生产力

所谓综合生产力指同一经济主体在多种产品生产上的绝对生产力的几何平均,表示该经济主体在多种商品生产能力上的综合水平。在两部门经济中,同一类型劳动者的综合生产力等于该类劳动者在两种

---

① 这里所谓的社会平均劳动时间才是真正意义上的社会必要劳动时间,而前述马克思所谓的社会必要劳动时间,其实仅仅是部门必要劳动时间。

产品上的绝对生产力的几何平均。两个部门综合生产力之比为综合生产力系数，可与相对生产力系数相结合，用来判断一个部门在某种产品上与另一个部门在另一种产品上的比较生产力孰高孰低。关于综合生产力及其系数和公式，参看第4章第4.1节的分析。

5.1.5 比较生产力的界定及其与综合生产力和相对生产力的关系

比较生产力是就一个生产者(部门、地区或国家)在一种产品生产上与另一个生产者(部门、地区或国家)在另一种产品生产上相比较而言的生产力。一个生产者(部门、地区或国家)与另一个生产者(部门、地区或国家)在两种不同产品上的比较生产力的高低是由两个生产者(部门、地区或国家)的相对生产力系数和综合生产力系数两个因素决定的，具体有如下6种组合：

(1)若$CP_{1/2}>1$且$RP_{1/2}>1$，则意味着生产者1在产品1上的比较生产力高于生产者2在产品2上的比较生产力；

(2)若$CP_{1/2}>1$且$RP_{1/2}<1$，则意味着生产者1在产品2上的比较生产力高于生产者2在产品1上的比较生产力；

(3)若$CP_{1/2}<1$且$RP_{1/2}<1$，则意味着生产者1在产品2上的比较生产力低于生产者2在产品1上的比较生产力；

(4)若$CP_{1/2}<1$且$RP_{1/2}>1$，则意味着生产者1在产品1上的比较生产力低于生产者2在产品2上的比较生产力；

(5)若$CP_{1/2}=1$且$RP_{1/2}>1$，则意味着生产者1在产品1上的比较生产力等于生产者2在产品2上的比较生产力；

(6)若$CP_{1/2}=1$且$RP_{1/2}<1$，则意味着生产者1在产品2上的比较生产力等于生产者2在产品1上的比较生产力。

5.2 马克思关于劳动生产力与价值决定的三个命题

关于劳动生产力与价值量的关系,马克思曾从三个不同角度提出看似相互矛盾但内在统一的三个不同的命题。

5.2.1 劳动生产力与价值量成反比

这是经济学界都普遍熟悉的马克思主义经济学的常识。马克思指出:"劳动生产力越高,生产一种物品所需要的劳动时间就越少,凝结在该物品中的劳动量就越小,该物品的价值就越小。……可见,商品的价值量与体现在商品中的劳动的量成正比,与这一劳动的生产力成反比。"(马克思、恩格斯,1972b,第53—54页)这里所说的劳动生产力无疑是指一个部门的平均劳动生产力,这里所说的价值量,则是指单位商品的价值量。

5.2.2 劳动生产力与价值量正相关

虽然这个命题常常遭到一些经济学者诟病(参见何炼成,1994;苏星,1995),但它也同样是马克思的观点。马克思指出:"生产力特别高的劳动起了自乘的劳动的作用,或者说,在同样的时间内,它所创造的价值比同种社会平均劳动要多。"(马克思、恩格斯,1972b,第354页)这里所说的生产力是指单个生产者的个别劳动生产力,这里所说的价值量,则是指单个生产者在单位劳动时间内所创造的价值总量。所谓劳动生产力与价值量正相关的原理,实际上已经包含在马克思"单位商品价值量决定于社会必要劳动时间"这一规定之中。①

5.2.3 劳动生产力与价值量不相关

马克思说:"不管生产力发生了什么变化,同一劳动在同样的时间内提供的价值量总是相同的。"(马克思、恩格斯,1972b,第60页)这里所说的生产力同样是指部门平均劳动生产力,只不过这里所说的价值量是指部门商品价值总量。这第三个命题与第一个命题实际上是同一命题的两种表述,如果把前述负相关理解为成反比的话。

我国学者关于马克思劳动生产力与价值量的三个命题的研究和争论,或者出于对经典著作的误解,完全混淆了马克思三个命题中的三个劳动生产力和三种价值量的不同含义,而用一个命题否定另一个,例如,有的学者引用马克思劳动生产力与价值量成反比命题,否定其他学者所持的正相关命题(参见何炼成,1994;苏星,1995;徐东辉,2016;丁堡骏、张洪平,1994;赵爱清,2001);或者不求甚解,只是囫囵吞枣地重复经典作家的论述,而没有进一步揭示其中存在的逻辑矛盾。例如,很多学者(当然也包括马克思本人)虽然承认正相关命题,却否认非劳动要素对价值决定的影响;同样地,如果承认成反比命题,那就意味着一个部门劳动生产力提高所增加的使用价值将完全归于与之交换的其他部门,而很少有人质疑这一既不合情理又违反逻辑的命题。本章接下来将从广义价值论的角度将劳动生产力与价值量正相关命题的适用范围由单个企业扩展到整个行业和整个社会,从而彻底摒弃不相关命题,

---

① 马克思认为,决定商品价值量的不是个别劳动时间,而是社会必要劳动时间,即"在现有的社会正常的生产条件下,在社会平均的劳动熟练程度和劳动强度下制造某种使用价值所需要的劳动时间"(马克思、恩格斯,1972b,第52页)。

并明确负相关并非等价于成反比。①

5.3 劳动生产力变动对比较利益率和交换比例的影响

假定在 2×2 模型即两类生产者就两种产品组成的可变分工体系中,1 类生产者或部门 1 和 2 类生产者或部门 2 分别在产品 1 和产品 2 的生产上具有比较优势,下面依次考察两部门的四种绝对生产力 q_{11}、q_{12}、q_{22}、q_{21} 的变动对部门比较利益率、均衡比较利益率和均衡交换比例的影响。

5.3.1 部门 1 具有比较优势产品的生产力 q_{11} 提高的影响

由比较利益率均等式(3.10)可知,q_{11} 的提高导致 RP_1 提高,从而引起部门 1 的比较利益率 CB_1' 提高,在图形上则表现为 CB_1' 曲线的斜率提高,结果导致商品 1 相对于商品 2 的均衡交换比例降低,因为 q_{11} 提高了,单位商品 1 的价值降低;另外,由于 RP_1 提高导致 $RP_{1/2}$ 提高,从而使均衡比较利益率 $CB_{1=2}'$ 增加。如图 5.1 所示。

5.3.2 部门 1 具有比较劣势产品的生产力 q_{12} 提高的影响

当 q_{12} 提高时,部门 1 的比较利益率 CB_1' 曲线斜率降低,结果导致商品 1 相对于商品 2 的均衡交换比例提高,因为 q_{12} 提高了,单位商品 2 的价值降低;另外,由于 RP_1 降低导致 $RP_{1/2}$ 降低从而使均衡比较利益率 $CB_{1=2}'$ 降低。如图 5.2 所示。

---

① 两个变量之间的关系成反比亦即负相关,但负相关不一定成反比,成反比只是负相关的一个特例;同样地,两个变量之间的关系正相关但不一定成正比,但成正比一定是正相关,成正比也只是正相关的一个特例。

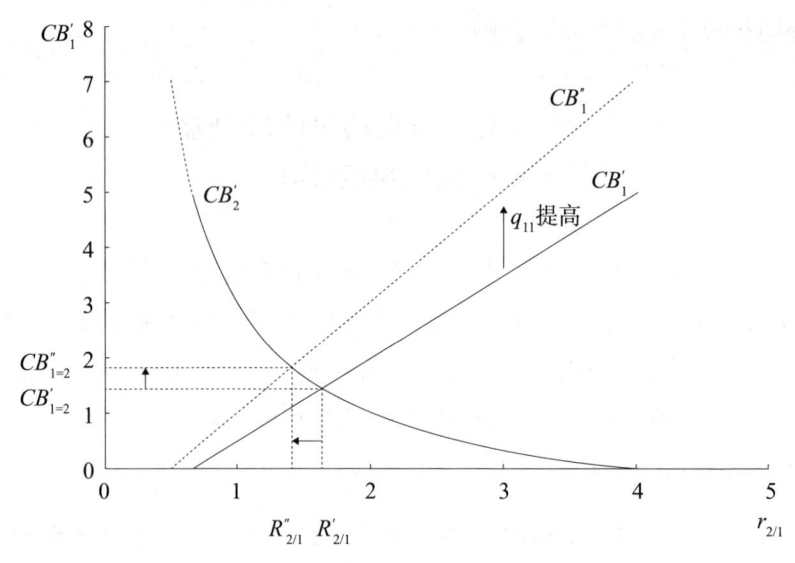

图 5.1 q_{11} 提高对均衡结果的影响

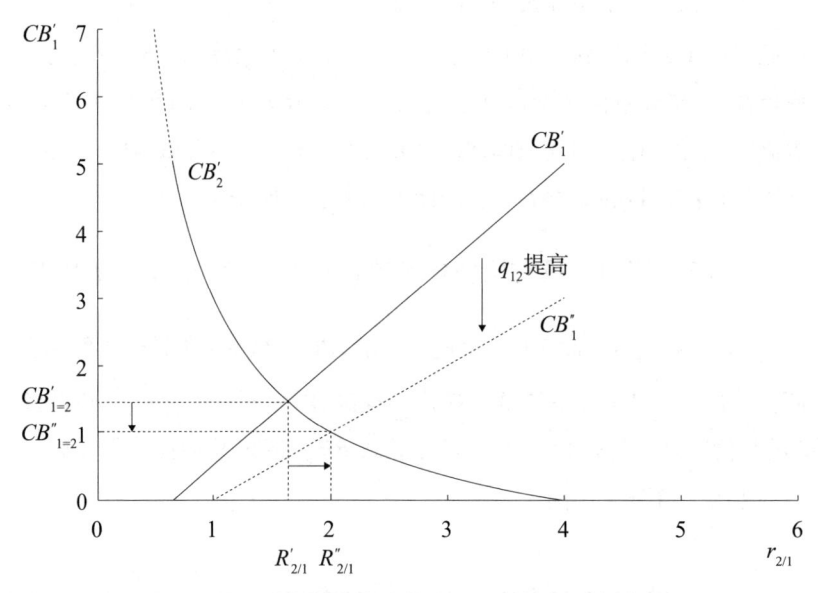

图 5.2 q_{12} 增长对均衡交换价值和比较利益率的影响

5.3.3 部门 2 具有比较优势产品的生产力 q_{22} 提高的影响

部门 2 的 q_{22} 提高会引起本部门比较利益率 CB_2' 曲线斜率提高,导致商品 2 相对于商品 1 的均衡交换比例下降,因为 q_{22} 提高了,单位商品 2 价值下降;另外,由于 RP_2 下降导致 $RP_{1/2}$ 上升,从而使均衡比较利益率 $CB_{1=2}'$ 提高。如图 5.3 所示。

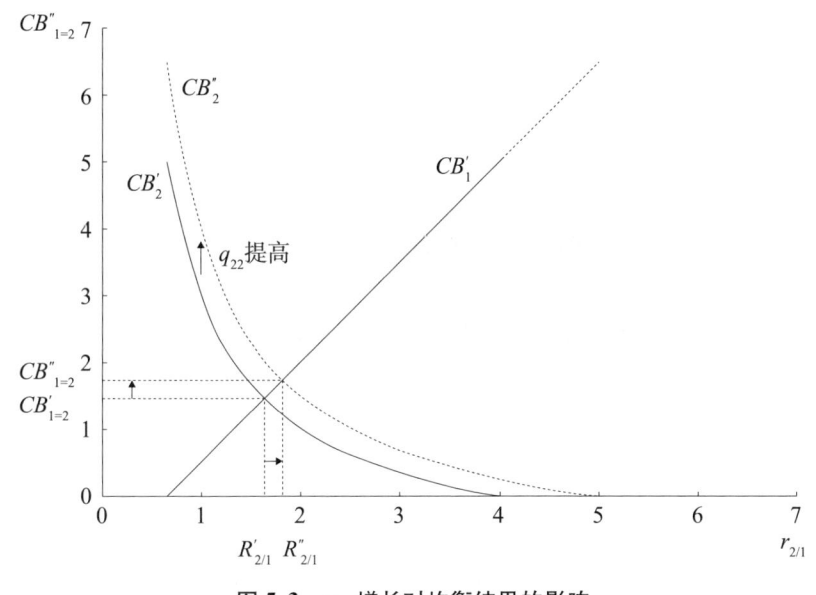

图 5.3 q_{22} 增长对均衡结果的影响

5.3.4 部门 2 具有比较劣势产品的生产力 q_{21} 提高的影响

当 q_{21} 提高时,会引起部门 2 的比较利益率 CB_2' 曲线斜率降低,从而导致商品 2 相对于商品 1 的均衡交换价值降低,因为 q_{21} 提高导致单位商品 1 的价值降低;另外,由于 RP_2 提高导致 $RP_{1/2}$ 降低从而使均衡比较利益率 $CB_{1=2}'$ 降低。如图 5.4 所示。

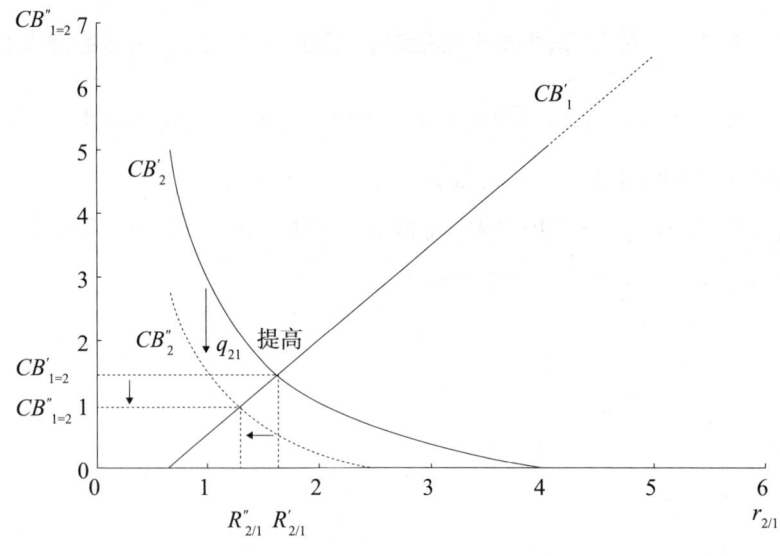

图 5.4 q_{21} 提高对均衡结果的影响

5.3.5 四种生产力变动效应的总结

$q_{11}, q_{12}, q_{22}, q_{21}$ 的变动对均衡交换比例、单位商品价值、单位劳动价值和均衡比较利益率的影响总结概括如下：

$q_{11} \uparrow \to RP_1$ 斜率 $\uparrow \to R_{2/1} \downarrow \to V_1^c \downarrow \to V_2^c \downarrow \to V_1^t \uparrow \to V_2^t \downarrow \to CB'_{1=2} \uparrow$

$q_{12} \uparrow \to RP_1$ 斜率 $\downarrow \to R_{2/1} \uparrow \to V_1^c \uparrow \to V_2^c \downarrow \to V_1^t \uparrow \to V_2^t \downarrow \to CB'_{1=2} \downarrow$

$q_{22} \uparrow \to RP_2$ 斜率 $\downarrow \to R_{2/1} \uparrow \to V_1^c \downarrow \to V_2^c \downarrow \to V_1^t \uparrow \to V_2^t \uparrow \to CB'_{1=2} \uparrow$

$q_{21} \uparrow \to RP_2$ 斜率 $\uparrow \to R_{2/1} \downarrow \to V_1^c \downarrow \to V_2^c \uparrow \to V_1^t \uparrow \to V_2^t \downarrow \to CB'_{1=2} \downarrow$

5.4 均衡交换比例与社会平均生产力系数正相关

回顾第 3 章推导出的均衡交换比例：

$$R_{2/1} = \frac{x_2}{x_1} = \sqrt{\frac{t_{11}t_{21}}{t_{12}t_{22}}} = \sqrt{\frac{q_{12}q_{22}}{q_{11}q_{21}}} = AP_{2/1} \qquad (3.9)$$

由式(3.9)可知,均衡交换比例和比较利益的公平分配是根据比较利益率均等原则确定的,两种产品的均衡交换比例与两种产品的社会平均生产力系数正相关,如图5.5所示。

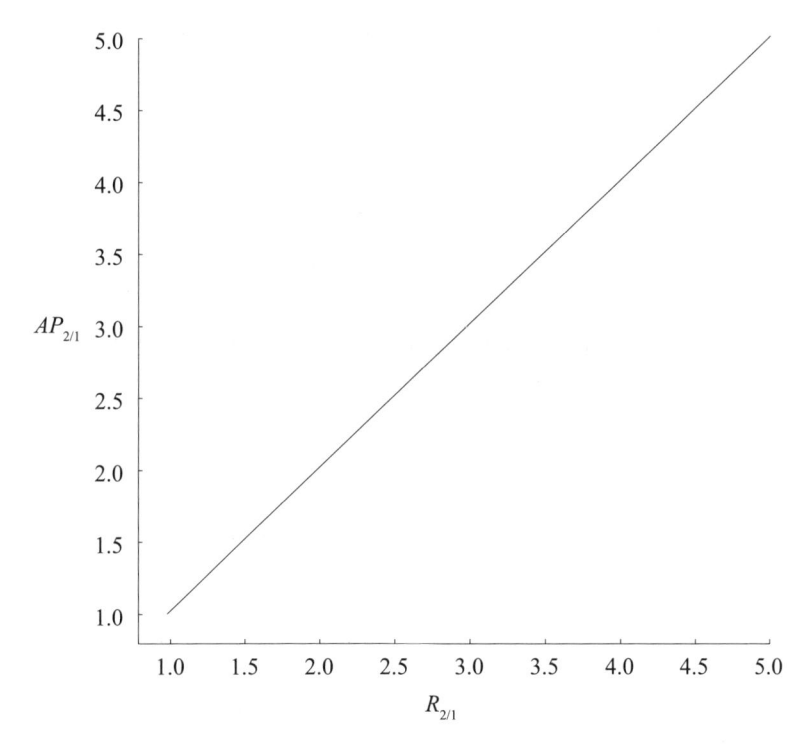

图 5.5 均衡交换比例等于两种产品社会平均生产力之比

从图5.5中可以看出:

首先,$R_{2/1}$ 和 $AP_{2/1}$ 呈线性关系,$AP_{2/1}$ 关于 $R_{2/1}$ 形成的直线截距为0,系数即直线斜率为1。

其次,无论 $R_{2/1}$ 还是 $AP_{2/1}$ 本质上都是由参与交换的部门综合生产力系数决定的,所以我们还应该画出 $AP_{2/1}$ 与劳动生产力 q 的关系图。然而由于 $AP_{2/1}$ 是由四个时间自变量 t 或生产力自变量 q 同时决定的,我们无法直接画出一个 $AP_{2/1}$ 关于四个自变量的五维关系图,因此必须对这四个自变量附加一些限定条件以降维。在不失去一般性的情况下,不妨假设我们能够观察到两个部门各自生产产品 1 和 2 的生产时间,且部门 1 善于生产产品 1 而部门 2 善于生产产品 2,且存在这样的 a_1,b_1 和 a_2,b_2,使得 $t_{21} = a_1 t_{11} + b_1 > t_{11}$ 且 $t_{12} = a_2 t_{22} + b_2 > t_{22}$,则 $AP_{2/1}$ 可以化简为:

$$AP_{2/1} = \frac{\sqrt{t_{11}(a_1 t_{11} + b_1)}}{\sqrt{t_{22}(a_2 t_{22} + b_2)}} = \frac{\sqrt{a_1/q_{11}^2 + b_1/q_{11}}}{\sqrt{a_2/q_{22}^2 + b_2/q_{22}}}$$

$$= \frac{\sqrt{q_{12} q_{22}}}{\sqrt{q_{11} q_{21}}} = \frac{AP_2}{AP_1} = AP_{1/2}^- \qquad (5.1)$$

其中倒数第三个等号来自于式(3.9)。于是我们可以根据式(5.1)画出 $AP_{2/1}$ 与 AP_1(或 AP_2)的关系图(图5.6):

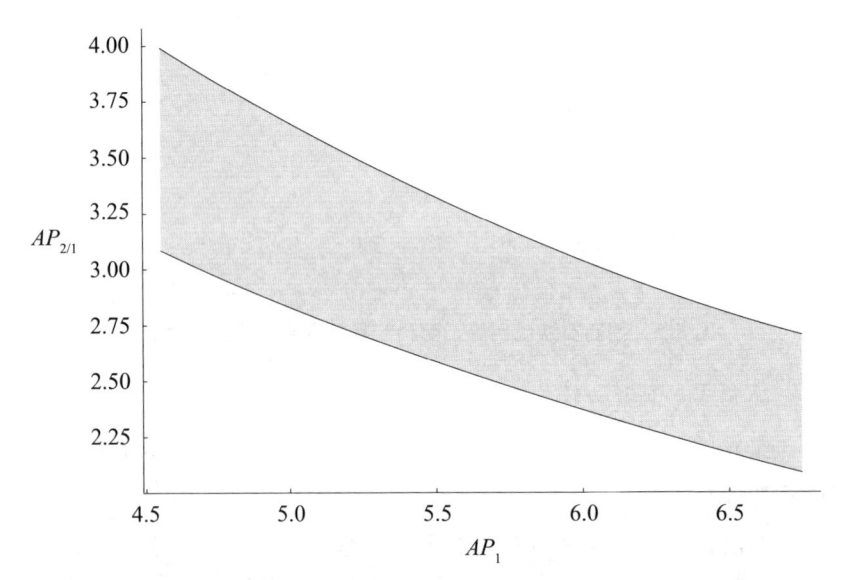

图 5.6 社会平均生产力系数 $AP_{2/1}$ 与产品平均生产力 AP_1 和 AP_2 的关系

图 5.6 阴影区域表示对于给定的产品 2 的平均生产力 AP_2，$AP_{2/1}$ 随 AP_1 变化而变化的范围。图中假设 t_{11} 的取值范围为 13 至 17，而 t_{22} 的取值范围则是 4 至 6，且 $a_1 = 1.05$，$b_1 = 2$ 和 $a_2 = 1.2$，$b_2 = 0.5$。

如图 5.6 所示，对于给定的产品 2 的平均生产力 AP_2，社会平均生产力系数 $AP_{2/1}$ 随着产品 1 的平均生产力 AP_1 的增加而降低，表现为曲线向右下方倾斜。这意味着，随着产品 1 的社会平均生产力的增长，其单位产品的社会必要劳动耗费将减少，结果是其自身价值下降，并最终表现为均衡价格下降，于是产品 1 相对于产品 2 更加便宜，产品 1 的交换价值也相应地降低了。

反之，对于给定的产品 1 的社会平均生产力 AP_1，社会平均生产力系数 $AP_{2/1}$ 随着产品 2 的社会平均生产力 AP_2 的增加而增加，表现为曲线向上移动。这意味着，随着产品 2 的社会平均生产力的增长，其单位产品的社会必要劳动耗费将减少，结果是其自身价值的下降，并最终表现为均衡价格下降，于是产品 2 相对于产品 1 更加便宜，意味着产品 1 的交换价值相对提高了。

最后，附上理论模型中数据产生的过程。根据式(3.9)，在现实经济中可观测的变量是两种产品的价格 P_1 和 P_2 以及两个部门生产两种产品的部门必要劳动时间 t_{11}、t_{12}、t_{21} 和 t_{22}。如图 5.7 所示，理论研究（建模、作图）只需要通过设置部门单位产品的必要劳动时间 t，从而模拟出所有的等价关系即可，而实际数据的检验则需要收集 t、x 和 P 三个变量。

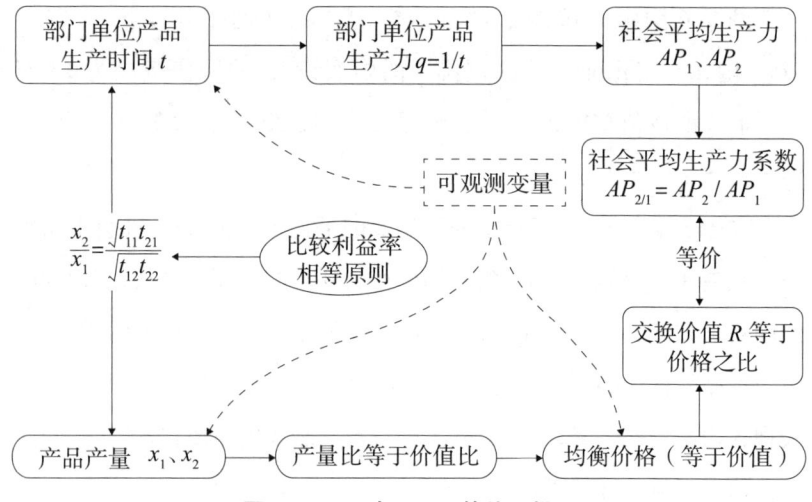

图 5.7 $R_{2/1}$ 与 $AP_{2/1}$ 等价逻辑图

5.5 单位商品价值与绝对生产力负相关,与比较生产力正相关

回顾上一章的单位商品价值量:

$$\begin{cases} V_1^c = \dfrac{1}{2q_{11}}(1 + CP_{1/2}) \\ V_2^c = \dfrac{1}{2q_{22}}(1 + CP_{2/1}) \end{cases} \quad (4.6)$$

由式(4.6)可知,单位商品价值量与部门绝对生产力负相关,与部门综合生产力或比较生产力正相关。也就是说,部门绝对生产力 q_{11} 提高,一方面会对单位商品价值量有负效应,另一方面又会通过加权平均提高部门综合生产力从而提高比较生产力,而对单位商品价值量产生正效应。下面试通过对式(4.6)的微分来分析部门绝对生产力的变化对单位商品价值量的总效应:

$$\frac{\partial V_1^c}{\partial q_{11}} = \frac{1}{2}\left[-q_{11}^{-2}(1+CP_{1/2}) + \frac{\partial CP_{1/2}}{\partial q_{11}}q_{11}^{-1}\right] < 0 \quad (5.2)$$

式(5.2)将部门绝对生产力的提高对单位商品价值量的影响分解为直接导致单位商品价值量下降的负效应 $[-q_{11}^{-2}(1+CP_{1/2})]$ 与间接导致单位商品价值量上升的正效应 ($\frac{\partial CP_{1/2}}{\partial q_{11}}q_{11}^{-1}$) 两部分。从式(5.2)可以看出，正是由于部门绝对生产力与部门综合生产力或比较生产力的关联效应，抵消了单位商品价值量的降低幅度，使得单位商品价值量的降低幅度小于部门综合生产力的提高幅度，便可以得出部门绝对生产力与单位商品价值量负相关但不成反比的结论。这就不仅校正了前述马克思部门劳动生产力与单位商品价值量负相关的命题，而且从逻辑上否定了前述马克思的不相关命题，因为既然部门劳动生产力提高时，单位商品价值不会成比例下降，而总产量的增加足以抵消单位产品价值下降而有余，部门总价值自然会增加而不是保持不变。[1]

我们通过模拟部门绝对生产力的数据来计算部门综合生产力以及单位商品的价值。为此，我们首先需假设部门绝对生产力的数据产生过程。在不失去一般性的前提下，我们假设部门1生产高技术商品1时具有比较优势，而部门2则更擅长生产低技术商品2，同时我们假设部门1和部门2都是典型的部门，即不存在生产力的突然变化，则我们可以假设绝对生产力服从线性增长。具体的数据产生过程如下：

$q_{11_t} = 1.01 q_{11_{t-1}} + u_t, q_{11_0} = 6, u_t \sim N(0, 0.0025)$

$q_{12_t} = 1.005 q_{12_{t-1}} + u_t, q_{12_0} = 2.5, u_t \sim N(0, 0.0025)$

$q_{21_t} = 1.008 q_{21_{t-1}} + u_t, q_{21_0} = 2, u_t \sim N(0, 0.0025)$

$q_{22_t} = 1.007 q_{22_{t-1}} + u_t, q_{22_0} = 3, u_t \sim N(0, 0.0025)$

---

[1] 康秀华(1998)和邹新树(2002)虽然也曾否定了单位商品价值量与部门劳动生产力的提高等比例下降，但并未由此引申出部门劳动生产力与部门价值总量正相关的逻辑结论。

其中参数的含义是(a)在初始状态下,对于商品 1 而言,部门 1 的绝对生产力高于部门 2,同理对于商品 2,部门 2 的绝对生产力则高于部门 1;(b)部门 1 生产商品 1 的生产力增速快于部门 2,而部门 2 生产商品 2 的生产力增速则快于部门 1。

图 5.8 展示了随着 q_{11} 和 q_{22} 的增长,V_1^c 和 V_2^c 的逐步下降。可以看出,单位商品价值随着部门具有比较优势商品的绝对生产力的增加而降低(负相关),同时这种降低是非线性的,因此单位商品价值与绝对生产力不成反比。

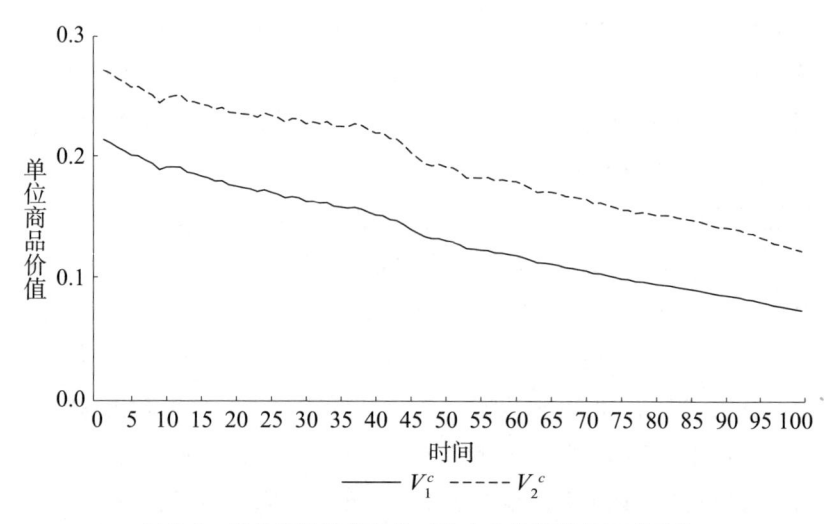

图 5.8 单位商品价值与绝对生产力负相关但不成反比

图 5.9 则呈现了式(5.2)中所反映的绝对生产力对单位商品价值的边际影响:

图 5.9 中间的实线是绝对生产力对单位商品的边际效应曲线,等于绝对生产力对单位商品的正效应(上方虚线)和负效应(下方虚线)的算数平均值。在实际计算中,当绝对生产力大于 1 时[如果用单个劳动力每小时创造的商品价值计算绝对生产力,则绝对生产力往往大于

1,如宾州数据表(Penn World Table 9.1)中世界各国的劳动生产力],正效应逐渐减小,负效应逐渐增加,且正效应相较于负效应可以忽略不计(接近0且趋近于0),而负效应主要受到绝对生产力的平方的影响,所以最终的边际效应大致与绝对生产力的平方成反比。

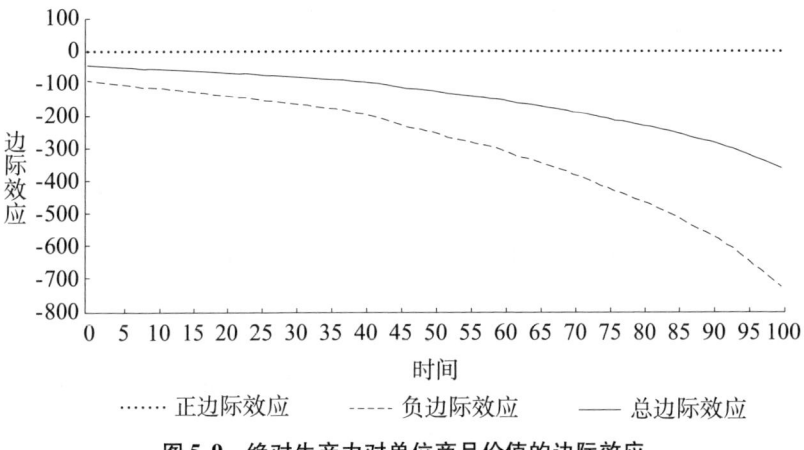

图 5.9 绝对生产力对单位商品价值的边际效应

5.6 单位个别劳动创造的价值量与其绝对生产力和部门比较生产力正相关

进一步分析单位个别劳动创造的价值量:

$$\begin{cases} V_{11k}^t = q_{11k}V_{11}^c = q_{11k}\dfrac{1}{2q_{11}}(1+CP_{1/2}) = \dfrac{1}{2}q_{11}^k(1+CP_{1/2}) \\ V_{22k}^t = q_{22k}V_{22}^c = q_{22k}\dfrac{1}{2q_{22}}(1+CP_{2/1}) = \dfrac{1}{2}q_{22}^k(1+CP_{2/1}) \end{cases} \quad (4.7)$$

由式(4.7)可以看出,单位个别劳动生产力 q_{ijk} 的提高会通过加权平均提高部门的绝对生产力水平 q_{ij},从而一方面会使单位商品价值量 V_{ij}^c 下降,从而对单位个别劳动创造的价值量产生负效应,另一方面又会通过部门综合生产力（以及 $CP_{1/2}$ 的提高）对个别企业单位劳动创造的价值量产生正效应，我们试通过对式(4.7)做全微分来分析单位个别劳动生产力提高对其单位劳动创造的价值量的总效应：

$$dV_{11k}^t = d\left[\frac{1}{2}q_{11}^k(1+CP_{1/2})\right] = \frac{1}{2}(1+CP_{1/2})dq_{11}^k$$
$$+ \frac{1}{2}q_{11}^k d(1+CP_{1/2}) \qquad (5.3)$$

由式(5.3)可以看出，单位个别劳动创造的价值量变动，由两部分引起：一是单位个别劳动提高劳动生产力增加的价值量 $\frac{1}{2}(1+CP_{1/2})$ dq_{11}^k，由于 dV_{11k}^t 与 dq_{11}^k 的相关系数为1，这即体现劳动价值论所强调的"成正比"的结论；二是由于单位商品价值下降而减少的价值量，即 $q_{11}^k d(1+CP_{1/2})$，由于 $d(1+CP_{1/2})<0$，且 dV_{11k}^t 与 $d(1+CP_{1/2})$ 不是负相关，不能完全抵消单位个别劳动生产力增加的变动，因而单位个别劳动的生产力对其单位时间创造的价值量的总效应为正（即 $dV_{11k}^t > 0$）。这一结果可由式(5.3′)的进一步推导得到证明：①

---

① 推导过程如下：

$$dV_{11k}^t = d\left[\frac{1}{2}q_{11}^k(1+CP_{1/2})\right] = \frac{1}{2}(1+CP_{1/2})dq_{11}^k + \frac{1}{2}q_{11}^k d(1+CP_{1/2})$$

$$= \frac{1}{2}\left(1+\frac{\sqrt{q_{11}q_{12}}}{\sqrt{q_{22}q_{21}}}\right)dq_{11}^k + \frac{1}{2}q_{11}^k d\left(1+\frac{\sqrt{q_{11}q_{12}}}{\sqrt{q_{22}q_{21}}}\right)$$

$$= \frac{1}{2}\left(1+\sqrt{\frac{q_{11k}}{q_{11}}}\frac{\sqrt{q_{12}}}{\sqrt{q_{22}q_{21}}}\right)dq_{11}^k + \frac{1}{2}q_{11}^k d\left(1+\sqrt{\frac{q_{11k}}{q_{11}}}\frac{\sqrt{q_{12}}}{\sqrt{q_{22}q_{21}}}\right)$$

$$= \frac{1}{2}\left(1+\sqrt{\frac{q_{11k}}{q_{11}}}\frac{\sqrt{q_{12}}}{\sqrt{q_{22}q_{21}}}\right)dq_{11}^k + \frac{1}{2}q_{11}^k d\left(1+q_{11}^{-\frac{1}{2}}\sqrt{\frac{q_{11k}}{1}}\frac{\sqrt{q_{12}}}{\sqrt{q_{22}q_{21}}}\right)$$

$$= \frac{1}{2}\left(1+\sqrt{\frac{q_{11k}}{q_{11}}}\frac{\sqrt{q_{12}}}{\sqrt{q_{22}q_{21}}}\right)dq_{11}^k - \frac{1}{4}q_{11}^k * q_{11}^{-\frac{3}{2}}\sqrt{\frac{q_{11k}}{1}}\frac{\sqrt{q_{12}}}{\sqrt{q_{22}q_{21}}}dq_{11}^k$$

$$\mathrm{d}V_{11k}^t = \frac{1}{2}\left[1 + \frac{1}{2}\frac{\sqrt{q_{12}}}{\sqrt{q_{22}q_{21}}}(q_{11k})^{\frac{1}{2}} \cdot (q_{11}^k)^{-\frac{1}{2}}\right]\mathrm{d}q_{11}^k > 0 \quad (5.3')$$

个别劳动生产力与价值量的关系如图 5.10 所示:

图 5.10 中 n 代表部门 1 的企业数量。从图 5.9 中可以看出单位个别劳动创造的价值量 V_{11k}^t 与其个别劳动生产力 q_{11k} 虽然正相关,但是其(非)线性至少受到部门内企业数量 n 的影响。初步的结论是,部门内的任意个体,其劳动生产力 q_{11k} 对部门平均生产力 q_{11} 和综合生产力 $CP_{1/2}$ 的影响会随着部门内企业数量 n 的增加而显著下降,表现为 q_{11k} 与 V_{11k}^t 的非线性关系随着 n 的增长迅速变为基本稳定的线性关系。如 $n=2$ 时, q_{11k} 与 V_{11k}^t 表现为边际生产力递减,而当 $n=10$ 和 50 时,q_{11k} 与 V_{11k}^t 的曲线基本重合,边际生产力基本为常数。一个合理的解释是,当生产者数量足够多时,由于 q_{11k} 对部门平均生产力 q_{11} 的边际影响快速减弱,个别生产者——即使具有部门内最高的个别生产力——很难改变整个部门的平均生产力水平,此时 q_{11} 与 $CP_{1/2}$ 对他来说可以看作外生变量,式(4.7)实际上可以看作以下形式:

$$
\begin{aligned}
(\text{接上页}) \quad &= \frac{1}{2}\left(1 + \sqrt{\frac{q_{11k}}{q_{11}^k}}\frac{\sqrt{q_{12}}}{\sqrt{q_{22}q_{21}}}\right)\mathrm{d}q_{11}^k - \frac{1}{4}q_{11}^{k\,-\frac{1}{2}}\sqrt{q_{11k}}\frac{\sqrt{q_{12}}}{\sqrt{q_{22}q_{21}}}\mathrm{d}q_{11}^k \\
&= \frac{1}{2}\mathrm{d}q_{11}^k + \frac{1}{2}\left(\sqrt{\frac{q_{11k}}{q_{11}^k}}\frac{\sqrt{q_{12}}}{\sqrt{q_{22}q_{21}}}\right)\mathrm{d}q_{11}^k - \frac{1}{4}q_{11}^{k\,-\frac{1}{2}}\sqrt{q_{11k}}\frac{\sqrt{q_{12}}}{\sqrt{q_{22}q_{21}}}\mathrm{d}q_{11}^k \\
&= \frac{1}{2}\mathrm{d}q_{11}^k + \frac{2}{4}\left(\sqrt{\frac{q_{11k}}{q_{11}^k}}\frac{\sqrt{q_{12}}}{\sqrt{q_{22}q_{21}}}\right)\mathrm{d}q_{11}^k - \frac{1}{4}q_{11}^{k\,-\frac{1}{2}}\sqrt{q_{11k}}\frac{\sqrt{q_{12}}}{\sqrt{q_{22}q_{21}}}\mathrm{d}q_{11}^k \\
&= \frac{1}{2}\mathrm{d}q_{11}^k + \frac{1}{4}\left(\sqrt{\frac{q_{11k}}{q_{11}^k}}\frac{\sqrt{q_{12}}}{\sqrt{q_{22}q_{21}}}\right)\mathrm{d}q_{11}^k \\
&= \frac{1}{2}\left[1 + \frac{1}{2}\frac{\sqrt{q_{12}}}{\sqrt{q_{22}q_{21}}}(q_{11k})^{\frac{1}{2}} \cdot (q_{11}^k)^{-\frac{1}{2}}\right]\mathrm{d}q_{11}^k
\end{aligned}
$$

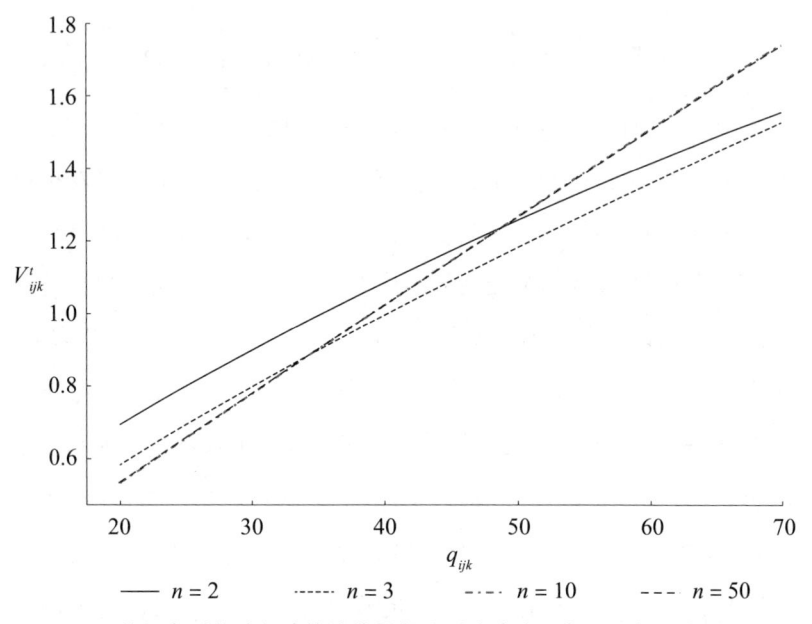

```
           1.8
           1.6
           1.4
           1.2
$V_{ijk}^t$ 1.0
           0.8
           0.6
              20      30      40      50      60      70
                                                    $q_{ijk}$
          ——— n = 2   ······ n = 3   -·-·- n = 10   - - - n = 50
```

图 5.10　单位个别劳动创造的价值量与绝对生产力和部门比较生产力正相关

$$V_{11k}^t = A \cdot q_{11k}, A = \frac{1 + CP_{1/2}}{2q_{11}} \tag{5.4}$$

其中 A 可以看作一个外生的参数，因此 q_{11} 与 V_{11k}^t 在 n 足够大时表现为拟线性关系。

5.7　单位平均劳动创造的价值量与部门比较生产力正相关

再回到上一章的单位平均劳动创造的价值量：

$$\begin{cases} V_1^t = \dfrac{1}{2}(1 + CP_{1/2}) \\ V_2^t = \dfrac{1}{2}(1 + CP_{2/1}) \end{cases} \tag{4.8}$$

式(4.8)表明,部门内单位平均劳动创造的价值量与部门综合生产力系数或比较生产力正相关,比较生产力水平高的部门,单位劳动创造的价值量会高于其劳动耗费;比较生产力水平低的部门,单位劳动创造的价值量会低于劳动耗费;只有具备社会平均比较生产力水平的部门,单位劳动创造的价值量才与劳动耗费相等。如图5.11所示:

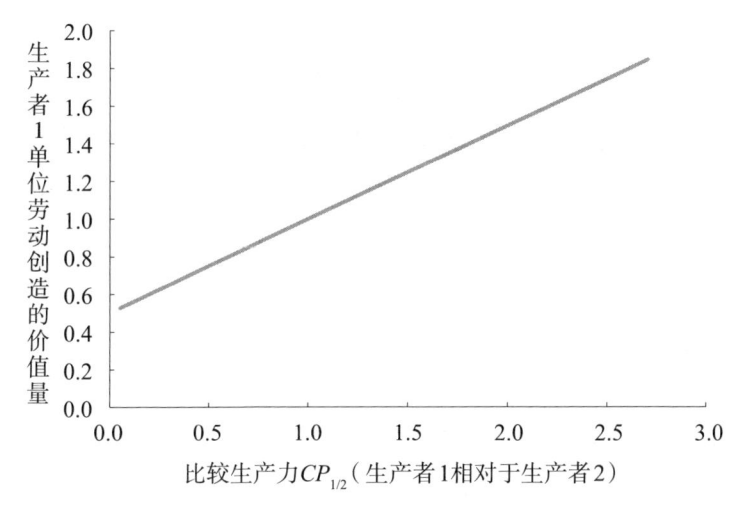

图5.11 比较生产力与单位平均劳动创造的价值量的线性关系

需要说明的一点是,部门单位平均劳动创造的价值量与部门比较生产力正相关的命题与前述马克思的正相关命题本质上是一致的,所不同的是,前述正相关是就个别劳动生产力而言的,这里是就部门比较生产力而言的;前述正相关等价于成正比,这里的正相关并不等价于成正比。

5.8 部门总劳动创造的价值总量与部门比较生产力正相关

部门总劳动创造的价值总量由上一章的式(4.9)给出：

$$\begin{cases} V_1 = T_1 \dfrac{1}{2}(1 + CP_{1/2}) \\ V_2 = T_2 \dfrac{1}{2}(1 + CP_{2/1}) \end{cases} \tag{4.9}$$

式(4.9)表明，部门总劳动创造的价值量与部门综合生产力系数或比较生产力正相关，如图5.12所示：

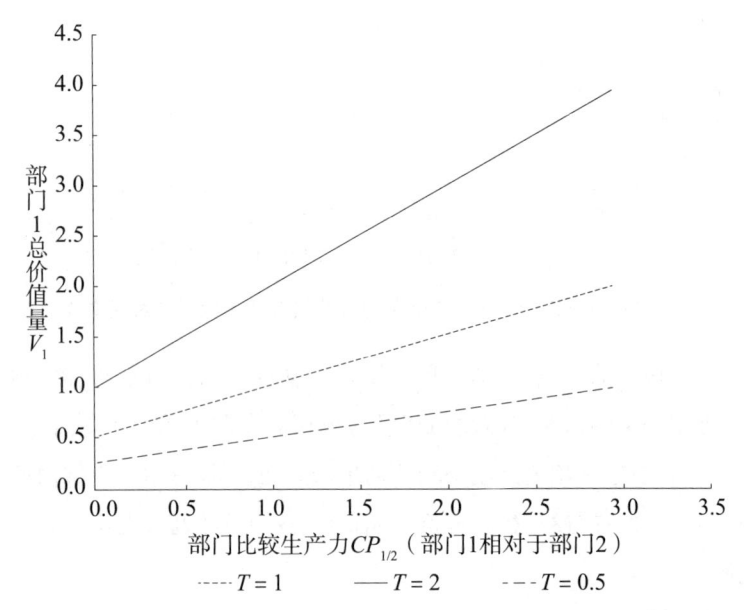

图5.12 部门比较生产力 $CP_{1/2}$ 与部门1价值总量的关系（部门劳动总量外生）

式(4.8)和式(4.9)均表明，部门总劳动或单位平均劳动所创造的价值不仅取决于其自身绝对生产率的提高，而且取决于机会成本，也就是说,在其他条件不变的前提下,提高自身比较劣势产品的生产效率同样能够提高其总价值。从国际贸易的角度看,技术进步会增加当事国人均实际收入,无论这一技术进步是发生在具有比较优势的产业,还是具有比较劣势的产业。分工和交换关系中的经济主体不仅应该关注分工所带来的相互依赖性和互惠性,也应该关注自身的自给自足能力,即在分工和交换关系中的经济主体不能一味地提升自身的比较优势,还应减小自身的比较劣势。

5.9 部门间必要劳动投入之比决定于部门间综合生产力之比

由式(3.8)、式(4.1)和式(4.2)可推导出均衡条件下两部门必要劳动投入之比:

$$\frac{T_2}{T_1} = R_{2/1} = \frac{t_{22}}{t_{11}} = \frac{x_2 t_{22}}{x_1 t_{11}} = \frac{t_{22}}{t_{11}}\sqrt{\frac{t_{11}t_{21}}{t_{12}t_{22}}}$$

$$= \sqrt{\frac{t_{22}t_{21}}{t_{12}t_{11}}} = \sqrt{\frac{q_{11}q_{12}}{q_{22}q_{21}}} = CP_{1/2} \quad (5.5)$$

式(5.5)表明,两部门之间的必要劳动投入比决定于部门之间的综合生产力之比,也就是说部门必要劳动投入量与部门比较生产力成反比,比较生产力较高部门可以用耗费劳动较少的产品换取比较生产力较低部门耗费较多劳动的产品。这是对式(5.5)所揭示的正相关原理的又一种表述。

式(5.5)亦给出了异质劳动相交换的均衡比例,同时也给出了不同复杂程度劳动的折算比例,因为在一般情况下,比较生产力较高的劳动同时也是复杂程度较高的劳动。

5.10 全社会价值总量与社会总和生产力正相关

下面考察跨期的社会价值总量决定。我们用 t 期的 CP_1 和 CP_2 的几何平均定义 t 期社会总和生产力：

$$TP_t = \sqrt{CP_{1t} \cdot CP_{2t}} = (\sqrt{q_{11_t}q_{12_t}}\sqrt{q_{21_t}q_{22_t}})^{1/2}$$
$$= (q_{11_t}q_{12_t}q_{21_t}q_{22_t})^{1/4} \qquad (5.6)$$

t 期相对于 $t-1$ 期的总和生产力增长率

$$g = (TP_t - TP_{t-1})/TP_{t-1} = TP_t/TP_{t-1} - 1$$
$$= \left(\frac{q_{11_t}q_{12_t}q_{21_t}q_{22_t}}{q_{11_{t-1}}q_{12_{t-1}}q_{21_{t-1}}q_{22_{t-1}}}\right)^{1/4} - 1 \qquad (5.7)$$

设 m 为劳动力增长率，则全社会价值总量增长率近似于全社会劳动力的增长率与技术进步增长率之和（积），如式(5.8)所示：

$$G + 1 = (1 + m)(1 + g) \approx 1 + m + g \qquad (5.8)$$

为了清楚展示 g 对 G 的影响，首先生成四组 $\Delta q_{ij_t} = q_{ij_t}/q_{ij_{t-1}}$ 的时间序列用来计算总和生产力的增长率 g，同时生成一组劳动力增长率 m 的时间序列，具体参数如下：

$$\Delta q_{11_t} = 1.06 + 0.01\varepsilon_t, \qquad \varepsilon \sim N(0,1)$$
$$\Delta q_{12_t} = 1.01 + 0.01\varepsilon_t$$
$$\Delta q_{21_t} = 1.03 + 0.01\varepsilon_t$$
$$\Delta q_{22_t} = 1.04 + 0.01\varepsilon_t$$
$$g = (\Delta q_{11_t}\Delta q_{12_t}\Delta q_{21_t}\Delta q_{22_t})^{1/4} - 1$$
$$m_t = 0.06 + 0.005\varepsilon_t$$

上述参数的含义是假设 $q_{11}, q_{12}, q_{21}, q_{22}$ 分别有固定的增长率6%、1%、3%和4%，同时受到随机噪声 ε 的影响。同理，劳动力增长率 m 在固定增长率 0.06 的基础上叠加随机干扰。基于以上假设和参数我们可以做出图 5.13：

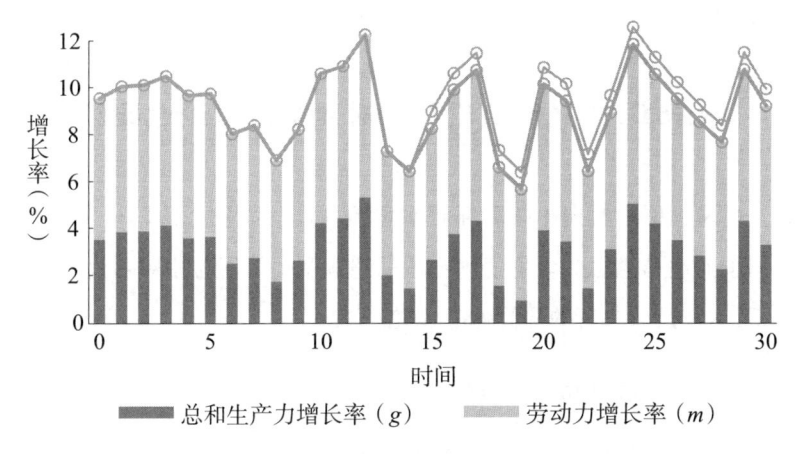

图 5.13　总和生产力增长率和全社会价值量的关系

图 5.13 中柱状图的下方阴影表示社会总和生产力的增长率 g，上方阴影表示社会劳动力增长率 m。实线折线表示社会价值总量 G，等于 g 和 m 之和。虚线折线表示任意部门的任意产品的劳动生产力 q 的增速增加 50% 对价值总量 G 的影响。

图 5.13 中的实线折线表示社会价值总量的增长 G 的趋势。为了展示部门生产力的变化对社会价值总量的最终影响，我们假设从第 15 期开始生产力增长率 Δq_{11_t} 增加 50%[根据式(5.7)任意的 Δq_{ij_t} 的变化对 g 的影响都是相等的]，虚线折线则反映出 Δq_{11_t} 增加 50% 对社会价值总量的增长 G 的正向影响。

由此可见，在存在技术进步的情况下，单个企业劳动生产力的提高，会依次导致各部门劳动生产力的提高，各部门综合生产力的提高，以及全社会总和生产力的提高，最终使全社会的价值总量会超过当期的劳动总量。即全社会总和劳动生产力与总价值量正相关，总价值量超过总劳动量的余额,就是由于技术进步所带来的社会总和生产力的提高而产生的社会超额价值。这就把劳动生产力与价值量正相关原理的适用性由部门扩展到了跨期发展的整个社会。

附录 B:广义价值论与相对剩余价值论之比较

广义价值论所揭示的个体超额价值与部门超额价值的以上关系,类似于前述马克思剩余价值理论中的超额剩余价值与相对剩余价值的关系,本节试对二者的异同做一比较。

B-1 两种理论的相同点

相对剩余价值理论和广义价值论都是以劳动生产力与价值量正相关原理为基础的。

相对剩余价值理论是通过分析资本家出于追求超额剩余价值的个人目的而提高劳动生产力,最终导致整个社会所有涉及工人必要生活资料生产的部门劳动生产力普遍提高,使再生产工人必要生活资料的必要劳动时间缩短从而相对地延长了剩余劳动时间,由此揭示了相对剩余价值生产的机制。

在广义价值论框架中,单个生产者竞相提高劳动生产力的行为,一方面会通过提高绝对生产力差别系数 q_{ij}^k 而获得个体超额价值(个体生产者超过部门平均劳动生产力水平所创造的价值),另一方面会通过加权平均提高 q_{ij} 从而提高整个部门的综合生产力水平以及比较生产力系数 $CP_{i/j}$,获得部门超额价值(整个部门超过全社会平均综合生产力水平所创造的价值)。可见,部门超额价值也是通过单个生产者追求个体超额价值而实现的。

B－2　两种理论的不同点

首先,在马克思看来,只有生产工人必要生活资料以及为此提供生产资料的产业部门平均劳动生产力提高后,所有部门的必要劳动时间才能缩短,相对剩余价值才能增加;而广义价值论认为,只要一个部门的综合生产力水平高于社会平均水平,该部门就能获得部门超额价值,而任一生产者个别劳动生产力的提高,都会通过加权平均的折算提高整个部门的综合生产力,从而有助于增加部门的超额价值。

其次,按照马克思劳动价值论,部门劳动生产力与部门价值总量不相关,而与单位产品价值量负相关,如果一个部门劳动生产力提高1倍,部门价值总量不变,单位商品价值量则下降一半,以该原理为基础的相对剩余价值理论则得出全社会劳动生产力水平提高但价值总量不变,剩余价值的增加是以工人必要生活资料价值的缩小为前提的结论;而广义价值论认为,当部门平均生产力提高时,单位商品价值量会降低,但降低幅度会小于部门平均生产力提高的幅度,由此得出部门超额价值与部门价值总量同时增加的结论。下面使用我国改革开放40年国民财富的增长速度远超过劳动就业增长速度的经验数据,来检验哪一种理论更具有解释力。

根据国际货币基金组织(International Monetary Fund,IMF)数据,如图B－1所示,中国1978年至今的实际国内(地区)生产总值(Gross Domestic Product,GDP)保持了9.6%左右的年均增速。

而根据国家统计局数据,如图B－2显示,我国同期就业人口平均增长率仅1.756%,总劳动(就业人口)保持稳健增长,失业率长期保持低位。

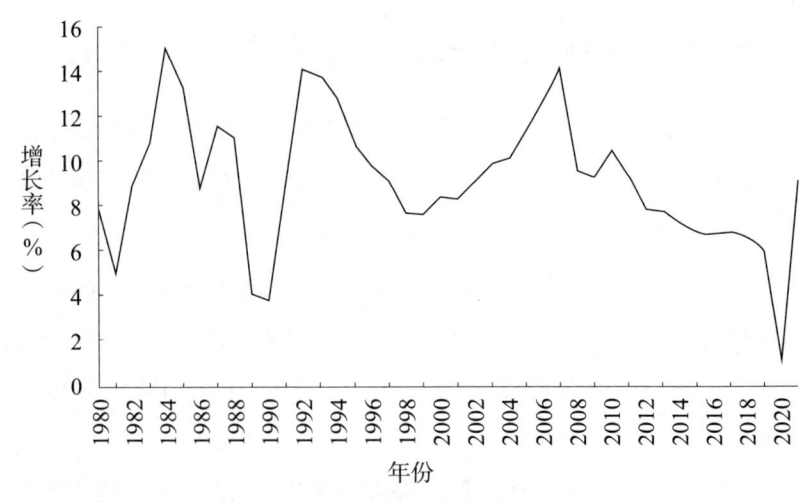

图 B-1　改革开放 40 年实际 GDP 的增长率

数据来源：国际货币基金组织（https://www.imf.org/external/datamapper/NGDP_RPCH@WEO/CHN）。

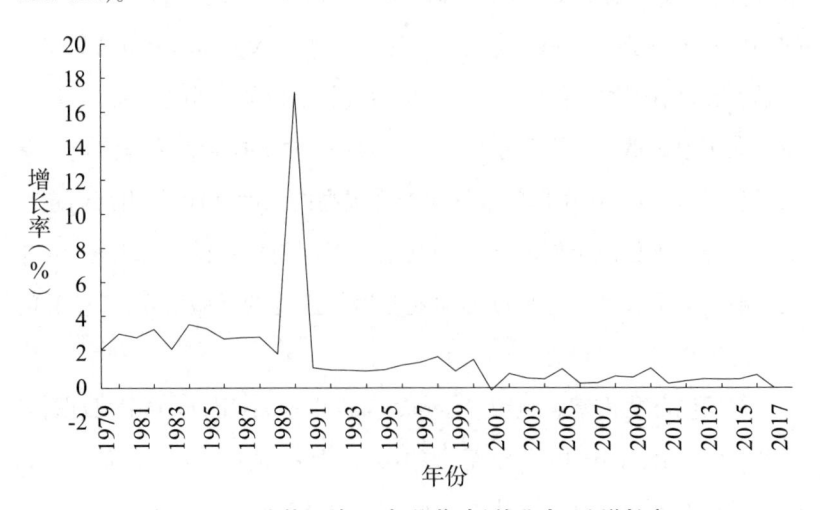

图 B-2　改革开放 40 年总劳动（就业人口）增长率

数据来源：国家统计局（http://data.stats.gov.cn/easyquery.htm?cn=C01）。

对比上述两个增长率的巨大差距，不难推断正是各个部门内部单个企业的技术进步推动了各部门劳动生产力普遍提高，并导致各部门几何平均的总和生产力的提高,才使得逐年创造的价值总量的增速超过劳动就业人口的增速,由此验证了式(5.8)的结论,表明基于广义价值论的分析比相对剩余价值理论对现实更具有解释力。

再次,按照马克思的分析,在相对剩余价值生产过程中,虽然诸多部门劳动生产力提高使工人必要生活资料价值下降了,但由于全社会价值总量不变,资本家要增加剩余价值份额,就必须提高剩余价值率,而在货币价值保持不变的情况下,就只能通过压低工人的名义工资以保持工人的实际工资不变,从而使必要劳动时间缩短,剩余劳动时间相对延长。这意味着资本家相对剩余价值的增加是以工人实际生活水平长期保持不变为前提的。而按照广义价值论企业个别超额价值和部门超额价值可以和部门及全社会总价值同时增加的结论,工人必要生活资料的价值以及实际工资水平都有可能伴随着劳动生产力的增长而提高。下面试以发达国家实际工资与劳动生产力的变化对以上两种假设进行经验检验。

根据国际劳工组织(International Labour Organization, ILO)2018—2019年全球工资报告,发达国家实际工资和劳均效率在近20年间保持持续增长态势(见图B-3和图B-4),这表明工人用货币工资所能购得商品服务数量的增多,反映出当代资本主义国家工人实际生活水平不断提高的事实。

根据Yates(2005)对二战结束后的美国工人实际工资进行统计推断,1947—1973年、1995—2000年美国工人实际工资显著增长,其余年份都在下跌,说明历史上的实际工资也是一个曲折上升的过程。Hercovitz & Sampson(1991)以及Abowd et al.(1999)认为这与资本家通过向工人提供效率工资让渡剩余价值,换取工人创造的更多剩余价值有关。总而言之,马克思所言在相对剩余价值生产过程中,工人的必要生活资料价值下降,必要劳动时间缩短,货币工资也要相应下降,显然是不现实的,后人研究补充都没有触及问题的实质所在。而广义价值论在借鉴马克思关于劳动生产力与价值量正相关原理的基础上,得出工人的实际工资和必要生活资料价值可以和企业及部门超额价值(类似于马克思的超额剩余价值和相对剩余价值)同时增长的推论,更能够解释当代资本主义国家工人实际工资不断提高的事实。

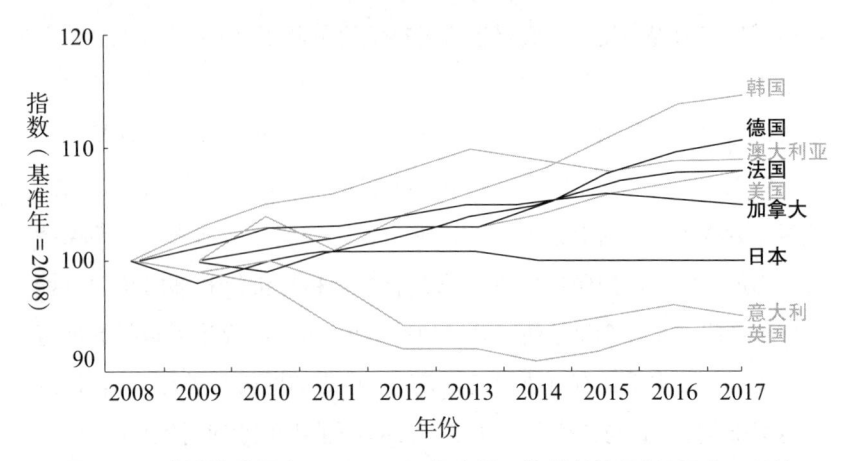

图B-3 主要发达国家2008—2017年实际工资增长情况(2008年=100)

数据来源:International Labour Organization(2018)。

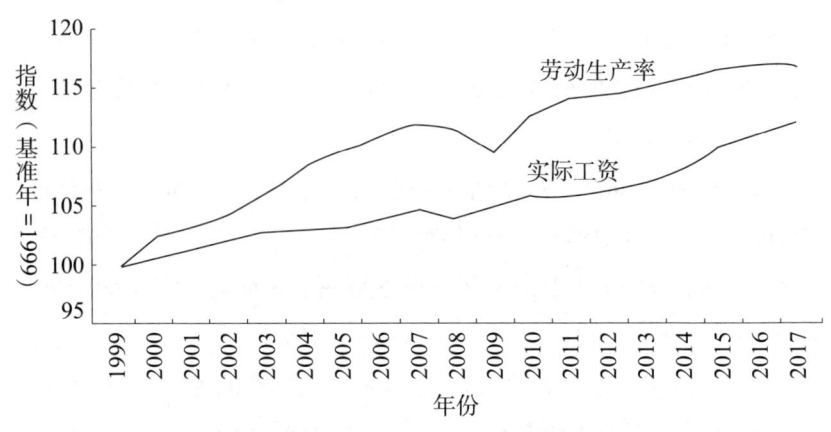

图B-4 主要发达国家1999—2017年实际工资与劳动生产率增长情况(1999年=100)

数据来源:International Labour Organization(2018)。

最后,两种理论关于决定价值的要素不同。相对剩余价值理论以劳动价值论为基础,强调劳动是价值决定的唯一因素,尽管作为相对剩余价值实现机制的差额剩余价值承认单个企业劳动生产力与其单位劳动创造的价值成正比,从而事实上承认了非劳动要素参与了价值决定,因为劳动生产力本身是由劳动、资本、技术、管理、土地等多种要素决定的,但这是以部门价值总量等于部门劳动总量为前提的,在马克思看来,无论劳动生产力发生什么变化,同量劳动投入不同的部门所创造的价值总量相等,而在部门劳动总量即价值总量不变的前提下,剩余价值的增加必须以生产工人必要生活资料的必要劳动时间相对缩短为前提,由此得出无论是绝对剩余价值还是相对剩余价值乃至超额剩余价值,无一不是来自对雇佣劳动者剩余劳动所创造的价值的无偿占有,即所谓不劳而获的剥削收入。至于不同部门由于活劳动(表现为可变资本)与物化劳动(表现为不变资本)的比例不同(表现为资本有机构成不同)所引起的等量资本获得等量利润与等量劳动创造等量价值的矛盾,马克思是通过价值向生产价格的转化来解决的。

而按照广义价值论,等价交换并非以等量劳动交换为基础,而是以比较利益率均等为前提,单位商品价值量虽然与部门绝对生产力负相关,但并不成反比例,由此将马克思的个别企业劳动生产力与单位时间创造的价值量正相关原理推广到部门总劳动创造的价值量与部门综合生产力正相关、全社会总和劳动生产力与总价值量正相关的结论,而总和生产力等于两部门综合生产力的几何平均,部门综合生产力等于同一部门在两种产品上的劳动生产力的几何平均,而每一种产品的劳动生产力又同样由前述五种生产要素决定,由此说来,承认单个企业劳动生产力与其单位劳动创造的价值量正相关以及部门综合生产力与部门总劳动创造的价值量正相关、全社会的总和生产力与全社会总劳动创造的价值量正相关,就等于承认非劳动要素与劳动要素共同参与了价值决定,因此,前述无论是企业超额价值还是部门超额价值乃至社会超额价值,都是由各种生产要素共同创造的。这就为中共十六大以来确立的劳动、资本、土地、管理等各种生产要素按贡献参与分配的原则以及保护私有财产发展非公经济奠定了理论基础。

6. 不同分工体系下的价值决定
——引入效用函数后的分析框架

第 3 章至第 5 章有关广义价值论基本原理的论述,是以可变分工为基础的。本章进一步分析在不同分工体系下广义价值决定的共性与特性。①

6.1 不同分工体系的界定

分工体系是一个同参与分工的经济主体或劳动者的生产力差异(即劳动异质性)密切相关的概念。劳动异质性不仅表现为生产力的相对差异,而且也表现为生产能力范围(种类)方面的差异。

各种使用价值或商品体的总和,表现了同样多种的、按照属、种、科、亚种、变种分类的有用劳动的总和,即表现了社会分工(马克思、恩格斯,1972b,第 55 页)。

根据参与分工的各方行为主体其专业化分工方向能否改变,可以把分工体系分为三类。

6.1.1 可变分工体系

可变分工体系(Variable System of Labor Division)指参与分工的各

---

① 本章的内容主要来自蔡继明、李亚鹏(2011)、蔡继明、李亚鹏、林森(2012)。

方都可以改变其专业化分工方向的体系。在可变分工体系中,参与分工的各方劳动者都具有两个以上产品生产能力,当他们按照各自比较优势形成分工和交换关系时,随着各方技术关系的改变,各自的分工方向可能发生变化。以下,我们将以 2×2 模式为例来对不同分工体系进行界定。

例如,在 2×2(两类劳动者、两种产品或部门)的可变分工体系中,分工双方的生产力指标 q_{ij}($i=1,2;j=1,2$)均大于零,根据劳动异质性假定,双方至少在某一产品生产上存在着生产力的绝对差异,即 $q_{1j} \neq q_{2j}$($j=1$ 或 2),$RP_{1/2} = (q_{11}q_{22})/(q_{12}q_{21}) \neq 1$。可变分工体系中分工方向之所以能够转变,是因为分工的方向取决于相对生产力系数 $RP_{1/2}$ 的取值,而 q_{11}、q_{12}、q_{21}、q_{22} 这四个绝对生产力指标中任何一个发生变化(其他指标保持不变)都会导致相对生产力系数 $RP_{1/2}$ 发生变化,由大于 1 变成小于 1 或者由小于 1 变成大于 1,从而导致分工方向的改变。①

6.1.2　不变分工体系

不变分工体系(Constant System of Labor Division)指参与分工的各方都不能改变其专业化分工方向的体系。在不变分工体系中,参与分工的各方劳动者具有有限的生产范围,无论双方技术关系发生何种变化,双方劳动者只能从事固定产品类型的生产并通过交换获得其他产品,换言之,分工方向在该体系下不存在逆转的可能。仍以前述 2×2 模式为例。在不变分工体系下,$q_{11} > 0$、$q_{22} > 0$、$q_{12} = 0$、$q_{21} = 0$,显然,这四个技术指标满足劳动异质性的规定。不变分工体系中分工方向不

---

① 如果 $RP_{1/2} > 1$,则意味着劳动者 1 在产品 1 的生产上具有比较优势,劳动者 2 在产品 2 的生产上具有比较优势,双方的分工方向由此而确定;如果 $RP_{1/2} < 1$,双方的分工方向则发生逆转(参见蔡继明、李仁君,2001,第 56 页)。

可转变,即不论绝对生产力指标 q_{11}、q_{22} 怎样变化,两部门分工的方向是固定的,这就是不变分工体系的含义所在(参见蔡继明、李仁君,2001,第55页)。

6.1.3 混合分工体系

混合分工体系(Mixed System of Labor Division)指参与分工的各方中至少有一方的专业化分工方向不能改变而除此方向之外其他各方均可以改变其专业化分工方向的体系,或者指参与分工的各方中至少有一方的专业化分工方向可变而除此方向之外其他各方均不可改变其专业化分工方向的体系。混合分工体系可能以可变分工为主体,也可能以不变分工为主体,也可能二者比重大体相当。在 2×2 模式的混合分工体系下,假定劳动者1属于不变分工性质,那么,$q_{11} > 0$、$q_{12} = 0$、$q_{22} > 0$、$q_{21} > 0$,其中,q_{11}、q_{22} 的改变对于双方的固定分工方向没有影响,在这个意义上,混合分工属于特殊的不变分工类型。

在可变分工体系下,不同劳动者必须根据相对生产力的差异即比较优势决定双方在形成分工和交换关系时生产何种产品(即分工方向),同时决定双方的产量和消费量。

在不变分工体系下,由于至少一方劳动者或者多方劳动者仅能生产一种产品,各自的分工方向是给定的,因此,不变分工体系中分工方向固定的劳动者只能在既定的分工和交换关系中决定生产多少和消费多少。

在混合分工体系中,具有可变分工能力的生产者相对于不具有可变分工能力的生产者,具有更大的灵活性和竞争优势。

6.1.4 小结:三种分工体系的地位和联系

不变分工体系一旦形成,按其本质而言就不能再改变,这意味着供求规律可以调整各部门的产量和价格,但永远不会改变分工的方向。这种假定无疑是太严格了。不变分工即使存在,也是极其罕见的,偶然的,暂时的,难以持久的。虽然对于单个劳动者来说,长期的专业化分工可能会导致劳动者劳动技能的专门化,从而使从事本专业以外生产的成本趋近于无穷大,但这并不排除资本和土地在各行业之间的转移流动,以及新增劳动力劳动技能的多样化,从部门或行业的角度看,可变分工总是可能的。

不仅如此,从分工演进的历史来看,正是可变分工的存在,才使得经济社会由偶有剩余的交换发展到为交换而生产的分工,由自然分工、工场手工业内部的分工(简单协作)发展到社会分工,由简单的农业畜牧业和工商业分工,发展到现在复杂的三次产业和经济全球化分工。如果分工是不变的,我们今天也许仍然处在刀耕火种的原始时代。

由此可见,可变分工体系是普遍存在的一种常态,即使是混合分工体系也是以可变分工为主体的。

6.2 引入效用函数后可变分工体系下的价值决定

6.2.1 基本假定

根据可变分工体系的定义,劳动者 i 可以生产产品 j,且劳动者 i 在产品 j 上的生产力(单位劳动时间生产的产品)为 $q_{ij} = t_{ij}^{-1} > 0, i = 1, 2; j = 1, 2$。另外,我们假定劳动者 1 在产品 1 上具有比较优势,劳动者 2 在产品 2 上具有比较优势,即 $RP_{1/2} = \dfrac{q_{11} q_{22}}{q_{12} q_{21}}$。

假定劳动者双方的资源禀赋(劳动时间)均为 1,双方用于交换的资源投入量分别为 T_1、T_2,$T_1 \leq 1$、$T_2 \leq 1$。

6. 不同分工体系下的价值决定　115

为便于分析起见,同时假定双方效用(即抽象使用价值①)函数为 $U_i = \alpha_i x_{i1} + \beta_i x_{i2}$, $\alpha_i > 0$, $\beta_i > 0$, x_{i1}、x_{i2} 为劳动者 i 在产品 1 和 2 上的消费量②,交换比例 $R_{2/1} = \dfrac{x_2}{x_1} = \dfrac{T_2 t_{11}}{t_{22} T_1} > 0$。

6.2.2　自给自足情况下的效用

假定在分工交换前的自给自足条件下,劳动者 1 在产品 1 上的相对生产力低于其对产品 1 的相对偏好程度,同样的资源投在产品 2 上能够为劳动者 1 带来更多的效用,因而劳动者 1 选择生产产品 2 来最大化自给自足条件下的效用;同样,劳动者 2 选择生产产品 1 来最大化自给自足条件下的效用。换言之,双方在没有分工交换的情况下均将选择生产各自并不具有比较优势的产品,亦即双方更加偏好对方具有比较优势的产品③。即:

$$\beta_1 \frac{T_1}{t_{12}} > \alpha_1 \frac{T_1}{t_{11}} \text{ 且 } \alpha_2 \frac{T_2}{t_{21}} > \beta_2 \frac{T_2}{t_{22}}$$

也即:

$$\frac{t_{11}}{t_{12}} > \frac{\alpha_1}{\beta_1} \text{ 且 } \frac{\alpha_2}{\beta_2} > \frac{t_{21}}{t_{22}}$$

---

①　樊纲认为,与马克思从具体劳动中抽象出人的体力、脑力等耗费作为抽象劳动一样,我们也可以将不同使用价值为人们所带来的生理和心理等满足抽象出效用作为使用价值的尺度,即抽象使用价值(参见樊纲,2006,第135—139页)。

②　这里假定,同类劳动者形成一个部门,因此,同类劳动者的效用函数可以直接加总为部门效用函数。

③　这一假定是广义价值论文献中所暗含的。该假定也在一定程度上反映了高度发展的社会分工和交换关系的深层次特征——随着分工和交换的不断深化,生产逐渐具备了以交换其他部门产品为目的的特征——马克思在论及社会分工时曾指出:"只要说他生产商品,那就是说,他的劳动具有片面性,他不是直接生产他的生活资料,而是只有通过把自己的劳动和其他劳动部门的产品相交换来获得这些生活资料。"(马克思、恩格斯,1979b,第303页)也就是说,劳动者所需要的或者更加偏好的产品往往是由其他劳动部门生产的,而劳动者自己生产的产品则往往是其他部门劳动者所需要或更加偏好的。

于是，劳动者双方利用 T_1、T_2 的资源投入量在自给自足情况下所能够获得的最大效用分别为：

$$U_1^A = \beta_1 \frac{T_1}{t_{12}}, \quad U_2^A = \alpha_2 \frac{T_2}{t_{21}}$$

6.2.3 分工和交换条件下的效用

分工双方利用 T_1、T_2 的资源投入量进行生产并与另一方进行交换所能得到的最大效用分别为：

$$U_1^E = \beta_1 \frac{T_1}{t_{11}} R_{2/1}, \quad U_2^E = \alpha_2 \frac{T_2}{t_{22}} \frac{1}{R_{2/1}}$$

而确保分工和交换关系得以产生的前提是双方均能从这一关系中获得额外的利益（与自给自足时的情况相比），即：

$$\beta_1 \frac{T_1}{t_{11}} R_{2/1} > \beta_1 \frac{T_1}{t_{12}} \text{ 且 } \alpha_2 \frac{T_2}{t_{22} R_{2/1}} > \alpha_2 \frac{T_2}{t_{21}}$$

也即：

$$R_{2/1} > \frac{t_{11}}{t_{12}} \text{ 且 } \frac{t_{21}}{t_{22}} > R_{2/1}$$

上述条件意味着确保交换双方均能获得额外利益的前提条件是双方具有技术性比较优势，即 $\frac{t_{12} t_{21}}{t_{11} t_{22}} > 1$。

另外，还要求：$\beta_1 \frac{T_1}{t_{12}} > \alpha_1 \frac{T_1}{t_{11}}$ 且 $\alpha_2 \frac{T_2}{t_{21}} > \beta_2 \frac{T_2}{t_{22}}$，即 $\frac{t_{11}}{t_{12}} > \frac{\alpha_1}{\beta_1}$ 且 $\frac{\alpha_2}{\beta_2} > \frac{t_{21}}{t_{22}}$，即 $\frac{\beta_1}{\alpha_1} > \frac{t_{12}}{t_{11}}$ 且 $\frac{\alpha_2}{\beta_2} > \frac{t_{21}}{t_{22}}$，也即 $\frac{\alpha_2 \beta_1}{\beta_2 \alpha_1} > \frac{t_{12} t_{21}}{t_{11} t_{22}} > 1$。

这意味着，要确保双方通过分工交换获得额外利益，还必须满足双方具有偏好性比较优势,即 $\dfrac{\alpha_2\beta_1}{\beta_2\alpha_1} > 1$。

6.2.4 交换比例及广义价值的确定

在明晰了分工和交换产生的条件之后,我们可以根据比较利益率均等原则确定商品交换比例 $R_{2/1}$,即 $R_{2/1}$ 满足以下等式:

$$\frac{U_1^E - U_1^A}{U_1^A} = \frac{U_2^E - U_2^A}{U_2^A}$$

$$\text{或}\ \frac{U_1^E}{U_1^A} = \frac{U_2^E}{U_2^A},\text{或}\ \frac{U_1^E}{U_2^E} = \frac{U_1^A}{U_2^A} \tag{6.1}$$

根据比较利益率均等原则,将可变分工体系下的 U_1^A、U_2^A、U_1^E、U_2^E 的表达式代入上式,商品交换关系确定如下:

$$\frac{\beta_1 \dfrac{T_1}{t_{11}} R_{2/1} - \beta_1 \dfrac{T_1}{t_{12}}}{\beta_1 \dfrac{T_1}{t_{12}}} = \frac{\alpha_2 \dfrac{T_2}{t_{22} R_{2/1}} - \alpha_2 \dfrac{T_2}{t_{21}}}{\alpha_2 \dfrac{T_2}{t_{21}}}$$

$$R_{2/1} = \frac{x_2}{x_1} = \frac{V_1^c}{V_2^c} = \sqrt{\frac{t_{11} t_{21}}{t_{12} t_{22}}} \ \text{①} \tag{6.2}$$

$$T_2/T_1 = \sqrt{(t_{22} t_{21})/(t_{12} t_{11})} \ \text{②} \tag{6.3}$$

---

① 经过检验,$R_{2/1}$ 的取值与可变分工下所有的假定或者需要满足的经济条件相容:(1) $\dfrac{t_{11}}{t_{12}} > \dfrac{\alpha_1}{\beta_1}$ 且 $\dfrac{\alpha_2}{\beta_2} > \dfrac{t_{21}}{t_{22}}$,以及 $\dfrac{t_{12} t_{21}}{t_{11} t_{22}} > 1$;(2) $R_{2/1} > \dfrac{t_{11}}{t_{12}}$ 且 $\dfrac{t_{21}}{t_{22}} > R_{2/1}$。

② 需要指出的是,在我们的模型中,由于异质劳动者的劳动力资源禀赋是外生给定的(假定双方资源禀赋数量相等),异质劳动之间的量的比例关系可能并不与相折算的异质劳动的交换比例(T_2/T_1)相一致,即 $T_2/T_1 \neq 1$。在这种情况下,商品的实际交换比例或价格可能出现偏离价值的情况。为此,我们假定供求一致(蔡继明、李仁君,2001),即外生的资源禀赋比例等于 T_2/T_1,这对于价值分析问题本身而言是必要的。

$$\begin{cases} V_1^c = \dfrac{t_{11}}{2}\left(1+\dfrac{\sqrt{t_{21}t_{22}}}{\sqrt{t_{11}t_{12}}}\right) = \dfrac{1}{2q_{11}}\left(1+\dfrac{\sqrt{q_{11}q_{12}}}{\sqrt{q_{22}q_{21}}}\right) = \dfrac{1}{2q_{11}}(1+CP_{1/2}) \\ \\ V_2^c = \dfrac{t_{22}}{2}\left(1+\sqrt{\dfrac{t_{11}t_{12}}{t_{21}t_{22}}}\right) = \dfrac{1}{2q_{22}}\left(1+\dfrac{\sqrt{q_{21}q_{22}}}{\sqrt{q_{12}q_{11}}}\right) = \dfrac{1}{2q_{22}}(1+CP_{2/1}) \end{cases}$$

(6.4)

以上所决定的交换比例与偏好条件无关,这是因为分工和交换双方在参照系(自给自足经济)和考察系(分工和交换经济)之间的偏好条件并不存在差异,即双方在参照系和考察系下均更加偏好于对方具有比较优势的产品。

6.2.5　比较静态分析——广义价值论定理的引申

在可变分工体系中,商品的交换比例或广义价值取决于商品的社会平均生产力①。在给定参数取值范围内和其他条件不变的情况下,当某种产品在社会范围内的平均生产力($(t_{11}t_{21})^{-\frac{1}{2}}$或$(t_{12}t_{22})^{-\frac{1}{2}}$)提高时,由于另外一种产品上的平均生产力同时相对下降,因此,该种产品换取其他产品的能力降低,产品的广义价值相对减少。

就异质劳动产品的交换而言,在给定参数取值范围内和其他条件不变的情况下,当某种劳动的综合生产力②($(t_{11}t_{12})^{-\frac{1}{2}}$或$(t_{21}t_{22})^{-\frac{1}{2}}$)

---

① 所谓某种商品的社会平均生产力指的是现有经济中所有经济主体生产某种商品的绝对生产力的平均,该指标体现了各经济体在该种商品上的生产力的平均水平。在本书中,商品的社会平均生产力体现为两种类型的劳动者在该种商品上的绝对生产力的几何平均。

② 所谓某种劳动的综合生产力指的是现有经济中的同一(类)经济主体在所有商品上的绝对生产力的平均,该指标体现了该一(类)经济主体在多种商品生产能力上的综合水平。在本书中,劳动的综合生产力体现为同一类型的劳动者在两种商品上的绝对生产力的几何平均。

提高时,另外一种劳动的综合生产力同时相对下降,因此,一定量该种劳动(产品)能够换取更多的其他劳动(产品)。

总而言之,部门 1 的绝对生产力 q_{11} 与单位商品的价值 V_{11}^c 负相关,与部门 1 价值总量 V_{11} 正相关;部门 1 的绝对生产力 q_{12} 与单位商品价值 V_{11}^c 和部门 1 价值总量 V_{11} 正相关。

6.3 不变分工体系下的价值决定

如前所述,不变分工体系中参与分工的各方劳动者均只能生产一种产品,各方产品生产力的任何改变都不会对分工方向产生影响。根据这种定义,在 2×2 模式的不变分工体系中,劳动者 i 相应地仅能生产产品 i,其生产力(单位产品的劳动时间耗费)为 t_{ii},$t_{ii}>0$,且 $q_{ij}=t_{ij}^{-1}=0$,$i=1,2;j=1,2$。其他假定与可变分工体系保持一致。

6.3.1 分工交换前的效用

在分工交换前的 2×2 模式中,双方劳动者利用 T_1、T_2 的资源投入量所能够获得的最大效用分别为:

$$U_1^A = \alpha_1 \frac{T_1}{t_{11}} \,,\ U_2^A = \beta_2 \frac{T_2}{t_{22}}$$

6.3.2 分工交换条件下的效用

双方劳动者利用 T_1、T_2 的资源投入量进行生产并与另一方进行交换所能得到的最大效用分别为:

$$U_1^E = \beta_1 \frac{T_1}{t_{11}} R_{2/1} \,,\ U_2^E = \alpha_2 \frac{T_2}{t_{22}} \frac{1}{R_{2/1}}$$

显然,若要双方都参与到分工和交换关系中来,双方须从中获得高于自给自足时可以获得的利益,即比较利益要大于零,即必须满足以下条件:

条件(1): $U_1^E > U_1^A$,即 $\beta_1 \dfrac{T_1}{t_{11}} R_{2/1} > \alpha_1 \dfrac{T_1}{t_{11}}$

条件(2): $U_2^E > U_2^A$,即 $\alpha_2 \dfrac{T_2}{t_{22} R_{2/1}} > \beta_2 \dfrac{T_2}{t_{22}}$

以上条件(1)、(2)同时满足的情形只存在于 $R_{2/1} > \dfrac{\alpha_1}{\beta_1}$ 且 $\dfrac{\alpha_2}{\beta_2} > R_{2/1}$,即 $\dfrac{\alpha_2 \beta_1}{\beta_2 \alpha_1} > 1$,也即 $\dfrac{\alpha_1}{\beta_1} < \dfrac{\alpha_2}{\beta_2}$,这说明劳动者2对产品1的相对偏好程度高于劳动者1,而劳动者1对产品2的相对偏好程度高于劳动者2,即双方之间存在着对产品的偏好性比较优势。双方更加偏好对方的产品,这成为不变分工体系下双方进行分工交换的前提条件。

若 $\dfrac{\alpha_2 \beta_1}{\beta_2 \alpha_1} = 1$,即 $\dfrac{\alpha_1}{\beta_1} = \dfrac{\alpha_2}{\beta_2}$,使得条件(1)、(2)同时满足的情形只存在于 $\dfrac{\alpha_1}{\beta_1} = \dfrac{\alpha_2}{\beta_2} = R_{2/1}$,即交换比例等同于双方劳动者各自对两种产品的偏好程度之比,此时,分工交换前后状态是等同的,任何一方都无法从分工和交换关系中获得额外的利益。

若 $\dfrac{\alpha_2 \beta_1}{\beta_2 \alpha_1} < 1$,即 $\dfrac{\alpha_1}{\beta_1} > \dfrac{\alpha_2}{\beta_2}$,不存在 $R_{2/1}$ 使得条件(1)、(2)同时得到满足。此时,双方无法形成分工和交换关系。

6.3.3 交换比例及广义价值的确定

根据比较利益率均等原则,将不变分工体系下的 U_1^A、U_2^A、U_1^E、U_2^E 的表达式代入(6.1)式,商品交换关系确定如下:

6. 不同分工体系下的价值决定

$$R_{2/1} = \sqrt{\frac{\alpha_1 \alpha_2}{\beta_1 \beta_2}} \text{①} \tag{6.5}$$

$$\frac{T_2}{T_1} = R_{2/1} \frac{t_{22}}{t_{11}} = \sqrt{\frac{\alpha_1 \alpha_2 t_{22} t_{22}}{t_{11} t_{11} \beta_1 \beta_2}} \tag{6.6}$$

不变分工体系下的交换比例与技术条件(异质劳动)无关,仅由需求条件(异质需求)决定。这是因为在该体系下,技术条件在分工双方确定其行为的参照系和考察系之间并不存在差异。进一步说,由于不变分工体系中的分工方向不能改变,在比较利益率均等原则下不存在技术条件决定交换比例的可能。而异质劳动之间的折算比例(实际投入交换性生产的劳动量之比)则由技术条件和需求条件共同决定。

由于不同商品之间的等价交换关系已经得到确定,不同商品之间的衡量和比较亦得到了实现。根据蔡继明、江永基(2009)的研究,不同商品的单位价值量(V_1^c, V_2^c)之间的关系可以由等价交换原则表示为:

$$R_{2/1} = \frac{x_2}{x_1} = \frac{V_1^c}{V_2^c} = \sqrt{\frac{\alpha_1 \alpha_2}{\beta_1 \beta_2}}$$

在上述不同商品之间的等价关系得以建立的同时,异质劳动也实现了折算。因此双方在实际商品交换中投入的异质劳动(T_1, T_2)就成为性质上等同的、在数量上是可以比较和加总的,由此实现了异质劳动之间的衡量和比较,即下式的右端:

$$x_1 V_1^c + x_2 V_2^c = T_1 + T_2$$

综合上述不同商品和异质劳动相交换的关系,我们可以得到广义价值的实体,即经过分工和商品交换关系调整后的劳动时间,而不同商

---

① 经过检验,$R_{2/1}$的取值与不变分工下所有的假定或者需要满足的经济条件相容: $R_{2/1} > \frac{\alpha_1}{\beta_1}$ 且 $\frac{\alpha_2}{\beta_2} > R_{2/1}$。

品的价值量确定如下：

$$\begin{cases} V_1^c = [\, t_{11} + t_{22}\sqrt{(\alpha_1\alpha_2)/(\beta_1\beta_2)}\,]/2 \\ V_2^c = [\, t_{22} + t_{11}\sqrt{(\beta_1\beta_2)/(\alpha_1\alpha_2)}\,]/2 \end{cases} \quad (6.7)$$

6.3.4 比较静态分析

在不变分工体系中，就商品相交换的价值关系而言，商品的价值取决于商品的社会平均相对需求强度。在给定参数取值范围内和其他条件不变的情况下，当某种产品在社会范围内的平均需求强度（$\sqrt{\alpha_1\alpha_2}$ 或 $\sqrt{\beta_1\beta_2}$）提高时，由于另外一种产品上的平均需求强度（$\sqrt{\beta_1\beta_2}$ 或 $\sqrt{\alpha_1\alpha_2}$）同时相对下降，因此，该种产品所能换取的其他产品的能力增强，产品的广义价值相对增加。

就异质劳动相交换而言，在给定参数取值范围内和其他条件不变的情况下，当某种劳动的产品在社会范围内的平均需求强度（$\sqrt{\alpha_1\alpha_2}$ 或 $\sqrt{\beta_1\beta_2}$）提高时，一定量该种劳动能够换取更多的其他劳动。当某种劳动的综合生产力（$\sqrt{t_{11}t_{11}}^{-1}$ 或 $\sqrt{t_{22}t_{22}}^{-1}$）提高时，另外一种劳动的综合生产力（$\sqrt{t_{22}t_{22}}^{-1}$ 或 $\sqrt{t_{11}t_{11}}^{-1}$）同时相对下降，因此，一定量该种劳动所能够换取更多的其他劳动。

6.4 混合分工体系中的广义价值决定

在 2×2 的混合分工体系中，假定劳动者 1 仅能生产产品 1，即 $t_{11}^{-1} > 0$，而 $t_{12}^{-1} = 0$；劳动者 2 可以生产产品 1 和产品 2，$t_{22}^{-1} > 0$，$t_{21}^{-1} > 0$。其他假定与可变分工体系保持一致。

6.4.1 自给自足时的效用

在自给自足状态下双方劳动者利用 T_1、T_2 的资源投入量所能够获得的最大效用分别为:

$$U_1^A = \alpha_1 \frac{T_1}{t_{11}}, \quad U_2^A = \alpha_2 \frac{T_2}{t_{21}}$$

与可变分工体系和不变分工体系相一致,我们假定劳动者 2 在自给自足条件下选择生产产品 1 而不是产品 2,即 $U_2^A = \alpha_2 \frac{T_2}{t_{21}} > \beta_2 \frac{T_2}{t_{22}}$,也即 $\frac{\alpha_2}{\beta_2} > \frac{t_{21}}{t_{22}}$。

6.4.2 分工交换条件下的效用

分工双方劳动者利用 T_1、T_2 的资源投入量进行生产并与另一方进行交换所能得到的最大效用分别为:

$$U_1^E = \beta_1 \frac{T_1}{t_{11}} R_{2/1}, \quad U_2^E = \alpha_2 \frac{T_2}{t_{22}} \frac{1}{R_{2/1}}$$

根据比较利益大于零的条件,必须满足:

条件(1): $U_1^E > U_1^A$,即 $\beta_1 \frac{T_1}{t_{11}} R_{2/1} > \alpha_1 \frac{T_1}{t_{11}}$

条件(2): $U_2^E > U_2^A$,即 $\alpha_2 \frac{T_2}{t_{22} R_{2/1}} > \alpha_2 \frac{T_2}{t_{21}}$

以上条件(1)、(2)同时满足的情形只存在于 $R_{2/1} > \frac{\alpha_1}{\beta_1}$ 且 $\frac{t_{21}}{t_{22}} > R_{2/1}$,即 $\frac{t_{21}}{t_{22}} > \frac{\alpha_1}{\beta_1}$。结合劳动者 2 的需求和技术条件,假定 $\frac{\alpha_2}{\beta_2} > \frac{t_{21}}{t_{22}}$,我们可以得到 $\frac{\alpha_2 \beta_1}{\beta_2 \alpha_1} > 1$,即双方同时也必须满足偏好性比较优势。

在混合分工体系下,对于劳动者 2 而言,还必须满足他从分工和交换中获得的效用高于自己生产劳动者 1 生产范围之外的产品(如产品 2)所获得的效用,否则,劳动者 2 亦不会选择加入分工和交换关系,即:

$$U_2^E = \alpha_2 \frac{T_2}{t_{22}} \frac{1}{R_{2/1}} = \alpha_2 \frac{T_1}{t_{11}} > \beta_2 \frac{T_2}{t_{22}} \quad ①$$

6.4.3 交换比例及广义价值的确定

根据比较利益率均等原则,将混合分工体系中 U_1^A、U_2^A、U_1^E、U_2^E 的表达式代入式(6.1),商品交换关系确定如下:

$$R_{2/1} = \sqrt{\frac{\alpha_1 t_{21}}{\beta_1 t_{22}}} \quad ② \tag{6.8}$$

$$\frac{T_2}{T_1} = R_{2/1} \frac{t_{22}}{t_{11}} = \sqrt{\frac{\alpha_1 t_{21} t_{22}}{\beta_1 t_{11} t_{11}}} \tag{6.9}$$

可变分工体系的交换比例仅仅由技术条件决定,不变分工体系的交换比例仅仅由需求特征决定,而混合分工体系下的交换比例则与某类劳动者的技术条件和另一类劳动者的需求条件相关。

同样,混合分工体系下不同商品的单位价值量(V_1^c, V_2^c)之间的关系可以由等价交换原则表示为:$\frac{x_2}{x_1} = \frac{V_1^c}{V_2^c} = \sqrt{\frac{\alpha_1 t_{21}}{\beta_1 t_{22}}}$

混合分工体系下不同商品的价值量确定如下:

$$\begin{cases} V_1^c = t_{11}[1 + (t_{22}/t_{11})\sqrt{(\alpha_1 t_{21})/(\beta_1 t_{22})}]/2 \\ V_2^c = t_{22}[1 + (t_{11}/t_{22})\sqrt{(\beta_1 t_{22})/(\alpha_1 t_{21})}]/2 \end{cases} \tag{6.10}$$

---

① 这一条件可在劳动者 2 的技术和需求特征假定以及劳动者 2 比较利益为正的条件下得以自动满足。

② 经过检验,$R_{2/1}$ 的取值与混合分工下所有的假定或者需要满足的经济条件相容:
(1) $\frac{\alpha_2}{\beta_2} \geq \frac{t_{21}}{t_{22}}$;(2) $R_{2/1} \geq \frac{\alpha_1}{\beta_1}$ 且 $\frac{t_{21}}{t_{22}} \geq R_{2/1}$。

6.4.4　比较静态分析

在混合分工体系中,就商品交换的价值关系而言,商品的价值取决于经济体中生产能力单一的劳动者对商品的需求强度和生产能力宽泛的劳动者的技术特征。在给定参数取值范围内和其他条件不变的情况下,当生产能力单一的劳动者对某种商品的相对需求强度(α_1/β_1 或 β_1/α_1)提高时,由于其对另一种商品的需求强度(β_1/α_1 或 α_1/β_1)同时相对下降,因此,该种商品所能换取的其他产品的能力提高,商品的广义价值相对增加。

就异质劳动相交换而言,在给定参数取值范围内和其他条件不变的情况下,当生产能力单一的劳动者对某种商品的相对需求强度(α_1/β_1 或 β_1/α_1)提高时,一定量该种劳动能够换取更多的其他劳动。当某种劳动的综合生产力($(t_{11}t_{11})^{-\frac{1}{2}}$ 或 $(t_{21}t_{22})^{-\frac{1}{2}}$)提高时,另外一种劳动的综合生产力($(t_{21}t_{22})^{-\frac{1}{2}}$ 或 $(t_{11}t_{11})^{-\frac{1}{2}}$)同时相对下降,因此,一定量该种劳动能够换取更多的其他劳动。

6.5　三种分工体系下广义价值决定模型的比较分析

如前所述,在专业化分工的历史进程中,为了更多地获取专业化分工带来的比较利益,劳动者不断地进行着劳动技能的专门化与全面化之间的权衡取舍:前者的不断深化意味着相互依赖性的增强和独立自主性的减弱;而劳动技能的全面化则意味着相互依赖性的减弱和独立自主性的增强。下面我们对三种分工体系进行比较分析。

为方便起见,我们对经济体的各种参数进行了统一设定。一方面,我们假定同时作为消费者的劳动者更加偏好对方具有比较优势的产品(即偏好性比较优势),这一假定是基于这样的经济事实,即随着专业化分工的不断深化,一定生产部门的目的不是消费本部门的专业化产品,而是为了交换其他部门的专业化产品,这反映了生产部门之间的依赖性不断增强。另一方面,在可变分工体系中,技术性的比较优势即劳动异质性成为分工和交换的原因;而在不变分工和混合分工体系中,对于生产能力单一的劳动者而言,为保证分工和交换过程的公平和自由,我们假定劳动者在退出分工交换关系时仍然可以部分地满足自身需求,即分工的"独立性原则"。该原则实际上保证了劳动者拥有退出分工交换关系的权利而不至于处于被强制分工的状态。

另外,为了保证分工和交换关系得以成立,我们还确定了双方参与分工交换关系的基本激励条件,即比较利益不能为负。

对上述假定和参数设定进行综合分析之后,在三种体系中劳动者的需求特征和技术特征彼此保持一致的情况下,我们可以得出保证三种分工体系成立的共同条件为:

$$\frac{\alpha_2}{\beta_2} > \frac{t_{21}}{t_{22}} > \frac{t_{11}}{t_{12}} > \frac{\alpha_1}{\beta_1}, 即 \frac{\alpha_2 \beta_2}{\beta_2 \alpha_1} > \frac{t_{21} t_{12}}{t_{22} t_{11}} > 1 \qquad (6.11)$$

6.5.1 商品交换与价值关系

综上所述,可变分工 v、不变分工 c 与混合分工 m 三种体系的商品交换与价值关系分别为:

$$R_{2/1}^v = \frac{x_2}{x_1} = \frac{V_1^c}{V_2^c} = \sqrt{\frac{t_{11} t_{21}}{t_{12} t_{22}}}$$

$$R_{2/1}^c = \frac{x_2}{x_1} = \frac{V_1^c}{V_2^c} = \sqrt{\frac{\alpha_1 \alpha_2}{\beta_1 \beta_2}}$$

$$R_{2/1}^m = \frac{x_2}{x_1} = \frac{V_1^c}{V_2^c} = \sqrt{\frac{\alpha_1 t_{21}}{\beta_1 t_{22}}}$$

在上述式(6.11)给定的参数关系下,$R_{2/1}^v > R_{2/1}^m$,$R_{2/1}^c > R_{2/1}^m$。即对于劳动者 1 或者部门 1 而言,由于其在混合分工体系中的生产能力较为单一而具有较弱的独立自主性,同时在更大程度上依赖于分工和交换关系,因此,该部门的产品换取其他部门产品的能力较可变分工和不变分工体系更弱,该部门产品的广义价值也较低。反之,拥有宽泛生产能力的部门的产品广义价值则相对地高于其他分工体系。

6.5.2 异质劳动的折算

在给定两类劳动者的专业化生产力 t_{11}^{-1}、t_{22}^{-1} 的情况下,异质劳动折算比例 T_2/T_1 与产品价值关系 $R_{2/1}$ 成正比。因此,相对于可变分工和不变分工体系,混合分工体系下生产能力单一的劳动者的劳动换取其他劳动的能力较差,而拥有宽泛生产能力的劳动者的劳动换取其他劳动的能力则较强。

6.5.3 经济意义

1)相对生产力的变化导致专业化分工方向的改变和产业结构的调整。在现实经济生活中,可变分工体系随处可见。随着劳动者自身知识的学习和积累、技术的变迁以及多种要素组合的出现,劳动者个人、企业、产业部门以及国家在生产不同产品上的能力或者绝对生产力不断变化和提高,其相对生产力也随之改变。由于相对生产力的变化直接与分工方向相关联,劳动者职业流动、企业和行业的经营范围变动(企业战略重组、跨领域经营、市场开拓、产业升级等)以及国家在国际分工中的战略转变几乎每时每刻都在发生。

2)相对于固定分工的劳动者,可变分工劳动者处于更有利的地位。固定地从事某种生产活动的劳动者在现实生活中也是存在的,这既可能是由劳动者自身禀赋或者自然条件决定的,也可能是分工不断深化的结果,即分工可能会造成劳动者生产能力的片面化和单一化,然而更有可能是别的劳动者或生产部门的新技术和新产品的出现导致该种劳动者或生产部门出现了竞争劣势,即相对于可变分工而言,混合分工更表现为一种追求竞争优势的结果。作为对劳动者(或部门、国家)的竞争优势或者经济自主性的正向激励或反馈,该种劳动者的产品在混合分工体系下的相对价值则更高,其劳动折算能力更强,这便是上述不同分工体系下的价值关系所体现的经济意义。

6.5.4 政策意义

1)分工交换关系中的经济主体不仅应该关注分工所带来的相互依赖性和互惠性,也应该关注自身的自给自足能力,即在分工和交换关系中的经济主体不能一味地提升自身的比较优势,还应降低自身的比较劣势。

2)就一个国家而言,不能仅仅考虑比较优势,而应该建立相对完整的产业体系。

6.6 分工体系与广义价值决定的方法论

6.6.1 从特殊到一般的认识论

至此,我们分析了不同分工体系下的广义价值决定。李仁君教授曾认为,广义价值论与狭义价值论(即劳动价值论)的区别在于适用的分工体系不同:广义价值论仅仅适用于可变分工体系;而狭义价值论则适用于不变分工体系(李仁君,2004)。果真如此,广义价值论也就不成其为广义价值论了。事实上,狭义价值论之所以为"狭义",是因为其立论的基础是劳动的同质性而非不变分工体系,而广义价值论则是以更为一般的劳动异质性为前提的,其结论更具有普遍的适用性。

这里,再一次印证了马克思这段话的科学性:"最一般的抽象总只是产生在最丰富的具体发展的地方,在那里,一种东西为许多种东西所共有,为一切所共有。这样一来,它就不再只是在特殊形式上才能加以思考了。"(马克思、恩格斯,1979a,第42页)也只有当我们发现,原来通行于可变分工体系中的价值决定原理,同样通行于不变分工体系中,从而,机会成本和比较利益(率)概念不再只是可变分工体系中所采取的特殊形式,而是同样在不变分工体系中也采取的形式时,价值的最一般形式,即真正的广义价值才能抽象出来。

6.6.2 劳动价值论的有效性或适用性

1)无论在可变分工体系中还是在不变分工体系或混合分工体系中,劳动价值论只是广义价值论的一个特例,即只有当综合生产力的差别系数等于1时,劳动价值论才是成立的,或者说,广义价值归结为劳动价值;而在一般情况下,即当综合生产力判别式不等于1时,劳动价值论就无效了,由均等的比较利益率决定的广义价值会完全偏离劳动耗费。

2)不仅如此,在不变分工体系中,两种商品的交换比例(相对价值)完全取决于两种商品的社会平均偏好系数(平均需求强度),而与各自耗费的劳动不相干;在混合分工体系中,两种商品的交换比例(相对价值)既取决于分工方向可变的生产者相对生产力的水平,又取决于分工方向不能改变的生产者相对偏好强度。在这两种分工体系中,劳动价值论完全不适用,价值决定遵循的是广义价值论原则。

6.6.3 广义价值论的普遍适用性

1)三种分工体系下的价值决定本质上是一致的。

2)如果我们把比较优势理解为不仅包括技术性比较优势,而且包括偏好性比较优势,则比较利益既产生于技术性比较优势,也产生于偏好性比较优势,这样,即使在不变分工条件下(不存在技术性比较优势)或没有生产的纯交换领域,经济主体仍然可以借助于彼此偏好性比较优势(或边际替代率的差别)通过交换获得比较利益,并能够根据比较利益率均等的原则达成均衡的交换比例。

3)无论是可变分工体系还是不变分工体系抑或是混合分工体系,其价值都是根据比较利益率均等的原则确定的,由此我们可以得出结论:无论是对于可变分工体系还是不变分工体系抑或是混合分工体系,广义价值论都是适用的。

4)广义价值即价值一般:它作为调节价格运动的一般规律,存在于任何社会的商品生产和商品交换中,只不过在不同的历史条件下,广义价值规律借以实现的特殊形式不同。

5)广义价值实体是根据比较利益率均等的分配原则和比较生产力与价值量正相关原则并通过公平竞争折算的社会平均劳动时间,而比较生产力是由劳动、资本、土地、技术、管理等多种因素决定的。

6)价值特殊:在所有的生产力都表现为劳动生产力的社会历史条件下,广义价值采取广义劳动价值形式;在所有的生产力都表现为资本生产力的社会历史条件下,广义价值表现为广义生产价格;在存在土地所有权和土地经营权垄断的条件下,广义价值表现为广义足够价格。

7)价值个别:当综合生产力比值不等于1时,广义劳动价值、广义生产价格和广义足够价格分别采取相对劳动价值、相对生产价格和相对足够价格形式;当综合生产力比值等于1时,广义劳动价值、广义生产价格和广义足够价格分别采取为绝对劳动价值、绝对生产价格和绝对足够价格形式。只有在这种个别条件下，商品的价值才是如同传统劳动价值论所主张的由商品生产中的绝对劳动耗费所决定。以上价值一般、特殊和个别的关系如图 6.1 所示：

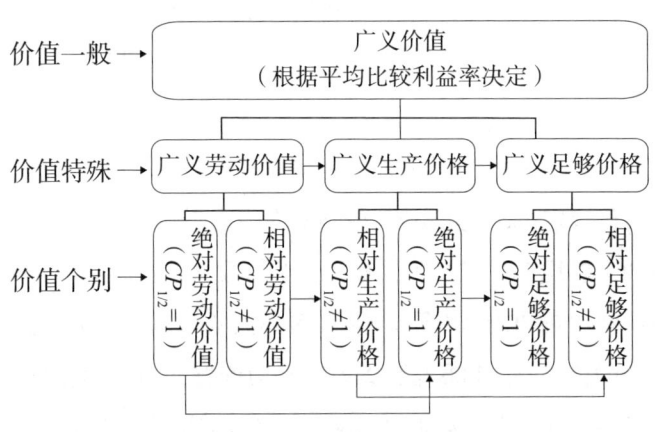

```
价值一般 →  广义价值
           （根据平均比较利益率决定）

价值特殊 → 广义劳动价值  广义生产价格  广义足够价格

价值个别 → 绝对劳动价值    相对劳动价值    相对生产价格    绝对生产价格    绝对足够价格    相对足够价格
          ($CP_{1/2}=1$) ($CP_{1/2}≠1$) ($CP_{1/2}≠1$) ($CP_{1/2}=1$) ($CP_{1/2}=1$) ($CP_{1/2}≠1$)
```

图 6.1　广义价值与狭义价值

7. 竞争性均衡的存在性、唯一性和稳定性

本章拟运用消费-生产者两阶段决策方法,结合个体的决策行为和部门的整体设定,根据各部门比较利益率均等原则,构建一个基于广义价值论的一般均衡分析框架。通过严谨的数学分析和数值实例,本章力图证明在比较利益率均等原则下,多部门的经济系统中存在唯一的一组均衡的价值向量和商品配置及劳动力配置,并且它们的动态调整过程满足稳定性要求。本研究不仅为广义价值论的基本命题——比较利益率均等——提供了严格的数学支撑,而且由此实现了广义价值论局部均衡分析向一般均衡分析的过渡。①

7.1 一般均衡理论的回顾

自从杰文斯、门格尔和瓦尔拉斯开启了经济学的边际革命,边际分析方法(以下简称边际分析)和局部均衡分析(Partial Equilibrium Analysis)框架日渐成为经济学分析的主流。在局部均衡分析框架下,对于产品市场来说,消费者以一定收入作为预算约束,并在外生的商品价格约束下,对自身的效用进行最优化;而对于要素市场,厂商面对特定的

---

① 本章与清华大学社科学院陈臣博士后和厦门大学经济学院讲师江永基博士合作完成。

生产技术和外生的要素价格,对利润进行最优化。这一局部均衡分析框架将产品市场和要素市场分隔开,市场参与者都是价格接受者。局部均衡分析确有一定的局限性。例如,在分析一个市场均衡时,会假设其他条件不变,但是一个经济体是由多个市场构成的,而实际的均衡需要产品市场和要素市场同时达到均衡,瓦尔拉斯的一般均衡分析(General Equilibrium Analysis)便试图回答这类问题。这种一般均衡分析至少涉及5个问题:1)产品市场和要素市场的参与者如何结合;2)两个市场的均衡是否一致;3)市场机制下的均衡是否有解;4)均衡的解是多重的还是唯一的;5)均衡的解是否稳定。问题3)、问题4)、问题5)即所谓一般均衡的存在性、唯一性和稳定性问题。

7.1.1 瓦尔拉斯的一般均衡分析

瓦尔拉斯的分析从两个经济参与者和两种商品开始,进一步扩展到多个参与者和多种商品,分析范围也从商品市场和要素市场扩展到储蓄、投资等(布劳格,2009,第442页)。分析多商品模型时,瓦尔拉斯给出了抽象的供需方程,假设市场是完全竞争的环境,并且价格具有完全弹性和要素自由流动。通过比较未知数的数量和方程的数量,瓦尔拉斯认为均衡是有可能存在的,并对均衡的稳定性进行了讨论。但是瓦尔拉斯证明均衡存在的方式存在缺陷,单纯的方程数和未知数相等,不能证明均衡的解具有经济学含义,即不能保证价值和商品数量是非负的实数。

7.1.2 阿罗-德布鲁的一般均衡分析

瓦尔拉斯的证明受其时代所限,因为一般均衡存在性证明需要的数学工具在瓦尔拉斯时代还没有产生。直到20世纪50年代,系统的一般均衡的存在性证明才由麦肯齐(McKenzie,1954,pp. 147 - 161;

1959,pp. 54 – 71)、阿罗和德布鲁(Arrow and Debreu,1954,pp. 265 – 290)完成,所以这一均衡被称为麦肯齐-阿罗-德布鲁一般均衡,一般简称为阿罗-德布鲁均衡。这里只介绍阿罗-德布鲁的证明方法。

阿罗和德布鲁对于一般均衡存在性的证明是对瓦尔拉斯的扩展,瓦尔拉斯的证明方式仅限于生产模型和交换模型,阿罗-德布鲁将生产、交换和消费作为整体进行考察,而且,证明所需要的技术假设和消费者偏好假设,都比瓦尔拉斯弱很多。这一证明方式,使用了集合论的数学工具,并且引入了抽象经济(Abstract Economy)概念,这一概念是对博弈概念的一个拓展。阿罗-德布鲁首先假设经济体中存在有限数量的商品、生产单位(厂商)和消费单位(消费者),并且引入了四类假设:1)对于厂商的假设,包括生产可能性集是凸集,生产过程不可逆等;2)对于消费者的假设,比如消费品集合是闭凸且有下界的实数集合;3)可以使用效用函数表示消费者偏好,并且效用函数满足连续、非饱和等条件;4)消费者持有一定单位的禀赋、持有厂商的股份。除了假设之外,阿罗-德布鲁定义了均衡需要满足的条件:1)对于均衡价值集合,厂商选择均衡生产组合,满足利润最大化;2)消费者在均衡价格和预算约束下,选择均衡的消费商品组合以实现效用最大化;3)价格是非负的,将所有价格之和标准化为1;4)超额需求不大于0,均衡价格向量与超额需求内积为0。如果消费商品向量、产出向量和价格向量几何满足上述条件1)—4),则定义这个均衡是竞争性均衡(Competitive Equilibrium)[1]。

---

[1] 一般均衡(General Equilibrium,GE)是指所有市场(包括商品和要素)同时达到均衡的状态,而竞争性均衡或确切地说竞争性一般均衡(Competitive General Equilibrium,CGE)则是指满足理想假定条件(没有市场势力、没有市场失灵)的所有完全竞争的市场同时达到均衡的状态。阿罗-德布鲁(1954)一般均衡存在性的证明,是基于完全竞争市场的,所以称为竞争性均衡。以阿罗-德布鲁一般均衡分析为基础的可计算一般均衡框架,将分析范围扩大到了垄断市场,但是并未对存在性等性质进行严格的证明。

本章使用的也是竞争性均衡概念。

阿罗-德布鲁定义竞争性均衡的方式基于纳什(Nash,1954)对 n 个参与者(n-player)博弈的均衡存在性的证明,抽象经济的概念是对于纳什博弈概念的拓展。与纳什博弈的主要区别在于,在纳什博弈中,参与者可选择的策略集合与其他参与者无关,而抽象经济中的参与者可以选择的策略,如产出或者消费商品的数量,与其他参与者相关。阿罗-德布鲁的解决方法是定义了一个新的抽象经济体,在这一经济体中,参与者对经济具有完全的掌控能力,其策略除了受资源限制,并不同其他参与者相关。对于这一新的抽象经济,可以使用纳什的方式证明均衡的存在性,并进一步证明新的抽象经济体中的均衡也是原抽象经济体中的均衡,这样就证明了均衡的存在性。

7.1.3 斯拉法的一般均衡分析

除了以阿罗-德布鲁代表的基于边际分析的新古典一般均衡理论,斯拉法(1963)使用冯诺伊曼和里昂惕夫的分析框架,并继承了李嘉图使用不变价值尺度的概念研究分配问题的传统,利用固定比例生产函数构成联合生产方程,构建了独树一帜的斯拉法一般均衡分析体系。斯拉法证明了在他的联合生产方程中,存在且唯一存在一种标准商品(标准体系),[①]以这一标准商品度量,工资率和利润率之间满足线性关系,即 $r = R(1-w)$ (w 是工资率,r 是利润率,R 是经济剩余全部分配给资本时的利润率,或最大利润率)。李嘉图的不变价值尺度实际上希望处理两类截然不同的问题:其一是收入分配变化时相对价格是如何变化的;其二是生产技术变化时相对价格是如何变化的。斯拉法的标准商品概念,部

---

① 以标准商品作为价值的度量单位时,产出的价值不随工资率和利润率的变化而变化。

分回答了李嘉图提出的第一类问题即不变价值尺度问题,但并没有解决第二类问题,因为标准商品的构成随着技术条件的改变而改变。

一般均衡理论在经济学分析中有广泛的应用,同时也面临来自两个方面的批评。一方面,现实的经济处在波动之中,均衡甚至是长期中的均衡都不是对现实很好的刻画。这一观点的代表是凯恩斯。凯恩斯认为长期的概念本身对分析实际问题是一个误导,经济学家们的假设过于简单以至于毫无用途(Keynes,1924,p. 80)。另一方面,现实经济中趋于均衡的方式,可能和一般均衡模型刻画的非常不同,如马克·布劳格所言,这一理论不仅在真实的市场经济中,甚至在黑板经济中都没有说明均衡是如何达到的,"现实经济中的这套均衡几乎肯定是路径依赖的"(布劳格,2009,第457页)。斯拉法的理论本身也可以视为对新古典一般均衡理论的批判。①

对于斯拉法体系的评价存在分歧,有些学者认为斯拉法只是提出了另外一种里昂惕夫模型,也有学者(如琼·罗宾逊)将斯拉法的理论视为巨大的进步(Newman et al.,1962)。斯拉法体系是逻辑自洽的,但问题是其假设可以在多大程度上解释现实(Hemming,1962),这点与新古典一般均衡理论面临的问题是同样的。另外,由于斯拉法没有考虑需求,所以琼·罗宾逊(Robinson,1961,pp. 53 – 58)认为斯拉法体系只是半个均衡体系(Half of an Equilibrium System)。②

7.1.4 对以往一般均衡理论的评价

虽然面临诸多争议,但是新古典一般均衡和斯拉法体系都在分

---

① 纽曼等(Newman et al.,1962,p. 75):"诸如斯拉法和施瓦茨(Schwartz)的著作有助于我们认识到新古典的瓦尔拉斯理论并不是一般均衡理论,而只是一个一般均衡模型。"

② 半个均衡体系不同于局部均衡:局部均衡只考虑单一市场,比如产品市场或者要素市场,分析需求和供给共同作用下的价格决定;而所谓"半个均衡"是罗宾逊对于斯拉法体系给出的评论,指斯拉法的分析只从生产出发,并没有考虑需求。

析现实问题方面有所应用。斯拉法体系主要用来研究分配问题,使用实际经济中的数据建构标准商品可以测算工资率和利润率。新古典一般均衡理论应用较为广泛。经济学家以阿罗-德布鲁一般均衡理论为基础发展出可计算一般均衡和动态随机一般均衡等分析方法和分析框架,可计算一般均衡和动态随机一般均衡已经成为标准的政策分析工具,在世界银行、OECD等国际组织以及政府机构中有广泛应用。

但是无论新古典一般均衡理论还是斯拉法体系,都将分工和交换作为给定的条件,而且没有考虑机会成本。蔡继明(1985a)则把李嘉图比较优势原理从国际贸易理论扩展为一般分工交换理论,将分工交换和价值决定纳入统一的分析框架,利用机会成本、比较利益、相对生产力、综合生产力、比较生产力等范畴,提出了一个广义价值理论,将比较利益率均等原则作为决定商品交换比例的均衡条件(蔡继明,1987)。蔡继明领导的研究团队在后续的研究中,论证了比较利益率均等作为均衡价格形成的条件是部门之间竞逐商品交换利益即比较利益所产生的均衡结果,满足马歇尔稳定性条件(蔡继明、江永基,2009),并进一步将效用函数引入广义价值论(蔡继明、李亚鹏、林森,2012),赋予比较利益率均等原则更为严谨的经济含义,分别探讨了在可变分工、不变分工和混合分工体系下商品的价值决定(蔡继明、李亚鹏、林森,2012;蔡继明、江永基,2013)。但是,蔡继明教授等以往有关广义价值论的研究只涉及两部门模型,因此只适用于局部均衡分析[1]。

---

[1] 蔡继明、李仁君(2001)也曾尝试建立了一个 N 部门模型,其中使用几何平均的方式将 N 部门比较利益率均等表示为 N 元 $N-1$ 次方程,由于该模型是以线性生产函数为假定前提的,如此定义方程有一个特解,但是无法推广到非线性生产函数下的多部门分工交换模型;而且,该模型并没有考虑到生产者之间的相互需求,所以只能求得一个交换比例,无法确定每个部门用于自身消费与用于交换的商品比例。

7.1.5 本章的目的

本章利用生产-消费者两阶段决策方法,结合个体和部门决策行为设定,根据各部门比较利益率均等原则,构建了一个基于广义价值论的一般均衡分析框架。在这个框架下,部门间的劳动力配置依照比较利益率均等原则,也即在劳动力均衡配置时,生产部门之间比较利益率是一致的。显然,这个基于广义价值论的竞争性均衡理论,也必须回答任何一般均衡理论都必须回答的三个问题,即这种均衡能否存在、是不是唯一存在、全局稳定还是局部稳定?

7.2 多部门一般均衡模型的设定

7.2.1 消费-生产者的个体行为

本章将蔡继明、江永基(2013)的理论背景和假定推广至多部门。假设一个封闭经济体中,存在总数为 $\bar{N}$ 单位的消费-生产者个体,$\bar{N}$ 是一个连续统(Continuum)。因为个体同时作为商品的生产者和消费者,所以必须依序考虑两项决策——使个人产值最大的生产决策以及使个人效用最大的消费决策;依据其各自的生产及消费决策,消费-生产者可分为不同类型,同一类型的消费-生产者具有相同的生产和消费行为。

这些个体具有相同数量的单一资源禀赋,这里设为劳动,用 $\bar{l}$ 来表示;经济体中的生产者的种类(部门)为 m 种,不同的生产者(部门)是以生产技术划分的,本章涉及消费-生产者类别的下标,使用 i 表示,$i \in (1,\cdots,m)$。可以生产和消费的产品同样有 m 种($m \geq 2$);使用 x 表示产品的数量,涉及产品种类的下标,用 j 表示,$j \in (1,\cdots,m)$。

1)消费-生产者 i 的生产决策

消费-生产者个体 i 作为生产者时①,在给定的资源约束下,实现利润最大化。将作为生产者的个体 i 生产产品 j 所投入的劳动投入量设为 l_{ij},生产函数为 $f_{ij}(\cdot)$,可以生产产品 j 的数量为 x_{ij}^p,其单位价值为 v_j,生产者 i 的产值为 $E_i \equiv \sum_{j=1}^{m} v_j x_{ij}^p$。

生产函数 $f_{ij}(\cdot)$ 需要满足的性质为:

A. 二阶连续可微函数;

B. 可逆,并且投入和产出是一一对应的关系;

C. $f_{ij}(0) = 0$,即要求没有投入的时候,产出为 0;

D. 一阶导数 $f_{ij}^{'}(\cdot) > 0$,二阶导数 $f_{ij}^{''}(l_{ij}) \geq 0$。

在完全竞争市场中,个体是价值的接受者,因此,作为生产者 i 的产值最大化问题为:

选择 $\{l_{ij} \mid l_{ij} \geq 0, j = 1, 2, \cdots, m\}$,以使得:

$$\text{Max} E_i = \sum_{j=1}^{m} v_j x_{ij}^p$$
$$s.t. \ x_{ij}^p = f_{ij}(l_{ij}) \quad (7.1)$$
$$\sum_{j=1}^{m} l_{ij} \leq \bar{l}$$

由式(7.1)的最优化问题,可知 l_{ij} 是价值和劳动禀赋的函数,可以表示为 $l_{ij}(v, \bar{l})$,产量和收入也是价值和劳动禀赋的函数,可以分别表示为 $x_{ij}^p(v, \bar{l})$、$E_i(v, \bar{l})$ 的形式。为简化分析,我们仅考虑生产者进行专业化生产的情况,根据杨小凯等(1998)和杨小凯(2003a,第 107 页)

---

① 在本章中,作为生产者的消费-生产者 i,有时候被称为生产者 i,作为消费者时也被称为消费者 i。

等对专业化生产的设定,假设了二阶导数 $f_{ij}''(l_{ij}) \geq 0$,根据这一假设,追求产值最大化的生产者只会生产某一种产品,生产者的类型与产品的种类的数量是相同的($q = m$)。为了简化表达,我们给出生产函数的具体形式:$f_{ij}(l_{ij}) = \beta_{ij} l_{ij}^{\alpha_{ij}}$,$\beta_{ij} > 0$,$a_{ij} \geq 1$,本章将证明,均衡的性质不限于生产函数的具体形式。不失一般性,假设生产者 i 生产产品 i,生产者 i 的产值为:

$$E_i = v_i x_{ii}^p = v_i \beta_{ii} \bar{l}^{a_{ii}} \quad (7.2)$$

2)消费-生产者 i 的消费决策

在给定的收入约束下,作为消费者的个体选择消费集合实现效用最大化。假设作为消费者 i 的效用函数 U_i 是柯布-道格拉斯(Cobb-Douglas)函数,且假设所有个体的偏好相同,偏好权重 $\alpha_j > 0$,且 $\sum_{j=1}^{m} \alpha_j = 1$。因此,作为消费者 i 的决策为:

选择消费集合 $\{x_{ij}^c \mid x_{ij}^c \geq 0, j = 1, 2, \cdots, m\}$,使得:

$$\begin{aligned} \text{Max} U_i &= \prod_{j=1}^{m} (x_{ij}^c)^{\alpha_j} \\ s.t. \sum_{j=1}^{m} v_j x_{ij}^c &\leq Q_i \end{aligned} \quad (7.3)$$

将式(7.2)代入上述最优化问题,并解得:

$$x_{ij}^c = \frac{\alpha_j v_i \beta_{ii} \bar{l}^{a_{ii}}}{v_j}, j = 1, 2, \cdots, m \quad (7.4)$$

对于消费-生产者 i,消费自身生产产品的数量为 $x_{ii}^c = \alpha_i \beta_{ii} \bar{l}^{a_{ii}}$,供给市场的数量为 $x_{ii}^s = (1 - \alpha_{ii}) \beta_{ii} \bar{l}^{a_{ii}}$,如果将消费-生产者 i 自给自足的数量理解为对于自身产品的需求,即 $x_{ii}^d = x_{ii}^c$,定义 $M \equiv \{1, 2, \cdots, m\}$,消费-生产者 i 对产品 j 的需求可以统一表示为 $x_{ij}^d = x_{ij}^c = \frac{\alpha_j v_i \beta_{ii} \bar{l}^{a_{ii}}}{v_j}, j \in M$。

7.2.2 经济体的整体行为

经济体的整体行为,基本沿用蔡继明等(2013)关于市场系统的假设,如市场出清以及人口约束。本部分重新定义比较利益率均等原则,使其可以兼容两部门和多部门的情况,这也是本章的主要贡献之一。

1) 市场出清

市场出清条件是所有产品市场的供求相等。以产品 i 为例,所有生产者 i 生产产品 i 的总产出,需要等于市场上对于产品 i 的总需求,用公式表达为:

$$N_i x_{ii}^p = \sum_{j \in M} N_j x_{ji}^d \tag{7.5}$$

将式(7.4)代入可得:

$$v_i N_i \beta_{ii} \bar{l}^{a_{ii}} = \sum_{j \in M} \alpha_i N_j v_j \beta_{jj} \bar{l}^{a_{jj}} \tag{7.6}$$

由于假设系统中的产品类别为 m 种,所以式(7.6)实际上是方程组,共有 m 个方程的组成。根据瓦尔拉斯法则(Walras' Law),这一方程组中只有 $m-1$ 个方程是线性独立的。由式(7.6)可解得任一产品 j 与产品 i 的相对价格(交换比例)为:

$$\frac{v_j}{v_i} = \frac{\alpha_j}{\alpha_i} \frac{N_i}{N_j} \frac{\beta_{ii} \bar{l}^{a_{ii}}}{\beta_{jj} \bar{l}^{a_{jj}}}, j \in M \tag{7.7}$$

2) 人口约束

在封闭经济中,所有生产部门人数的总量,应等于经济体的总人数,用公式表示为:

$$\sum_{i \in M} N_i = \bar{N}$$

3) 多部门比较利益率均等

本章将消费-生产者 i 生产产品 i 的机会成本定义为 1,令 x_{ij}^{oc} 表示为消费-生产者 i 用交换产品 j 所需要的资源能够自身生产产品 j($j \in M$)的数量①,这一数量的计算方法为:消费者 i 为了满足对于产品 j 的需求需要拿出一部分产品 i 去交换,这部分产品 i 所用到的资源通过自身的生产能够生产的产品 j 的数量,用数学式表示为:

$$x_{ij}^{oc} \equiv f_{ij}(f_{ii}^{-1}(\frac{v_j x_{ij}^d}{v_i})), j \in M \tag{7.8}$$

将生产函数的显性函数形式代入式(7.8),并代入式(7.2)可得:

$$x_{ij}^{oc} = \beta_{ij}\alpha_j^{\frac{a_{ij}}{a_{ii}}} l^{a_{ij}}, j \in M \tag{7.9}$$

与两部门不同,多部门的交换是 1 个部门与其他 $m-1$ 个部门之间进行的,如何定义比较利益率就成了一个问题。本章将多部门的比较利益率定义为某一个部门与所有其他部门交换过程中所得的比较利益率总和的平均数,数学表示为:

$$\frac{1}{m-1}\sum_{j=1}^{m}\frac{x_{ij}^d - x_{ij}^{oc}}{x_{ij}^d} = \frac{m}{m-1} - \frac{1}{m-1}\sum_{j=1}^{m}\frac{\beta_{ij}}{\beta_{ii}}\alpha_j^{\frac{a_{ij}}{a_{ii}}-1} l^{a_{ij}-a_{ii}} \frac{v_j}{v_i} \tag{7.10}$$

为了简化符号,令:

$$A_{ij} \equiv \frac{\beta_{ij}}{\beta_{ii}}\alpha_j^{\frac{a_{ij}}{a_{ii}}-1} l^{a_{ij}-a_{ii}}$$

多部门的比较利益率均等[式(7.10)]可以等价表示为②:

$$\sum_{j=1}^{m} A_{1j}\frac{v_j}{v_1} = \sum_{j=1}^{m} A_{2j}\frac{v_j}{v_2} = \cdots = \sum_{j=1}^{m} A_{mj}\frac{v_j}{v_m} \tag{7.11}$$

---

① 这里已经不是机会成本的概念了,但是为了与两部门模型一致,本章保留了"OC"的上标。

② 等价的含义是,变换的过程是等价的,通过式(7.10)和式(7.11)所求得的价值向量是相同的。

7.3 一般均衡的存在性、唯一性和稳定性

整个经济体的内生参数包括:单位产品价值$(v_1,v_2,\cdots,v_m)$、劳动力配置$(N_1,N_2,\cdots,N_m)$,由于价值实际上是交换比例,所以共有$2m-1$个独立的未知数,线性独立的方程的个数也为$2m-1$。其中:市场出清$m-1$个线性独立的方程,比较利益率均等原则$m-1$个方程,人口约束1个方程①。通过式(7.4)可以得到经济体中的产品生产集合$\{x_{ii}^p\}_{i=1,\cdots,m}$和消费集合$\{x_{ij}^c\}_{i,j=1,\cdots,m}$。产品价值、劳动力配置、产品的生产和消费集合构成了经济体的均衡。

无论瓦尔拉斯一般均衡,还是阿罗-德布鲁一般均衡,均衡的存在性、唯一性和稳定性都是均衡的基本性质,虽然均衡也有其他性质,例如布莱恩特(Bryant,2010,pp.7-9)所归纳的最优性、参数均衡的比较静态,是否与经验相一致等。但是传统的经济学文献,如格林等(Green et al.,1975)、布鲁姆(Blume,1979)、盖勒等(Galor et al.,1989)和温德纳(Wendner,2004),对于均衡性质中探讨最多的依然是存在性、唯一性和稳定性。因此,本节也对本章建立的经济体的均衡的存在性、唯一性和稳定性进行讨论。

7.3.1 均衡的存在性和唯一性

命题7.1:存在支撑此经济体均衡的价值向量、劳动力配置、产品生产集合和消费集合,也即均衡。并且价值向量除了可以在尺度上缩放外②,其值是唯一的,经济含义为产品的相对价值是唯一的。

---

① 人口约束条件并非必需,因为总人口是任意设置的,人口配置实质上是各部门人口的相对比例。
② 因为价值向量实质是一组比例,所以在尺度上缩放并不改变相对价值。

证明：由式(7.11)，令 $\sum_{j=1}^{m} A_{1j}\dfrac{v_j}{v_1} = \sum_{j=1}^{m} A_{2j}\dfrac{v_j}{v_2} = \cdots = \sum_{j=1}^{m} A_{mj}\dfrac{v_j}{v_m} = \lambda$，根据式(7.10)，经济体的比较利益率可以表示为：

$$\frac{m-\lambda}{m-1} \tag{7.12}$$

而式(7.11)可以变为：

$$\left.\begin{aligned} \sum_{j=1}^{m} A_{1j}v_j &= \lambda v_1 \\ \sum_{j=1}^{m} A_{2j}v_j &= \lambda v_2 \\ &\cdots \\ \sum_{j=1}^{m} A_{mj}v_j &= \lambda v_m \end{aligned}\right\} \tag{7.13}$$

式(7.13)可表示为矩阵的形式：

$$\begin{bmatrix} A_{11} & A_{12} & \cdots & A_{1m} \\ A_{21} & A_{22} & \cdots & A_{2m} \\ \vdots & \vdots & \ddots & \vdots \\ A_{m1} & A_{m2} & \cdots & A_{mm} \end{bmatrix} \begin{bmatrix} v_1 \\ v_2 \\ \vdots \\ v_m \end{bmatrix} = \lambda \begin{bmatrix} v_1 \\ v_2 \\ \vdots \\ v_m \end{bmatrix} \tag{7.14}$$

令：

$$A = \begin{pmatrix} A_{11} & A_{12} & \cdots & A_{1m} \\ A_{21} & A_{22} & \cdots & A_{2m} \\ \vdots & \vdots & \ddots & \vdots \\ A_{m1} & A_{m2} & \cdots & A_{mm} \end{pmatrix}, v = \begin{pmatrix} v_1 \\ v_2 \\ \vdots \\ v_m \end{pmatrix}$$

则式(7.14)可以简化为：

$$Av = \lambda v \tag{7.15}$$

由此可知 λ 是矩阵 A 的特征值，v 为矩阵 A 的特征向量。这里将式(7.15)中的矩阵 A 定义为特征矩阵,特征矩阵的特点是,经济体的价值向量是其特征向量。以下介绍不可分解矩阵(Indecomposable Matrix)的概念①。首先给出可分解矩阵的定义:

定义 7.1:对于 $n\times n$ 阶的矩阵 $A = (a_{ij})$,如果存在指标集 $\{1,2,3,\cdots,n\}$ 的一个真子集 J,使得对于这一真子集,有:$a_{ij} = 0$,$(i\in J, j\notin J)$,矩阵 A 就称为可分解矩阵。

定义 7.2:不满足可分解矩阵定义的 $n\times n$ 阶矩阵称为不可分解矩阵(Nikaido,1968,p.105)。

下面证明(7.15)式对应的矩阵 A 为非负不可分解矩阵。

根据定义,矩阵 A 中的元素 $a_{ij} > 0$,,所以 A 非负。假设 A 是可分解矩阵,那么对于指标集 $\{1,2,3,\cdots,n\}$ 一个真子集 J,存在 $A_{ij} = 0$,$(i\in J, j\notin J)$,这与矩阵 A 的元素 $A_{ij} > 0$ 是矛盾的,所以矩阵 A 是非负不可分解矩阵②。

证毕。

下面对本章所用到的主要定理——佩龙-弗罗贝尼乌斯定理(Perron,1907;Frobenius,1912)进行介绍。

定理 7.1(佩龙-弗罗贝尼乌斯定理):对于 $n\times n$ 阶的矩阵 $A = (a_{ij})$,如果矩阵的所有元素 $a_{ij} \geqslant 0$,且矩阵 A 是不可分解矩阵,假设矩阵 A 的谱半径为 $\rho(A)$,则矩阵 A 具有如下性质:

A. 矩阵 A 存在一个正特征值 $\lambda^* = \rho(A)$,λ^* 在矩阵 A 所有特征值中范数最大;

B. λ^* 的代数重数、几何重数均为 1③,也称佩龙-弗罗贝尼乌斯根;

---

① 也称为不可约矩阵(Inreducible Matrix)。
② 实际上,矩阵 A 满足正矩阵的条件。
③ λ 的几何重数指的是 λ 特征子空间的维数。λ 的代数重数,指的是 λ 作为矩阵 A 的特征多项式的根的重数。如果 λ 的代数重数为 1,则称 λ 是矩阵 A 的一个单特征值。

C. 如果矩阵 $A = (a_{ij})$ 的任意一个元素 a_{ij} 增加，λ^* 的值也会随之增加；

D. λ^* 对应特征向量 v^*，v^* 中所有元素为正实数；

E. v^* 除了可以在尺度上进行缩放之外①，其值是唯一的。

因为已经证明特征矩阵 A 满足非负不可分解矩阵条件，根据定理 7.1 的性质 E，特征矩阵 A 存在所有元素都为正的特征向量 v^*，并且 v^* 除可以进行尺度缩放外，其值是唯一的。特征向量 $v = (v_1, v_2, \cdots, v_m)^T$ 正是经济体的价值向量，所有元素都为正且尺度缩放正是价值向量所具有的性质，这就证明了经济体具有唯一的均衡价值向量②。

通过式 (7.2) 和式 (7.4)，可知产品的消费集合 $\{x_{ij}^c\}_{i,j=1,\cdots,m}$、生产集合 $\{x_{ii}^p\}_{i=1,\cdots,m}$ 和劳动力配置 $(N_1, N_2, \cdots, N_m)$ 都与价值向量相对应，因此这些内生变量也是存在且唯一，并且根据定义方式都满足数值为正实数的条件，具有经济学含义。由此可以证明，经济体的均衡存在且唯一。

为了使过程简化，以上证明都基于生产函数的具体显性形式，这里对存在性和唯一性的适用范围进行说明，即生产函数 $f_{ij}(\cdot)$ 仅需要满足第 7.2.1 节的假设条件——为二阶连续可微函数且具有反函数（逆函数）、$f_{ij}(0) = 0$、一阶导数 $f'_{ij}(\cdot) > 0$ 和二阶导数 $f''_{ij}(\cdot) \geq 0$。首先，式 (7.11) 中的 A_{ij} 可重新表示为：

$$A_{ij} \equiv \frac{f_{ij}(f_{ii}^{-1}(\alpha_j f_{ii}(\bar{l})))}{\alpha_j f_{ii}(\bar{l})} \tag{7.16}$$

由于生产函数的定义域和值域均为非负实数，且由于效用函数为

---

① 尺度缩放，比如 $rv^*, r > 0$ 的形式。

② 由于本章的特征矩阵 A 是正矩阵，使用佩龙定理即可以完成证明。为了保持可拓展性，使得结论也适用于特征矩阵 A 非负不可约的情况，这里使用了佩龙定理的推广——佩龙-弗罗贝尼乌斯定理。

柯布-道格拉斯形式,所有产品的偏好参数均大于 0,个体对于所有的需求均为正的数量;于是有 $A_{ij} > 0$,这时特征矩阵 $A = (A_{ij})$ 依然满足佩龙-弗罗贝尼乌斯定理,经济体的内生变量满足存在性、唯一性,而且所有的值为正的实数。即如果生产函数具有 7.2.1 节假设的性质,需求函数为对所有产品的偏好权重均大于 0 的柯布-道格拉斯形式,经济体的均衡就是存在且唯一的。

命题 7.1 证毕。

7.3.2 均衡的稳定性

稳定性是均衡的动态性质,而且需要具体说明其定义。本章所使用的是相对稳定(Relative Stability)概念(Nikaido,1968,p. 99):假定价值向量以 $v(t+1) = Av(t)$ 的形式迭代,最终会趋于均衡的价值向量 v^*。因为产品的生产集合、消费集合和劳动力配置与价值向量是对应的,如果价值向量满足稳定性,其他内生向量也就满足稳定性条件,即经济体的均衡是稳定的。一般意义上的稳定性①,要求给定任意一初始价值向量 $p(0)$,随着时间 t 的推移,$v(t)$ 会趋向于均衡的价值向量 v^*,即 $\lim_{t \to \infty} v(t) = v^*$。

命题 7.2:此经济体的均衡满足相对稳定。

首先引用关于相对稳定的定理。

定理 7.2(Nikaido,1968,p. 110):如果矩阵 A 满足非负的不可分解矩阵的条件,令 $\lambda = \lambda(A)$ 为矩阵 A 的最大正特征值,那么有:

A. 当且仅当存在正整数 k,使得 $A^k > 0$ 时,$\lim_{t \to +\infty} (A/\lambda)^t$ 的极限存在;

B. 当 $t \to \infty$ 时,$(A/\lambda)^t$ 收敛,收敛的极限为一个矩阵,该矩阵的每

---

① 这里指的是全局稳定(Global Stable),对应还有局部稳定(Local Stable)的概念。

一列都是矩阵 A 的列特征向量,每一行都是矩阵 A 的行特征性量;这些行特征向量和列特征向量都是与 λ 对应的特征向量。

由于式(7.15)对应特征矩阵 A 所有的元素均为正值,所以 $A>0$,根据定理7.2,可知 $k=1$,特征矩阵 A 是稳定矩阵。

作为定理7.2的应用(Nikaido,1968,p.112),如果矩阵 A 为稳定矩阵,对于 $v(t+1)=Av(t)$ 这一过程,给定 v 的一个初值 $v(0)$,当 $t\to\infty$ 时,$v(t)$ 会趋于一个稳定的向量 v^*,这一稳定的向量是特征矩阵 A 的佩龙-弗罗贝尼乌斯根 λ^* 对应的特征向量 v^*,这就证明了价值向量 v 满足稳定性。并且由于产品的生产集合、消费集合和劳动力配置都与价值向量相对应,所以经济体的均衡满足稳定性①。

命题7.2证毕。

7.4　数值分析

本节以三部门(商品 x_1、商品 x_2、商品 x_3)为例,分别考虑可变分工体系和不变分工体系的生产交换模型。并且由于价值向量与商品配置和劳动力配置一一对应,这里只分析价值向量便可推得后两种配置。

7.4.1　可变分工体系

为简化分析,令任一类型的消费-生产者对所有商品的消费偏好皆

---

① 需要说明的是,稳定性的证明对于线性生产函数模型是适用的,原因是价值向量的改变并不改变特征矩阵 A,所以随着迭代过程特征矩阵会收敛。对于非线性生产函数,比如幂函数生产函数,由于价值向量的改变会改变特征矩阵 A,价值向量将不会收敛到均衡价值向量。所以为了保证稳定性的适用性,需要额外的假设,这里引入一个较强的假设,类似于瓦尔拉斯的交易所假设:当价值发生改变时,因为这时的价值并非均衡价值,交易并不执行,价值调整遵循迭代过程,直到均衡价值时交易才会执行,这样在价值变化过程中,技术矩阵 A 不发生改变,所以价值会趋向于均衡价值。

相同,即 $\alpha_1 = \alpha_2 = \alpha_3 = 1/3$(线性模型下,矩阵 A 系数中没有这一参数,可以为任意合理值);而在生产技术方面,由于可变分工体系要求线性的生产函数,消费-生产者 i 对商品 j 的生产函数可表示为:

$$f_{ij}(l) = \beta_{ij}l, \beta_{ij} > 0, i,j = 1,2,3$$

消费-生产者个体的劳动禀赋 $\bar{l}$ 为 4(线性模型下,矩阵 A 系数中没有这一参数,可以为任意合理值);部门 1、部门 2、部门 3 在商品 x_1、商品 x_2、商品 x_3 的技术系数(绝对生产能力)分别为 5,4,2;2,6,4;3,2,5;分工结果是部门 i 专业化生产产品 i,对应的技术参数即生产系数矩阵如下:

$$\begin{pmatrix} \beta_{11} & \beta_{12} & \beta_{13} \\ \beta_{21} & \beta_{22} & \beta_{23} \\ \beta_{31} & \beta_{32} & \beta_{33} \end{pmatrix} = \begin{pmatrix} 5 & 4 & 2 \\ 2 & 6 & 4 \\ 3 & 2 & 5 \end{pmatrix}$$

将劳动禀赋 $\bar{l}=4$ 代入以价值为特征向量的矩阵,即:

$$A = (A_{j,i}), A_{J,i} = \frac{\beta_{j,i}}{\beta_{i,i}}, i,j = 1,2,3$$

则:

$$A = \begin{pmatrix} 0 & \frac{4}{5} & \frac{2}{5} \\ \frac{1}{3} & 0 & \frac{2}{3} \\ \frac{3}{5} & \frac{2}{5} & 0 \end{pmatrix}$$

通过数值求解,矩阵 A 有三个特征值,取小数点后两位,分别为:

$$\lambda_1 = 1.06, \lambda_2 = -0.53 + 0.27i, \lambda_3 = -0.53 - 0.27i$$

对应的特征向量,取小数点后三位,分别为:

$$v_1 = \begin{pmatrix} 0.623 \\ 0.547 \\ 0.559 \end{pmatrix}, v_2 = \begin{pmatrix} -0.269 - 0.475i \\ -0.297 + 0.451i \\ 0.643 \end{pmatrix}, v_3 = \begin{pmatrix} -0.269 + 0.475i \\ -0.292 - 0.451i \\ 0.643 \end{pmatrix}$$

从特征值和特征向量可以看出,矩阵 A 有一个实特征值 λ_1 和一对共轭的复特征值 λ_2、λ_3,且 λ_1 是正的范数最大的特征值(λ_2、λ_3 的范数约等于 0.59)。从而得到对应的最大的正特征根为 $\lambda_1 = 1.06$,价值比为:

$$v_1 : v_2 : v_3 = 0.623 : 0.547 : 0.559$$

部门 1 商品价值最高,部门 3 次之,部门 2 最低。并由此得出的平均比较利益率为 0.4696。

对结果的说明:

(1)部门 1 和部门 3 比,各自产品的生产商品的绝对生产力一致,但是部门 1 的综合生产力比部门 3 高,同时部门 1 的比较生产力高于部门 2,所以其价值更高。[①]

(2)部门 1 和部门 2 比,两者在其他商品的生产能力上一致,但是部门 2 在自身生产商品的生产能力较高,所以部门 2 的产品价值相对部门 1 低。

(3)部门 2 和部门 3 相比,部门 2 的价值更低。这可能是因为自身产品生产能力占了主要因素。

7.4.2 不变分工体系

现考虑三部门的不变分工体系。由于不变分工体系要求非线性生产函数的设定,这里仍采用简单指数形式的生产函数。假定消费-生产者 i 在商品 j 的生产技术为:

$$f_{ij}(l) = l^{a_{ij}}, a_{ij} > 0, i,j = 1,2,3$$

其中的幂次同上例的生产系数,即:

[①] 根据第 4 章的式(4.8),部门的比较生产力部门总劳动创造的价值量正相关。

$$\begin{pmatrix} a_{11} & a_{12} & a_{13} \\ a_{21} & a_{22} & a_{23} \\ a_{31} & a_{32} & a_{33} \end{pmatrix} = \begin{pmatrix} 5 & 4 & 2 \\ 2 & 6 & 4 \\ 3 & 2 & 5 \end{pmatrix}$$

其余参数设定也与上例一致。代入 $A = (A_{ij})$,$A_{ij} = \alpha_j^{(\frac{a_{ij}}{a_{ii}}-1)} \bar{l}^{a_{ij}-a_{ii}}$,$i,j = 1,2,3$ 后,可得:

$$A = \begin{pmatrix} 0 & 0.3114 & 0.0302 \\ 0.0081 & 0 & 0.0901 \\ 0.0970 & 0.0302 & 0 \end{pmatrix}$$

通过数值求解,所求的特征根也是一个正的实根,和两个互为共轭的复根。这里只给出最大的正特征根 $\lambda^* = 0.16$,价值之比为:

$$v_1 : v_2 : v_3 = 0.772 : 0.343 : 0.535$$

并可求得平均比较利益率为 0.9204。

这里,商品 1 的相对价值仍然是最高的,商品 3 其次,商品 2 最低,排序与线性模型相同。但是由于指数生产函数是规模报酬递增的生产函数,虽然技术参数与线性生产函数相同,但是在同等资源投入时(前提是 $l > 1$ 时),其边际产出高于线性生产函数(线性生产函数的规模报酬不变)。所以体现在相对价值上,三种商品相对价值差距更大。如果以商品 2 的价值为 1,那么在线性模型下,三种商品的价值比为 $1.14 : 1 : 1.02$,而非线性模型为:$2.25 : 1 : 1.56$。

7.4.3 稳定性的数值分析

这里的参数设置同可变分工模型,不失一般性,假设初始的各商品价值均相同,即价值向量 $v(0) = (1,1,1)^T$,进行 30 步的迭代,主要结果见表 7.1。

表 7.1　稳定性数值模拟结果简表

	$v(1)$	$v(2)$	$v(3)$	$v(4)$	$v(5)$	$v(10)$	$v(20)$	$v(30)$
v_1	1.2	1.2	1.30133	1.376	1.45436	1.95850	3.53338	6.37499
v_2	1	1.06667	1.14667	1.19822	1.28498	1.71916	3.10124	5.59531
v_3	1	1.12	1.14667	1.23947	1.30489	1.75548	3.16795	5.71567
价值比：$v_2=1$ 时	1.2：1：1	1.25：1：1.050	1.135：1：1	1.148：1：1.034	1.132：1：1.016	1.139：1：1.021	1.139：1：1.022	1.139：1：1.022

从表 7.1 可以看出,如果以商品 2 的价值为参照,商品 1 的相对价值先上升,后下降至均衡价值。而商品 3 的相对价值经历了上升、下降和再上升的过程,逐渐趋于稳定。从第 20 步开始,小数点后第 3 位已经保持稳定,而且从小数点后取三位的精度上,已经等于的均衡价值向量。这一例子直观地说明了均衡的稳定性。

7.5　总结：各种均衡理论的比较

本章利用消费-生产者两阶段决策方法,根据比较利益率均等原则建立了一个基于广义价值论的多部门的分工交换模型即一般均衡模型,并利用佩龙-弗罗贝尼乌斯定理和二阶堂的定理等数学分析工具,严格证明了比较利益率均等原则下竞争性均衡的存在性、唯一性和稳定性,并且辅以了数值分析作为例证。下面将本章基于广义价值论的一般均衡理论与斯拉法体系和阿罗-德布鲁一般均衡理论做一比较。

7.5.1　与斯拉法体系相比

斯拉法假设生产投入的要素保持固定的比例,而本章假设生产函数是连续的；

斯拉法模型中没有需求和机会成本的概念,而广义价值论模型则引入了需求和机会成本；

分工和交换在斯拉法体系中被视为是外生给定的,在广义价值论一般均衡模型中被作为内生的;

斯拉法模型中要素所有者和使用者是分离的,广义价值论一般均衡模型目前只能分析要素所有者与使用者同一的情况。

总之,这些区别决定了两种理论的分析范围有所不同,斯拉法理论分析了固定比例的生产函数构成的生产体系中,以标准商品作为计价物时工资率和利润率变化对于分配影响的问题。需求和机会成本等因素均不在斯拉法体系之中,只是其分析的外生因素。而广义价值理论在生产函数为单要素连续生产函数时,将机会成本和需求纳入统一的分析框架,分析分工、分配与价值决定问题。

7.5.2 与阿罗-德布鲁一般均衡理论相比

阿罗-德布鲁一般均衡对消费者偏好的要求相对弱,广义价值论一般均衡模型中消费者的偏好函数需要显性的柯布-道格拉斯函数的形式;

阿罗-德布鲁一般均衡假设生产函数满足规模报酬递减,这一设定无法分析分工问题,广义价值论一般均衡模型则设定生产函数规模报酬非递减,这一设定可以将分工、交换同时纳入分析;

阿罗-德布鲁一般均衡同样不考虑机会成本,也不要求生产函数的具体形式,这两点不同于广义价值论一般均衡模型;

阿罗-德布鲁一般均衡不要求生产要素被生产者所持有,而本章的模型假定要素所有权与使用权合一。

阿罗-德布鲁一般均衡模型较为成熟,由于要求的条件较为宽泛已经成为新古典经济学基本的分析框架之一,并且衍生出了可计算一般均衡和动态随机一般均衡等分析模型,可以基于现实经济的数据进行研究。但是其分析并没有考虑机会成本,而且由于生产函数的假设,分工问题也并不在阿罗-德布鲁一般均衡的分析范围之内。广义价值理论尚处于发展之中，均衡需要的假设条件相对严格，这些假设都限制了模型的应用范围，比如目前还不能分析要素所有者和使用者相分离的情况。但是模型将分工、交换、机会成本和分配纳入了统一的分析框架，这使广义价值理论所得到的均衡价值与贸易可行的价值区间保持一致，而且在李嘉图-穆勒模型的设定下，两部门模型的均衡价值与纳什议价的结果等价，这一等价性证明了均衡的良好性质，比如对称性、唯一性和最优性等。

现将以上几种一般均衡理论的特点列在表7.2中：

表7.2 各种均衡理论的比较

	阿罗-德布鲁模型	可计算一般均衡模型	斯拉法模型	广义价值论模型
理论背景	瓦尔拉斯一般均衡	阿罗-德布鲁模型	李嘉图不变尺度	广义价值论（比较利益率均等）
偏好假设	偏好凸函数	效用最大化	没有引入偏好	柯布-道格拉斯偏好
技术假设	规模报酬不变，或递减	成本最小化	固定比例生产函数	规模报酬不变，或递增
完全竞争	是	不要求	是	是
市场出清	是	不要求	是	是
是否考虑机会成本	否	否	否	是
经验应用	以可计算一般均衡等方式呈现	政策分析标准工具	分析利润率和工资率	不同生产者（企业、部门或国家）生产力之比较、复杂劳动与简单劳动折算、贸易利益分配

7.5.3 本研究的不足

目前建立的广义价值论均衡的性质尚依赖于效用函数的具体形式

即柯布-道格拉斯形式,同时假定生产要素所有者和使用者为一体即单要素(劳动)生产函数。在上述假设下有效地证明了一般均衡的存在性、唯一性和稳定性,但同时也限制了模型的分析范围。如何在保证均衡性质的基础上,去放宽这些假设条件,建立更为一般化的一般均衡模型以拓展理论的应用范围,是未来研究方向之一。

本模型的其他很多设定,如利润最大化、效用最大化、市场出清等,与新古典一般均衡相同,幂函数的生产函数设定则来源于新兴古典的内生比较比较优势的概念。所以,这一模型和传统的一般均衡模型有同样的局限,这一模型对现实的刻画是否合理,同样存有疑问。

本章的目的仅是从理论上建立"部门间劳动力按比较利益率均等原则进行配置"的假说,并给予严格的数学支撑,从而为广义价值论的基本核心命题奠定坚实严谨的理论基础。作为理论研究的自然拓展,下一步当然就是均衡的帕累托最优性,也即竞争性均衡与福利经济学二大定理之间的关系;另一个方向则是实证应用方面,利用经验数据对这个比较利益率均等原则进行现实检验。关于这两点,作者留待后续研究,并欢迎有兴趣的学界朋友们一同参与。

8. 基于广义价值论的功能性分配理论

科学的价值理论既要阐明产品的价值是如何决定的,又要揭示要素的价值是如何决定的,而这两者之间又是相互联系的:一方面,产品的价值是由要素的价值构成的,不阐明要素价值的决定(即功能性分配),产品的价值就成为无源之水;另一方面,要素的价值又是由产品的价值派生的,不揭示产品价值的形成,要素的价值也无从谈起。正是从这个意义上,无论是古典的劳动价值论还是新古典的边际生产力价值论,由于割裂了产品价值的形成与要素价值的决定,均遭到了新剑桥学派特别是斯拉法的批评(参见罗宾逊,1984;斯拉法,1963)。

前面第2章至第7章所阐述的广义价值论之所以能够在不涉及要素价值决定的前提下单纯地以产品价值理论的形式存在,是因为那里的广义价值模型都是以生产者自己占有全部生产要素为假定前提的,所以,其基本模型不涉及劳动、资本、土地等生产要素所有者之间的交换,当然也就不涉及要素价值的决定。在以往的广义价值模型中,全部要素的生产力均表现为**劳动生产力**,全部生产成本都可归结为**劳动时间**。① 本章将放宽上述假定,进一步考察当劳动、资本、土地以及企业

---

① 但这既不等于假定生产中只使用了劳动一种要素,也不等于说劳动是价值的唯一源泉,第7章所揭示的劳动生产力与价值量的正相关原理已经确认了非劳动要素同样参与了价值创造。

家才能等生产要素分属于不同所有者时,这些生产要素的变动对广义价值的影响以及生产要素价值的决定机制,从而构建一个以广义价值论为基础的功能性分配理论。①②

8.1 分配理论回顾

8.1.1 以经济剩余为基础的分配理论

1)经济剩余的定义:所谓经济剩余是指一个社会(国家)在一个生产周期末所得产出品大于投入品的余额。社会现有的生产物和社会现有的消费之间的差额为实际经济剩余;在一定的自然条件和技术条件下,借助可资利用的生产资源所能生产出来的生产物和可以为必需消费品之间的差额为潜在的经济剩余(巴兰,2000,第107—108页),一个社会所生产的产品与生产它的成本之间的差额(巴兰、斯威齐,1977,第14—15页)。经济剩余作为剩余一般即产出品大于投入品的余额,也即剩余产品,这是任何社会都存在的一般概念,是人类社会赖以存在和发展的基础,是永恒的自然概念(马克思、恩格斯,1974a,第885、925页)。

2)经济剩余的决定因素:除了一个社会在一定时期全体劳动者的

---

① 本章与我指导的博士生江永基(现为厦门大学经济学院讲师)合作完成,原文发表在《经济研究》2010年第6期,在本次修订中,高宏博士协助对推导过程做了简化。

② 所谓功能性收入分配(Functional Distribution of Income),是指劳动、资本、土地等生产要素根据各自在生产中所发挥的功能参与产品的分配,在市场经济中,劳动、资本、土地等各种生产要素的价格即工资、利润、地租,也就是要素所有者即劳动者、资本家、地主的收入。所以,功能性收入分配理论也就是要素价格理论。蔡继明、李仁君(2001)也曾经试图在产品的广义价值论基础上阐明要素价值决定即功能性分配问题,但那时的分析受到斯拉法价值理论的影响,把工资看作是外生给定的。本章将修正笔者的上述观点,对广义价值论基础上的功能性分配做出新的探讨。

劳动强度、熟练程度、复杂程度之外,自然力的作用、科学技术的应用、社会分工与协作、资本积累、企业家创新以及制度创新等,都会影响一个社会经济剩余水平的高低。

3) 以经济剩余为基础的分配理论:古典经济学家的分配理论大都以经济剩余为基础。

a. 重农学派的"纯产品"学说:生产出的财富超过在生产过程中所耗费的财富的余额为纯产品,只有农业才能生产纯产品,可以引起财富的"扩大",至于其他经济部门,只不过把已有的物质资料变更其形态,使之成为一种新的使用价值,而只能引起财富的"相加"。杜阁虽然承认纯产品是自然的赐予,但他认为纯产品本来是自然对于农业阶级的劳动的词语,只是在土地私有制建立之后,在土地所有权和耕种劳动分离之后,他才成为土地所有者借以不必劳动而生活的收入(参见魁奈,1979;杜阁,1961)。

b. 斯密的分配理论:工资是劳动生产物构成劳动的自然报酬或自然工资;地租是对劳动生产物的第 1 项扣除;利润是对劳动生产物的第 2 项扣除;作为使用土地的代价的地租,当然是一种垄断价格,价格高低决定地租的高低,而工资和利润的高低却决定价格的高低(斯密,1972)。

c. 李嘉图的分配理论:工资是劳动的价值,决定于生产工人为维持其本身及其家属的生存所必要的最低生活资料的价值;地租是利用原有的和不可摧毁的地利而付出的代价;利润被归结为支付其他阶级收入后的余额,土地产品在支付地主和劳动者的份额后,其余额必然归于农场主成为资本的利润(李嘉图,1962)。

d. 马克思的剩余价值理论:工资是劳动力价值,等于维持劳动力再生产所必要的消费资料的价值,利润、利息和地租来源于劳动者的剩余劳动所创造的剩余价值(马克思、恩格斯,1972b、1974a)。

e. 斯拉法分配论:国民纯产品就是超过补偿生产资料所需要的产品的剩余,整个分配关系就是实际工资和利润率之间的一种线性关系,如式 $r=R(1-w)$ 所示,其中 R 为纯产品对生产资料的比率,即最大利润率;r 为利润率;w 为纯产品中支付工资的比率部分(斯拉法,1963)。

4)**剩余分配论的意义**:以经济剩余为基础的分配理论具有如下特殊的意义。

首先,这种理论揭示了分配关系中利益相关方的矛盾和冲突。采用剩余分析法是劳动价值理论的一个基本特征。这一理论通过定义一个维持工人生存水平的生存工资概念来确定经济剩余,即用生产物减去维持工人生存需要的生活资料后所得到的余额就是经济剩余。然后,再分析经济剩余如何在非劳动阶级之间进行分配。比如,李嘉图首先根据工人维持生存所必需的生活资料的价值确定工资的大小;然后通过将不产生地租的土地上生产的商品的价值减去工资得出利润;最后,地租就是商品价值超过工资和利润的余额。马克思则将工人的劳动分为必要劳动和剩余劳动。这些都反映了剩余分析法在劳动价值论中的广泛运用。

其次,这种理论反映了经济过程再生产和自我更新的特征。劳动价值论有一个很重要的特征,就是认为在某一既定时期,一个经济体系产出的相当大的一部分要用在更新所消耗的生产资料上面。再生产就是一个不断自我更新的过程。这一过程不仅是商品的再生产,而且也是这个经济体系的阶级结构和社会关系的再生产。马克思在考察简单再生产时指出:"把资本主义生产过程联系起来考察,或作为再生产过程来考察,它不仅生产商品,不仅生产剩余价值,而且还生产和再生产资本关系本身:一方面是资本家,另一方面是雇佣工人。"(马克思、恩格斯,1972b,第634页)

最后,这种理论突出了强调阶级分析的重要性。在劳动价值理论中,经济分析的主体都不是抽象的个人,而是以一定阶级划分的群体作为经济分析的主体。这里没有抽象的消费者和生产者,"这里涉及到的人,只是经济范畴的人格化,是一定的阶级关系和利益的承担者"(马克思、恩格斯,1972b,第12页)。斯密在其经济理论中,就将经济分析的主体划分为三大阶级,即工人阶级、资本家阶级和地主阶级,并根据三大阶级区分了工资、利润和地租这三种收入。李嘉图已经从工资、利润和地租的对立运动中看到了三大阶级的对立关系。马克思则在其价值理论基础上建立了一套完整的剥削理论和阶级斗争学说。

8.1.2 以要素贡献为基础的分配理论

1) 萨伊的分配理论:资本、土地如同劳动一样能提供生产性服务,创造效用,具有创造价值的能力,因此,也具有创造收入的能力。工资、利润、地租各有自己的来源。劳动—工资、资本—利润、土地—地租,这就是著名的"三位一体"公式的由来(萨伊,1963)。

2) 马尔萨斯的分配理论:工资是由商品生产中耗费的活劳动决定的,它所代表的价值是既定的,但商品的价值决定于商品所能购买的劳动,购买的劳动通常大于所耗费的劳动,利润是二者的差额;地租是自然的恩赐,是所购得的劳动决定的价值的一个构成部分(马尔萨斯,1962)。

3) 奥地利学派的归算论:生产要素的价值是由它们所生产的产品的价值间接地决定的,生产要素在社会所得中所占的份额由它们各自为生产成果所提供的贡献来决定。这一理论最初由门格尔(2013)提出,后由维塞尔(1982)和庞巴维克(1964)加以发展。包括劳动、土地和资本的各种生产要素都参与了产品的生产,因而都应在生产的成果中占有一定的份额。归算就是把产品的价值分成土地的份额、资本的份额和劳动的份额,把这些份额归属于制造这一产品的每一个相关的生产要素,而每一生产要素的价值就是这个要素在社会所得中应得的分配额(门格尔,2013;杰文斯,1984;瓦尔拉斯,1989)。

4)新古典的分配理论:以马歇尔(1964)的均衡价格理论为基础,用边际效用解释需求,用边际生产力解释供给,工资、利润、地租分别决定于劳动、资本、土地的边际生产力(在完全竞争条件下等于边际产值,在不完全竞争条件下等于边际收益产品)。边际革命三杰(门格尔、杰文斯、瓦尔拉斯)以及威克斯蒂德(2016)、克拉克(1997)等都对这一理论做出过贡献,而著名的欧拉定理则为边际生产力的产品耗尽原理提供了数学证明。

8.1.3 基于广义价值论的分配理论

本章所要阐述的基于广义价值论的分配理论兼有上述剩余分配论和生产要素分配论两方面的特征:一方面,根据比较优势分工交换所产生的比较利益,作为超过自给自足经济机会成本的一种净收益,本质上也是一种经济剩余,广义价值论的分配理论所要研究的实际上就是比较利益的分配,就这一点而言,广义价值论分配论也是基于经济剩余的分配论;另一方面,广义价值论认为,比较利益的分配既不是按照等量劳动创造等量价值的劳动价值论进行的,也不是直接由要素的边际生产力决定的,而是根据比较利益率均等原则在交换过程中与价值的决定同时实现的,其具体的实现机制是,根据各种生产要素的变动对绝对生产力的影响推导出部门综合生产力(或比较生产力)的变化,然后根据比较生产力与部门价值量正相关原理,确定由比较生产力的变化所引起的部门价值量的变化,并以此增量作为各种生产要素对价值决定的贡献即各要素所有者的报酬,从这点来看,广义价值论分配论无疑也借鉴了新古典边际生产力的分析方法。下一节我们就沿着这样的思路展开我们的分析。

8.2 劳动生产力与价值量正相关原理回顾

首先我们要回顾一下本书第5章所揭示的劳动生产力与价值量正相关的三个定理。

8.2.1 单位个别劳动生产力与价值量正相关定理

这一定理如原式(4.7)所示：

$$\begin{cases} V_{11k}^t = q_{11k} V_{11}^c = q_{11k} \dfrac{1}{2q_{11}}(1 + CP_{1/2}) = \dfrac{1}{2} q_{11}^k (1 + CP_{1/2}) \\ V_{22k}^t = q_{22k} V_{22}^c = q_{22k} \dfrac{1}{2q_{22}}(1 + CP_{2/1}) = \dfrac{1}{2} q_{22}^k (1 + CP_{2/1}) \end{cases}$$

这一定理表明,单位个别劳动生产力 q_{ijk} 的提高会通过加权平均提高部门的绝对生产力水平 q_{ij},一方面使单位商品价值量 V_{ij}^c 下降,从而对单位个别劳动创造的价值量产生负效应,另一方面又通过部门综合生产力(以及 $CP_{1/2}$ 的提高)对个别企业单位劳动创造的价值量产生正效应,但如式(5.3)所证,其总效应为正,由此才引出如下第二个定理。

8.2.2 部门综合生产力与单位平均劳动价值量正相关定理

这一定理如原式(4.8)所示：

$$\begin{cases} V_1^t = \dfrac{1}{2}(1 + CP_{1/2}) \\ V_2^t = \dfrac{1}{2}(1 + CP_{2/1}) \end{cases}$$

这个定理表明,部门内单位平均劳动创造的价值量与部门综合生产力系数或比较生产力正相关,比较生产力水平高的部门,单位劳动创造的价值量会高于其劳动耗费;比较生产力水平低的部门,单位劳动创造的价值量会低于劳动耗费;只有具备社会平均比较生产力水平的部门,单位劳动创造的价值量才与劳动耗费相等,而部门综合生产力是由同一部门在两种产品生产上的平均绝对生产力决定的。

8.2.3 部门比较生产力与部门价值总量正相关定理

这个定理由第 4 章式(4.9)给出:

$$\begin{cases} V_1 = T_1 \dfrac{1}{2}(1 + CP_{1/2}) \\ V_2 = T_2 \dfrac{1}{2}(1 + CP_{2/1}) \end{cases}$$

式(4.9)实际上是式(4.8)的一个扩展,它表明,部门总劳动创造的价值量与部门综合生产力系数或比较生产力正相关。这个定理(式4.9)将成为我们下面分析广义要素价值决定的出发点。

8.3 绝对生产力变动对价值量的影响

我们将上述式(4.9)展开为如下形式:

$$\begin{cases} V_1 = T_1 q_{11} V_1^c = T_1 q_{11} \dfrac{1}{2q_{11}}(1 + CP_{1/2}) = T_1 \dfrac{1}{2}(1 + CP_{1/2}) \\ V_2 = T_2 q_{22} V_2^c = T_2 q_{22} \dfrac{1}{2q_{22}}(1 + CP_{2/1}) = T_2 \dfrac{1}{2}(1 + CP_{2/1}) \end{cases} \quad (8.1)$$

为进一步分析劳动生产力变动对两部门广义价值的影响,我们假定 q_{11}、q_{12}、q_{21}、q_{22}、$CP_{1,2}$ 以及 V_1、V_2 皆为可微的连续函数。由于 $CP_{1/2} = \sqrt{q_{11}q_{12}/q_{21}q_{22}}$,$CP_{2/1} = \sqrt{q_{21}q_{22}/q_{11}q_{12}}$,将式(8.1)全微分后可得:

$$\begin{cases} \mathrm{d}V_1 = \dfrac{1}{4}T_1 CP_{1/2}\left(\dfrac{\mathrm{d}q_{11}}{q_{11}} + \dfrac{\mathrm{d}q_{12}}{q_{12}} - \dfrac{\mathrm{d}q_{22}}{q_{22}} - \dfrac{\mathrm{d}q_{21}}{q_{21}}\right) \\ \mathrm{d}V_2 = \dfrac{1}{4}T_2 CP_{2/1}\left(\dfrac{\mathrm{d}q_{22}}{q_{22}} + \dfrac{\mathrm{d}q_{21}}{q_{21}} - \dfrac{\mathrm{d}q_{11}}{q_{11}} - \dfrac{\mathrm{d}q_{12}}{q_{12}}\right) \end{cases} \quad (8.2)$$

在其他条件不变的情况下,本部门总体劳动生产率提高对本部门劳动创造的价值量的直接影响为正,对另一部门劳动创造的价值量的直接影响为负;另外,本部门劳动生产率提高意味着本部门综合生产力即比较生产力水平的提高,从而进一步对本部门劳动创造的价值量发生倍加的作用,这与单位平均劳动创造的价值量与其部门比较生产力正相关原理是一致的。

但是,q_{11}、q_{12}、q_{21} 以及 q_{22} 只是两部门在不同产品上的绝对生产力,影响这些生产力变动的是各种生产要素交互作用而形成的复合力量,不能一概而论。以下我们将从这些绝对生产力的变动中,解析出各种生产要素的变动对广义价值决定的影响或贡献,这些影响或贡献最终决定基于广义价值论的要素价值或功能性分配。

8.4 绝对生产力是由多种生产要素决定的

如前所述(见第 5 章第 5.1.1 节),本书所谓绝对生产力也就是马克思所说的劳动生产力,它是由工人的平均熟练程度,科学的发展水平和它在工艺上应用的程度,生产过程的社会结合,生产资料的规模和效能,以及自然条件等五种因素决定的(马克思、恩格斯,1972b,第 53 页),其中由劳动的熟练程度(应该再加上劳动强度和复杂程度)决定的劳动生产力可视为劳动自身的生产力,相当于西方经济学中劳动的边际生产力;由生产资料的规模和效能决定的劳动生产力可视为劳动的物质生产力,相当于西方经济学中资本的边际生产力;由自然条件决定的劳动生产力可以看作是劳动的自然生产力,相当于西方经济学中土地的边际生产力;生产过程的社会结合决定的劳动生产力可以看作是劳动的社会生产力,而在以现代企业制度为基础的市场经济中,劳动的社会生产力是通过企业家的经营管理才能实现的,故可称其为企业家才能的边际生产力。至于由科学的发展水平及其在工艺上应用的程度所形成的技术进步则表现为以上各种生产要素效率的改进和提高,通常不作为独立的生产要素。

这样,马克思所揭示的决定劳动生产力的五种因素可以概括劳动、资本、土地和企业家才能,它们各自对绝对生产力的影响,可以利用西方主流经济学的生产函数推导出来。

令部门 i 的劳动投入为 L_i、资本为 K_i、土地(即所有自然资源)为 N_i、企业家才能为 E_i,且产品 j 的生产函数 $Q_{ij}(L_i, K_i, N_i, E_i)$ 为一阶齐次,则绝对生产力 q_{ij} 为零阶齐次,可表示成:

$$q_{ij} = q_{ij}(L_i, K_i, N_i, E_i) = \frac{Q_{ij}}{L_i}, j = 1, 2 \qquad (8.3)$$

显然,K_i、N_i 和 E_i 与 L_i 一样,都是生产过程中不可或缺的要素。接下来,我们具体分析各种生产要素对广义价值决定的影响。

全微分式(8.3),可得:

$$dq_{ij} = q_{ij}^{L_i} dL_i + q_{ij}^{K_i} dK_i + q_{ij}^{N_i} dN_i + q_{ij}^{E_i} dE_i \qquad (8.4)$$

在这里,上标表示函数对某要素的偏导,即某要素对劳动生产力的边际贡献量;下标 i 表示生产部门;下标 j 表示所生产的产品。由于 q_{ij} 为零阶齐次,由欧拉定理(Euler's Theorem)①可知:

---

① 欧拉定理:如果函数 $f(x_1, x_2, \ldots, x_n)$ 是 k 阶齐次函数并且可微,则对于任何投入向量 $x = (x_1, x_2, \ldots, x_n)'$,都有 $\alpha f(x_1, x_2, \ldots, x_n) = \sum_{h=1}^{n} x_h f_n'(x)$。

$$q_{ij}^{L_i}L_i + + q_{ij}^{K_i}K_i + q_{ij}^{N_i}N_i + q_{ij}^{E_i}E_i = 0$$

若我们合理假定 $q_{ij}^{h_i}>0, h=K,N,E$,则 $q_{ij}^{L_i}$ 必然为负。① 由(8.4)式可以得到：

$$\frac{dq_{11}}{q_{11}} = \frac{q_{11}^{L_1}L_1 + + q_{11}^{K_1}K_1 + q_{11}^{N_1}N_1 + q_{11}^{E_1}E_1}{q_{11}} \tag{8.5}$$

同时,我们额外加入资源稀缺性的假设:两部门所使用的生产要素总量是给定的,则：

$$h_1 + h_2 = \bar{h} \Rightarrow dh_1 = -dh_2, h = L,K,N,E \tag{8.6}$$

因此,进一步可以得到：

$$\begin{cases} dq_{11}/q_{11} = \sum_{h_1} q_{11}^{h_1} dh_1/q_{11} = -\sum_{h_2} q_{11}^{h_1} dh_2/q_{11} \\ dq_{12}/q_{12} = \sum_{h_1} q_{12}^{h_1} dh_1/q_{12} = -\sum_{h_2} q_{12}^{h_1} dh_2/q_{12} \\ dq_{21}/q_{21} = \sum_{h_2} q_{21}^{h_2} dh_2/q_{21} = -\sum_{h_1} q_{21}^{h_2} dh_1/q_{21} \\ dq_{22}/q_{22} = \sum_{h_2} q_{22}^{h_2} dh_2/q_{22} = -\sum_{h_1} q_{22}^{h_2} dh_1/q_{22} \end{cases} \tag{8.7}$$

8.5 各种生产要素均参与价值决定

1)生产要素的变动引起比较生产力的变动进而引起部门总价值量的变动：

将式(8.7)代入式(8.2),可以得到：

---

① "合理"的意义在于:非劳动要素的增加对劳动生产力具有辅助效应;而劳动要素的增加,因边际生产力递减规律的作用,产量增加的幅度小于劳动投入增加量,故劳动生产力下降,这符合经济上的直观。

$$\begin{cases} dV_1 = \dfrac{1}{4}T_1 CP_{1/2} \sum\limits_{h_1}\left(\dfrac{q_{11}^{h_1}}{q_{11}} + \dfrac{q_{12}^{h_1}}{q_{12}} + \dfrac{q_{21}^{h_2}}{q_{21}} + \dfrac{q_{22}^{h_2}}{q_{22}}\right)dh_1 \\ dV_2 = \dfrac{1}{4}T_2 CP_{2/1} \sum\limits_{h_2}\left(\dfrac{q_{22}^{h_2}}{q_{22}} + \dfrac{q_{21}^{h_2}}{q_{21}} + \dfrac{q_{11}^{h_1}}{q_{11}} + \dfrac{q_{12}^{h_1}}{q_{12}}\right)dh_2 \end{cases} \quad (8.8)$$

2) 由式(8.8)可以分解出两部门的劳动 L_i，资本 K_i，土地 N_i，企业家才能 E_i 对各部门价值总量的边际贡献，分别为式(8.9)和式(8.10)：

$$\begin{cases} \dfrac{dV_1}{dL_1} = \dfrac{1}{4}T_1 CP_{1/2}\left(\dfrac{q_{11}^{L_1}}{q_{11}} + \dfrac{q_{12}^{L_1}}{q_{12}} + \dfrac{q_{21}^{L_2}}{q_{21}} + \dfrac{q_{22}^{L_2}}{q_{22}}\right) \\ \dfrac{dV_1}{dK_1} = \dfrac{1}{4}T_1 CP_{1/2}\left(\dfrac{q_{11}^{K_1}}{q_{11}} + \dfrac{q_{12}^{K_1}}{q_{12}} + \dfrac{q_{21}^{K_2}}{q_{21}} + \dfrac{q_{22}^{K_2}}{q_{22}}\right) \\ \dfrac{dV_1}{dN_1} = \dfrac{1}{4}T_1 CP_{1/2}\left(\dfrac{q_{11}^{N_1}}{q_{11}} + \dfrac{q_{12}^{N_1}}{q_{12}} + \dfrac{q_{21}^{N_2}}{q_{21}} + \dfrac{q_{22}^{N_2}}{q_{22}}\right) \\ \dfrac{dV_1}{dE_1} = \dfrac{1}{4}T_1 CP_{1/2}\left(\dfrac{q_{11}^{E_1}}{q_{11}} + \dfrac{q_{12}^{E_1}}{q_{12}} + \dfrac{q_{21}^{E_2}}{q_{21}} + \dfrac{q_{22}^{E_2}}{q_{22}}\right) \end{cases} \quad (8.9)$$

$$\begin{cases} \dfrac{dV_2}{dL_2} = \dfrac{1}{4}T_2 CP_{2/1}\left(\dfrac{q_{22}^{L_2}}{q_{22}} + \dfrac{q_{21}^{L_2}}{q_{21}} + \dfrac{q_{11}^{L_1}}{q_{11}} + \dfrac{q_{12}^{L_1}}{q_{12}}\right) \\ \dfrac{dV_2}{dK_2} = \dfrac{1}{4}T_2 CP_{2/1}\left(\dfrac{q_{22}^{K_2}}{q_{22}} + \dfrac{q_{21}^{K_2}}{q_{21}} + \dfrac{q_{11}^{K_1}}{q_{11}} + \dfrac{q_{12}^{K_1}}{q_{12}}\right) \\ \dfrac{dV_2}{dN_2} = \dfrac{1}{4}T_2 CP_{2/1}\left(\dfrac{q_{22}^{N_2}}{q_{22}} + \dfrac{q_{21}^{N_2}}{q_{21}} + \dfrac{q_{11}^{N_1}}{q_{11}} + \dfrac{q_{12}^{N_1}}{q_{12}}\right) \\ \dfrac{dV_2}{dE_2} = \dfrac{1}{4}T_2 CP_{2/1}\left(\dfrac{q_{22}^{E_2}}{q_{22}} + \dfrac{q_{21}^{E_2}}{q_{21}} + \dfrac{q_{11}^{E_1}}{q_{11}} + \dfrac{q_{12}^{E_1}}{q_{12}}\right) \end{cases} \quad (8.10)$$

8.6 要素价值决定于要素对价值增量的边际贡献

以上我们根据马克思有关劳动生产力决定因素的经典论述,并结合广义价值决定的推导过程,论证了劳动要素与非劳动要素共同参与了广义价值的创造,并对各种生产要素在广义价值形成中的作用给出了严格的界定。下面,我们进一步分析广义要素价值的决定即基于广义价值论的功能性分配理论。

1) 根据前述研究结果,将两部门总劳动创造的价值量表示成下列函数形式:

$$\begin{cases} V_1 = V_1(\underset{(+)}{L_1}, \underset{(+)}{K_1}, \underset{(+)}{N_1}, \underset{(+)}{E_1}) \\ V_2 = V_2(\underset{(+)}{L_2}, \underset{(+)}{K_2}, \underset{(+)}{N_2}, \underset{(+)}{E_2}) \end{cases} \quad (8.11)$$

式中各生产要素下方的符号代表其对广义价值函数的影响方向。

2) 设若 V_1、V_2 皆有连续的二阶偏导数存在,则我们在以 O 表示的点 $(L_1, K_1, N_1, E_1) = (L_1^0, K_1^0, N_1^0, E_1^0)$ 和点 $(L_2, K_2, N_2, E_2) = (L_2^0, K_2^0, N_2^0, E_2^0)$ 附近分别对 V_1 与 V_2 进行一阶泰勒展开(First-Order Taylor Expansion),可得:

$$\begin{cases} V_1 = V_1(O) + V_1^{L_1}(O) \cdot (L_1 - L_1^o) + V_1^{K_1}(O) \cdot (K_1 - K_1^o) \\ \quad + V_1^{N_1}(O) \cdot (N_1 - N_1^o) + V_1^{E_1}(O) \cdot (E_1 - E_1^o) + R_1(L_1, K_1, N_1, E_1) \\ V_2 = V_2(O) + V_2^{L_2}(O) \cdot (L_2 - L_2^o) + V_2^{K_2}(O) \cdot (K_2 - K_2^o) \\ \quad + V_2^{N_2}(O) \cdot (N_2 - N_2^o) + V_2^{E_2}(O) \cdot (E_2 - E_2^o) + R_2(L_2, K_2, N_2, E_2) \end{cases} \quad (8.12)$$

3）如果展开点 $(L_1^0, K_1^0, N_1^0, E_1^0)$ 和 $(L_2^0, K_2^0, N_2^0, E_2^0)$ 选得足够好的话，$(L_1, K_1, N_1, E_1) \to (L_1^0, K_1^0, N_1^0, E_1^0)$、$(L_2, K_2, N_2, E_2) \to (L_2^0, K_2^0, N_2^0, E_2^0)$ 的同时，R_1、$R_2 \to 0$，则：

$$\begin{cases} V_1 = V_1(O) + V_1^{L_1}(O) \cdot \Delta L_1 + V_1^{K_1}(O) \cdot \Delta K_1 \\ \quad + V_1^{N_1}(O) \cdot \Delta N_1 + V_1^{E_1}(O) \cdot \Delta E_1 \\ V_2 = V_2(O) + V_2^{L_1}(O) \cdot \Delta L_2 + V_2^{K_1}(O) \cdot \Delta K_2 \\ \quad + V_2^{N_1}(O) \cdot \Delta N_2 + V_2^{E_1}(O) \cdot \Delta E_2 \end{cases} \quad (8.13)$$

4）当 $(L_1, K_1, N_1, E_1, L_2, K_2, N_2, E_2) \to (L_1^0, K_1^0, N_1^0, E_1^0, L_2^0, K_2^0, N_2^0, E_2^0)$ 时，$\Delta V_i = V_i - V_i(O)$，所以式（8.13）可化为：

$$\begin{cases} \Delta V_1 = V_1^{L_1}(O) \cdot \Delta L_1 + V_1^{K_1}(O) \cdot \Delta K_1 \\ \quad + V_1^{N_1}(O) \cdot \Delta N_1 + V_1^{E_1}(O) \cdot \Delta E_1 \\ \Delta V_2 = V_2^{L_1}(O) \cdot \Delta L_2 + V_2^{K_1}(O) \cdot \Delta K_2 \\ \quad + V_2^{N_1}(O) \cdot \Delta N_2 + V_2^{E_1}(O) \cdot \Delta E_2 \end{cases} \quad (8.14)$$

5）各类生产要素对于价值 V_i 的贡献的比例，等于各类生产要素对于部门价值增量 ΔV_i 的贡献的比例：

由式（8.14）可以得到两部门各生产要素对两部门产品价值的贡献。假设各要素对于价值边际增量 ΔV_1 和 ΔV_2 的贡献比例，等于各要素对于价值 V_1 和 V_2 的贡献比例，则要素 h_i（$h = \{L, K, N, E\}$，$i = \{1, 2\}$）对于价值 V_i 贡献的比例为：

$$\frac{V_i^{h_i}(O) \cdot h_i}{\sum_{\{h = L, K, N, E\}} V_i^{h_i}(O) \cdot h_i} = \frac{V_i^{h_i}(O) \cdot \Delta h_i}{\Delta V_i} \quad (8.15)$$

6) 由此得到各部门各类生产要素对总价值贡献的份额,等于投入各部门的各类生产要素对于价值边际增量贡献的比例,乘以总价值,如式(8.16)和表8.1所示:

$$\begin{cases} \dfrac{V_1^{L_1}(O)\Delta L_1}{\Delta V_1}V_1\,;\ \dfrac{V_1^{K_1}(O)\Delta K_1}{\Delta V_1}V_1;\dfrac{V_1^{N_1}(O)\Delta N_1}{\Delta V_1}V_1;\dfrac{V_1^{E_1}(O)\Delta E_1}{\Delta V_1}V_1 \\ \\ \dfrac{V_2^{L_2}(O)\Delta L_2}{\Delta V_2}V_2\,;\ \dfrac{V_2^{K_2}(O)\Delta K_2}{\Delta V_2}V_2;\dfrac{V_2^{N_2}(O)\Delta N_2}{\Delta V_2}V_2;\dfrac{V_2^{E_2}(O)\Delta E_2}{\Delta V_2}V_2 \end{cases} \quad (8.16)$$

表 8.1 各部门各类要素总价值

	劳动的贡献份额	资本的贡献份额	土地的贡献份额	企业家才能的贡献份额
部门 1	$\dfrac{V_1^{L_1}(O)\Delta L_1}{\Delta V_1}V_1$	$\dfrac{V_1^{K_1}(O)\Delta K_1}{\Delta V_1}V_1$	$\dfrac{V_1^{N_1}(O)\Delta N_1}{\Delta V_1}V_1$	$\dfrac{V_1^{E_1}(O)\Delta E_1}{\Delta V_1}V_1$
部门 2	$\dfrac{V_2^{L_2}(O)\Delta L_2}{\Delta V_2}V_2$	$\dfrac{V_2^{K_2}(O)\Delta K_2}{\Delta V_2}V_2$	$\dfrac{V_2^{N_2}(O)\Delta N_2}{\Delta V_2}V_2$	$\dfrac{V_2^{E_2}(O)\Delta E_2}{\Delta V_2}V_2$

7) 单位要素的价值或要素所有者的报酬

将各类生产要素的价值贡献总量除以该生产要素总量,即得到单位生产要素的价值或该要素所有者的报酬,如式(8.17)和表8.2所示:

$$\begin{cases} \dfrac{V_1^{L_1}(O)V_1}{\Delta V_1}\dfrac{\Delta L_1}{L_1};\dfrac{V_1^{K_1}(O)V_1}{\Delta V_1}\dfrac{\Delta K_1}{K_1};\dfrac{V_1^{N_1}(O)V_1}{\Delta V_1}\dfrac{\Delta N_1}{N_1};\dfrac{V_1^{E_1}(O)V_1}{\Delta V_1}\dfrac{\Delta E_1}{E_1} \\ \\ \dfrac{V_2^{L_2}(O)V_2}{\Delta V_2}\dfrac{\Delta L_2}{L_2};\dfrac{V_2^{K_2}(O)V_2}{\Delta V_2}\dfrac{\Delta K_2}{K_2};\dfrac{V_2^{N_2}(O)V_2}{\Delta V_2}\dfrac{\Delta N_2}{N_2};\dfrac{V_2^{E_2}(O)V_2}{\Delta V_2}\dfrac{\Delta E_2}{E_2} \end{cases} \quad (8.17)$$

这样,我们就在广义价值论基础上,构建了要素价值决定模型即功能性分配理论。

表 8.2　各部门各类要素单位价值

	劳动的价值即劳动者的工资	资本的价值即资本所有者的利息	土地的价值即土地所有者的地租	企业家才能的价值即企业家利润
部门 1	$\dfrac{V_1^{L_1}(O)V_1}{\Delta V_1}\dfrac{\Delta L_1}{L_1}$	$\dfrac{V_1^{K_1}(O)V_1}{\Delta V_1}\dfrac{\Delta K_1}{K_1}$	$\dfrac{V_1^{N_1}(O)V_1}{\Delta V_1}\dfrac{\Delta N_1}{N_1}$	$\dfrac{V_1^{E_1}(O)V_1}{\Delta V_1}\dfrac{\Delta E_1}{E_1}$
部门 2	$\dfrac{V_2^{L_2}(O)V_2}{\Delta V_2}\dfrac{\Delta L_2}{L_2}$	$\dfrac{V_2^{K_2}(O)V_2}{\Delta V_2}\dfrac{\Delta K_2}{K_2}$	$\dfrac{V_2^{N_2}(O)V_2}{\Delta V_2}\dfrac{\Delta N_2}{N_2}$	$\dfrac{V_2^{E_2}(O)V_2}{\Delta V_2}\dfrac{\Delta E_2}{E_2}$

8.7　各种功能性分配理论的比较

8.7.1　广义价值论分配论与传统马克思主义分配论的差别

传统的马克思主义分配理论根源于劳动价值论,把价值的源泉仅仅归结为劳动,认为价值的创造与价值的分配是分开的,非劳动要素参与分配的唯一依据是非劳动要素的所有权,继而从所有制关系着手,论证各种分配关系产生的客观必然性,把分配单纯地视为所有权在经济上的实现;而广义价值论则认为,生产要素的所有权仅仅是生产要素参与分配的法律依据,生产要素在价值创造中所做的贡献才是生产要素参与分配的尺度。诚然,所有权关系是分配关系的法律基础,但是,生产要素的所有权关系,仅仅是决定分配关系的一个法权因素,所有权本身并不创造价值,它不过是使生产要素所创造的价值在法权上得到确认并归于相关生产要素的所有者①,而决定分配的内在因素,或者说是

---

① 马克思在谈到级差地租时就曾指出:"瀑布的土地所有权本身,对于剩余价值(利润)部分的创造,……没有任何关系。即使没有土地所有权,……这种超额利润也会存在。……土地所有权……只是使土地所有者……有可能把这个超额利润从工厂主的口袋里拿过来装进自己的口袋。"(马克思、恩格斯,1974a,第 729 页)以上关于地租所说

更重要的一个因素,是生产要素在生产过程中所起的作用,即生产要素在价值创造中所做出的实际贡献。既然我们承认非劳动要素同样参与价值的创造,非劳动要素参与分配的尺度自然是非劳动要素在价值创造中所做的贡献。所谓按生产要素分配,实质上是按各种生产要素在价值创造中所做出的贡献进行分配(参见谷书堂、蔡继明,1988)。

在处理功能性收入分配问题时,马克思的分配理论是引入生产价格来说明资本收入的决定,它所依赖的是统一的利润率假设,而广义要素价值论则是运用边际分析方法,将新古典的边际生产力理论与广义产品价值论结合起来,构建了与广义价值论基本原理相统一的功能性分配理论,其结论和分析的逻辑均与马克思的分配理论不同。

8.7.2 广义价值论分配理论与新古典功能性分配论的区别

虽然在承认各种生产要素都参与价值创造,从而都主张按生产要素贡献分配这一点上,广义要素价值论与新古典要素价值论有着异曲同工之效,可谓"殊方同致""殊途同归"。也许正因为如此,广义价值论的批评者会认定广义价值论与新古典要素价值论如出一辙,以为只要给它扣上一顶要素价值论的帽子,就可以不攻自破了。但两种理论在如下方面有着本质的差别。

首先,二者的分析路径不同。新古典要素价值论是以边际生产力论为基础的,它假定在其他条件保持不变时,持续地追加某种生产要素,在达到一定点后,每追加一单位生产要素所产生的总收益(Total Revenue)的增量,即边际收益产品(Marginal Revenue of Product, MRP),将随着该生产要素投入的增加而递减。从边际收益产品曲线

(接上页)的,如果加上一定的限制,同样适用于工资、利息等收入形式。奇怪的是,很多马克思主义经济学家,只记住了地租是土地所有权在经济上的实现,而忽略了地租的价值实体并非所有权本身所创造,而是来自于土地作为生产要素所发挥的功能。

和生产要素投入量可以确定此生产要素所创造出的全部收益,即这个生产要素对总收益的贡献。在完全竞争的市场条件下,各生产要素对总收益的贡献等于各生产要素的报酬,从而劳动、资本、土地等生产要素的报酬即工资、利息、地租等收入,即决定于这些生产要素对总收益的实际贡献。

而广义要素价值论则是以李嘉图的比较利益说为基础,借鉴了斯拉法利润率与价格同时决定的思想和马克思的劳动生产力概念以及新古典的边际分析方法,根据比较利益率均等的原则,构建了广义产品价值决定模型,并通过分析各种生产要素比较生产力的影响而揭示出它们对广义价值形成所做出的贡献。

其次,二者的内在逻辑不同。新古典要素价值论认为,各生产要素的贡献直接体现在其边际产量即边际生产力水平上,以要素的边际收益产品(边际产品×边际收益)作为分配的尺度,而要素的边际收益产品概念本身就意味着产品价值决定与要素价值决定或功能性分配的分离。广义价值论则根据各生产要素的绝对生产力对广义价值的影响,解析出这些要素在广义价值决定中所做的贡献,并依照各自贡献的比例确定各要素的价值,这再次体现了产品价值决定与要素价值决定即功能性分配的统一。这是广义价值论(包括广义产品价值论和广义要素价值论)与新古典价值论及劳动价值论的一个明显差别。

所以,判断一种价值理论是否正确或科学,不在于它是不是要素价值论。前面第2章对古典价值理论的分析已经表明,经济学的开山鼻祖亚当·斯密的价值理论实质上就是要素价值论,劳动价值论的最初不过是以单要素价值论的形态出现的,只是经过李嘉图的过度抽象,最后被马克思绝对化了。要素价值论本身并没有错,正如供求决定论没有错一样:任何价值理论首先应该是均衡价格论或供求决定论,因为离开了供给和需求,也就离开了商品交换关系,价值也就无从谈起了;而从供给的角度讲,劳动、资本、土地等生产要素及其成本是分析任何较发达商品经济中价值决定都不可或缺的因素。问题在于分析的假定前提是否合理,提出的假说与推导是否符合逻辑规则,得出的结论是否对现实具有较强的解释力?根据这样一种标准,即使人们指出了新古典价值论的逻辑悖论,诸如新剑桥学派所批评的那样,也不能断言要素价值论是错的;反之,即使从数学上证明了"两总计相等"①是成立的,从而消除了价值转化为生产价格的逻辑矛盾,也不能证明劳动价值论本身是正确的,因为从逻辑上把价值仅仅归结为商品生产所耗费的劳动本身就是一个不合理的过度的抽象,而这种理论上所规定的"一般价值",显然又缺乏对现实的解释力。

8.7.3　广义价值论分配论与斯拉法分配论的比较

广义价值论继承了斯拉法价值理论将价值决定与价值分配融为一体的传统:在斯拉法价值论中,资本价值和利润率决定于同一过程;在广义价值论中,广义价值和比较利益率决定于同一过程。从这一点看,广义价值论与斯拉法价值论是一脉相承的。

然而,广义价值论和斯拉法价值理论的不同之处在于:斯拉法价值理论沿用了古典学派的统一利润率假设,而广义价值则彻底放弃了统一利润率的假设,采用了统一的比较利益率假设,在这种假设下,各部门的利润率实际上是各不相同的。

此外,斯拉法价值论把工资看作是外生给定的,而广义要素价值论则把工资作为内生变量,这就放宽了该理论的限定条件。

---

①　即总价值量与总劳动量相等,总剩余价值量与总利润量相等。马克思认为,只要这"两个总计相等"成立,价值转化为生产价格就是可以成立的。尔后的经济学家围绕着"转形问题"展开了跨世纪的争论,其中争论的焦点之一就是"两个总计相等"能否同时成立?

8.8 结束语:尚需研究的问题

首先,本章是从理论分析的角度来研究分工与交换经济中的价值计算的,在广义要素价值论的基本理论模型建立之后,还需要通过建立计量模型来进一步验证理论分析的科学性。虽然由于受现有统计资料的限制,在对各产业的机会成本的计量和测算方面还存在着较大的困难,但我们相信这种困难只是暂时的,随着统计资料和计量方法的不断完善和发展,广义要素价值论的计量模型也会逐渐建立起来的。

其次,本章的分析是以可变分工体系和可变技术的生产函数为假定前提的,有关可变分工、不变分工和混合分工体系下广义产品价值的决定模型,我们在第 8 章已经讨论过了,但适用于不变分工和混合分工体系以及固定技术系数生产函数的广义要素价值模型还有待于建立。尤其是当我们面对的是固定技术系数的生产函数时,各种生产要素的技术比例是固定的,从而不能再使用边际分析方法。正是从这个意义上,斯拉法对只适用于可变技术系数的新古典边际生产力理论提出了挑战,并作为对新古典理论的一个替代,设计出一套具有固定技术系数的生产方程同时求解利润率和均衡价格。广义价值论研究团队也必须面对斯拉法对边际主义的挑战,回答在技术系数不变的体系中广义要素价值是如何决定的,这种要素价值决定与可变技术体系中的要素价值决定所遵循的原则是否一致,以至于能否建立一个适用于各种条件的统一的广义要素价值模型。

最后,本章所建立的还仅仅是两部门的广义要素价值模型,进一步的研究需要由两部门扩展到 n 部门。

9. 广义价值分配论与按生产要素贡献分配论

上一章阐述了基于广义价值论的分配理论。本章拟进一步分析广义价值分配理论与按生产要素贡献分配论的关系以及二者对于保护私有财产和发展非公经济的重要意义。

9.1 按生产要素贡献分配：理论与实践

如本书第 8.1.2 节所述，从古典经济学家马尔萨斯、萨伊到新古典经济学家马歇尔，他们的分配理论本质上都是按生产要素贡献分配论，而在实行资本主义制度的西方市场经济国家，按生产要素贡献进行一次分配似乎是天经地义的。然而在社会主义的中国，提出按生产要素贡献分配论并付诸实践，则是在上个世纪 80 年代改革开放之后才有可能，其间经历了激烈的争论和迂回曲折的过程。

9.1.1 按生产要素贡献分配论的提出

中共十三大(1987)首次提出社会主义初级阶段理论，强调在初级阶段，要"实行以按劳分配为主体的多种分配方式"。当时我正在南开大学谷书堂教授指导下攻读经济学博士学位，便与谷书堂教授合作撰写了《论社会主义初级阶段的分配原则》，指出在社会主义初级阶段，马克思的按劳分配原则并不具备实现的条件，合理可行的分配原则应该是按生产要素贡献分配,这既是对按劳分配为主、多种分配方式并存的理论概括,又是公有制经济为主体、多种经济成分共同发展的客观要求。论文提交给第四届全国高校社会主义经济理论与实践研讨会,并获中宣部、中共中央党校、中国社科院纪念党的十一届三中全会10周年入选论文奖,论文分别发表在《理论纵横》(谷书堂、蔡继明,1988)和《经济学家》杂志(谷书堂、蔡继明,1989)上。

9.1.2 按生产要素贡献分配论在批判和争论中发展完善

按生产要素贡献分配论一经提出,立即在学术界引起激烈的争论和热烈的讨论。一些学者认为按生产要素贡献分配的理论是对按劳分配理论的突破,是社会主义经济理论的创新(张卓元主编,1999,第402—403页;柳欣主编,2008,第352页;陈东琪主编,2004,第17—18页);而另一些学者则认为,该理论否定了按劳分配原则,是反马克思主义的(卫兴华,1991;陈德华,1990)。在1989年之后,这一理论还被当作资产阶级自由化观点受到批判(宁向东,1991)。邓小平同志南方讲话发表后,为了进一步从理论上拨乱反正,应《改革》杂志主编吴敬琏教授特邀,谷书堂教授又撰写了《对"按贡献分配"的再探讨》,回答了理论界的各种批评,进一步阐述了按生产要素贡献分配的思想(谷书堂,1992)。随后,蔡继明又撰写了一系列文章和著作,进一步完善了按生产要素贡献分配理论(蔡继明,1998b,1999a,2003,2004,2008a,2008b,2008c,2009)。

9.1.3 按生产要素贡献分配:从确立原则到完善制度和体制机制

随着非公有制经济在整个国民经济中成分越来越大,按生产要素分配在整个国民收入分配中的比重越来越高,中共十五大(1997)指出,在社会主义初级阶段,"坚持按劳分配为主体、多种分配方式并存的制度。把按劳分配与按生产要素分配结合起来"。这一提法与中共十三大报告"实行以按劳分配为主体的多种分配方式"的提法相比,对社会主义初级阶段分配关系的本质,做了更具体的阐述,因而也更接近于谷书堂教授所提倡的按贡献分配的思想。当然,这一命题本身也存在着一定的逻辑矛盾:如果认为两种分配方式中的劳动要素是相同的,则按生产要素分配已经包含了按劳分配;如果认为两种分配方式中的劳动要素不同,如有的学者所说,前者指活劳动,后者指劳动力,则两种分配方式最多是并存,而无法结合(参见蔡继明,1998b)。

中共十六大(2002)明确提出:确立劳动、资本、技术和管理等生产要素按贡献参与分配的原则。如前所述,"以按劳分配为主体的多种分配方式",还仅仅是对社会主义初级阶段收入分配现象的一个总体描述,而按劳分配与按生产要素分配相结合,虽然试图对社会主义初级阶段收入分配关系做出理论概括,但自身又包含了许多不能自圆其说的矛盾。中共十六大把社会主义初级阶段的各种分配方式概括为各种生产要素按贡献参与分配,这一新的概括,揭示了社会主义初级阶段分配关系的本质规定,是对马克思主义的一个重大发展,具有重大理论意义和政策意义。

中共十七大(2007)进一步提出:"健全劳动、资本、技术、管理等生产要素按贡献参与分配的制度。"这意味着按生产要素贡献分配,从2002年作为一个分配原则初步确立,到2007年已经变成了一种分配制度,而今后的任务是要使之不断健全和完善。

中共十八大(2012)则在生产要素按贡献参与分配的原则已经确立、制度正在健全的基础上,强调要"完善劳动、资本、技术、管理等要素按贡献参与分配的初次分配机制"。

中共十八届三中全会(2013)指出:"健全资本、知识、技术、管理等由要素市场决定的报酬机制",进一步明确中共十八大所要完善的生产要素按贡献参与分配的初次分配机制,就是由要素市场决定要素报酬的机制。

中共十八届五中全会(2015)指出:"优化劳动力、资本、土地、技术、管理等要素配置,完善市场评价要素贡献并按贡献分配的机制。"这一方面把土地纳入了按贡献参与分配的要素条列,另一方面揭示了要素市场决定要素报酬的本质是由市场评价要素贡献并按贡献分配。

中共十九届四中全会(2019)提出,"健全劳动、资本、土地、知识、技术、管理、数据等生产要素由市场评价贡献、按贡献决定报酬的机制",在按贡献参与分配的原有五大要素基础上又增加了知识和数据两大要素。不仅如此,中共十九届四中全会还把按劳分配为主体、多种分配方式并存的制度即前述各种生产要素按贡献参与分配的制度与公有制为主体、多种所有制经济共同发展以及社会主义市场经济体制,共同纳入了社会主义基本经济制度范畴。

9.2 按生产要素贡献分配是广义价值分配论的实现形式

然而,当"按生产要素贡献分配"最终被官方确定为社会主义初级阶段的分配原则后,人们的争论又开始围绕是"按照生产要素对物质财富的创造所做的贡献分配",还是"按照生产要素对社会财富(价值)的创造所做的贡献分配"而展开。显然,这又涉及物质财富和社会财富的关系以及使用价值与价值的关系。

9.2.1 物质财富与社会财富的内涵及二者的关系

根据马克思的辩证法,任何经济范畴都是一定的物质内容和社会形式的统一:其物质内容所代表的是人与自然的关系或人与人之间的自然关系;社会形式所代表的是人与人之间的社会关系。同样地,任何财富也都是物质内容和社会形式的统一。财富的物质内容或物质财富是能够满足人们某种需要的使用价值;而财富的社会形式或社会财富就是这种使用价值在不同社会所采取的形式,具体说,在商品经济中,物质财富即使用价值所采取的社会形式就是价值。①

说财富就是价值,一般不会引起争议。但人类早期理解的价值和现代经济学意义上的价值内涵不同,最初的价值实则指物的有用性即使用价值(Use-Value 或 Value in Use)。在经济学上最早给财富下定义的是古希腊著名的史学家、思想家色诺芬。他在所著《经济论》一书中写道:财富就是具有使用价值的东西。他认为诸如马、羊、土地等有实际用处的东西才是财富(色诺芬,1961,第 2 页)。应该说这种财富观或财富定义对于自给自足的经济是适用的。

随着分工交换经济的产生,越来越多的劳动产品不再是直接为了自己消费而生产的,而是为社会(市场)生产的,以期用它换回自己所需要的多种其他物品。在这种情况下,财富的概念也随之发生了变化。一物既可以满足个人需要从而具有使用价值,又可以用来交换其他物品从而具有交换价值,这样一来,价值一词具有了双重含义,即使用价值与交换价值。关于使用价值与交换价值的区分,在古希腊的著名历史学家和作家色诺芬的思想中已略见端倪。他在把财富定义为具有使用价值的东西之后便指出,"对于不会使用笛子的人们来说,一支笛子只有在他们卖掉它时是财富"(色诺芬,1961,第 3 页)。由此可以看出,色诺芬已经认识到作为财富的使用价值,既有直接满足需要的功

---

① 狭义的社会财富是相对于私人财富而言的,二者是从所有制的角度对财富所做的划分,因而二者都属于作为与物质财富相对应的广义的社会财富范畴。

能,又有用于交换的功能。

然而,在世俗的观念中,人们历来把商品交换过程中的货币因素看得异常重要,并不看重商品的使用价值,以至于人们进行商品交换的动机都由最初的对另一种商品使用价值的需要演变为对纯货币形式的追逐和占有。这种异化的经济观念直接影响到人们对财富概念的把握。比如早期的重商主义者就认为财富是由货币或金银构成的,这一观点可以说影响相当深远。就是现代社会的大多数人们依然相信"金钱就是财富"。

重商主义者的这种财富观念虽然具有较大市场,但反对的声音也不少。如重农学派的魁奈就针锋相对地指出,"一个国家的财富,并不由货币财富的总量所规定";"财富是人的生活资料的来源";"作为商品来看的农作物,是货币财富(richesses pécuniéres)和实物财富(richesses réeles)的综合体"(魁奈,1979,第90、85、89页)。魁奈抛弃了重商主义者的财富观,而自己又将财富的定义局限于农业范围。

第一个明确地把价值区分为使用价值和交换价值、将财富既理解为价值即社会财富,又理解为使用价值即物质财富的人,是英国古典经济学家亚当·斯密。斯密指出:"价值一词有二个不同的意义。它有时表示特定物品的效用,有时又表示由于占有某物而取得的对他种货物的购买力。前者可叫做使用价值,后者可叫做交换价值。"(斯密,1972,第25页)

自斯密以后,关于财富定义的争论仍然十分广泛。例如穆勒、麦克库洛赫、托伦斯、马尔萨斯等,或明确地或含糊地认为,财富所指的是其生产或占有要花费人力的那些物品;而另一些人如李嘉图,则认为财富还含有不是由人力取得的一些物品。

马克思对前人的研究成果进行了批判的继承。他将财富区分为物质财富和社会财富,并认为不论财富的社会形式如何,即无论它是原始社会的公有财产,还是奴隶社会、封建社会或资本主义社会的私有财产,使用价值总是构成财富的物质内容。而在商品经济中,使用价值同时又是交换价值的物质承担者(马克思、恩格斯,1972b,第48页)。

最新版汉语《辞海》对财富的定义是:具有价值的东西。英国著名经济学家戴维·皮尔斯主编的《现代经济学词典》中对财富(Wealth)下的定义是:"任何有市场价值并且可用来换取货币或商品的东西,都可被看作是财富。它包括实物和实物资产、金融资产以及可以产生收入的个人技能。当这些东西可以在市场上换取商品或货币时,它们都被认为是财富。财富可以分成两种主要类型:有形财富,指资本或非人力财富;无形财富,即人力资本。"(皮尔斯,1988,第640页)这被认为是西方经济学对财富的典型而通用的定义,或者说是经济学意义上的财富的定义。

综上所述,财富范畴包括多重规定性:使用价值是财富的物质内容,在商品经济或市场经济(二者是同义语)中,价值是财富的社会形式,物质财富与社会财富的关系是内容和形式的关系:物质财富是社会财富的内容,社会财富是物质财富的形式,没有无物质内容的社会财富,也没有无社会形式的物质财富。

9.2.2 使用价值和价值的内涵及二者的关系

在商品经济或市场经济中,物质财富与社会财富的关系,也就是使用价值与价值的关系。

所谓使用价值就是物品满足人们某种需要的属性,即物的有用性。使用价值可以是物质的,也可以是精神的,可以是有形物品,也可以是无形的劳务,可以满足物质的生理的需要,也可以满足精神的心理的需要,可以是为满足个人消费而生产的,也可以是为了交换从而为了满足他人的需要而生产的。当一物是为了交换而生产时,该产品就成了商品,其使用价值就是社会的使用价值,该产品也就具有了交换价值。

交换价值最初表现为一种使用价值与另一种使用价值相交换的数量比例,比如说,1件上衣＝20尺麻布,或1件上衣值20尺麻布。当这种数量比例用货币来表现时,交换价值就取得了价格形式,而自古典经济学创立以来,价值作为调节价格运动的规律即价格波动的中心或重心,就被赋予了不同于以往使用价值或交换价值的内涵。所以,价值的定义并非是凝结在商品中的一般人类劳动(这不过是部分古典经济学家——主要是李嘉图对价值实体的规定,远非经济学家对价值本身的规定),而是调节价格运动的规律,是交换价值的基础。价值理论研究的起点,也应该是价值的定义,而不是有关价值实体的某种特殊规定。

明确了使用价值、交换价值与价值的内涵,三者之间的关系也就不难理解。按照马克思的分析,使用价值是交换价值的物质承担者,而价值是交换价值的基础或交换价值的内容,那么,使用价值自然也就是价值的物质承担者,或价值的内容,或价值的物质基础。由此可以得出结论,在商品经济或市场经济中,没有无使用价值的价值,也没有无价值的使用价值。诚然,一个商品生产者可以把暂时卖不出去的某种商品当作消费品用于个人消费,但如果他所生产的大部分商品卖不出去,也就是说,他不能完成由商品到货币的惊险跳跃,那么,摔坏的不是商品,而是商品生产者本身,因为他必然面临破产和丧失生计。

9.2.3 决定或创造物质财富的因素同样决定或创造社会财富

威廉·配第早在1667年就提出一个著名论断:"土地为财富之母,而劳动则为财富之父和能动的要素。"(配第,1978,第66页)马克思在讲到"劳动并不是它所生产的使用价值即物质财富的唯一源泉"时,也引证了配第的这句话(见马克思、恩格斯,1972b,第57页)。1875年,马克思在《哥达纲领批判》中针对德国工人党纲领中"劳动是一切财富和一切文化的源泉"的观点提出严厉批评,指出"劳动不是一切财富的**源泉**。自然界和劳动一样也是使用价值(而物质财富本来就是由使用价值构成的!)的源泉"(马克思、恩格斯,1963,第 15 页)。① 配第本人在其论断所谈的财富到底是物质财富还是社会财富,或者说到底是使用价值还是指价值,我们暂且存而不论,马克思则是明确地在使用价值或物质财富生产的意义上引证配第这一观点的。然而,如果我们接受或认可前面有关物质财富与社会财富、使用价值与价值的分析,我们自然会承认,那些决定物质财富的因素,同样会决定社会财富。也就是说,"土地是财富之母,劳动是财富之父"的命题,不仅对物质财富即使用价值来说是适用的,而且对社会财富即价值来说也是适用的。

然而,坚持劳动价值论的学者只承认物质财富即使用价值的创造是由多种因素决定的,或者说,配第的那句名言只适用于物质财富的创造,而作为社会财富的价值则唯一地是由劳动决定的。所以,他们坚持认为所谓按生产要素的贡献分配,仅仅是指按各种生产要素对物质财富的贡献进行分配,而因为非劳动要素并不参与价值创造,所以非劳动收入必然是非劳动要素所有者凭借其要素所有权而无偿占有的剩余价值。

上述观点显然是站不住脚的。因为物质财富总是采取相应的社会形式,作为分配对象的财富,也只能是社会财富,在商品经济条件下,也就是价值。假定投入一定量的劳动(1 人年)、一定量的土地(1 亩地)和一定量的资本(1 台多功能农业机械),生产出一定量的物质财富比如说 1200 斤小麦,按每斤小麦 1 元的市场价值计算,这 1200 斤小麦值 1200 元。如果我们承认劳动、资本、土地都参与了这一定量物质财富(1200 斤小麦)创造,而且假定各自做出了 1/3 的贡献,那么很明显,这

---

① 恩格斯也指出:"其实劳动和自然界一起才是一切财富的源泉,自然界为劳动提供材料,劳动把材料变为财富。"(马克思、恩格斯,1971,第 509 页)

1200元(1200斤小麦的价值)中,一定有400元是资本创造的,400元是土地创造的,400元是劳动创造的,怎么能说,价值1200元的1200斤小麦是劳动、资本、土地共同创造的,而1200斤小麦的价值1200元则仅仅是劳动创造的呢?

实际上,当配第进一步用劳动和土地两种自然单位来评定所有物品的价值,并尝试把土地和劳动之间的等价关系归结为一个成年人每天平均需要的口粮时,(参见配第,1964,第57—58页)就足以表明他所谓的"土地是财富之母,劳动是财富之父"不仅是就使用价值而言,同时也是就价值而言的,从根本上说,配第主张的是多要素价值论。胡寄窗等也认为:"配第的价值学说并非前后一致,当他说'土地为财富之母,而劳动则为财富之父和能动要素'时,实际上已滑到土地和劳动共同创造价值的二元论。为了使上述两种不同的价值源泉得以互相比较,他又用人的口粮作为土地和劳动的共同单位,使两者的价值可以统一计算,这又进一步偏离了劳动价值论。"(胡寄窗主编,1991,第41页)

笔者一向认为,既然社会财富不过是物质财富的表现形式,决定物质财富的因素也必然会影响到作为物质财富表现形式的社会财富,而价值的决定和价值的分配是统一的。所谓生产要素的贡献,首先是对物质财富即使用价值的生产所做的贡献,而在商品经济或市场经济中,使用价值又成为作为社会财富的价值的物质承担者,决定使用价值生产的因素同时也就是决定价值创造的因素。所以,所谓生产要素的贡献必然体现为对价值创造所做的贡献,而所谓按生产要素贡献分配就是按生产要素对价值创造的贡献进行分配(参见蔡继明,1989b,1998b,2001,2003b,2009)。

从这个意义上说,前述广义价值分配论就构成按生产要素贡献分配论的基础,而按生产要素贡献分配论则是广义价值分配论的具体实现形式。

9.3 非劳动要素按贡献参与分配不等于剥削

按生产要素贡献分配理论,对于发展非公经济和保护私有财产,具有重大的理论意义和现实意义。我们首先从剥削概念谈起。

9.3.1 剥削概念辨析

按生产要素贡献分配理论的批评者通常所持的一个理由是,这一理论否定了剥削。应该说,这一批评既对,又不对,因为按生产要素贡献分配理论,既否定了剥削,又没有否定剥削,问题在于如何理解剥削,批评者所谓的剥削是指什么。

英文 exploit 作为动词,有两种含义:1)投入生产性使用(to put to productive use);利用(to take advantage of),开发[to use or develop(a thing)fully so as to get profit];2)为牟取个人利益而吝啬地、不公正地利用(to make use of meanly or unjustly for one's own advantage),(贬)利用(他人)为自己牟私利,剥削(unfairly for one's own profit or advantage)。① 其中贬义的用法"剥削"与汉语中有关剥削的词义基本相同。②

根据马克思的理解,剥削是对工人创造的剩余价值的无偿占有(马克思、恩格斯,1972b,第 242—245 页)。

---

① Webster's Ninth New Collegiate Dictionary;Longman Dictionary of Contemporary English.
② "Exploitation"在《新帕尔格雷夫经济学大辞典》中被翻译和解释为剥削(开发):广义而言,开发一物是指为某种目的而加以利用,如为社会福利或私人收益而开发自然资源。如果用于取利于他人,则开发一词也含有不道德之意,如被利用之人当时处于无能为力状态,像贫民之于他们的财主、债主等等,则该词又有压迫之意(伊特韦尔等,1992b,第 268 页)。"剥削——指社会上一部分人或集团凭借他们对生产资料或货币资本的占有,无偿地攫取另一部分人或集团的劳动成果。"(辞海编辑委员会,1979)

罗宾逊则认为,剥削是垄断厂商获取的劳动的边际成本与劳动的边际收益产品或边际产值之间的差额(罗宾逊,1961,第234—255页)。

从上述不同定义中,我们抽象出剥削的一般定义:所谓剥削,就是在利用(开发)他人拥有的生产要素时所付报酬低于其贡献,其实质是对他人要素贡献的**无偿占有**。

从强调剥削的实质是无偿占有这一点来看,马克思的剥削概念本身并没有错——如果剩余价值果真都是由工人创造的,占有其中任何一个百分比自然都构成剥削。但问题在于"剩余价值"乃至全部价值并非都是由工人的劳动创造的,其中也有非劳动要素所做的贡献。假如劳动和资本两种要素共同创造了剩余价值,并根据各自的贡献,得到了各自相应的份额,那就没有剥削。但是,如果资本所得超过了资本的贡献,就等于无偿占有了劳动创造的财富,这是对劳动的剥削。反过来,如果劳动所得超过了劳动的贡献,就造成对资本的剥削。

当然,即使承认非劳动要素参与价值和剩余价值的创造,也不能排除劳动所创造的剩余价值部分或全部被资本家或其他非劳动要素所有者所无偿占有。马克思当年所揭示的资本家对工人的剥削,在非劳动要素参与价值创造的前提下仍然是可能的。

9.3.2　以要素贡献为基础的非劳动收入不等于剥削

根据广义价值论和上述剥削定义及尺度,非劳动要素参与分配,只要其收入份额是以要素贡献为基础的,就不能认作是剥削,而是一种报酬,是对非劳动要素贡献的补偿。所谓按生产要素分配,本质上是按各种生产要素(包括非劳动要素)在价值创造中所做的贡献进行分配,这和单纯地凭借非生产要素所有权无偿占有他人的劳动成果的剥削行为不能相提并论(参见谷书堂、蔡继明,1988;谷书堂主编,1989;蔡继明,2003b)。不仅如此,由于剥削从一般意义上说是对他人生产要素所创造的社会财富的无偿占有,所以,严格地按生产要素的贡献进行分配,恰恰是对剥削关系的否定。

9.4 剥削与私有制没有必然的联系

根据以上分析,私有制经济中并非一定存在剥削,而公有制经济中未必就没有剥削。我们不能笼统地把私营业主等同于剥削者——只有当私营业主付给工人的工资低于其边际产品收益时,我们才能把私营业主界定为剥削者;我们也不能断言公有制企业中的劳动者就一定不受剥削,除非他们的劳动报酬等于他们的劳动贡献(蔡继明,2013)。

在社会主义初级阶段,剥削仍然可能存在,但是,不能一概认为凡是私营企业或私有经济就一定会存在剥削。在非公有制经济中,如果按照市场价格付给工人工资,工人对劳动所得感到满意,就不能说他在遭受剥削。当然,也不能完全否认在非公有制经济中存有剥削,但这种剥削不一定是私有制造成的。

既然承认非公有制目前仍然适应生产力的性质和发展要求,就应该大力发展它。另一方面,既然确定剥削是对他人生产要素的贡献无偿占有,就应该坚决予以取缔,至少在目前,我们已没有任何理由再继续允许剥削存在。要坚决反对剥削,要利用经济的、法律的、政治的和社会的各种手段对剥削加以限制,并在可能的情况下予以取缔。无偿占有他人的成果毕竟是不合理的,尽管它在历史上曾经对生产力的发展起过促进作用,从而其存在有一定的历史合理性,但今天没有必要以牺牲广大人民群众的利益为代价来促进生产力的发展。社会主义的国家更不能允许以无偿占有他人的劳动来换取经济发展。我们现在完全可以让人民安居乐业,让他们得到应有的报酬。因为马克思所说的剥削是要把工人的生活费用限制在必要消费资料范围内,仅仅维持生存,而我们现有的生产力水平和基本国力已足以保证社会成员不仅能够获得必要的消费资料,而且可以获得一定的发展和享受资料(可以旅游,购买房产和汽车,可以享受各种教育),为什么还要把劳动者的消费水平或收入水限制在维持生存范围内呢?

而对于上述严格定义的剥削,无论它存在于何种所有制经济中,都不能采取容忍,而应该坚决取缔;无论是公有制成员还是私营业主,都必须放弃剥削才能加入中国共产党,而消灭剥削不仅是中国共产党的最终纲领,也是当前纲领所要求的。

9.5 消灭剥削与发展非公经济可以并行不悖

人类社会的最终目的要人们获得全面的发展,这一目的也许可以通过多种途径和多种手段而实现——可能通过公有制实现,是否也可能在私有制条件下实现呢?私有制是否更符合人的本性,人们有了自己的私有财产是否可以更全面地发展,社会如果保护了私有财产,是否能给人们提供更广阔的发展空间?既然私有制和剥削可以分开,私有制不等于剥削,它可能有剥削,也可能没有剥削,不能把两者画等号,那么,消灭剥削并不意味着一定要消灭私有制。

那么,不消灭私有制是否会改变共产党的性质呢?不一定。因为消灭私有制本身并不是共产主义的最终目的。一定要明确目的与手段的关系,尤其不要把最终目的与实现目的的手段混淆起来,特别是在实现目的的手段不是唯一的情况下。有些人以为消灭私有制是目的,搞计划经济是目的,搞按劳分配是目的,搞公有制是目的,其实这些都是手段。马克思主义认为,人类最终的目的是要进入大同世界,是人的解放和全面发展。实际上,私有制在自身发展过程中不断地完善,它也在不断地否定之否定。现在的私有制已不是100多年前的私有制,更不是原始社会、奴隶社会的私有制。公有制也在不断完善,现在的公有制也不是马克思当年所设想的公有制。因此,我们仍然要把消灭剥削,实现共同富裕和人的全面发展作为奋斗目标,但是,要实现这样一个目标,手段可能是多样的,公有制可能是可供选择的一个手段,但不一定是唯一的(蔡继明,1999b)。

9.6　按生产要素贡献分配是保护私有财产的理论依据

我国的非公有制经济,从改革开放前的革命对象,到中共十三大被确认为公有制经济的必要补充;从中共十五大作为社会主义市场经济的重要组成部分从而被纳入社会主义初级阶段基本经济制度,到中共十六大与公有制并列,成为毫不动摇地鼓励、支持和引导的对象;从1982年的宪法只承认个体经济的合法地位,到2004年的宪法修正案确认包括个体经济和私营经济在内的整个非公有制经济的合法地位,明确提出公民合法的私有财产不受侵犯,应该说,非公有制经济在我国的发展,已经消除了政治上和法律上的障碍。

但是,非公有制经济在发展中,仍然比较普遍地面临着"三难"(登记创业难,融资难,诉讼难)和"六乱"(乱审批,乱许可,乱检查,乱罚款,乱收费,乱摊派)的困扰,与国有企业甚至外资企业相比,在土地征用、人才引进、信息获取、户籍管理等方面,受到不公平待遇。造成这种状况的一个主要原因在于"私有制是万恶之源""恐私、怕私、惧私"的传统观念还深深扎根于人们的头脑中。

然而,仔细分析便不难得知,人们之所以痛恨和诅咒私有制,并不在于私有制本身,而在于人们赋予私有制的一个似乎是与生俱来的属性——剥削。按照传统的劳动价值论和剩余价值论,价值是唯一地由活劳动创造的,非劳动收入无一不是非劳动要素的所有者凭借着非劳动要素的所有权对劳动者所创造的剩余价值的无偿占有,这样,生产资料的私有制与剥削就成了孪生兄弟。而千百年来,人们痛恨剥削,渴望占有自己的劳动成果,而要消灭剥削,就必须消灭私有制这一产生剥削的根源。这就不难理解,在现实中,为什么我们在大力发展非公有制经济的同时,总是要强调对其进行引导、监督和管理;为什么在充分肯定非公有制经济的"三个有利于"的同时,总是不忘记提醒人们私有制体现着剥削关系;为什么允许私营企业家加入共产党会引起强烈的社会反响。追根溯源,正是传统的剥削理论,构成了非公有制经济进一步发展的理论障碍。

由此得出结论:一定的价值理论决定分配理论并依此判断一定的所有制结构和分配制度是否具有合理性;根据生产力决定生产关系的历史唯物主义原理,在商品经济中,生产要素的所有制关系是由生产要素的价值创造力决定的,正是各种生产要素都参与了价值决定,并按照各自对价值创造所做的贡献参与分配,由此才形成非劳动要素的私有产权关系和保护私有财产的法律制度。所以说,基于广义价值论的按生产要素贡献分配理论为保护私有财产和发展非公经济提供了理论基础和政策依据。

显然,只要我们全面地把握按生产要素贡献分配的思想,把价值的创造和价值的分配统一起来,把非劳动收入和剥削区分开来,把剥削与私有制区分开来,保护合法的非劳动收入与保护私有财产就会顺理成章,消灭剥削和发展非公有制经济就会并行不悖,我们就能够打破传统观念和思维模式对人们的束缚,使保护私有财产逐步成为全社会的共识,从而为非公有制经济的进一步发展扫清思想上、理论上的障碍。

10. 不完全竞争条件下的收入决定

前面有关广义价值决定的分析是在完全竞争框架下进行的。本章分析垄断竞争市场条件下分工和报酬的决定。① 通过构建包含家庭和企业两部门的一般均衡模型,本章分析了劳动者分别从事个体劳动(或家务劳动)、雇佣劳动和经营企业各自获得的实物报酬,由此依据相对实物报酬的高低决定专业化分工的方向,并最终确定均衡的交换比例。这种分工结果在垄断竞争条件下实现了社会成员的总体福利最大化。比较静态分析结果表明,垄断势力的增加,导致部分雇佣工人转变为个体劳动者(或家务劳动者)或企业家,这掩盖了部分劳动者的比较优势,降低了人力资源配置效率。

10.1 引言

分工是社会生产力和国民财富增长的重要源泉,它构成了经济学研究的基本前提和出发点。从生产角度看,分工和专业化提高了劳动生产率,并加速了知识积累,推动了产品生产的规模化和多样化。从消费和贸易角度看,分工扩大了人际交往互动和贸易规模,提高了对产品和服务多样化的需求。以上两方面都能够带来经济发展水平的提升。

---

① 本章与我的博士生高宏、李亚鹏合作完成。原文以《异质劳动、分工和报酬决定:一个垄断竞争模型》为题发表在《中国经济问题》2014年第1期。

在古典经济学特别是马克思经济学中,分工一直占有非常重要的地位。而在新古典经济理论中,分工和专业化却一直被看作是既定前提或外生假设而被长期漠视和遗弃。正如涂尔干(2000)所指出的,"劳动分工对经济学家来说已经成为一个普遍事实,经济学家首先谈到了它,却没有能力向它提出质疑",新古典经济学对分工的忽视并不能抹杀分工在经济学中的重要地位。上述情况的出现,主要原因之一在于经济主体或生产要素的异质性被忽略——其中经济主体如劳动者往往被视为同质的个体而存在,他们可以自由选择在任一部门就业或者自由选择分工方向,而当劳动市场通过价格机制实现均衡时,社会分工的结果也就实现了。这实际上是假定分工体系完全独立于经济主体,是外生给定的。在这种假定下,新古典理论自然只关心资源配置,而忽略了对分工的研究。

与新古典经济理论不同,在蔡继明教授的团队所创立的广义价值论体系中,分工和交换一直是价值决定的内生因素。并且,广义价值论自创立以来便强调生产要素异质性的重要性。由于广义价值论坚持"消费者—生产者"合一的分析框架,因此,劳动的异质性体现为劳动者之间的绝对(相对)生产力的差异或者比较优势的差异。从根本上说,广义价值论就是以劳动异质性为前提,试图揭示分工交换的产生以及价值决定和分配的一般规律(参见蔡继明等,2010,2011,2012)。然而,目前的广义价值论对分工体系和报酬决定的论述,都是以完全竞争市场为假定前提的,本章则要进一步探讨在更普遍、更常见的垄断竞争市场条件下分工和报酬是如何决定的。

本章首先在由家庭和企业两个部门组成的一般均衡框架下,分析了异质劳动者分别在从事个体或家务劳动、雇佣劳动和经营企业时所获得的绝对实物报酬以及彼此之间的相对实物报酬;然后根据劳动者在从事不同生产经营活动所获得的相对实物报酬的高低,确定他们在企业内部和部门之间的分工方向,并进一步确定在市场均衡条件下社会分工和企业内部分工的临界值以及商品交换的比例;在此基础上,论证了垄断竞争市场条件下如何实现社会成员总体福利最大化;最后,通过比较静态分析,考察了垄断势力的变化对分工和报酬结构的影响。

10.2　劳动异质性是分工交换产生的重要前提

自从亚当·斯密首次提出比较系统的分工理论以来,分工理论在古典经济学尤其是马克思主义经济学中一直占据重要的地位。马克思认为:"只有在出现劳动的社会分工或者说社会劳动的分工的情况下,产品才能成为商品,商品交换才能成为生产的条件。"(马克思、恩格斯,1979b,第302—303页)然而,新古典学派并没有将古典经济学在分工理论方面的成果发扬光大。在马歇尔之后,囿于新古典分析框架,分工理论长期被看作是既定的前提,一直没有进入主流经济学的研究视野。按照邹薇和庄子银(1996)的解释,新古典经济学认为分工与收益递增不相容,对于解释经济增长无益;分工不是经济学的研究范畴;分工不是单一的经济变量,既不能严格计量,也不便界定其数理性质,因此无法纳入新古典均衡模式。为了确保新古典经济学的纯洁性,分工的制度内涵被全部抽象掉了。

鉴于忽略了分工就不能完整地理解经济活动,Young(1928)重新梳理并拓展了斯密的分工理论,他把分工作为一个累积的自我扩张的过程,分析了收益递增和经济进步的根源及其自洽机制。此后,杨小凯(2003a,2003b)以消费者和生产者合一为分析基础,围绕斯密第一定理,成功地以超边际分析方法将分工与专业化引入到新古典经济学中,形成了新兴古典经济学,同时围绕斯密第二定理,以专业化经济与交易费用之间的权衡取舍为核心,对分工的演进过程进行了系统性阐述。

这些研究都促进了分工理论的发展。

然而,由于主流经济学没有引入劳动的异质性,即使是对分工理论做出重大贡献的杨小凯亦难免落入窠臼。由于杨小凯的分工理论仍然拘囿于新古典劳动同质性的假定,因此其研究重点仍然放在了如何通过组织形式(分工水平与分工结构)和价格机制来实现资源最优配置,而对异质性劳动者之间在分工交换中的交互作用没有引起足够的重视。

劳动的异质性是一个普遍存在的事实。马克思指出:"人的本质并不是单个人所固有的抽象物,实际上,它是一切社会关系的总和。"(马克思、恩格斯,1960,第5页)受不同自然条件、不同经济环境的影响,即使生理和智力天生一样的两个人,也会在从事具体生产活动时成为具有差异性的劳动者。劳动的异质性,从根本上说是植根于具体劳动之中的,它既包括不同劳动者在不同生产部门中生产力的差异,也包括不同劳动者在同一生产部门中生产力的差异。Sattinger(1975,1978)的经验检验表明,正是由于劳动异质性的存在,工薪收入分布与劳动者的生产能力分布之间的偏差才能够得以解释。劳动异质性在现实中不仅表现在不同劳动者在同一工作岗位上生产力的差异,而且表现在同一劳动者在不同工作岗位上生产力的差异。生产力差异的存在形成了劳动者之间比较利益的来源。也正是由于异质劳动带来的比较利益和比较优势的存在,才促使劳动者之间形成社会分工和企业内部分工,并在此基础上进行生产要素和商品交换,使社会财富不断增加。

广义价值论的一个突出特点就在于充分考虑到了劳动异质性,并在此基础上阐述了不同分工体系下广义价值的决定原理。在广义价值论中,不同劳动者在同一种产品生产上所表现出的生产力差别被定义为绝对生产力差别;同一劳动者在不同产品生产上所表现出的生产力差别被定义为相对生产力差别;不同劳动者在不同产品生产上所表现出的生产力差别被定义为比较生产力差别。以两部门模型为例,如果两部门的劳动是同质的,那意味着 $t_{1j}=t_{2j}$,$(j=1,2)$,则相对生产力系数 $RP_{1/2}=\dfrac{t_{12}t_{21}}{t_{11}t_{22}}=1$,不存在比较利益。只有引入劳动的异质性,比较利益才可能存在,分工和交换才可能产生。而在完全竞争的市场条件下,交换价值的确定或异质劳动的折算过程即价值的决定过程。同时,相对于可变分工和不变分工体系而言,混合分工体系下的价值关系是经济主体对竞争优势和创新的正向反馈,这意味着分工和交换关系中的经济主体不仅应该关注分工所带来的相互依赖性和互惠性,也应该关注自身的自给自足能力,减小自身的比较劣势(参见蔡继明等,2011、2012)。

10.3　从完全竞争到垄断竞争

广义价值论对分工交换的产生以及价值决定和分配的研究,一直以来是以完全竞争市场为前提的,这与主流经济学长期以来坚持的分析范式是一致的。但现实中的市场一般既存在竞争,也存在垄断,垄断与竞争力量的混合来源于产品的差别。介于完全竞争和完全垄断这两种极端的市场形态之间的垄断竞争市场,是现实经济中最广泛、最常见的市场类型。自 20 世纪 60—70 年代开始,人们意识到,规模报酬递增的生产技术和垄断竞争的市场结构才是经济生活的常态,完全竞争反倒是一种特例(参见梁琦、许德友,2010)。正如张伯伦所指出的那样,现实中对大多数人而言,"竞争"一词实际上指的是垄断竞争,完全竞争理论几乎不能适应于与其假设差异巨大的现实(Chamberlin,1962)。因此,对垄断竞争市场条件下分工和报酬分配的关注,不仅具有理论意义,更具有现实意义。

10. 不完全竞争条件下的收入决定

Matsuyama(1995)认为,与寡头垄断市场相比,垄断竞争能够将规模报酬递增等内生性规模经济纳入一般经济模型中进行分析;同时,市场上众多企业的存在,使得任何一家企业在进行决策时不必考虑其他对手的反应,这就排除了企业利润最大化决策对策略行为的考虑;①企业的自由进入和退出也使得垄断竞争能够将商品多样性的生产和消费内生化,因此,产品种类的增加对人们福利(效用)的改善可以得到更好的研究。这也促使垄断竞争市场成为现代主流经济增长理论的主要分析框架。

作为自张伯伦之后垄断竞争革命的最重要成果,Dixit 和 Stiglitz(1977)建立了基于规模报酬递增的一般均衡模型(以下简称 D-S 模型),揭示了规模经济与产品差异化消费之间的关系,这是目前研究垄断竞争市场的标准框架。消费者对差异化产品的消费可以用不变替代弹性(CES)效用函数表示:

$$u = U\left(x_0, \left\{\sum_i x_i^\rho\right\}^{1/\rho}\right), 0 < \rho < 1$$

则任意两种产品之间的替代弹性 $\sigma = 1/(1-\rho)$,任意两种产品之间的替代弹性的取值范围为 $(1, \infty)$。当 $\sigma \to \infty$ 时,产品之间完全替代,D-S 模型可以用来描述完全竞争市场;当 $\sigma \to 1$ 时,产品之间相互独立,D-S 模型可以用来描述完全垄断市场。当 $\sigma \in (1, \infty)$ 时,产品不完全替代,σ 可以度量产品的差异化程度以及市场的垄断程度。本章拟在 D-S 模型的框架下,讨论垄断竞争条件下的分工交换关系,分析垄断势力的变动对分工方向和报酬决定的影响。对于这些问题的研究,将进一步完善广义价值论体系,并能够为现实中就业政策的实施和

---

① 比如,选择产量竞争还是价格竞争对寡头垄断市场的竞争均衡结果是至关重要的,但在垄断竞争市场下,企业确定价格和确定产量的结果是相同的。但 Anderson et al.(1992)、Tirole(1998)指出,垄断竞争模型仍然可以融入企业之间的相互影响,并刻画差异化寡头垄断模型中所观察到的一些效应。

劳动市场一体化建设提供理论依据。

值得一提的是,本章不仅考察了社会分工,也同时考察了企业内部的分工。马克思曾批评斯密混淆了社会分工和企业内部分工,认为社会分工和企业内分工存在着质的差别,企业内分工是资本主义生产方式的基本特征(参见马克思、恩格斯,1979b,第306页)。实际上,从劳动异质性出发,如果分工和交换关系是在公平自由竞争的基础上形成的,社会分工和企业内分工并无实质性区别,也不是互相孤立的。正如Putterman(1990)所指出的:"人们彼此之间存在着差异,通过将不同的人们分配在其最适合的工作上(可能是竞争市场运作以及人们自我选择的结果,可能是企业内部层级体系的管理决策的结果,也可能是国家计划命令的结果),分工使得人们的生产力有可能同时得到提升。"因此,无论是发生在部门之间(社会分工),还是发生在企业内部,分工都表现为经济行为主体追求源自比较优势的利益——比较利益的过程。在这样的前提下,部门间和部门内部的分工及报酬的决定得到了统一。

10.4 垄断竞争条件下分工和报酬决定的理论模型

考虑一个由家庭和企业两部门组成的经济系统,家庭既是商品的消费者,同时生产和消费家务劳动产品、向企业提供企业家和工人。企业生产有差异的商品,出售给家庭。因此,在这样的经济系统中,消费者和生产者是统一的。家庭通过消费家务劳动产品和商品获得效用,假定效用函数为 $U(H,C)$,其中 $U'_H > 0$, $U'_C > 0$,模型是充分对称的。

10. 不完全竞争条件下的收入决定

所有劳动者构成测度为 1 的连续统，第 i 个劳动者所具有的抽象劳动为 $z_i \in [\underline{z}, \bar{z}]$, $i \in [0,1]$。$\mu(z)$ 描述了所有劳动者的抽象劳动的概率密度。分工首先是社会分工，劳动者决定是在家庭工作还是进入企业工作。

如果分工结果决定劳动者留在家庭生产家务劳动产品 H，其生产函数为 $H(z) = A_1 z^{\alpha_1}$。其中，$A_1 > 0$ 衡量家庭部门的技术水平，$0 \leqslant \alpha_1 < 1$ 衡量家务劳动产出弹性。由于家庭生产部门所投入的全部生产要素为劳动，因此劳动者的实物报酬等于其绝对生产力，用家务劳动产品衡量，即为 $A_1 z^{\alpha_1} \cdot H$。

如果社会分工决定劳动者进入企业就业，则进入企业后的劳动者又面临着企业内部的分工：或者成为工人，直接从事生产劳动，其抽象劳动水平 z 折算成单位有效劳动投入生产中，并获得以消费品衡量的劳动报酬 $wz \cdot C$，其中 w 为单位有效劳动的实物报酬；或者成为企业家，通过雇佣工人进行生产，并获得实物报酬为 $\pi(z) \cdot C$，即企业生产的消费品扣除工人报酬后的剩余。市场上存在大量的异质消费品生产企业，生产企业以 $j \in [0,1]$ 的连续统表示，其生产函数为 $y(z, n(z), j) = A_2 [z(j)]^{\alpha_2} [n(z,j)]^{\beta}$，$n(z)$ 为抽象劳动水平为 z 的企业家雇佣的有效劳动力，它衡量企业家的管理幅度。$A_2 > 0$ 衡量企业的技术水平。$0 < \beta < 1$, $\alpha_2 + \beta > 1$。

根据 D-S 模型，劳动者消费的商品由各企业产出加总而成，采取如下 CES 函数形式：

$$y = \left[\int_0^1 y(j)^{(\theta-1)/\theta} dj \right]^{\theta/(\theta-1)} \tag{10.1}$$

其中，$\theta > 1$，衡量企业生产出的各异质产品之间的差异化程度。θ 越大，表明产品之间的替代弹性也越大，产品的差异化程度越低，企业的垄断势力也就越小。$\theta \to \infty$ 时，市场转化为完全竞争市场。

用 P_j 表示第 j 个企业生产的产品的价格,P 表示劳动者面临的消费品的价格指数,则:

$$Py = \int_0^1 P_j y_j \mathrm{d}j \tag{10.2}$$

对第 j 个企业生产的产品求偏导,得到:

$$P\frac{\partial y}{\partial y_j} = P_j \tag{10.3}$$

由式(10.1)可得 $\frac{\partial y}{\partial y_j} = y^{1/\theta} y_j^{-1/\theta}$,因此:

$$y_j = \left(\frac{P_j}{P}\right)^{-\theta} y \tag{10.4}$$

则消费价格指数:

$$P = P_j y^{-1/\theta} y_j^{1/\theta} = \left[\int_0^1 P_j^{1-\theta} \mathrm{d}j\right]^{1/(1-\theta)} \tag{10.5}$$

由于垄断势力的存在,企业家能够在一定程度上控制价格,并通过选择雇佣劳动数量和价格水平获得最大利润。此时,在垄断竞争市场上,企业家与工人之间的功能性分配将不再完全依据各种生产要素在价值创造中所做的贡献。企业家最大化自身报酬的决策为:

$$\max_{\{y_j, P_j, n_j\}} \left\{ \pi(z,j) = \frac{\prod(z,j)}{P} = \frac{P_j}{P} y_j - wn(z,j) \right\} \tag{10.6}$$

$$s.t.\ y(z,n(z),j) = A_2 [z(j)]^{\alpha_2} [n(z,j)]^{\beta}$$

$$y_j = \left(\frac{P_j}{P}\right)^{-\theta} y \tag{10.7}$$

由一阶条件可以得到如下公式:

$$wn_j = \left(1 - \frac{1}{\theta}\right) \beta \frac{P_j}{P} y_j \tag{10.8}$$

$$\pi(z,j) = \frac{P_j}{P}y_j - wn_j \qquad (10.9)$$

式(10.8)和(10.9)清楚地表达了以消费品 C_j 为计量单位的实物报酬分配。

由于模型是充分对称的,所以报酬分配与 j 无关。因此,由式(10.8)和(10.9)可得:

$$wn = \left(1 - \frac{1}{\theta}\right)\beta y \qquad (10.10)$$

$$\pi(z) = y - wn \qquad (10.11)$$

$$n(z) = \left[\frac{(1-1/\theta)\beta A_2}{w}\right]^{\frac{1}{1-\beta}} z^{\frac{\alpha_2}{1-\beta}} \qquad (10.12)$$

其中式(10.12)是企业对劳动力的需求,亦即抽象劳动水平为 z 的企业家的最优管理幅度。

以上分析揭示了社会分工和企业内部分工后的生产过程以及报酬分配——拥有不同抽象劳动水平的劳动者可以确定自己在家庭和企业从事具体劳动时所获得的实物报酬。那么,分工又是如何决定的呢?在垄断竞争市场上,由于价值并非完全按照各要素的贡献进行分配,所以,在完全竞争条件下的绝对生产力、相对生产力转化为绝对实物报酬、相对实物报酬,劳动者根据其在家庭与企业之间、工人与企业家之间所获得的相对实物报酬的高低决定专业化分工方向。

我们先分析企业内部的分工。假定企业内存在 a 和 b 两个劳动者,其抽象劳动水平 $z_a > z_b$,则他们分别作为企业家和工人所获得的实物报酬(以消费品 C 为计量单位)为 $\pi(z_a)$、wz_a 和 $\pi(z_b)$、wz_b,a 和 b 的相对实物报酬分别为 $RI_a^{mw} = \pi(z_a)/wz_a$,$RI_b^{mw} = \pi(z_b)/wz_b$。就企业家对工人而言,$a$ 与 b 的相对实物报酬判别式为:

$$RI_{a,b}^{mw} = \frac{RI_a^{mw}}{RI_b^{mw}} = \frac{\pi(z_a)}{\pi(z_b)} \frac{wz_b}{wz_a}$$

$$= \frac{\left[1 / \left[\left(1 - \frac{1}{\theta}\right)\beta\right] - 1\right] wn(z_a)}{\left[1 / \left[\left(1 - \frac{1}{\theta}\right)\beta\right] - 1\right] wn(z_b)} \frac{z_b}{z_a} = \left(\frac{z_a}{z_b}\right)^{\frac{\alpha_2}{1-\beta} - 1} \quad (10.13)$$

由 $z_a > z_b$，可得 $RI_{a,b}^{mw} > 1$。因此，在企业内部，由相对实物报酬判别式决定，抽象劳动水平较高的劳动者成为企业家，而抽象劳动水平较低的成为工人。由式（10.13）可以看出，企业内部的比较优势包括两个方面：(1) 个体之间的比较优势，由 z_a/z_b，即劳动者之间抽象劳动相对水平决定；(2) 整体的比较优势，即企业家阶层与工人阶层之间的比较优势，由 $\frac{\alpha_2}{1-\beta}$ 决定。由于 α_2 和 β 分别代表企业家和工人的劳动产出弹性，因此，他们的劳动产出弹性越大，企业家对工人阶层的比较优势就越强。

在这种由众多劳动者组成的企业内，每个劳动者并不需要与其他所有劳动者的相对实物报酬进行比较，确定分工方向，而是与工人和企业家之间的临界值进行比较，这个临界值确定的过程，即部门内部分工和交换比例决定的过程，是部门内部通过竞争达到均衡的结果。记处于临界点的劳动者的抽象劳动水平为 z_m，由于企业内部劳动者的相对实物报酬 $RI^{mw} = \pi(z)/wz$ 连续可微，且关于 z 单调递增，因此位于临界点的劳动者，有 $RI_{z_w}^{mw} = \pi(z_m)/wz_m = 1$，他成为企业家或者工人都将获得同等的实物报酬。

对于由企业内部分工成为工人的劳动者，有 $RI^{mw} < 1, z \leq z_m$；成为企业家的劳动者，有 $RI^{mw} > 1, z \geq z_m$。

在此基础上，我们继续讨论家庭与企业之间的社会分工。

假定经济中存在 d 和 e 两个劳动者，其抽象劳动水平 $z_d > z_e$，则他们在企业和在家庭工作,获得的实物报酬分别为 $[Q_d wz_d + (1-Q_d)\pi(z_d)] \cdot C \cdot A_1 z_d^{\alpha_1} \cdot H$ 和 $[Q_e wz_e + (1-Q_e)\pi(z_e)] \cdot C \cdot A_1 z_e^{\alpha_1} \cdot H$,其中,如果 d(或 e)进入企业后成为工人,则 Q_d(或 Q_e)为 1;如果 d(或 e)成为企业家,则 Q_d(或 Q_e)为 0。这样,d 和 e 的相对实物报酬分别为 $RI_d^{ch} = \dfrac{[Q_d wz_d + (1-Q_d)\pi(z_d)]}{A_1 z_d^{\alpha_1}} \cdot \dfrac{C}{H}$ 和 $RI_e^{ch} = \dfrac{[Q_e wz_e + (1-Q_e)\pi(z_e)]}{A_1 z_e^{\alpha_1}} \cdot \dfrac{C}{H}$。

就企业对家庭而言,d 与 e 的相对实物报酬判别式有三种可能的结果①:

(1)d 和 e 进入企业后,均成为工人,则:

$$RI_{d,e}^{ch} = \frac{wz_d}{wz_e}\frac{A_1 z_e^{\alpha_1}}{A_1 z_d^{\alpha_1}} = \left(\frac{z_d}{z_e}\right)^{1-\alpha_1} \quad (10.14)$$

(2)d 和 e 进入企业后,均成为企业家,则:

$$RI_{d,e}^{ch} = \frac{\pi(z_d)}{\pi(z_e)}\frac{A_1 z_e^{\alpha_1}}{A_1 z_d^{\alpha_1}} = \left(\frac{z_d}{z_e}\right)^{\frac{\alpha_2}{1-\beta}-\alpha_1} \quad (10.15)$$

(3)d 和 e 进入企业后,d 成为企业家,e 成为工人,则:

$$RI_{d,e}^{ch} = \frac{\pi(z_d)}{wz_e}\frac{A_1 z_e^{\alpha_1}}{A_1 z_d^{\alpha_1}} = \frac{\pi(z_d)}{wz_d}\frac{wz_d}{wz_e}\frac{A_1 z_e^{\alpha_1}}{A_1 z_d^{\alpha_1}} = \frac{\pi(z_d)}{wz_d}\left(\frac{z_d}{z_e}\right)^{1-\alpha_1} \quad (10.16)$$

从以上分析可以看出,相对实物报酬的高低决定抽象劳动水平相对较高的劳动者进入企业,而抽象劳动水平较低的劳动者留在家中从事家务劳动。由式(10.14)—式(10.16)可以看出,企业与家庭的比较优势包括两个方面:(1)个体之间的比较优势,由 z_d/z_e,即劳动者之间抽象劳动相对水平决定;(2)整体的比较优势,即企业与家庭之间的比较优势,由 α_1 决定。由于 α_1 代表家务劳动产品的劳动产出弹性,因此,从事家务劳动的生产者产出弹性越大,企业对家庭的比较优势就

---

① 因为 $z_d > z_e$,由企业内部分工结果可知,如果 e 成为企业家,d 一定也会成为企业家。

越弱。

在这种由众多劳动者组成的经济系统中,每个劳动者并不需要与其他所有劳动者的相对实物报酬进行比较以最终确定分工方向,而是与家庭和企业之间的临界值进行比较,这个临界值确定的过程,即部门之间分工和交换比例决定的过程,是部门之间通过竞争达到均衡的结果。同时,由于企业内部的分工决定相对抽象劳动水平较低的劳动者成为工人,因此,位于临界点的劳动者,有 $RI_{z_w}^{CH} = U_c w z_w / U_H A_1 z_w^{\alpha_1} = 1$,他在家庭生产家务劳动产品带来的边际效用,与进入企业成为工人直接从事消费品生产带来的边际效用相一致。对于部门间分工留在家庭中生产的劳动者来说,有 $z \leqslant z_w$;进入企业的劳动者,有 $z \geqslant z_w$。经济系统内所有劳动者的分工及报酬分配就此确定。

综上所述,抽象劳动水平为 $z \in [\underline{z}, z_w]$ 的劳动者将留在家中从事家务劳动,他们所获得的实物报酬为 $A_1 z^{\alpha_1}$ 单位的家务劳动产品;抽象劳动水平为 $z \in [z_w, z_m]$ 的劳动者,将进入企业成为工人;抽象劳动水平为 $z \in [z_m, \bar{z}]$ 的劳动者,将进入企业成为企业家。他们各自获得的实物报酬分别为 wz 和 $\pi(z)$ 单位的消费品。家务劳动产品和消费品之间的交换比例为 $U_c w z_w \cdot C \Leftrightarrow U_H A_1 z_w^{\alpha_1} \cdot H$。

全社会消费的家务劳动产品由在家庭工作的劳动者提供,其总消费(生产)量为:

$$H = \int_{\underline{z}}^{z_w} A_1 z^{\alpha_1} \mu(z) \, dz \qquad (10.17)$$

根据商品市场出清的假定,企业产出的消费品等于全社会消耗的消费品,即 $y = C$。全社会消耗的消费品由工人和企业家共同提供,其总消费(生产)量为:

$$C = \int_{z_m}^{\bar{z}} A_2 z^{\alpha_2} [n(z)]^{\beta} \mu(z) \, dz \qquad (10.18)$$

同时,根据劳动市场出清的假定,工人所提供的劳动等于企业家所雇佣的劳动:

$$\int_{z_w}^{z_m} z\mu(z)\,\mathrm{d}z = \int_{z_m}^{\bar{\bar{z}}} n(z)\mu(z)\,\mathrm{d}z \qquad (10.19)$$

不难证明,这种分工和交换的结果与垄断竞争市场条件下社会成员总体福利最大化的分工交换结果是一致的。从社会成员总体福利最大化的角度出发,可以得到:

$$\underset{\{z_w, z_m\}}{\mathrm{Max}}\ U(C, H) \qquad (10.20)$$

$$s.t.\ C = \int_{\underline{z}}^{\bar{\bar{z}}} c(z)\mu(z)\,\mathrm{d}z = \int_{z_w}^{z_m} wz\mu(z)\,\mathrm{d}z + \int_{z_m}^{\bar{\bar{z}}} \pi(z)\mu(z)\,\mathrm{d}z$$

$$H = \int_{\underline{z}}^{z_w} A_1 z^{\alpha_1} \mu(z)\,\mathrm{d}z \qquad (10.21)$$

对 z_w 和 z_m 分别求一阶条件,可得:

$$U_H A_1 z_w^{\alpha_1} = U_C w z_w \qquad (10.22)$$

$$w z_m = \pi(z_m) \qquad (10.23)$$

可以看出,依据相对实物报酬的高低决定分工结构和报酬分配,与广义价值论的分析殊途同归。

10.5 比较静态分析

接下来,我们研究企业家垄断势力的变动对分工和报酬分配结构的影响。为简化起见,我们假定效用函数为 $U(C, H) = C + H$,劳动者的抽象劳动水平服从均匀分布,即 $\mu(z) = \begin{cases} \dfrac{1}{\bar{\bar{z}} - \underline{z}}, & \underline{z} \leq z \leq \bar{\bar{z}} \\ 0, & \text{其他} \end{cases}$,同时假定家庭生产函数中 $\alpha_1 = 0$,由此可得:

$$z_w = \frac{A_1}{w} \quad (10.24)$$

$$wz_m = \pi(z_m) \quad (10.25)$$

由 $wn(z_m) = \left(1 - \frac{1}{\theta}\right)\beta y(z_m)$ 可得:

$$z_m = \left[\frac{1}{(1-1/\theta)\beta} - 1\right] n(z_m)$$

$$= \left\{\left[\frac{1}{(1-1/\theta)\beta} - 1\right]\left[\frac{(1-1/\theta)\beta A_2}{w}\right]^{\frac{1}{1-\beta}}\right\}^{\frac{1-\beta}{1-\beta-\alpha_2}} \quad (10.26)$$

根据劳动市场均衡假定,得

$$\int_{z_w}^{z_m} z\mu(z)\,\mathrm{d}z = \int_{z_m}^{\bar{z}} \left[\frac{(1-1/\theta)\beta A_2}{w}\right]^{\frac{1}{1-\beta}} z^{\frac{\alpha_2}{1-\beta}}\mu(z)\,\mathrm{d}z \quad (10.27)$$

因此,可以得到工人单位有效劳动的实物报酬:

$$w = \left\{\frac{2(1-\beta)}{1-\beta+\alpha_2} \frac{\bar{z}^{\frac{1-\beta+\alpha_2}{1-\beta}} - z_m^{\frac{1-\beta+\alpha_2}{1-\beta}}}{z_m^2 - z_w^2}\right\}^{1-\beta} \left(1 - \frac{1}{\theta}\right)\beta A_2 \quad (10.28)$$

企业家与工人的相对实物报酬为:

$$\frac{\pi(z)}{wz} = \left[\frac{1}{(1-1/\theta)\beta} - 1\right]\left[\frac{(1-1/\theta)\beta A_2}{w}\right]^{\frac{1}{1-\beta}} z^{\frac{\alpha_2-1+\beta}{1-\beta}} \quad (10.29)$$

图 10.1 显示了经济系统内劳动者的分工和报酬结构。

下面我们将分析市场垄断势力的变化对分工体系和报酬分配结构的影响。由 D-S 模型可知,θ 代表市场中企业垄断势力的大小,θ 越大,表明产品的差异化程度越小,企业的垄断势力也就越小。而当 $\theta \to \infty$ 时,市场转化为完全竞争市场。相对于完全竞争市场,当市场垄断势力增加时,θ 减小,由 $w = \left\{\frac{2(1-\beta)}{1-\beta+\alpha_2} \frac{\bar{z}^{\frac{1-\beta+\alpha_2}{1-\beta}} - z_m^{\frac{1-\beta+\alpha_2}{1-\beta}}}{z_m^2 - z_w^2}\right\}^{1-\beta} \left(1 - \frac{1}{\theta}\right)\beta A_2$ 可知,工人获得的单位劳动实物报酬减少;这样,由于企业支付给工人的

报酬有所降低,企业家的报酬相对上升,其实物报酬曲线向左移动。此时,分工和报酬分配的均衡状态如图 10.1 中的虚线所示,家庭与企业之间的分工临界值由 z_w 变动到 z_w',企业内部的分工临界值由 z_m 变动到 z_m'。可见,随着垄断程度的上升,将有更多的劳动者由企业回到家庭工作,并且有更多的劳动者由工人转变为企业家。

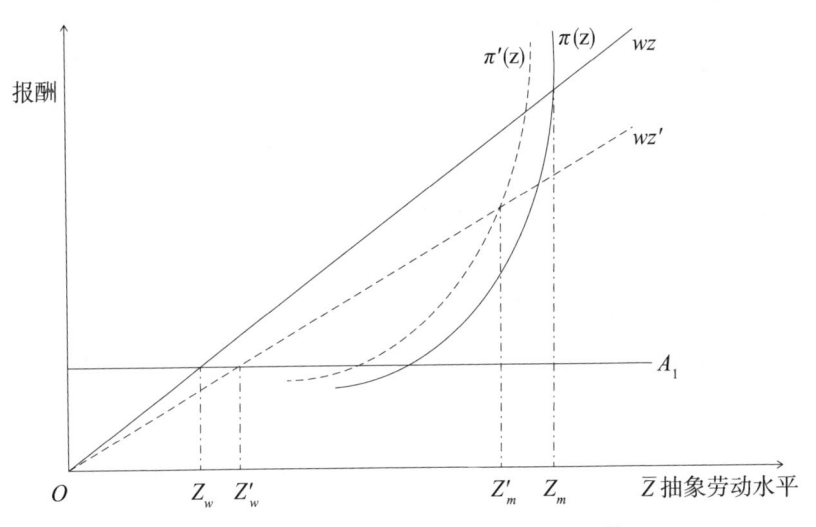

图 10.1 垄断竞争下的分工和报酬分配结构

就业、失业和退出劳动市场是现实中劳动者所处的三种状态。其中,失业者由于无法得到合适的就业机会而不得不待业在家,退出市场的劳动者对重新就业失去信心,放弃了寻找工作的打算,他们共同成为在家庭部门生产家务劳动产品的重要组成部分。由上述分析可以看出,相对于完全竞争的市场条件($\theta \to \infty$),垄断竞争条件下由于垄断势力的增加,部分原本可以进入企业的工人,不得不留在家中从事家务劳动。这些工人一部分成为失业者,另一部分则退出劳动市场,成为所谓"沮丧的工人"。垄断势力的存在,强化了"沮丧工人效应",造成了劳动参与率的下降。由于这些劳动者在完全竞争条件下原本具备成为工人的比较优势,可以在企业从事效率更高的劳动,因此垄断因素降低了整个社会劳动生产力水平,加速了人口红利消失的进程,从而减弱了经济增长的可持续性。同时,相对于失业状态的劳动者,退出市场的劳动者丧失了再就业的信心,较少能够抓住重新就业的机会,这对经济增长产生了更加不利的后果。因此,有必要通过法律法规打破垄断行业藩篱、消除行业进入壁垒、提高市场的运行效率,同时通过政府和社区的就业促进政策,向有再就业困难的群体提供就业扶助,增强劳动者的就业信心,提高劳动参与率。

由图 10.1 也可以看出,垄断势力存在的另一个不利后果是导致一些原本无法成为企业家的劳动者脱离直接生产,进入管理阶层。这些劳动者在完全竞争条件下不具备企业家阶层的比较优势,他们雇佣工人从事生产并获得利润,不是由于其相对较高的抽象劳动水平,而是由于垄断势力对市场竞争行为的限制或排斥。垄断对劳动配置效率有着显著的负面影响,它掩盖了部分劳动者的比较优势,扭曲了人力资本投资方向,降低了人力资本使用效率,是劳动市场不完善的重要根源。

以中国为例,在经济体制改革以前,中国的就业结构并不合理,第一产业吸纳了绝大部分劳动力。中国传统农业长期具有的自给自足的特点,决定劳动者除了有限的市场交换之外,更多地从事家庭劳动。市场的不完全竞争,既有经济发展层面的原因,也有制度层面的原因。由于赶超型工业化战略、高度集权的计划经济体制和城乡分割的二元社会制度安排,劳动力无法在部门间、行业间、区域间自由流动,农村劳动力难以通过市场进入企业从事生产活动,只能被迫参与家庭劳动,部分劳动者的比较优势很难得到充分体现。自改革开放以来,随着农村和城市改革的顺利推进,大量的农村劳动力从农村涌向城市,这一方面固然是由农业劳动生产率迅速提高、农民抽象劳动水平上升等原因所导致的,另一方面也与城乡之间、地区之间的封锁和垄断被打破,经济全球化,以及劳动市场一体化形成有重要关系。

　　随着改革开放的不断深入,制约生产要素自由流动的体制机制障碍不断减弱甚至消除,市场竞争机制开始在不同行业、不同区域之间重新配置劳动资源。然而,不可否认的是,迄今为止,一些制度性因素(如户籍制度及其相关政策)继续造成城乡之间、地区之间和所有制之间的劳动市场分割,就业的竞争机制远没有充分实现,劳动者所具有的比较优势远没有充分发挥,劳动市场从机制到功能都未完善。因此,在新一轮城市化进程中,应当改革和完善现行的城市发展机制和管理体制,消除户籍制度等对劳动力流动的阻碍,促使城市与农村、不同地区的劳动者都能够获得平等自由的就业权利,最大限度地发挥不同劳动者所具有的比较优势。

10.6　结论

　　本章基于D-S模型以及广义价值论基本原理,以劳动异质性为前提假设,研究垄断竞争条件下分工与报酬的决定,得出了以下结论:

　　首先,劳动者参与分工,是留在家中从事家务劳动,还是进入企业成为工人直接从事生产活动,或者成为企业家雇佣工人进行生产,取决于劳动者从事不同生产活动所获得的相对实物报酬的高低,亦即在不同生产活动中所具有的比较优势。无论是发生在部门之间的社会分工还是企业内部分工,都表现为劳动者追求源自比较优势的利益,即比较利益的过程。从这个角度看,社会分工和企业内分工并无实质性区别。部门之间、企业内部的比较优势均包括两个方面,即个体之间的比较优势,由劳动者的抽象劳动水平决定;整体的比较优势,由不同劳动类型的产出弹性决定。与完全竞争市场不同的是,垄断竞争市场由于企业家垄断势力的存在,价值并非按照各生产要素的贡献进行分配,此时,广义价值论在完全竞争市场条件下的绝对生产力、相对生产力转化为绝对实物报酬、相对实物报酬。劳动者选择去相对实物报酬较高的领域从事生产活动。在由众多劳动者组成的社会和企业内,每个劳动者并不需要与其他所有劳动者的相对实物报酬进行比较来确定分工方向,而是与家庭和企业之间、工人和企业家之间的临界值进行比较,这个临界值确定的过程,即社会和企业内部分工决定和交换比例形成的过程。这种分工交换的结果,使垄断竞争条件下全体社会成员的总体福利最大化。

其次,比较静态分析结果表明,企业家垄断势力的变化对分工和报酬分配有着重要影响。相对于完全竞争市场,垄断势力的增强,一方面导致部分工人脱离企业回到家庭工作,从而退出了劳动市场,另一方面导致一些原本无法成为企业家的劳动者脱离直接生产,进入管理阶层。这两种效应都掩盖了部分劳动者的比较优势,降低了劳动配置效率,是劳动市场不完善的重要根源。

本章构建的模型假定劳动为唯一的生产要素,这样,全部要素的生产力均表现为劳动生产力,所有价值均由劳动所创造。这就规避了对资本、土地等生产要素的交换,以及多种要素价值的决定和分配等问题。然而,现实中价值是由各种要素共同创造的,如何从单一要素模型扩展到多要素模型,在各生产要素分属于不同所有者的体系内,探讨垄断竞争市场条件下的分工和报酬决定问题,是本书作者后续研究的重点。

11. 垄断与竞争行业的比较生产力与收入差距

本章基于广义价值理论提出了测算行业间由比较生产力决定的收入差距的方法,并利用2012年中国城乡居民收入调查数据进行经验验证,结果表明:根据生产要素按贡献参与分配的原则,我国目前垄断行业与竞争行业之间收入差距10%以上是不合理的,这种不合理差距在农民工以及操作人员方面表现得更加突出。对于由垄断因素所导致的不合理的收入差距,应当予以缩小直至消除。①

11.1 引言

改革开放35年来,伴随我国经济的高速发展和居民整体收入水平的大幅度提高,居民的收入差距也明显扩大,而垄断行业与竞争行业间收入差距过大是当前收入分配不公的重要表现之一。垄断行业收入过高,不仅会引起公众的强烈不满,还会扭曲人力资本和其他生产要素的配置,造成巨大的效率损失。1990—2008年,以基尼系数计算的我国行业收入差距由0.067蹿升至0.181,扩大了近2倍,年增6.5%,而同期全国居民收入基尼系数年均增幅只有1.5%。若不

---

① 本章初稿与我的博士生高宏合作完成。原文以《垄断和竞争行业的比较生产力与收入差距》为题发表在《学术月刊》2014年第4期,本书再版时,根据此前各章已有的内容做了调整和简化。

考虑从业人员比重,仅以行业特征计,则我国行业收入差距的基尼系数将进一步上升至 0.257,这一水平即使在国际比较中也是很高的(陈宗胜、武鹏,2010)。

针对上述行业间收入差距问题,学者们进行了多角度的研究。其中包括对行业间实际收入差距的测度,如李实和赵人伟(1999)、蔡昉等(2005)、李实和罗楚亮(2007)、顾严和冯银虎(2008)、陈钊等(2010)。也有对行业收入差距的原因的分析,如郝大海和李路路(2006)、姜付秀和余晖(2007)、傅娟(2008)、Démurger et al.(2009)、任重和周云波(2009)、岳希明等(2010)、叶林祥等(2011)、武鹏(2011)等。但是,现实垄断行业与竞争行业间的收入差距,并非都不合理,其中有一部分是由不同行业劳动者生产力水平的差别造成的,应承认其合理性。对于这部分收入差距的研究,目前的文献并不多。一个重要原因就在于,传统的价值理论,无论是劳动价值论,还是新古典价值论,抑或是斯拉法价值论,都难以对不同部门间的生产力水平进行比较和度量。

而广义价值论却通过相对生产力这一中间环节,把绝对生产力转化为比较生产力(见本书第 5 章第 5.1 节),从而为这一问题的解决提供了新的思路。本章试图以广义价值论为基础,对目前我国行业间收入差距的现状进行深入的研究,以区分垄断行业高收入的合理与不合理部分,测算不合理收入差距所占的比重。本章的主要结论如下:

首先,本章基于广义价值理论,并结合瓦哈卡-布林德(Oaxaca-Blinder)分解,提出了测算行业间由比较生产力决定的收入差距的方法。根据中共十六大确定的按生产要素贡献分配的原则[1],这部分收

---

[1] 按生产要素贡献分配是社会主义初级阶段的分配原则,是由谷书堂、蔡继明教授在我国经济学界首次提出并系统论证的(参见谷书堂、蔡继明,1988,1989;蔡继明,2008b)。

入差距是合理的,是由客观经济规律所决定的,是"效率"和"公平"原则的体现,应当予以承认和保留。

其次,利用2012年中国城乡居民收入的调查数据,本章的经验检验结果表明,垄断因素导致的行业间收入不平等对工资收入差距的贡献率为10%以上,考虑到农民工因素时,这种不平等程度更大。分工作类型看,管理阶层的行业收入不平等现象相对少一些,而操作人员行业收入不平等现象较为严重,不合理收入占全部收入差距的15%左右,应当予以缩小直至消除。

本章余下部分结构安排如下:第二部分提出测算行业间比较生产力和相对收入的理论模型;第三部分利用2012年中国城乡居民收入的调查数据进行经验检验;第四部分是结论及政策建议。

11.2　行业相对收入理论模型

一定的价值理论构成了一定的收入分配理论的基础。如果垄断行业的生产力平均高于其他行业,那么垄断行业的高收入并不一定是不合理的,至少并不是全部的高收入都是不合理的。不同行业生产力的比较,以及行业间交换比例的确定和经济剩余在各个行业之间的分配,在传统的价值理论中难以得到解答。广义价值论自创立以来,历经20多年的发展,为我们构建一个有关我国行业间相对收入的理论模型,为分析行业间的比较生产力水平对相对收入差距的影响提供了理论基础。

11.2.1　广义价值论基本定理

本书第3章至第5章根据比较利益率均等原则,依次阐明了劳动生产力、部门综合生产力(或比较生产力)与单位商品价值量、单位平均劳动创造的价值量以及部门总劳动创造的价值总量之间的关系,其公式和定理分别如下:

$$\begin{cases} V_1^c = \dfrac{1}{2q_{11}}(1 + CP_{1/2}) \\ \\ V_2^c = \dfrac{1}{2q_{22}}(1 + CP_{2/1}) \end{cases} \quad (4.6)$$

由式(4.6)可知,单位商品价值量与部门绝对生产力负相关,与部门综合生产力系数或比较生产力正相关。

$$\begin{cases} V_1^t = q_{11}V_1^c = q_{11}\dfrac{1}{2q_{11}}(1 + CP_{1/2}) = \dfrac{1}{2}(1 + CP_{1/2}) \\ \\ V_2^t = q_{22}V_2^c = q_{22}\dfrac{1}{2q_{22}}(1 + CP_{2/1}) = \dfrac{1}{2}(1 + CP_{2/1}) \end{cases} \quad (4.8)$$

式(4.8)表明,部门内单位平均劳动创造的价值量与部门综合生产力系数或比较生产力正相关。

$$\begin{cases} V_1 = T_1q_{11}V_1^c = T_1q_{11}\dfrac{1}{2q_{11}}(1 + CP_{1/2}) = T_1\dfrac{1}{2}(1 + CP_{1/2}) \\ \\ V_2 = T_2q_{22}V_2^c = T_2q_{22}\dfrac{1}{2q_{22}}(1 + CP_{2/1}) = T_2\dfrac{1}{2}(1 + CP_{2/1}) \end{cases} \quad (4.9)$$

式(4.9)表明,部门总劳动创造的价值量与部门综合生产力系数或比较生产力正相关。

以上三个公式所揭示的劳动生产力以及部门综合生产力系数与价值决定相关性的原理构成本章行业相对收入理论模型的基础。

11.2.2 行业间相对收入差距的确定

根据上述广义价值理论定理,假定某一时期内垄断行业职工人均创造的价值为 V_1^p,竞争行业人均创造的价值为 V_2^p,那么,垄断与竞争行业间由广义价值决定的收入差距即为 $v_{1/2}=V_1^p/V_2^p$。如果 v 反映了现实中观测到的两个行业全部收入差距,那意味着两个行业间的收入差别是由行业间比较生产力的差别决定的,这种差距就是合理的,因而也就不存在什么"收入不公"和"行业歧视"。反之,则意味着行业间收入差距中存在不公平因素——或者垄断行业歧视竞争行业,或者竞争行业歧视垄断行业。总之,这种并非由比较生产力差别造成的收入差距应当予以消除。根据广义价值与比较生产力的关系,可以进一步得到:

$$v_{1/2}=\frac{V_1^p}{V_2^p}=\frac{V_1^t}{V_2^t}=\frac{\frac{1}{2}(1+\sqrt{q_{11}q_{12}/q_{22}q_{21}})}{\frac{1}{2}(1+\sqrt{q_{21}q_{22}/q_{12}q_{11}})}=\frac{1+CP_{1/2}}{1+CP_{1/2}^-}=CP_{1/2} \quad (11.1)$$

式(11.1)也就是第 3 章所阐述的两部门均衡交换比例式(3.9)。

要计算垄断和竞争行业的比较生产力,假定标准商品价值量为 I_0,用 I_{11} 和 I_{12} 分别为垄断行业职工参与垄断行业和竞争行业生产经营所能获得的人均收入,I_{21} 和 I_{22} 分别为竞争行业职工参与垄断行业和竞争行业生产经营所能获得的人均收入,则:$q_{11}=I_{11}/I_0$,$q_{12}=I_{12}/I_0$,$q_{21}=I_{21}/I_0$,$q_{22}=I_{22}/I_0$。

因此,由广义价值决定的收入差距可进一步写成:

$$v_{1/2}=\sqrt{\frac{q_{12}q_{22}}{q_{11}q_{21}}}=\sqrt{\frac{I_{22}I_{12}}{I_{11}I_{21}}} \quad (11.2)$$

明塞尔(Mincer,1974)对影响收入的因素进行了系统研究,得出了劳动力市场最常用的明瑟方程:$\ln I = X\beta + \varepsilon$。其中 $\ln I$ 为工资的对数形式，X 为相应的解释变量，包括人力资本变量，如受教育年限、工作经验年数、工作经验年数的平方等，以及既与人力资本又与收入相关的控制变量。用 X_1 和 X_2 分别表示垄断和竞争行业职工的个体特征，β_1 和 β_2 分别表示垄断和竞争行业的回归系数向量，则 $\ln I_{11} = X_1\beta_1 + \varepsilon_{11}$，$\ln I_{22} = X_2\beta_2 + \varepsilon_{22}$。又根据最小二乘法（OLS）随机干扰项均值为零的假定，利用明瑟方程，我们可以得到，垄断行业和竞争行业由广义价值决定的相对收入差距的对数为：

$$\ln v = \frac{1}{2}(\ln I_{22} + \ln I_{12} - \ln I_{11} - \ln I_{21}) = \frac{1}{2}(X_2\beta_2 + X_1\beta_2 - X_1\beta_1 - X_2\beta_1)$$

$$= \frac{1}{2}(X_2 + X_1)(\beta_2 - \beta_1) = -\frac{1}{2}(X_2 + X_1)(\beta_1 - \beta_2) \quad (11.3)$$

记现实中垄断行业和竞争行业在劳动力市场上的均衡工资分别为 $\bar{w}_1$ 和 $\bar{w}_2$，则实际观测到的工资差距 $R = \bar{w}_1 / \bar{w}_2$。然而，我们能够观察到的现实工资差距往往存在不合理成分，即 $R = \bar{w}_1 / \bar{w}_2 \neq v$。而仅由比较生产力决定的工资，或称无歧视工资，则需要我们根据既有实际样本的信息加以估计和逼近。若直接用现实中观察到的样本数据估计得到 $\hat{\beta}_2$ 和 $\hat{\beta}_1$ 并直接计算比较生产力，就会产生"循环论证"的问题。为了解决这个逻辑问题，由实际观测到的工资差距可以看出：

$$\ln R = \ln \bar{w}_1 - \ln \bar{w}_2 = \frac{1}{2}(X_2 + X_1)[(\hat{\beta}_1 - \beta_1) - (\hat{\beta}_2 - \beta_2)] \quad (11.4)$$

如果满足 $\hat{\beta}_1 - \beta_1 > 0$，$\hat{\beta}_2 - \beta_2 < 0$，则歧视体现为双向行为，即对竞争行业的直接歧视（由 $\hat{\beta}_2 - \beta_2$ 衡量），以及对垄断行业的偏爱，亦即对竞争行业的反向歧视（由 $\hat{\beta}_1 - \beta_1$ 衡量）。进一步地，可以得到：

$$\ln R = \ln \bar{w}_1 - \ln \bar{w}_2 = -\frac{1}{2}(X_2 + X_1)[(\beta_1 - \beta_2) - (\hat{\beta}_1 - \hat{\beta}_2)] \quad (11.5)$$

则：

$$\ln v = \ln R - \frac{1}{2}(X_2 + X_1)(\hat{\beta}_1 - \hat{\beta}_2) \quad (11.6)$$

为分解得到歧视和无歧视工资,瓦哈卡(Oaxaca,1973)和布林德(Blinder,1973)提出工资差异的分解方法,学术界通常称为瓦哈卡-布林德分解。该分解的主要做法为:假定有 1 和 2 两类收入组群,分别用组群 1 或 2 实际观察到的工资充作无歧视时劳动力市场工资,则可以得到两种分解方法:

(1)将组群 1 的实际工资结构作为无歧视的劳动力市场工资结构,则:

$$\ln R = \ln \bar{w}_1 - \ln \bar{w}_2 = (X_1 - X_2)\dot{\beta}_1 + X_2(\dot{\beta}_1 - \dot{\beta}_2) \quad (11.7)$$

(2)将组群 2 的实际工资结构作为无歧视的劳动力市场工资结构,则:

$$\ln R = \ln \bar{w}_1 - \ln \bar{w}_2 = (X_1 - X_2)\dot{\beta}_2 + X_1(\dot{\beta}_1 - \dot{\beta}_2) \quad (11.8)$$

这两种分解方法分别称为标准分解和逆向分解。但是无论哪种分解方法,在式(11.7)和式(11.8)中,等式右边的第一项均表示由组群之间的个体特征差别引起的工资差异;第二项则是存在歧视的工资差异。因此,可以得到:

$$\frac{\ln v}{\ln R} = 1 - \frac{1}{2}\left[\frac{X_1(\dot{\beta}_1 - \dot{\beta}_2)}{\ln \bar{w}_1 - \ln \bar{w}_2} + \frac{X_2(\dot{\beta}_1 - \dot{\beta}_2)}{\ln \bar{w}_1 - \ln \bar{w}_2}\right] \quad (11.9)$$

定义 $D = \frac{1}{2}\left[\frac{X_1(\dot{\beta}_1 - \dot{\beta}_2)}{\ln \bar{w}_1 - \ln \bar{w}_2} + \frac{X_2(\dot{\beta}_1 - \dot{\beta}_2)}{\ln \bar{w}_1 - \ln \bar{w}_2}\right]$,则由广义价值决定的相对收入差距:

$$v = R^{1-D} \quad (11.10)$$

借助瓦哈卡-布林德分解方法,我们分别进行标准分解和逆向分解,得到由 $X_2(\dot{\beta}_1 - \dot{\beta}_2)$ 和 $X_1(\dot{\beta}_1 - \dot{\beta}_2)$ 衡量的部分,并进行简单运算,即可得到由垄断行业与竞争行业间比较生产力差别决定的行业间收入差距,并进而对现实两个行业间收入差距中的合理与不合理成分做出判断。

11.3 我国行业相对收入差距的经验检验

11.3.1 数据来源

本章所使用的数据来自河南财经政法大学、南京审计学院和江西师范大学等高校共同发起的"2012年中国城乡居民收入调查"数据,调查总指导为樊明教授和喻一文教授。调查样本覆盖了中国内地全部31个省区市。最终形成有效样本26449人,其中城市样本量为21581人,主要包括户籍城市居民、城中村居民和农业户口城市就业居民,即农民工。农村样本量为4868人,主要包括在农村主业为农业、主业为非农业以及兼业的农民。调查样本具体分布如表11.1所示:

表 11.1 中国城乡居民收入调查样本分布(2012)

省区市	城镇样本数	农村样本数	总数	省区市	城镇样本数	农村样本数	总数
安徽	757	157	914	辽宁	641	168	809
北京	513	40	553	内蒙古	441	87	528
福建	742	161	903	宁夏	325	19	344
甘肃	223	73	296	青海	257	30	287
广东	716	10	726	山东	509	149	658
广西	464	162	626	山西	527	94	621
贵州	294	179	473	陕西	777	239	1016
海南	484	105	589	上海	1339	6	1345
河北	458	89	547	四川	652	247	899
河南	4707	1064	5771	天津	214	42	256
黑龙江	620	249	869	西藏	319	1	320
湖北	480	65	545	新疆	604	393	997
湖南	781	63	844	云南	433	237	670
吉林	844	54	898	浙江	717	150	867
江苏	972	398	1370	重庆	423	120	543
江西	348	17	365	合计	21581	4868	26449

数据来源:樊明、喻一文等(2013)。

在本章的样本选取中，主要考虑了以下几个因素：首先，人们在讨论行业垄断及收入差距时，涉及的主要是城市从业人员，而非农村中从事第一产业的劳动者，因此，本章所选取的样本只保留城市从业人员。其次，在城市从业人员中，我们排除就业身份为雇主、自营的人员，根据岳希明等（2010）的研究，在雇主和自营从业人员的收入中，有一部分是对其投资的报酬。如果收入中有资本所得，而解释收入差距时没有相应的变量，收入方程式的估计系数就会出现偏差。再次，由于公共部门并不在垄断与竞争行业所讨论的范围之内，因此对政府机关和国有事业单位的从业人员，我们不予考虑。排除部分数据缺失的样本，我们最终确定样本量为17068人。

在收入指标的选取上，现有文献多采用月工资或者年度工资等指标，但是，这种指标反映出的工资差距是存在偏误的，即使月工资或者年度工资相同，如果每天投入的工作时间不同，每周工作的天数有差异，实际工资仍然有差距，这是月度或者年度工资指标无法反映出来的。采用"2012年中国城乡居民收入调查数据"的优势就在于，它包含了每周工作小时数的统计指标，因此，我们可以推算得到以小时为单位计量的工资，这种测算垄断与竞争行业职工工资差距的方法更加可靠。

其次，现有研究并未对垄断行业给出一个明确定义，因此，在垄断行业与竞争行业的划分上，尚无统一的标准。如何界定垄断行业，是目前经济学研究面临的难题之一。本章采用岳希明等（2010）的做法，在界定垄断行业时考虑了行业中企业的个数，是否有进入和退出的限制，以及产品或服务价格是否存在管制等因素，并结合"2012年中国城乡居民收入调查数据"的调查问卷设计和统计口径等因素，将制造业、建筑业、饮食业、零售业和其他服务业划分为竞争行业，交通运输、邮电通信、科教文卫和金融保险划分为垄断行业。

11.3.2 描述性统计及收入方程回归结果

垄断行业与竞争行业的描述性统计如表 11.2 所示：

表 11.2 垄断行业和竞争行业的描述性统计

	月工资（元）	周工作时间（小时）	小时工资（元）	男性（%）	党员（%）	教育年限（年）	工龄（年）	样本量
包含农民工								
垄断行业	4382.247	50.132	23.4788	0.7423	0.2216	13.5879	11.47	5553
竞争行业	3596.519	52.5218	18.829	0.5813	0.137	12.9336	10.7851	11515
全体样本	3852.152	51.7443	20.3418	0.6337	0.1645	13.1465	11.0079	17068
垄断行业与竞争行业之差	785.728	-2.3898	4.6498	0.161	0.0846	0.6543	0.6849	
垄断行业与竞争行业之比	1.2185	0.9545	1.2469	1.277	1.6175	1.0506	1.0635	
不包含农民工								
垄断行业	4638.391	48.2869	25.5269	0.7158	0.2589	14.171	11.21	3928
竞争行业	3817.924	51.2382	20.3169	0.5803	0.1589	13.2581	11.3793	7919
全体样本	4089.959	50.2597	22.0443	0.6253	0.1921	13.5608	11.3232	11847
垄断行业与竞争行业之差	820.4670	-2.9513	5.2100	0.1355	0.1000	0.9129	-0.1693	
垄断行业与竞争行业之比	1.2149	0.9424	1.2564	1.2335	1.6293	1.0689	0.9851	

数据来源：作者根据 2004 年樊明教授组织的郑州劳动力市场问卷调查的数据计算（www.fanming.com.cn）。

由表 11.2 可以看出，当包括农民工时，垄断行业的月工资为 4382.247 元，竞争行业为 3596.519 元，前者是后者的 1.2185 倍。而从工作时间来看，垄断行业的周工作小时要低于竞争行业，前者是后者的 0.9545。这样，折算成小时工资，则垄断行业的工资为竞争行业的 1.2469 倍，以小时工资衡量的收入差距大于以月工资衡量的收入差距。而不考虑农民工时,从月工资角度看,垄断行业的月工资有所上升,为4638.391元,而竞争行业的月工资上升为3817.924元,垄断行业是竞争行业月工资的1.2149倍,差距有所缩减。而从工作时间看,不考虑农民工时,两个行业的周工作时间均有所下降,这样,折算成小时工资时,垄断行业和竞争行业的小时工资均有不同幅度的上升。总体来看,根据现实中观测到的数据,不包括农民工时,垄断行业与竞争行业的小时工资差距有所增加,垄断行业小时工资为竞争行业的1.2564倍。图11.1和图11.2分别描绘了包括和不包括农民工样本时,垄断和竞争行业从业人员的对数小时工资的均值及核密度估计结果。从中可以看出,垄断行业的分布均值更偏向于横轴的右侧,且分布图的右尾的范围更广,这表明垄断行业高收入人群的比例相对较大,且人均工资水平更高。同时,排除农民工样本时,垄断及竞争行业的收入分布均向右平移,人均工资水平有所提高。

通过观察两类行业职工属性差异可以看出,在男性比重、党员比重以及平均受教育年限方面,垄断行业均高出竞争行业。具体而言,垄断行业男性职工的比重为74.23%,是竞争行业的1.277倍;党员比重为22.16%,是竞争行业的1.6175倍。垄断行业职工平均受教育年限为13.5879年,比竞争行业高出1年左右,是竞争行业的1.05倍。不考虑农民工因素时,垄断行业在这些方面也均高出竞争行业。行业间的收入差距部分是来自行业间职工属性的差异。从后面的收入方程估计结果可知,男性工资较女性高,党员工资较非党员高,职工工资随职工受教育年限的增加而上升。从直观上看,垄断行业职工平均的比较生产力水平相对较高,由此导致其相对收入较高,是合理的。

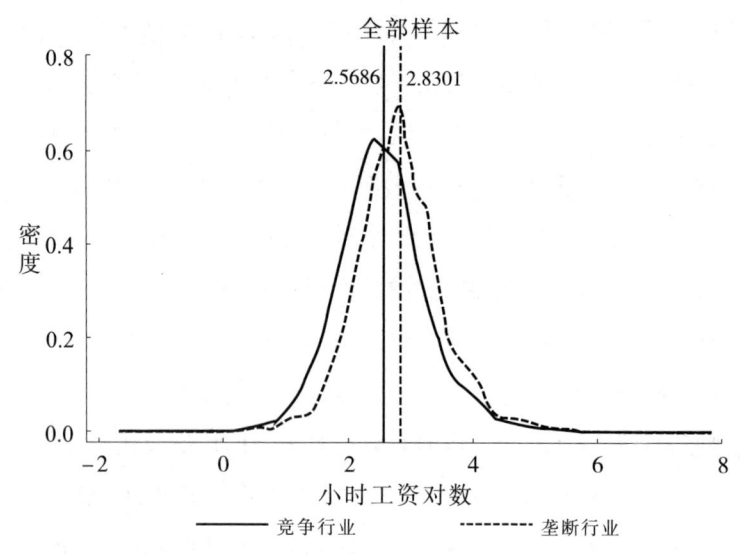

图 11.1　垄断和竞争行业从业人员工资的密度分布及均值（全部样本）

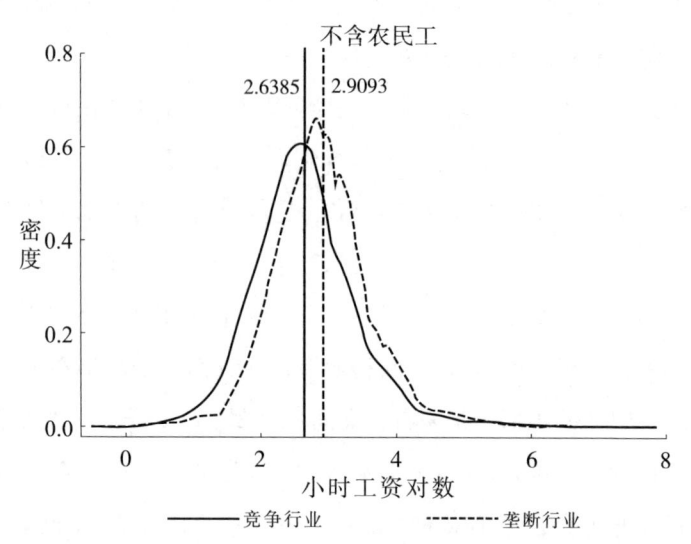

图 11.2　垄断和竞争行业从业人员工资的密度分布及均值（不含农民工）

接下来，我们对垄断和竞争行业职工收入的明瑟方程进行估计，表11.3 给出了包括农民工和不包括农民工的收入方程估计结果：

表 11.3　收入方程回归结果

	全部	包括农民工 竞争行业	垄断行业	全部	不包括农民工 竞争行业	垄断行业
性别(男性=1)	0.2122***	0.2128***	0.1197***	0.2007***	0.2048***	0.1192***
	(0.0105)	(0.0124)	(0.0203)	(0.0126)	(0.0151)	(0.0237)
政治身份 (中共党员=1)	0.1043***	0.0984***	0.0940***	0.0899***	0.0820***	0.0838***
	(0.0142)	(0.0183)	(0.0221)	(0.0162)	(0.0210)	(0.0254)
受教育年限	0.0565***	0.0571***	0.0492***	0.0623***	0.0627***	0.0523***
	(0.0019)	(0.0022)	(0.0033)	(0.0024)	(0.0028)	(0.0044)
工龄	0.0246***	0.0243***	0.0231***	0.0215***	0.0210***	0.0213***
	(0.0016)	(0.0019)	(0.0029)	(0.0019)	(0.0023)	(0.0034)
工龄平方	−0.0007***	−0.0007***	−0.0007***	−0.0007***	−0.0006***	−0.0007***
	(0.0000)	(0.0001)	(0.0001)	(0.0001)	(0.0001)	(0.0001)
民族 (少数民族=1)	−0.1382***	−0.1489***	−0.0958***	−0.1801***	−0.2048***	−0.1157***
	(0.0165)	(0.0195)	(0.0304)	(0.0200)	(0.0237)	(0.0365)
工作单位类型 (国有企业=1)	0.1403***	0.1231***	0.0873***	0.1193***	0.1019***	0.0675***
	(0.0142)	(0.0205)	(0.0203)	(0.0162)	(0.0232)	(0.0234)
工作类型 (操作人员=1)	−0.4805***	−0.5062***	−0.4334***	−0.4798***	−0.5079***	−0.4291***
	(0.0113)	(0.0138)	(0.0194)	(0.0134)	(0.0163)	(0.0230)
常数项	1.9778***	1.9494***	2.2283***	1.9661***	1.9410***	2.2333***
	(0.0317)	(0.0374)	(0.0597)	(0.0401)	(0.0470)	(0.0772)
样本量	17036	11485	5551	11824	7897	3927

注:括号内的数字为标准差;＊＊＊代表1%的显著性水平。

从上面的估计结果可知,相对于女性职工,男性职工的工资较高,而且其差异程度在竞争行业更大,无论是否包含农民工;党员工资较非党员高;国有企业就业人员的工资高于非国有企业;少数民族身份对工资有不利影响。而从教育回报率上看,两个行业受教育年限的估计系数均为正,职工工资随职工受教育年限的增加而上升。并且无论是否包含农民工,竞争行业受教育年限的估计系数均大于垄断行业,这意味着竞争行业的教育回报率均高于垄断行业。从工龄及其平方的估计系数来看,工资收入首先随工龄的增加而增长,但是当达到一定年龄后转为下降。从工作类型上看,管理人员比从事直接生产的操作人员的平均工资要高,并且在竞争行业内差距更大。总体而言,本章利用2012年中国城乡居民收入调查数据得到的收入方程回归结果与前人的研究结果(如岳希明等,2010)大致类似,这说明本章的结果有一定的可靠性和适用性。

11.3.3 瓦哈卡-布林德分解及比较生产力的计算

在得到收入方程的估计结果之后,即可对垄断行业和竞争行业工资差异进行分解,分解结果显示在表11.4中。

表11.4 垄断行业和竞争行业工资差距的分解结果

	包括农民工		不包括农民工	
	标准分解	逆向分解	标准分解	逆向分解
第一部分	0.473	0.3566	0.5066	0.3878
第二部分	0.527	0.6434	0.4934	0.6122
总计	1.0000	1.0000	1.0000	1.0000

利用工资差距的瓦哈卡-布林德分解结果,并根据相对收入差距的计算式(11.10),可以测算出由比较生产力决定的垄断与竞争行业收入差距在实际观测值中所占的比重,计算结果如下:

包括农民工时,$v_{1/2} = 1.2469 \left\{ 1 - \frac{1}{2}(0.527 + 0.6434) \right\} = 1.0958$,由比较生产力决定的收入差距所占比重为87.8%;

不包括农民工时,$v_{1/2} = 1.2564 \left\{ 1 - \frac{1}{2}(0.4934 + 0.6122) \right\} = 1.1075$,由比较生产力决定的收入差距所占比重为88.1%。

这意味着,现实中有10%以上的收入差距不是由生产力水平的差异造成的,这部分收入差距与行业垄断因素有关,是不合理的、应当予以消除的。同时，在考虑农民工因素时，这种由行业垄断因素决定的差异程度更大，因此，现实中对农民工的垄断行业歧视更为严重。

垄断行业与竞争行业之间的工资差距及其由比较生产力决定的部分可能因工作类型的不同而不同，为此我们按工作类型做了分析。表11.5进一步给出了调查数据所反映的垄断行业与竞争行业的分职业小时工资差距：

表11.5　垄断行业与竞争行业的分职业工资差距

	包括农民工			不包括农民工		
	垄断行业小时工资(元)	竞争行业小时工资(元)	垄断与竞争行业工资之比	垄断行业小时工资(元)	竞争行业小时工资(元)	垄断与竞争行业工资之比
管理人员	34.9755	30.8347	1.1343	36.7687	32.3311	1.1372
操作人员	18.1797	14.1525	1.2846	19.4791	14.9188	1.3057

对数据进行瓦哈卡-布林德分解，表11.6对管理人员和操作人员给出了分解结果：

表11.6　分工作类型工资差距的分解结果

	包括农民工		不包括农民工	
	标准分解	逆向分解	标准分解	逆向分解
管理人员				
第一部分	0.4391	0.4143	0.4304	0.4126
第二部分	0.5608	0.5857	0.5696	0.5874
总计	1.0000	1.0000	1.0000	1.0000
操作人员				
第一部分	0.4054	0.2655	0.4582	0.3106
第二部分	0.5946	0.7345	0.5418	0.6894
总计	1.0000	1.0000	1.0000	1.0000

利用相对收入差距的计算公式，可以得到：

包括农民工时，$v_M = 1.1343 \char`\^ \left\{1 - \frac{1}{2}(0.5608 + 0.5857)\right\} = 1.0552$，则管理人员由比较生产力决定的收入差距占现实收入差距的比重为 93.02%。而操作人员由比较生产力决定的收入差距 $v_O = 1.2846 \char`\^ \left\{1 - \frac{1}{2}(0.5946 + 0.7345)\right\} = 1.0876$，占现实收入差距的比重为 84.66%。

不包括农民工时，$v_M = 1.1372 \char`\^ \left\{1 - \frac{1}{2}(0.5696 + 0.5874)\right\} = 1.0556$，则管理人员由比较生产力决定的收入差距占现实收入差距的比重为 92.83%。而操作人员由比较生产力决定的收入差距 $v_O = 1.3057 \char`\^ \left\{1 - \frac{1}{2}(0.5418 + 0.6894)\right\} = 1.1079$，占现实收入差距的比重为 84.85%。

可以看到，分工作类型的测算结果进一步揭示了行业间收入差距的原因：管理人员的工资差异，绝大部分是由比较生产力的差异所决定的，行业垄断因素仅解释了 7% 左右的收入差距；但操作人员的工资差异，却有近 15% 是由行业垄断因素所导致的。同时，在考虑农民工因素时，这种由行业垄断因素造成的收入不平等，又进一步扩大。现实中对农民工的歧视程度更为严重。

总体而言，结合"2012 年中国城乡居民收入调查数据"分析可知，垄断行业与竞争行业间的实际收入差距中，比较生产力决定其中一大部分但并非全部。相对而言，不包括农民工时，由比较生产力决定的收入差距比例稍高一些；而从分工作类型的测算结果看，管理人员由比较生产力决定的收入差距比例相对高一些。这从侧面反映出，由垄断造成的不合理收入差距，在农民工的收入分配、操作人员的收入分配上表现得更为明显。当然，一个值得关注的事实是，考虑到垄断行业管理阶层在福利待遇和公款消费方面的特权，垄断行业管理阶层高收入中不合理部分的比重可能被低估。不过这部分"隐性收入"在调查数据中并未有所反映,本章也无法将其纳入考虑范围内,此处不予进一步探讨。

11.4 结论

本章依据广义价值论基本原理,结合瓦哈卡-布林德分解方法,对垄断与竞争行业间的收入差距问题进行了实证分析,同时运用河南财经政法大学、南京审计学院和江西师范大学等高校于2012年调查得到的中国城乡居民收入数据对理论模型进行了经验检验。主要结论如下:

首先,行业间的收入差距,并非全部都是不合理和不公平的,这里关键是确定或选择判断收入分配公平与否的标准。

从中共十四届三中全会(1993)提出"效率优先,兼顾公平"的分配原则,到中共十七大(2007)强调"初次分配和再分配都要处理好效率和公平的关系,再分配更加注重公平",再到中共十八大(2012)重申"初次分配和再分配都要兼顾效率和公平",虽然前后的提法有所不同,但其中所贯穿的精神都是"效率优先、兼顾平等"。因为平等与不平等是反映现实收入分配均等化程度的实证概念,而公平是判断收入分配的不平等是否合理的规范概念。由于整个社会主义初级阶段的根本任务都是发展社会生产力,因此在初次收入分配领域必须坚持效率优先,按生产要素贡献分配,而在再分配领域,要通过收入分配政策、公共服务和社会保障制度的调节,把由初次分配造成的收入差距控制在合理的水平(比如说用基尼系数来衡量,控制在0.45或0.5左右),这就是所谓"兼顾平等"的内涵。而只要我们正确地处理好了效率和平等的关系,其分配结果就是公平的(参见蔡继明,1989a,2000,2003c,

2008a,2011,2012)。

根据上述理解,现阶段判断初次分配结果公平与否的标准就是看是否贯彻了按生产要素贡献分配的原则,而具体到判断部门或行业之间收入差距合理性的标准,无疑就是看这种收入差距与部门或行业间比较生产力的差别是否一致:如果劳动者在垄断和竞争行业获得与其比较生产力水平相对应的报酬,其工资是根据比较利益率均等的原则确定的,即符合"公平原则",由此形成的收入差距应当予以承认和保留。本章正是基于广义价值论的基本原理,并结合瓦哈卡-布林德分解,提出了测算行业间由比较生产力决定的收入差距的方法,从而为判断现实垄断行业与竞争行业间收入差距是否合理提供了理论依据。

其次,本章的经验检验结果表明,垄断与竞争行业的工资水平,有不足90%的差距是由比较生产力的差异所决定的,这部分是应当予以承认的合理的收入差距。但是,其余10%以上的收入差距是由行业垄断因素造成的,这是不合理的收入差距。进一步讲,考虑到农民工因素,由垄断造成的不合理的收入差距更大,这反映出现实中行业垄断对农民工的歧视程度更为严重;分工作类型看,垄断行业操作人员高收入中不合理部分的比重更大,占15%左右,而管理阶层的行业收入不平等现象相对少一些,由垄断因素导致的差距占7%左右。不过,考虑到垄断行业管理阶层在福利待遇和公款消费方面的特权,加上这部分"隐性收入",管理人员间不合理的收入差距有可能进一步扩大。受调查数据自身因素的限制,本章尚无法对这部分收入进行定量测算。

最后,超过比较生产力差异决定的收入差距,是不合理的收入差距,应当缩小直至消除。正是这部分收入差距,导致了中低收入者心理不平衡,社会矛盾加剧。政府应当依靠价格政策、就业政策、税收政策等措施,消除行业壁垒,减少行政等垄断因素的产生,使行业间收入差距缩小到由比较生产力差别决定的相对收入水平。

12. 基于广义价值论的经济增长理论

经济增长的实质和决定经济增长的内在动力是什么,本章试从广义价值论的视角做出一些新的解释。①

12.1 从价值总量之谜谈起

12.1.1 中国的GDP增速超过就业人口增速

改革开放40年来,中国经济的高速增长有目共睹,而其高速增长的主要驱动因素同样为世人瞩目。从数据上看,1978—2018年,中国实际GDP保持了9.6%左右的年均增速,而同期就业人口年均增速仅约为1.4%,如图12.1所示:②

---

① 本章原文以《技术进步、经济增长与"价值总量之谜"》为题与高宏、钟一瑞合作发表在《经济学家》2019年第9期。
② 全国就业人数的统计口径在1990年有所变化,因此1990年共发布了两套就业人数的统计数据:按照新口径,1990年为64749万人;而按照以往的口径,则为56740万人。为了保持数据口径的一致性,本书对1978—1989年的全国就业人数以及三次产业的就业人数予以调整,调整思路是利用原始数据乘以固定的调整因子(64749/56740)得到可比的就业人数。

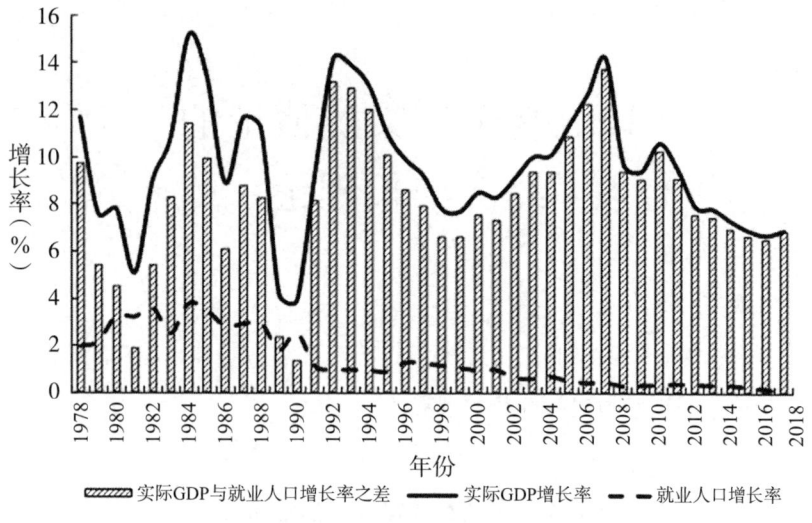

图 12.1　1978 年以来我国实际 GDP 增速及就业人口增速

数据来源:《中国统计年鉴》和《新中国 50 年统计资料汇编》。

显然,就业人口数量的增长不是驱动中国经济增长的唯一因素,甚至不是主要因素。然而,在理论上,根据马克思在《资本论》中的表述,"不管生产力发生了什么变化,同一劳动在同样的时间内提供的价值量总是相同的"(马克思、恩格斯,1972b,第 60 页),这意味着在投入劳动总量基本不变或变化不大的情况下,以不变价格衡量的 GDP 即实际 GDP,也不会有大幅增长,那么,如何解释 40 年来中国实际 GDP 年均增速明显高于同期就业人口年均增速的事实呢?

众所周知,GDP 是一个国家或地区的所有常住单位在一定时期内生产的全部最终产品的价值总和(国家统计局,2013)。由于 GDP 是一个总量指标,面对的是各种异质的产品和服务,需要一个同质的单位进行加总,以获得一个同质的总量,所以借用了货币单位作为估算工具,但实质仍然是核算真实经济量(柳欣,2013;金碚,2016)。为此,名义 GDP 可划分为实际 GDP 和价格水平两个部分,实际 GDP 即用价值衡量的GDP,是当期创造的全部价值的体现。从量上看,根据马克思的劳动价值论,同一时期价值总量等于劳动总量;但从质上看,不同时期不同质的等量劳动所形成的价值量是不等的,如何解释实际GDP即价值总量增速持续超过就业人口即劳动总量[①]增速的现象,正是"价值总量之谜"所要探讨的问题。

12.1.2 "价值总量之谜"的提出

"价值总量之谜"是我国著名经济学家谷书堂教授提出的一个命题:价值是社会财富量的代表,随着劳动生产力的提高,价值却日益缩水,形成了与使用价值量变化比例的巨大落差,这种财富量和价值量脱节的现象即为"价值总量之谜"(谷书堂,2002)。一方面,GDP是一定时期内一个国家或地区所有常住单位产出的最终产品,是当期创造的全部价值的体现,根据劳动价值论,GDP显然属于价值而非使用价值范畴;另一方面,劳动价值论强调价值源泉的一元性,活劳动是创造价值的唯一源泉,投入劳动总量不变,价值总量以及实际GDP也不会变化。因此,破解"价值总量之谜",就要跳出原有的思维定式,创新和发展传统的劳动价值论。

马克思在阐述劳动价值论时,曾提出单个生产者劳动生产力与其所创造的价值量正相关的原理,认为"生产力特别高的劳动起了自乘的劳动的作用,或者说,在同样的时间内,它所创造的价值比同种社会平均劳动要多"(马克思、恩格斯,1972b,第354页)。并且明确指出:"劳动生产力是由多种情况决定的,其中包括:工人的平均熟练程度,科学的发展水平和它在工艺上应用的程度,生产过程的社会结合,生产

[①] 根据国家统计局对统计指标的解释,就业人口数量"这一指标反映了一定时期内全部劳动力资源的实际利用情况"。

资料的规模和效能,以及自然条件。"(马克思、恩格斯,1972b,第53页)如果我们把劳动生产力与价值量正相关原理的适用范围依次从单个生产者扩展到部门和全社会,那么,一个国家全社会生产力水平高低从而创造的总价值量的多少,就不仅取决于活劳动的投入,而且取决于生产资料的规模和自然条件,尤其要承认内生的技术进步在价值总量形成中的作用,因为即使剔除了各要素累积的贡献,实际GDP仍有明显的增长,显然,仅仅着眼于要素累积还不能完全破解"价值总量之谜"。经验研究表明,主要经济体一部分甚至绝大部分的经济增长不是由要素投入量增加所贡献的(张军扩,1991)。现代经济增长理论认为,技术进步是经济增长的重要来源甚至唯一来源。虽然根据劳动价值论,技术进步或劳动生产力的提高也是经济增长的重要因素,但这一理论并没有为劳动生产力的提高提供相应的微观基础,由此引致的经济增长只是外生的参数变化,不需额外劳动投入,从而不会创造新价值,当然也就无正当理由参与价值分配,这显然埋没了技术进步以及科技工作者对经济增长的贡献。为破解"价值总量之谜",谷书堂教授也曾提出三条途径:一是准确把握创造价值的劳动范围,二是分清创造价值的劳动的不同层次,三是强调科技工作者创造剩余价值的剩余劳动。这三条途径实际上都是要从不同角度揭示技术进步参与价值创造的关系。

12.2　破解谜底的各种思路

12.2.1　"谜"之产生是出于对劳动价值论的误解

对于"价值总量之谜",部分学者尝试在传统的劳动价值论框架下予以解决,认为"价值总量之谜"实际上并不存在,之所以产生"价值总量之谜"是由于对劳动价值论的误解。马克思运用价值转化为市场价值的转形理论,通过对相对剩余价值生产的分析,已破解了这一谜题,资本家出于对超额剩余价值的追求,能够不断提高劳动生产力,同时价值总量仍保持不变(徐东辉,2012)。然而,这种思路仅仅解释了资本家提高劳动生产力的原因,根本没有涉及"价值总量之谜"产生的根源,更与实际 GDP 增速远高于劳动人口增速的现实严重脱节。

12.2.2 "谜"之产生是出于对 GDP 内涵的误解

另一种解决思路的出发点是建立在对 GDP 内涵的讨论上。何宇(2007)认为,GDP 或 GNP 的总额由三次产业的增加值之和组成,根据马克思对生产劳动的划分,第三产业中的大部分劳动都不属于生产劳动,不创造价值,因而价值总量不等于国内或国民生产总值,"价值总量之谜"是误用分析方法的结果。然而,即便是排除第三产业,仅考虑一二产业增加值的实际增速,也仍远超劳动人口增速,"价值总量之谜"还是没有解决。

董志勇、徐梅(2008)引入了绝对抽象劳动和绝对价值量的概念,并认为绝对价值量直接反映一个人类共同体每年进行的绝对抽象劳动总量,用以衡量国民经济活动总量的产值类指标所统计和反映的都是绝对价值量。

冯金华(2018)认为,经济增长是实际产出的增长,而不是价格或价值的增长,与不变价格计算的实际 GDP 比较的应当是以不变价值计算的实际 GDP,而不应当是劳动总量或价值总量。基于这个前提,他引入了时期分析方法,证明了在任意一个时期,当期或跨期的名义价格 GDP 与名义价值 GDP、实际价格 GDP 与实际价值 GDP、实际价格 GDP 增长率与实际价值 GDP 增长率存在固定比例关系。这些观点的解决思路实际上都是建立在 GDP 与价值总量关系的探讨上,认为价值总量取决于劳动总量,而以不变价格(或不变价值)计算的 GDP 实际上衡量的是使用价值总量。这种观点由来已久:李石泉(1995)认为,以不变价格表现国民生产总值是通过货币表现的物量指标,不变价格起度量系数的作用;卫兴华(2001)、高峰(2002)等也持这种观点。然而,从 GDP 的定义看,它是一定时期内一个国家或地区所有常住单位产出的最终产品,从价值形态看,既包括产品生产中的转移价值(C),也包括新增价值(V+M)。而从物量角度,不同性质产品的计量单位不同,不能直接相加,把不同产品的使用价值累加起来没有任何意义。所以,GDP 衡量的是价值总量而非使用价值总量。事实上,用诠释 GDP 的方法破解"价值总量之谜",只是对该问题的回避,仍然不能破解这个谜团。

12.2.3 引入非劳动因素的解释

另一些学者则尝试跳出传统的劳动价值论框架,承认"价值总量之谜"的存在,并对劳动价值论进行丰富和扩展。一种解决思路认为,要准确把握创造价值的劳动和非劳动要素范围。钱伯海(2002)认为,科学技术正是通过物化劳动体现其第一生产力属性的,物化劳动只能转移价值的观点是理论扭曲,它同样创造价值。武建奇(2005)认为,劳动生产力提高和社会分工的发展会引起劳动深化和劳动广化,从而使生产性劳动的范围扩大。魏建斌、杨思远(2005)认为,劳动产品包括现有产品和创新产品,科技进步一方面使得现有产品包含的价值量下降,但另一方面促进创新产品不断出现,劳动者的教育和培训费用将进入创新产品的价值,这样,科技工作者的劳动也是创造价值的劳动。蔡继明(2001a,2001b,2001c)和晏智杰(2007)认为,马克思早就指出过劳动不是一切财富的唯一源泉,除了劳动还应该有生产资料。但正如前文所指出的,要素累积仍不能完全破解这一谜题,也不能完全解释现实经济的增长。因此,另一种思路则强调劳动生产力提高对价值总量的影响,虽然劳动时间在数量上不变,但在质量上却有所改变,劳动时间这把衡量价值总量的"尺子",其内涵已经不同。刘解龙(1996)认为,社会必要劳动时间没有纵向可比性,要使不同时期可比,需要确定一个"基期社会必要劳动时间"或"不变价值"。朱富强(2008)认为,以劳动时间作为价值尺度,其基本假设是劳动的同质化,这样才有马克思所说的"不管生产力发生了什么变化,同一劳动在同样的时间内提供的价值量总是相同的"(马克思、恩格斯,1972b,第60页)。然而,劳动的异质性是普遍存在的,也正是劳动异质性才有比较生产力或相对生产力的差别,并构成分工和交换的基础(蔡继明等,2014)。但问题的关键是,如何找到一个合适的方法将不同类型的劳动还原为同一种普通劳动(Morishima,1973),或者说,如何找到衡量不同时期价值总量的"尺子"? 为此,唐元(1985)指出了劳动时间和劳动量的区别,认为虽然劳动时间相同,但随着生产力的进步,新型的脑力劳动比传统的体力劳动付出的劳动量要大,因而用劳动量而非劳动时间作为衡量尺度能够反映价值总量的变化。谷书堂、柳欣(1993)提出了新的衡量尺度,将劳动定义为劳动时间和劳动生产力的乘积,以此作为衡量尺度,在劳动时间不变的条件下,较高的劳动生产力也能创造更多的价值总量。①

上述破解"价值总量之谜"的思路能够揭示技术进步或劳动生产力的提高在价值总量形成过程中的作用,也有助于理解和把握现实中经济增长背后的驱动因素。但是,这些研究仍仅停留在理论设想上,没有建立坚实的微观基础,这样的解释无法令人满意,也容易在选择衡量尺度时产生较大的随意性。因此,为科技工作者参与价值创造构建微

---

① 何炼成(1994)、苏星(1995)、徐素环(1997)等曾批评该公式把劳动等同于使用价值量。撇开概念上的分歧不说,就其强调劳动生产力(技术进步)对价值创造的重要性来说,谷-柳公式还是值得肯定的。

观基础仍然是求解"价值总量之谜"的必要环节,也是对谷书堂(2002)提出的求解思路的拓展和深化。

12.3 广义价值论分析框架

12.3.1 经济增长理论与价值理论的内在联系

诚如冯金华(2018)所说,经济增长是实际产出的增长,而不是价格或价值的增长,但实际产出是由异质产品构成的,要测度增长速度不同、产品形态各异的总产出的增长率,必须借助于一定的价值(价格)理论将异质产品进行折算以实现同质化。而如前所述,劳动价值论一方面否定了使用价值对价值决定的作用从而否定了劳动生产力对价值总量的影响,进而否定了非劳动因素对价值的影响,另一方面实际上又是以劳动的同质性为假定前提的,显然不能用来解释由多种因素决定的异质产品的增长。新古典价值论本身就存在异质资本的折算悖论,斯拉法价值论虽然是从异质产品出发的,但劳动又被视为同质的,且没有揭示剩余的来源,这两种价值论同样难以承担上述解释经济增长的功能。

12.3.2 广义价值论对经济增长的解释

广义价值论试从以下七个方面对经济增长给出新的解释:

1) **分工交换是经济增长的原始动力**:即使在劳动生产力保持不变即没有技术进步的条件下,与自给自足相比,单纯的分工交换就能产生一个净收益即比较利益,从而初始的分工交换就促进了经济增长;

2) **比较利益是经济增长的内在源泉**:只要比较利益的分配合理(即比较利益率均等),初始的分工交换就能循环往复,各部门把获得

的部分比较利益再用于积累即扩大再生产,分工交换的规模就会不断扩大;

3) **比较利益率均等体现了公平分配**:根据分工交换双方比较利益率均等化要求确定的均衡交换比例,客观上等于两种产品的社会平均生产力之比,从而实现了主观与客观、规范与实证的统一;

4) **比较生产力与价值量正相关原理**:这是内生技术进步的机制,既体现了平等原则——相对收入即比较利益率均等,又体现了效率原则——比较生产力与价值量正相关,从而在逻辑上和历史上首次实现了平等与效率的统一,构成公平的经济增长机制;

5) **分工交换的发展和产业结构升级**:如本书第 2 章第 2.5 节所描述的,从原始公社内部的自然分工,到不同公社之间的地域分工和交换,从农业内部种植业、畜牧业、林业、渔业和副业的分工,到农业、工业、商业、金融业的分工以及三次产业的划分,从国内分工交换到国际分工交换,人类社会分工交换范围的每一次扩展和深化,都通过专业化水平的提高、规模经济的实现、范围经济的扩大、交易费用的节省,不断增加分工交换的净收益即比较利益,从而促进经济持续增长;

6) **总和生产力增长率与经济增长率**:在分工不断深化交换范围不断扩大的过程中,劳动的熟练程度和复杂程度的提高、资本数量的增加和性能的改进、科技创新和进步、企业管理水平的提高和治理结构的改善、土地资源的合理配置、数据和信息的开发利用,所有这些都会通过绝对生产力的提高而提升社会总和生产力水平,而社会总和生产力增长率与劳动力增长率之和(积),就构成全社会价值总量增长率亦即用 GDP 表示的经济增长率,如第 5 章所阐释的式(5.8)所示:

$$G + 1 = (1 + m)(1 + g) \approx 1 + m + g \tag{5.8}$$

以上就是广义价值论对经济增长模式的一个分析框架。

鉴于本书第 8 章已对于非劳动要素在价值总量形成中的作用做了

深入研究,本章重点探讨内生的技术进步对价值总量和经济增长的影响。

12.4　学习型内生增长模型设定

本章拟在广义价值论框架下,将技术进步内生于价值决定模型之中,揭示生产者为学习技术投入的时间(劳动)对技术进步或劳动生产力提高以及相应价值总量和经济增长的正效应。本章的研究将表明,随着学习导致的技术不断进步,虽然参与产品生产的初始劳动投入时间不变,但由于不同时期的劳动时间已有质的变化,尽管在同一时期内价值总量仍等于总劳动时间,但本期的价值总量可能会大于上期的劳动总量。

12.4.1　消费-生产者资源禀赋设定

蔡继明、江永基(2013)建立了基于消费-生产者两阶段决策方法的一般均衡分析框架,从而使广义价值论具有了自己严谨坚实的微观基础。然而,无论是在此前的广义价值论模型中还是在其他传统的价值理论中,劳动生产力大多是外生给定的,似乎技术进步不需要付出额外的劳动即可获得,因而无法描述熟能生巧、边干边学的动态效应(杨小凯、张永生,2003)。本文假定劳动者不仅可以选择从事生产产品的普通劳动,还可以花费一定时间学习和接受教育,提高其劳动生产力。

在封闭的市场经济系统中,假定存在总人数为 $\overline{M}$ 的消费-生产者,他们可以直接将劳动投入 x 和 y 两种产品的生产,也可以花费一定时间学习掌握一定的技术水平 A,并使其进入 x 和 y 两种产品的生产函数中。每个消费-生产者在生产和消费阶段,都分别需要进行两项最优化选择:一是使各自总产值最大的生产选择;二是使各自效用最大的消费选择。根据各自不同的生产及消费选择,可以划分为不同类型的消费-生产者,人数各为 M_i,同一类型的消费-生产者具有相同的生产和消费行为。

每个消费-生产者的资源禀赋(劳动时间)均为1,对于类型 i 中的每个消费-生产者(下文简称为消费-生产者 i)而言,A_i 为其掌握的技术水平,l_{A_i}、l_{x_i}、l_{y_i} 分别为消费-生产者 i 投入学习和两种产品生产中的劳动时间,则有 $l_{A_i} + l_{x_i} + l_{y_i} = 1$,$l_{j_i} \in [0,1]$($j = A, x, y$)。消费-生产者在学习和生产中所投入的劳动必须达到一定量才能够实现技术积累和产出,这个门槛即为 $c_j \in [0,1]$($j = A, x, y$)。

x_i、y_i,x_i^d、y_i^d 以及 x_i^s、y_i^s 分别表示两种产品的自给量、在市场上的需求量和供给量。因此,产品 x 和 y 的生产量分别为 $x_i^p = x_i + x_i^s$、$y_i^p = y_i + y_i^s$,消费量分别为 $x_i^c = x_i + x_i^d$、$y_i^c = y_i + y_i^d$。将单位产品 x 和 y 的价值分别记为 V_x^c、V_y^c,则消费-生产者 i 在生产阶段的总产值为 $Q_i = V_x^c x_i^p + V_y^c y_i^p$。

消费-生产者 i 学习技术的技术积累函数以及生产产品的生产函数如式(12.1)至式(12.3):

$$A_i = f(l_{A_i}) = \begin{cases} A_{t-1}^a (l_{A_i} - c_A)^b, & l_{A_i} \geq c_A \\ 0, & l_{A_i} < c_A \end{cases} \quad (12.1)$$

$$x_i^p = g(l_{x_i}) = \begin{cases} A^a (l_{x_i} - c_x)^b, & l_{x_i} \geq c_x \\ 0, & l_{x_i} < c_x \end{cases} \quad (12.2)$$

$$y_i^p = h(l_{y_i}) = \begin{cases} A^a (l_{y_i} - c_y)^b, & l_{y_i} \geq c_y \\ 0, & l_{y_i} < c_y \end{cases} \quad (12.3)$$

其中,$A_{t-1} > 0$ 为劳动者掌握的初始技术禀赋,$a > 0$,$b > 1$。樊纲(2006)认为,与马克思从具体劳动中抽象出人的体力、脑力等耗费作为抽象劳动一样,我们也可以将不同使用价值为人们所带来的生理和心理等满足抽象出效用作为使用价值的尺度,即抽象使用价值。白暴力(2002)认为,与以劳动耗费来度量社会财富一样,以效用作为社会财富的度量与前者是统一的。他将总效用和边际效用分别以社会总劳动时间耗费和社会必要劳动时间耗费来度量,从而实现了边际效用价值论与劳动价值论的统一。本书借鉴这些学者们的研究成果,假定消费-生产者 i 通过消费产品 x 和 y 获得效用(即抽象使用价值),其函数形式为:

$$u_i = (x_i^c)^{\beta}(y_i^c)^{1-\beta} \quad (12.4)$$

其中,$\beta \in (0,1)$。个人的预算约束要求所供给商品与所需求商品的总价值必须相等。因此,消费-生产者 i 的生产决策和消费决策可分别描述为:

12.4.2 消费-生产者 i 的生产决策

选择 $\{l_{A_i}, l_{x_i}, l_{y_i}\}$,使得个人产出的产品总价值最大化:

$$\text{Max } Q_i = V_x^c x_i^p + V_y^c y_i^p \quad (12.5)$$

$$s.t. \begin{cases} A_i = f(l_{A_i}) = \begin{cases} A_{t-1}^a (l_{A_i} - c_A)^b, l_{A_i} \geq c_A \\ 0, l_{A_i} < c_A \end{cases} \\ x_i^p = g(l_{x_i}) = \begin{cases} A^a (l_{x_i} - c_x)^b, l_{x_i} \geq c_x \\ 0, l_{x_i} < c_x \end{cases} \\ y_i^p = h(l_{yi}) = \begin{cases} A^a (l_{y_i} - c_y)^b, l_{y_i} \geq c_y \\ 0, l_{y_i} < c_y \end{cases} \\ l_{A_i} + l_{x_i} + l_{y_i} = 1, l_{j_i} \in [0,1], j = A, x, y \end{cases} \quad (12.6)$$

如果消费-生产者 i 的最优决策是不学习技术或(和)生产产品,则 $l_{ji} < c_j$ 时,$j_i = 0$ ($j = A, x, y$),如果消费-生产者的最优决策是学习技术或(和)生产产品,则投入技术学习或产品生产的劳动量高于门槛值,即 $l_{j_i} \geq c_j$ ($j = A, x, y$)。因此,求解可得:

$$\frac{\mathrm{d}Q_i}{\mathrm{d}l_{x_i}} = V_x^c g'(l_{x_i}) - V_y^c h'(1 - l_{A_i} - l_{x_i}) \qquad (12.7)$$

$$\frac{\mathrm{d}^2 Q_i}{\mathrm{d}l_{x_i}^2} = V_x^c g''(l_{x_i}) + V_y^c h''(1 - l_{A_i} - l_{x_i}) \geq 0 \qquad (12.8)$$

记 $v \equiv V_x^c / V_y^c$,当且仅当 $v > \dfrac{h'(1 - l_{A_i} - l_{x_i})}{g'(l_{x_i})}$ 时,$\dfrac{\mathrm{d}Q_i}{\mathrm{d}l_{x_i}} > 0$,意味着当投入产品 x 上的劳动量 l_{x_i} 增加时,消费-生产者 i 产出的产品总价值增加,此时他的最优选择是不生产产品 y 而专业化生产产品 x。

同理,当且仅当 $v < \dfrac{h'(1 - l_{A_i} - l_{x_i})}{g'(l_{x_i})}$ 时,消费-生产者 i 的最优选择是不生产产品 x 而专业化生产产品 y。

假定消费-生产者 i 专业化生产产品 x,则其学习技术和生产产品的决策可以简化为选择 $\{l_{A_i}, l_{x_i}\}$:

$$\text{Max } x_i^p = A^a (l_{x_i} - c_x)^b = A_{t-1}^{a^2} (l_{A_i} - c_A)^{ab} (l_{x_i} - c_x)^b \qquad (12.9)$$

$$s.t.\ l_{A_i} + l_{x_i} = 1, l_{j_i} \in [0,1], j = A, x$$

求解可得:

$$l_{x_i} = 1 - \frac{a(1 - c_x) + c_A}{1 + a} \qquad (12.10)$$

$$l_{A_i} = \frac{a(1 - c_x) + c_A}{1 + a} \qquad (12.11)$$

为使下文书写简洁,此处记 $\vartheta_x = 1 - \dfrac{a(1 - c_x) + c_A}{1 + a}$,$\vartheta_y = 1 - \dfrac{a(1 - c_y) + c_A}{1 + a}$。

12.4.3 消费-生产者 i 的消费决策

选择 $\{x_i, y_i, x_i^s, y_i^s, x_i^d, y_i^d\}$，使得个人效用最大化：

$$\text{Max } u_i = (x_i^c)^{\beta}(y_i^c)^{1-\beta} \tag{12.12}$$

$$s.t. \begin{cases} x_i^c = x_i + x_i^d \\ y_i^c = y_i + y_i^d \\ x_i^p = x_i + x_i^s \\ y_i^p = y_i + y_i^s \\ vx_i^s + y_i^s = vx_i^d + y_i^d \end{cases}$$

上一节阐述了消费-生产者 i 专业化生产产品 x 和 y 的条件，此处，假定有 1 和 2 两种类型的消费-生产者，其中类型 1 的消费-生产者专业化生产产品 x，类型 2 的消费-生产者专业化生产产品 y，则类型 1 消费-生产者的消费决策即为：

$$\text{Max } u_1 = (x_1)^{\beta}(y_1^d)^{1-\beta} \tag{12.13}$$

$$s.t. \begin{cases} x_1 + x_1^s = g(\vartheta_x) \\ vx_1^s = y_1^d \end{cases}$$

求解可得：

$$\begin{cases} x_1 = \beta g(\vartheta_x) \\ x_1^s = (1-\beta)g(\vartheta_x) \\ y_1^d = v(1-\beta)g(\vartheta_x) \end{cases} \tag{12.14}$$

类型 2 消费-生产者的消费决策即为：

$$\text{Max } u_2 = (x_2^d)^{\beta}(y_2)^{1-\beta} \tag{12.15}$$

$$s.t. \begin{cases} y_2 + y_2^s = h(\vartheta_y) \\ y_2^s = vx_2^d \end{cases}$$

求解可得：

$$\begin{cases} x_2^d = \dfrac{1}{v}\beta h(\vartheta_y) \\ y_2 = (1-\beta) h(\vartheta_y) \\ y_2^s = \beta h(\vartheta_y) \end{cases} \quad (12.16)$$

12.4.4 市场均衡

产品交换比例根据比较利益率均等原则确定。1 和 2 两种类型的消费-生产者比较利益率均等的条件为：

$$\frac{y_1^d - y_1^{oc}}{y_1^{oc}} = \frac{x_2^d - x_2^{oc}}{x_2^{oc}} \quad (12.17)$$

其中，y_1^{oc} 为类型 1 的消费-生产者为购买 y_1^d 付出的机会成本。在分工交换经济下，类型 1 的消费-生产者要用一定量的 x_i^s 换取 y_1^d，而他为生产这一定量的 x_i^s 而放弃的 y 的产量即 y_1^{oc}，就是类型 1 的消费-生产者为购买 y_1^d 付出的机会成本。令 l_{x_1} 为类型 1 的消费-生产者为购买 y 而生产产品 x 所需要的劳动，它同时也就是生产 y_1^{oc} 所需要的劳动 $l_{y_1}^{oc}$，即 $l_{y_1}^{oc} \equiv l_{x_1}^s$，由此可以得到 $y_1^{oc} \equiv h(g^{-1}(x_i^s))$ 。

同样地，x_2^{oc} 为类型 2 的消费-生产者为购买 x_2^d 而付出的机会成本，同理可以得到 $x_2^{oc} \equiv g(h^{-1}(y_2^s))$ 。

若类型 1 和类型 2 的消费-生产者人数分别为 M_1 和 M_2，则市场出清条件为：

$$\begin{cases} M_1 x_1^s = M_2 x_2^d \\ M_1 y_1^d = M_2 y_2^s \end{cases} \quad (12.18)$$

可以得到：

$$v \equiv V_x^c/V_y^c = \frac{\beta}{1-\beta} \frac{h(\vartheta_y)}{g(\vartheta_x)} \frac{M_2}{M_1} \quad (12.19)$$

由比较利益率均等和市场出清条件可得：

$$\frac{M_2 y_2^s - M_1 y_1^{oc}}{M_2 y_2^s} = \frac{M_1 x_1^s - M_2 x_2^{oc}}{M_1 x_1^s} \quad (12.20)$$

进一步可求解得到：

$$\frac{M_2}{M_1} = \left[\frac{(1-\beta) g(\vartheta_x) h(g^{-1}((1-\beta) g(\vartheta_x)))}{\beta h(\vartheta_y) g(h^{-1}(\beta h(\vartheta_y)))}\right]^{\frac{1}{2}} \quad (12.21)$$

由消费-生产者的总人数 $\bar{M} = M_1 + M_2$，可得：

$$\begin{cases} M_1 = \dfrac{1}{1 + \left[\dfrac{(1-\beta) g(\vartheta_x) h(g^{-1}((1-\beta) g(\vartheta_x)))}{\beta h(\vartheta_y) g(h^{-1}(\beta h(\vartheta_y)))}\right]^{\frac{1}{2}}} \bar{M} \\ M_2 = \dfrac{\left[\dfrac{(1-\beta) g(\vartheta_x) h(g^{-1}((1-\beta) g(\vartheta_x)))}{\beta h(\vartheta_y) g(h^{-1}(\beta h(\vartheta_y)))}\right]^{\frac{1}{2}}}{1 + \left[\dfrac{(1-\beta) g(\vartheta_x) h(g^{-1}((1-\beta) g(\vartheta_x)))}{\beta h(\vartheta_y) g(h^{-1}(\beta h(\vartheta_y)))}\right]^{\frac{1}{2}}} \bar{M} \end{cases} \quad (12.22)$$

由总价值量等于生产 x 和 y 两种产品的社会总劳动时间，可得：

$$M_1 V_x^c x_1^p + M_2 V_y^c y_2^p = M_1 \vartheta_x + M_2 \vartheta_y \quad (12.23)$$

则由式(12.19)和式(12.23)可得：

$$\begin{cases} V_x^c = \dfrac{\beta}{M_1 g(\vartheta_x)} (M_1 \vartheta_x + M_2 \vartheta_y) \\ V_y^c = \dfrac{1-\beta}{M_2 h(\vartheta_y)} (M_1 \vartheta_x + M_2 \vartheta_y) \end{cases} \quad (12.24)$$

由式(12.24)可知，单位产品价值与技术水平呈反比关系，随着技术水平的提高，单位产品价值下降。

以产品 y 作为一般等价物，则国内生产总值(GDP)可以表示为：

$$GDP = M_1 v V_y^c g(\vartheta_x) + M_2 V_y^c h(\vartheta_y) = \frac{V_y^c M_2 h(\vartheta_y)}{1-\beta} \quad (12.25)$$

以 0 期为基期,假定人口增长率为 m ,则 t 期($t > 0$)实际 GDP 平均增长率

$$g = \frac{1}{t-0}\ln\left(\frac{GDP_t}{GDP_0}\right) = \frac{1}{t}\ln\left[\frac{1-\beta}{1-\beta}\frac{V_{y_0}^c}{V_{y_0}}\frac{M_{2_t}h_t(\vartheta_y)}{M_{2_0}h_0(\vartheta_y)}\right]$$
$$= \frac{1}{t}[m + a(\ln A_t - \ln A_0)] \qquad (12.26)$$

同理,以产品 x 作为一般等价物,也可以得到式(12.26)的结果。

当我们用实际 GDP 的增长率来度量经济增长时,由式(12.26)可以看出,实际 GDP 的增长有两个来源,一是来自于劳动人口的增加,二是来自于学习导致的知识积累和技术进步。从跨期角度看,消费-生产者通过学习得到的技术具有"耐用品"的性质,并且是折旧率极低的耐用品,不仅参与当期价值的创造,也能够参与未来时期的价值创造,它能够进入普通产品的生产函数中,提高消费-生产者生产产品的劳动生产力。

由技术积累函数以及产品 x 和 y 的生产函数式(12.1)—式(12.3)可得:

$$g(l_x) = \begin{cases} [A_{t-1}^{a^2/b}(l_A - c_A)^a(l_x - c_x)]^b, & l_x \geq c_x \\ 0, & l_x < c_x \end{cases} \qquad (12.27)$$

$$h(l_y) = \begin{cases} [A_{t-1}^{a^2/b}(l_A - c_A)^a(l_y - c_y)]^b, & l_y \geq c_y \\ 0, & l_y < c_y \end{cases} \qquad (12.28)$$

虽然在每个时期,价值总量仍然等于当期的总劳动时间,但从跨期角度,不同时期的劳动已经是异质化的劳动,不同时期等量的劳动时间已经是不等质的劳动时间,它们折算进入产品的生产函数时已经有本质的差异。那么,如何对不同时期等量的劳动时间进行跨期比较呢? 谷书堂、柳欣(1993)提出的衡量尺度是:劳动 = 劳动时间×劳动生产

力,与之类似,我们定义 $L_x = A_{t-1}^{a^2/b}(l_A - c_A)^a l_x$, $L_y = A_{t-1}^{a^2/b}(l_A - c_A)^a l_y$。可以看出,本章构建的新的劳动量衡量尺度由三个部分组成:除生产产品的纯劳动时间(l_x 和 l_y)外,还包括生产者本期学习技术的劳动时间($l_A - c_A$),以及生产者前期学习技术的劳动时间在本期的累积效应(A_{t-1}),这三部分都参与产品生产和价值创造。并且,三部分内容对于产品生产的弹性并不相同,其中生产产品纯劳动时间的产出弹性系数为1,当期学习技术的劳动时间产出弹性系数为 a ,前期学习技术的累积劳动时间产出弹性系数为 a^2/b 。从跨期角度比较不同时期(如 s 期和 t 期)的劳动时间,虽然生产者在每期投入学习技术和纯生产产品的时间比例相同,但由于前期累积的技术水平不同,以 s 期为基期,则 t 期的劳动时间,已经相当于 $A_{t-s}^{a^2/b}$ 倍的 s 期劳动时间,由此也就形成了倍加的价值总量。

12.5 总结

"价值总量之谜"是一个兼具现实和理论意义的世纪之谜。从现实角度看,它反映的是实际 GDP 增速远超劳动人口(及劳动总量)增速、财富量和价值量脱节的现象。从理论角度看,它实际上揭示了劳动价值论的一个弊端:以活劳动作为创造价值的唯一源泉,不能反映非劳动生产要素对价值创造的贡献,更不能反映内生的技术进步在价值创造中的作用。在传统的劳动价值论框架下不可能破解"价值总量之谜",甚至将其视为"伪问题",否认它的存在。广义价值论现有的研究已经论证了非劳动生产要素对价值创造的贡献,为破解"价值总量之谜"指出了正确的路径,但现实中主要经济体的经济增长经验告诉我们,技术进步对经济增长的贡献率更高,远超要素累计的贡献,这也是形成"价值总量之谜"的主要原因。因此,本章在广义价值论框架下将技术进步内生化，论证了正是生产者在学习技术上投入的劳动量导致技术累积和技术进步，从而促进了劳动生产力提高和经济增长。本章认为，当用实际 GDP 的增长率来度量经济增长时，它一方面来自于劳动人口（及劳动总量）的增加，另一方面来自于学习导致的知识积累和技术进步。虽然在每个时期，价值总量等于总劳动时间的关系仍然成立，但从跨期来看，不同时期的劳动时间主要由于前期技术进步的累积效应已经产生质的差别，这种不同质的同量劳动会形成不等量的价值，这就是本章对"价值总量"之谜的解释。

13. 基于广义价值论的国际贸易理论

200多年前李嘉图(Ricardo,1817)创立的比较优势原理至今仍然是国际贸易理论的基础,然而正如本书前面各章所分析的,由于国际贸易不过是国内贸易的延伸,支配国际贸易的比较优势原理实际上首先是在国内贸易发挥作用的,或者从根本上说,人类最初的分工交换就是产生于对比较优势决定的比较利益的追求。正是基于这样一种理念,本书在李嘉图比较优势原理的基础上,借鉴劳动价值论、新古典价值论以及斯拉法价值论的科学成分,创立了一个首先用来解释国内分工交换经济的广义价值论,而随着比较优势原理的内在逻辑和分工交换范围由国内向国际的发展,广义价值论的研究自然会拓展到国际贸易领域。本章首先概括广义价值论对传统国际贸易理论贡献,然后运用广义价值论基本原理分析了技术进步对贸易模式和利益分配的影响,最后就本章构建的两部门贸易模型尝试进行了经验验证,并从中得出若干政策启示。①

13.1 国际分工交换的价值基础

由本书第2章对价值理论的回顾可知,无论是古典的劳动价值论还是新古典价值论,抑或是斯拉法价值论,都只是一种在严格限定的条

---

① 陈臣、王勇、高宏、王康等博士参与了本章的研究和讨论。

件下才有一定解释力的狭义价值论。广义价值论创立了相对生产力（以及相对生产力系数）、综合生产力（以及综合生产力系数）、比较生产力、平均生产力等概念，重新界定了比较利益和机会成本的内涵，并提出了比较利益率这一核心范畴，论证了均衡交换比例决定于比较利益率均等原则，从而使原本在李嘉图体系中仅仅当作国际贸易理论发挥作用的比较优势原理，在广义价值论中成为一般分工交换——首先是国内分工交换，更进一步说，作为人类分工交换起源（从自然分工到社会分工、从两个人的分工到两个部门的分工、从两个地区的分工到两个国家的分工）的理论基础，国际分工交换仅仅是基于比较优势原理的国内分工交换向国际的延伸和扩展。

不仅如此，李嘉图版的比较优势原理在传统国际贸易理论中只是用来解释国际分工交换产生的原因和各国专业化分工的条件，李嘉图本人不但并没有在此基础上建立一个完整的国际价值理论，反而由于国际交换价值明显偏离了等量劳动相交换的原则，似乎又成了劳动价值论的一个例外。对于国际间的商品的交换比例，约翰·穆勒（1991，第130页）认为这取决于两国消费者的偏好以及市场出清条件（即取决于其所谓的国际需求方程式），并指出"两国可以分享贸易利益的比率是多种多样的。对于比较间接地决定各国所占比率的各种情况，也只能作很笼统的说明"。至于新古典价值论和斯拉法价值论本身就不是建立在比较优势决定的分工交换关系基础上的，当然也不可能用来解释国际分工交换中的价值决定。

正是由于以上两方面的原因和事实，基于比较优势原理的广义价值论则可以为国际分工交换提供一个既不同于劳动价值论，也不同于新古典价值理论和斯拉法价值论的国际价值基础，从而填补国际贸易理论中暂缺的价值理论空白。

在我国学术界围绕"国际价值"的讨论中,一些学者试图把李嘉图的比较利益说与马克思的国际价值概念统一起来,恐怕是徒劳无益的(参见宋承先,1984;张二震等,2008)。因为马克思所谓的国际价值,只不过是劳动价值论在国际交换中的简单应用,或者说,是生产同一种商品的同类国家的国内社会必要劳动时间在世界范围内的加权平均,它和前述由国际比较成本决定的广义国际价值,完全是两回事。马克思所谓的国际价值只是前述广义国际价值的一个特例,也就是说,只有当国际比较生产力的差别系数等于1时,广义国际价值才等于各国平均绝对劳动耗费或国际社会必要劳动时间;而在一般情况下(国际比较生产力差别系数不等于1),广义国际价值会偏离马克思所谓的国际价值。

13.2 比较利益的公平分配原则

13.2.1 等价交换与不等价交换辨析

我们首先通过美国1架波音换中国1亿件衬衣的例子来讨论何为等价交换和不等价交换。

1架波音777花费美国1000个工人1年的劳动,1亿件衬衣花费中国1000个工人10年的劳动,中国用1亿件衬衣换美国1架波音777,相当于美国用1小时劳动产品换取了中国10小时劳动产品,是不等量劳动相交换。

按照马克思基于劳动价值论的国际价值理论,不等量劳动交换就是不等价交换:发达国家1小时的劳动产品换取落后国家若干小时的劳动产品自然是不等价交换,是富国剥削了穷国,或发达国家剥削了发展中国家。①

阿明(2000)和伊曼纽尔(1988)等学者据此提出不平等交换理论,对发展中国家参与国际分工和全球化持谨慎态度。

我们知道,李嘉图在创立其基于比较优势的国际贸易理论时,只是根据贸易国双方的劳动生产力的相对差别为交换比例画出了一个上下限即所谓贸易条件(Trade Term),使用李嘉图当时例举的葡萄牙与英格兰各自生产葡萄酒和棉布的劳动生产力四个数字,如下所示:

对于葡萄牙来说:8／9 匹<1 桶酒换到的布<12/10 匹

对于英国来说:10／12 桶<1 匹布换到的酒<9／8 桶

无论是李嘉图本人,还是 200 多年来根据李嘉图的比较优势原理构建国际贸易理论的诸多学者,包括前述穆勒的"相互需求理论",都没有对均衡交换比例做出确定,以至于比较利益的分配从来就没有一个公平合理的标准,完全取决于供求关系和贸易谈判的实力和策略技巧。伊曼纽尔(1988,第 70 页)认为,"大卫·李嘉图对交换各方所得好处的比例问题没有推究。对他来说,这种分配和价格本身一样无法确定,它们都是建立在一个主观因素上的,因而是建立在一些科学研究范围之外的东西上的"。伊曼纽尔关于李嘉图之所以忽略贸易利益分配之原因的解释,显然没有说服力。因为众所周知,李嘉图在其划时代巨著《政治经济学及赋税原理》的开篇"原序"中就强调,在不同的社会阶段中,全部土地产品在地租利润和工资的名义下分配给各个阶级的比例是极不相同的,确立支配这种分配的法则乃是政治经济学的主要

---

① 马克思指出:"一个国家的三个工作日也可能同另一个国家的一个工作日交换。价值规律在这里有了重大的变化……在这种情况下,比较富有的国家剥削比较贫穷的国家,甚至当后者象约·斯·穆勒在《略论政治经济学的某些有待解决的问题》一书中所指出的那样从交换中得到好处的时候,情况也是这样。"(马克思、恩格斯,1974c,第 112 页)简单地运用马克思的国际价值概念分析国际贸易问题,必然会得出发达国家(富国)剥削不发达国家(穷国)的结论。参见宋承先(1984)。

问题(李嘉图,1962,第3页)。一个把确定分配法则视为政治经济学主题的经济学家怎么会对国际贸易利益的分配避而不谈呢?不仅如此,李嘉图毕生都在研究价值决定的规律和不变的价值尺度,又怎么可能忽略国际价值的决定呢?这里,关键的问题恐怕还是在于,李嘉图至死都在坚持劳动价值论,而根据比较优势进行的国际分工交换明显违反了等量劳动相交换或等量劳动创造等量价值的劳动价值论基本原理,这样国际交换价值的决定就成了劳动价值论的例外,失去了一以贯之的逻辑基础,完全成为类似马克思语境中的利息率和工作日的概念,其数量是可以确定的,但其本身是不确定的,其量的确定"纯粹是经验的、属于偶然性王国的事情"。① 既然国际价值的量是不确定的,以经济剩余为基础的李嘉图的分配理论也就不可能对比较利益的分配做出科学的解释了。

不管李嘉图出于什么原因,也不管约翰·穆勒对此做出多么笼统的回答,比较利益的分配问题都是至关重要的,因为只有使比较利益在贸易各方之间公平合理地分配,才能保证国际分工交换可持续地发展。为此,格雷厄姆(Graham,1923)指出,国与国之间的规模大小将会对贸易或交换条件产生影响,相对于规模较小的国家而言,贸易条件可能更加靠近规模较大的国家的生产转换比例,比较利益将更多地为规模较小的国家所分得。作为比较优势原理的坚定捍卫者,瓦伊纳(Viner,1937)首先对贸易利益或比较利益上的分配进行了较为全面的分析,并明确指出:比较优势原理不仅仅是用来解释专业化方向和分工的益处等贸易机制问题的,更重要的是用来解释分工和交换带来的收

---

① 马克思认为,工作日不是一个不变量,而是一个可变量,工作日是可以确定的,但是它本身是不定的(马克思、恩格斯,1972b,第258页)。利息率虽然是可以确定的,但利息率本身是不确定的。平均利息率"不能由任何规律决定"(马克思、恩格斯,1974a,第406页),利润在职能资本家和货币资本家之间怎样分配,"纯粹是经验的、属于偶然性王国的事情"(同上书,第408页)。

益以及损失等福利问题的。然而瓦伊纳(Viner,1937)并没有对比较利益进行度量或者对比较利益的分配进行评判,仅仅是解释了比较利益产生的机理。自此以后,新古典贸易理论中的比较利益的分配便归结为价格理论下的一个自然的推论了。

正如斯拉法曾经指出的,在有剩余的生产体系中,"剩余分配的决定,必须和商品价格的决定,通过相同的机构,同时决定"(斯拉法,1963,第12页)。比较利益作为国际分工交换所产生的一种剩余或净收益,其公平的分配必须与均衡的国际交换价值的形成同时决定。而按照前述不等量劳动相交换就是不等价交换——不等价交换就是不平等交换——不平等交换就是剥削的逻辑,在由各贸易国贸易品的机会成本构成的上下限范围内形成的任何随机的交换比例都难免有不平等和剥削发生,既然如此,为什么还要参与国际分工交换呢,为什么还要自觉自愿或争先恐后地要求加入诸如WTO等国际贸易组织呢?或者,干脆连国内贸易也退出,直接回归自给自足的自然经济状态岂不就完全避免了不等价不平等交换和剥削吗?

13.2.2 比较利益率均等是判断等价交换和公平分配的标准

如果中国这1000名工人生产1架波音777需要20年,那就意味着中国生产1亿件衬衣的机会成本是半架波音777,用1亿件衬衣换取1架波音777,减去1亿件衬衣的机会成本即半架波音777,得到的比较利益(净收益)是0.5架波音777,再除以1亿件衬衣的机会成本即半架波音777,比较利益率为100%。

如果美国那1000名工人生产1亿件衬衣需要2年,同样按上述方法计算,美国用1架波音777换取中国1亿件衬衣的比较利益率同样是100%。

只要交换双方获得的比较利益率均等,就是等价交换或平等交换,尽管不是等量劳动交换。根据比较利益率均等原则确定的交换比例就是均衡的国际交换比例,即前述式(3.9)。

13.3 劳动生产力对贸易模式的影响

本书第5章分析了各种形态劳动生产力对价值决定的影响,即八大定理,其中包括:

(1)均衡交换比例与社会平均生产力系数正相关(定理1);

(2)单位商品价值与绝对生产力负相关但不成反比(定理2);

(3)单位个别劳动创造的价值量与其绝对生产力和部门比较生产力正相关(定理3);

(4)单位平均劳动创造的价值量与部门比较生产力正相关(定理4);

(5)部门总劳动创造的价值总量与部门比较生产力正相关(定理5);

(6)部门间必要劳动投入之比决定于部门间综合生产力之比(定理6);

(7)全社会价值总量与社会总和生产力正相关(定理7);

(8) $q_{11},q_{12},q_{22},q_{21}$ 的变动对均衡交换价值、单位商品价值、单位劳动价值和均衡的比较利益率的影响总结概括如下(定理8):

$q_{11}\uparrow \rightarrow RP_1$ 斜率$\uparrow \rightarrow R_{2/1}\downarrow \rightarrow V_1^c\downarrow \rightarrow V_2^c\downarrow \rightarrow V_1^t\uparrow \rightarrow V_2^t\downarrow \rightarrow CB'_{1=2}\uparrow$

$q_{12}\uparrow \rightarrow RP_1$ 斜率$\downarrow \rightarrow R_{2/1}\uparrow \rightarrow V_1^c\uparrow \rightarrow V_2^c\uparrow \rightarrow V_1^t\uparrow \rightarrow V_2^t\downarrow \rightarrow CB'_{1=2}\downarrow$

$q_{22}\uparrow \rightarrow RP_2$ 斜率$\downarrow \rightarrow R_{2/1}\downarrow \rightarrow V_1^c\downarrow \rightarrow V_2^c\downarrow \rightarrow V_1^t\uparrow \rightarrow V_2^t\downarrow \rightarrow CB'_{1=2}\downarrow$

$q_{21}\uparrow \rightarrow RP_2$ 斜率$\uparrow \rightarrow R_{2/1}\downarrow \rightarrow V_1^c\downarrow \rightarrow V_2^c\uparrow \rightarrow V_1^t\uparrow \rightarrow V_2^t\downarrow \rightarrow CB'_{1=2}\downarrow$

这些适用于国内分工交换的原理同样适用于国际分工交换。广义价值论揭示了部门价值量与部门综合生产力正相关原理以及单位劳动价值量与单位劳动绝对生产力正相关原理,从而为单个企业提高绝对生产力和整个国家提高综合生产力(包括进口产品和出口产品的生产力)提供了内在激励机制。

13.4　国际贸易政策的理论基础

13.4.1　平等与效率相统一的原则

首先,广义价值论体现了平等原则。如前所述,根据"比较利益率均等"原则,参与国际贸易的各方无论大国小国、富国穷国、发达国家与发展中国家,各自获得的比较利益与各自付出的机会成本之比必须都是相等的。这一原则决定的贸易利益的分配是平等的,不存在谁剥削谁或谁占谁的便宜。

其次,广义价值论体现了效率原则。由于一国从国际贸易中获得的收益与综合生产力正相关,综合生产力较高的国家1小时劳动产品可以换回综合生产力较低国家若干小时劳动产品,这种交换关系体现了效率原则,为各国竞相提高劳动生产率提供了激励机制。

各国参与国际贸易的个别企业,其单位劳动创造的价值不仅与国家综合生产力正相关,而且与其个别劳动生产率正相关,从而激励其不断提高劳动生产率。

处在国际分工交换中的任何一个或两个国家提高自己具有比较优势的产品的生产力,两国都将从中受益,但生产力提高国福利增进幅度较大,体现了对率先实现技术进步国的特殊激励。下一节讨论萨缪尔森(Samuelson,2004)文章时,将具体分析这种情况。

最后,广义价值论体现了平等与效率的统一。基于广义价值论的国际分工和交换既保证了平等又促进了效率,因而是一种公平的国际经济秩序。

13.4.2 发展中国家赶超战略的理论指导

首先,一国的综合生产力水平既取决于出口产品的绝对生产力,也取决于本国进口产品的绝对生产力,同时还取决于贸易国进出口产品的绝对生产力。

其次,一国的技术进步无论发生在哪一方都会提高本国综合生产力水平,从而增进本国的贸易利益。

再次,处在国际分工交换体系中的经济体或国家不仅应该关注分工所产生的相互依赖性和互惠性,也应该关注自身的自给自足能力的提高,即在分工交换关系中的经济体不能只注重提升自身的比较优势,还应着眼于削弱自身的比较劣势,二者都有助于提高比较(综合)生产力。在国际分工中,是采取"进口替代"还是"出口导向",是着眼于增强比较优势还是致力于削弱比较劣势,没有一定之规,关键看哪种选择能更有效提高生产力。

最后,根据广义价值论,出口产品生产力的提高会同时提高出口国与进口国的福利,但出口国的福利提高的幅度更大;而进口产品生产力的提高会增强出口产品的议价能力,从而提高出口产品的相对价值,增加本国福利和减少进口国福利,导致损人利己的结果。但后发国家进口产品生产力持续提高到一定程度后,比较优势以及贸易模式会发生逆转,本国产业结构升级,从而会缩小与发达国家的差距。从动态角度看,无论是采取出口导向策略提高具有比较优势产业的生产力,还是采取进口替代着眼于提高进口产品的生产力,都符合比较优势原理。

13.4.3 发达国家对待发展中国家技术进步和赶超的正确态度

首先,发达国家不能把本国出口产品比较优势的丧失归咎于发展中国家进口产品的技术进步,只能怪自己相关产业的技术停滞或相对落后。

其次，发展中国家进口产品的技术进步不会对发达国家造成永久性损失，一方面双方由此进入自给自足状态并非任何贸易保护的结果，而是由技术进步导致双方比较优势消失之使然；另一方面，随着相关产业持续的技术进步，新的比较优势又会产生，只不过分工方向会发生逆转，从而为新的国际分工提供了可能。

在上述任何情况下，贸易保护都是搬起石头砸自己的脚。

13.4.4 构建人类命运共同体的基础

首先，构建人类命运共同体的前提是建立在共同的价值理论基础上的经济全球化；

其次，参与经济全球化社会主义与资本主义两大阵营依据的是不同的价值理论；

最后，广义价值论是对经济思想史上各种代表性价值理论的综合与创新，有望成为两大经济思想体系相互融合的基础。

13.5 技术进步对贸易模式和利益分配的影响

13.5.1 从萨缪尔森 2004 年的大作谈起

在过去 20 多年中，中国、印度等大型经济体在国际分工体系中的快速发展，对国际贸易格局以及美国等发达国家的产业结构、就业和国民收入产生了重要影响，以致国际社会对全球化的利弊和前景做出了不同的判断和解读。主流经济学家大都基于李嘉图比较优势原理支持自由贸易，对全球化前景比较乐观。而已故诺贝尔经济学奖得主萨缪尔森在 2004 年发表的一篇文章中（Samuelson，2004，以下简称萨文），运用李嘉图-穆勒的比较优势和相互需求理论分析了技术进步对中美两国贸易的影响,发现如果中国具有比较优势的出口产品劳动生产率提高会同时提高两国实际人均收入,但如果中国具有比较劣势的进口产品劳动生产率提高,则只能提高中国实际人均收入而使美国实际人均收入受到"永久性"损失。虽然萨缪尔森强调从他的分析中并不能得出国家是否应该实行贸易保护主义政策的结论,但他最终还是确认,民主政体在应对自由贸易的危害时所采取的固步自封的政策往往会搬起石头砸自己的脚(Samuelson,2004,p.142)。

萨文的发表引起了公众和学术界的广泛关注①,《纽约时报》(*New York Times*)和《商业周刊》(*Business Week*)等著名媒体都对萨文进行了报道或评论。时任总统经济顾问委员会主席的曼昆等(Mankiw et al.,2006)形容萨文是"一篇卓越的创新性论文"(remarkable new paper);鲍德温(Baldwin,2006)则将萨缪尔森在该文中与公众分享的观点称为"著名的萨缪尔森忠告"(famous Samuelson's caveat)。对萨文使用的方法学界也有讨论。Levy(2008)认为萨文没有采用新的和复杂的分析方法,而直接追溯到了20世纪70年代,并认为这可能表示贸易自由主义内部有了裂痕。在我国,周其仁(2006)也对萨文有一篇非技术性的解读。在中美贸易战的背景下,现在也有越来越多的人关注这篇文章,也有不少人甚至认为这篇文章早在14年前就预见到了中美的贸易冲突。

萨缪尔森这篇文章实际上延续了其早年的学术工作:他在1977年就曾与多恩布什、费希尔(Dornbusch et al.,1977)建立了连续商品集下的李嘉图模型,试图对李嘉图的相对比较优势思想进行更严格的分析;而这篇文章(Samuelson,2004)则基于发展中国家技术进步的背景重新阐述了上述思想,试图更为全面地考察国际贸易的比较优势理论。

不少学者沿着萨缪尔森这一思路,从两个国家扩展到多个国家,考察更多因素对国际贸易的影响。伊顿和科图姆(Eaton & Kortum,

---

① 根据谷歌学术搜索,截至2018年8月14日(下同),该文被988篇文献引用。

2002)建立了多国背景下的李嘉图模型,并通过对生产率分布的合理参数化,匹配了各国之间在制造业部门的贸易数据。肖(Chor,2010)则在一个统一的框架下从国家和行业两个层面分解并实证检验了比较优势的三种来源——生产率差异(李嘉图比较优势)、要素禀赋(H-O 比较优势)、制度因素。科斯蒂诺特等(Costinot et al.,2016)在伊顿和科图姆(Eaton & Kortum,2002)框架下,用农产品市场的大数据刻画了比较优势的动态演化。最近,列夫琴科和张(Levchenko & Zhang,2016)将伊顿和科图姆(Eaton & Kortum,2002)建立的多国李嘉图模型拓展到多部门,并通过 72 个国家 19 个制造业部门近 50 年的面板数据对部门间相对生产率趋同、全球贸易总量及分布等问题进行了经验分析。

还有一些文献则是把研究的视角转向微观领域,考察企业追求技术进步提高生产率对国际贸易的而影响。梅利茨(Melitz,2003)基于企业在生产率方面的异质性,在理论上探讨了企业间比较优势对于行业内资源再分配以及行业整体生产率的影响,开创了基于企业层面异质性新贸易理论(New-New Trade Theory)。梅利茨和奥塔维亚诺(Melitz & Ottaviano,2008)对梅利茨(Melitz,2003)的模型框架进行了拓展,建立了可变成本加成情形下的异质性企业模型,增加了 Melitz 模型的一般性。赫尔普曼等(Helpman et al.,2008)则将异质性企业模型与数据进行了匹配,从集约边际和广延边际两个角度分别分析了出口企业贸易量和出口企业数量的动态变化。勃兰特等(Brandt et al.,2012)在异质性企业模型的框架下,测算了中国制造业领域企业层面的生产率增长情况。

另外一类文献则同时研究了国家、行业(部门)及企业层面的比较优势。伯纳德等(Bernard et al.,2007)在一般均衡模型中同时考察了国家间在相对要素充裕度(Relative Factor Abundance)上的差异、行业间在要素密集度上(Factor Intensity)的变化以及企业间在生产率上的异质性(Heterogeneous Productivity),探讨了这三个层面的比较优势对国家和行业间的资源再分配、劳动力在不同行业间之间的流动以及贸易利益的动态影响。大久保(Okubo,2009)基于企业异质性框架,对部门内和部门间的李嘉图比较优势进行了细致分析。伯斯坦和沃格尔(Burstein & Vogel,2017)在传统贸易模型中引入企业间和部门间在劳动技能密集度上的差异,分析贸易成本降低对于部门间和部门内要素再分配的影响,并发现"在技能密集型部门,劳动技能的工资溢价(Skill Premium)会上升;在部门内,要素会流向生产率高、技能密集程度高的企业"。高伯特和伊茨霍基(Gaubert & Itskhoki,2018)从行业密集度和龙头企业的行业垄断程度这两个指标分别探究了比较优势在行业间和企业间的转移和动态变化,提出了"颗粒比较优势"(Granular Comparative Advantage)的概念。

  本节认为,以上包括萨文在内的诸多学者的研究,都是旨在对李嘉图古典比较优势理论进行扩展和深化,由此表明尽管伴随着经济全球化的进程国际贸易理论也在不断发展,但比较优势学说作为国际分工和贸易的理论基础,其基本原理仍然是适用的。① 萨文的创新性在于突破了古典比较优势理论技术不变的假定,特别考察了一国比较劣势部门技术进步产生的影响,但它仅仅考察了这种技术进步所产生的短期效应,即双方比较优势消失从而回归到自给自足状态,而没有进一步分析一国比较劣势产业持续的技术进步可能对双方比较优势逆转以及新的贸易模式和贸易利益的影响;②萨文之后的相关研究虽然在2×2模型的扩展、比较优势的来源以及产业内贸易等方面有不同程度的推进,但仍然没有能够弥补萨文所存在的缺憾。

---

  ① 曼昆等(Mankiw et al. ,2006)指出,虽然由于技术进步,世界有了很大的变化,比如很多服务也可以进行贸易。但是,技术外包这一话题,依然可以很好地纳入斯密和李嘉图的比较优势分析框架。
  ② 比较优势逆转是指一国原来不具有比较优势的部门变得具有优势,另一国则正好相反。

鉴于萨文对全球化和国际贸易理论所产生的重大影响,我们拟针对萨文所采用的分析框架和提出的问题,运用广义价值论分析框架,进一步深入探讨一国持续的技术进步如何通过改变均衡贸易价格以及专业化分工方向而对国际分工和贸易利益产生影响,从而揭示中美贸易争端的技术根源和经济基础,并结合比较两种分析范式的异同提出相应的政策建议。

为便于比较,我们采用与萨文完全相同的参数,相同的比较静态分析方法。我们并不涉及与国际贸易特别是中美贸易相关的其他文献以及萨文未讨论的与中美贸易相关的其他因素。我们虽然以中美两国贸易作为研究对象,并重点分析中国的技术进步效应特别是比较劣势技术进步的影响,但这种分析和相关结论同样适用于任何两个国家以及任一部门的技术进步,而且如萨文所说,这里有关 2×2 模型的研究,也完全可以扩展为 $n \times n$ 模型。①

本节第二部分将在广义价值论框架内考察中国比较优势产业劳动生产率提高和比较劣势产业持续的技术进步所产生的影响,指出基于广义价值论的研究与萨翁大作的相同点和不同点;第三部分通过对广义价值论框架和萨翁的新古典分析范式的比较,引申出若干有关自由贸易和全球化的结论。

13.5.2 本节的分析与萨文分析的异同

二者的相同点有四:

其一,初始假定相同,即中国有 1000 单位劳动力,美国有 100 单位

---

① 萨翁在其文章"尾声"第二点指出:即使在只包含劳动力的李嘉图模型中加入 20 世纪 30 年代之后由赫克歇尔、俄林、维纳、哈伯勒、勒纳、斯托尔珀-萨缪尔森、麦肯齐、琼斯和其他经济学家构建的多要素贸易模型,以及早期的马歇尔和埃奇沃思模型,我的定性结论也依然成立;在第四点指出:两个国家、两种商品或三种商品模型中成立的精髓,在 N 个国家 M 种商品的李嘉图-穆勒模型中也可以成立(Samuelson,2004,p.143)。

劳动力,美国对于产品 1 和产品 2 的单位劳动生产力分别为 $q_{11} = 2$, $q_{12} = 1/2$,中国对应的参数为 $q_{21} = 1/20$, $q_{22} = 2/10$。这意味着美国在产品 1 的生产上具有比较优势,中国在产品 2 的生产上具有比较优势。

其二,与封闭条件相比,中美两国根据各自的比较优势进行专业化分工交换将会使两国人均实际收入均有大幅度提高。① 关于这一点,我们的分析与萨文 Act I(a) 的结论完全相同;

其三,中国具有比较优势的出口部门即产品 2 的技术进步会同时提高中美两国的人均实际收入。关于这一点,从变化方向看,我们的分析也与萨文 Act I(b) 的结论相同。②

其四,中国具有比较劣势的进口产品 1 发生技术进步并达到一定水平,以致两国比较优势不复存在,双方各自回到自给自足状态,但美国的人均实际收入回落到自由贸易前的水平,而中国的人均实际收入高于自由贸易前的水平。关于这一点,我们的分析与萨文 Act II 的结论也是相同的。

二者的不同点有四:

其一,中国具有比较优势的出口部门即产品 2 的技术进步会同时提高中美两国的人均实际收入,但两国各自提高的幅度不同,中国的人均实际收入提高的幅度大于美国,这一点与萨文 Act I(b) 的结论不同,后者认为两国人均实际收入同等程度提高。为了与萨文的 Act I(b) 相区别,我们把这种情况称为 Act I(b')。

其二,当中国通过技术创新将产品 1 的生产力提升到一定水平但尚不足以改变中美两国总体的比较优势和专业化分工模式时,中美两

---

① 即美国专门生产并出口产品 1,进口产品 2;中国专门生产并出口产品 2,进口产品 1,两国的人均实际人均收入与自给自足相比各自提高了 1 倍:美国的人均实际收入由 0.5 提高到 1;中国实际人均收入由 0.05 提高到 0.1。

② 中国通过技术创新提高产品 2 的生产力,可以提高产品 1 的相对价格,从而导致美国的实际人均收入增加,而中国由于生产更多产品 2,其实际人均收入也会增加。

国的实际人均收入会发生此消彼长的变化,这种情况萨文并没有分析,我们把它称为 Act III(a)。

其三,当中国通过技术创新将产品 1 的生产力提升到一定水平但尚不足以改变中美两国总体的比较优势时,中国还有可能改变单一的专业化生产模式,将一部分资源投入进口产品 1 的生产,这种情况萨文也没有分析,我们把这种情况称为 Act III(b)。

其四,当中国产品 1 的生产力跨越萨文的 Act II 阶段继续提高,即当 $q_{21}>8/10$ 时,中美两国之间会产生新的比较优势,不过方向发生了逆转,即中国生产产品 1 具有比较优势,而美国的比较优势变成了生产产品 2。此时双方的分工方向发生了变化,中国出口产品 1 而美国出口产品 2。在这种情况下,两国贸易后的实际人均收入会高于贸易前自给自足的实际人均收入,我们把它称为 Act III(c)。这种情况显然否定了萨文从 Act II 得出的结论,即中国进口产品 1 的技术进步使美国实际人均收入受到"永久性损失"。

下面,我们本着存同求异的学术精神,着重对上述四种与萨文不同的情况进行分析。

1) Act I(b'):中国出口品生产力提高,中美两国均受益,但中国的**受益程度大于美国**

为了便于比较,我们首先把萨文有关 Act I(b)分析概述如下:

在中美两国各自根据自身的比较优势确定了专业化分工模式之后,萨文假定由于技术创新,中国具有比较优势产品的生产力持续提高了 4 倍,即 q_{22} 由 2/10 提高到 8/10,而其他条件保持不变,$q_{11}=2$,$q_{12}=1/2$,$q_{21}=1/20$。则根据萨文的新古典价格模型,均衡价格比率为:$P_1^*/P_2^* = 4$。

根据这一交换比例:美国用 100 单位产品 1 换取中国 400 单位产品 2,美国的实际人均收入为:$\sqrt{400 \times 100}/100 = 2$;中国用 400 单位产品 2

换取美国 100 单位产品 1,中国的实际人均收入为：$\sqrt{100\times400}/1000 =$ 0.2。两国的人均实际收入均提高了 1 倍。图 13.1 描绘了 q_{22} 从 0.2 持续提高到 0.8 的过程中中美两国人均实际收入的变化①。

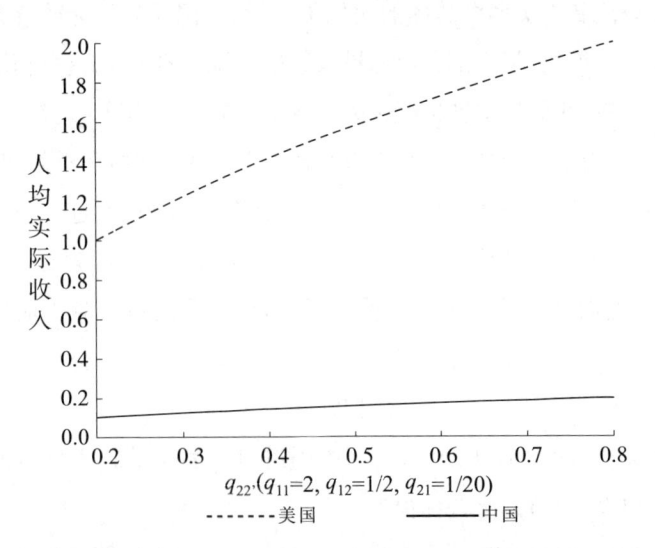

图 13.1 q_{22} 持续提升至 8/10,两国实际人均收入变化情况(萨文分析结果)

接下来,我们采用与萨文 Act I(b)相同的数据,但根据前述广义价值论的式(3.8)得出如下均衡价格比率：

$$R_{2/1} = \frac{x_2}{x_1} = \frac{P_1^*}{P_2^*} = \sqrt{\frac{8/10 \times 1/2}{2 \times 1/20}} = 2$$

根据这一交换比例,美国出口 100 单位产品 1 换取中国 200 单位产品 2,实际人均收入为：$\sqrt{200\times100}/100 = 1.414$;中国出口 200 单位产品 2 换取美国 100 单位产品 2,实际人均收入为：$\sqrt{600\times100}/1000 = 0.245$。

---

① 本节表示中美两国人均收入的变化的图示中,采用的图例为美国为方块状虚线,中国为实线,只是为了读图时的区分,并非指美国人均实际收入变化不连续。根据我们所用的模型和参数,两国的人均实际收入变化都是连续的。

图 13.2 刻画了 q_{22} 从 0.2 持续提高到 0.8 的过程中中美两国人均实际收入的变化。

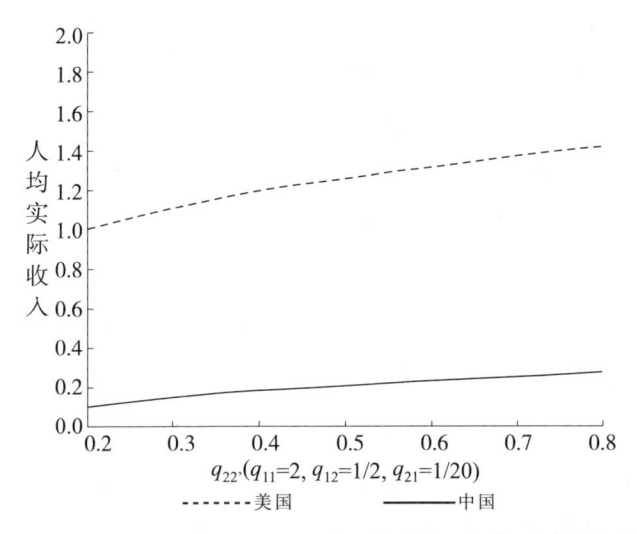

图 13.2 q_{22} 持续提升至 8/10，两国实际人均收入变化（本节分析结果）

对比以上两种分析，同样是中国出口产品生产力提高 4 倍，在萨文模型中，中美两国实际人均收入都分别提高了 1 倍，在本节分析中，美国仅提高了 41.4%，中国则提高了 145%，原因在于，萨文是按照由新古典价格模型决定的交换比例即 $R = P_1^*/P_2^* = 4$ 交换的，①按照这一交换比例，中国外贸部门劳动生产率提高的成果全部转移给了美国（交换比例由原来的 1∶1 变成了 1∶4），而本分析是根据比较利益率均等原则确定的交换比例即 $P_1^*/P_2^* = 2$ 交换的（交换比例仅从原来的 1∶1 提高到 1∶2），中国外贸部门劳动生产率提高的成果是由中美两国共

---

① 按照萨文假定，无论中国产品 2 的劳动生产力提高几倍，也不论美国的产品 1 的劳动生产力降低多少，双方总是拿出总产量的一半与对方交换，根据所谓等价交换（实际上是市场出清）的公式 $50q_{11}P_1 = 500q_{22}P_2$，则劳动生产力提高的好处将大半由对方不劳而获，而劳动生产力降低的损失则大半由对方代人受过。广义价值论完全否定了这一不合理也不现实的价值决定规则。

享的,这种交换比例和分配模式似乎更公平合理。

以上数例表明,随着中国出口产品(比较优势产品)生产力的提高,美中两国实际人均收入都在增长,但中国增长速度快于美国。这是因为在本轮贸易中,是中国主动推进了产品2的技术进步从而提高了出口品的劳动生产率。根据广义价值论定理(3),虽然中国单位出口产品价值量会降低,但单位劳动力创造的使用价值量从而价值总量却会增加,所以中国的实际人均收入会有显著提高。

美国的劳动生产率保持不变,相对于中国比较生产力的提高,美国的比较生产力是下降的,从而单位劳动力创造的价值量是减少的,只是由于通过与中国贸易分享了中国出口品价值降低所带来的好处,其实际人均收入才有些许提高。这不仅符合按贡献分配的效率优先原则,而且符合"天道酬勤""奖勤罚懒"的经济直觉,同时也告诫人们:不能守株待兔,坐享其成,而应积极进取,主动作为。

2) Act III(a):中国产品1的生产力提高,但中美两国比较优势及专业化分工模式保持不变

首先分析中国产品1的生产力 q_{21} 提高但尚未使双方比较优势逆转即中美两国专业化分工方向不变的情况 Act III(a),这时对应于萨文从 Act I(b) 至 Act II 之间的某一个阶段。假设中国产品1的生产力提升了两倍,即 $q_{21} = 1/10$,根据式(3.8)可得相对价格为 $P_1^*/P_2^* = \sqrt{1/2}$。按照这一相对价格,美国依然专业化生产产品1,生产的数量为200,出口数量为100,可以换取的中国产品2的数量为 $100/\sqrt{2}$,美国的实际人均收入约为0.841。此时中国依然专业化生产产品2[①],产量为200,贸易后产品1的数量为100,产品2的数量为 $200 - 100/\sqrt{2}$,中国的实

---

① 这时中国不会偏离专业化生产模式,否则人均效用会更低。比如中国拿出1单位劳动力生产产品1,那么实际人均收入约为0.11367,而专业化生产的实际人均收入约为0.11371。

际人均收入约为 0.114。

3) Act Ⅲ(b):中国产品 1 的生产力继续提高,中国改变单一产品专业化生产模式,部分资源用于生产进口产品 1

为了分析 q_{21} 提升过程中两国实际人均收入的变化,需要确定中国同时生产产品 1 和产品 2 所需的条件,以及生产产品 1 和产品 2 所需投入劳动力的数量。

如果中国投入 n_1 单位的劳动力生产产品 1,在其他技术条件不变的情况下,中国的效用最大化为①:

$$\begin{aligned}&\text{Max } U_2(x_1,x_2) = x_1^{1/2} x_2^{1/2} \\ &s.t.\ x_1 = 100 + n_1 q_{21} \\ &x_2 = (1000 - n_1) q_{22} - 100 \frac{P_1}{p_2}\end{aligned} \quad (13.1)$$

式(13.1)中约束条件为中国消费的产品 1 和产品 2 的数量。中国消费的产品 1 的数量由两部分组成:一是中国从美国进口 100 单位的产品 1,二是投入 n_1 单位的劳动力生产的 $n_1 q_{21}$ 单位产品 1。中国消费产品 2 的数量是生产的产品 2 的数量 $(1000 - n_1) q_{22}$,扣除为从美国进口 100 单位产品 1 所需要出口的数量 $100 p_1/p_2$ 后的余额。通过式(13.1),可得应当投入的 n_1 的表达式为:

$$n_1 = \frac{100 \left(10 q_{21} q_{22} - \sqrt{\dfrac{q_{12} q_{21} q_{22}}{q_{11}}} - q_{22} \right)}{2 q_{21} q_{22}} \quad (13.2)$$

将生产力参数 $q_{11} = 2$、$q_{12} = 1/2$ 和 $q_{22} = 2/10$ 代入式(13.2),可得:

$$n_1 = 50 \left(10 - \sqrt{\frac{5}{4 q_{21}}} - \frac{1}{q_{21}} \right) \quad (13.3)$$

---

① 这里用 U_2 表示中国的总收入(总效用)。

图 13.3 表示当 q_{21} 从 1/20 增加到 8/10 时,中国为了实现效用最大化,应该投入产品 1 部门的劳动力数量。由于投入生产产品 1 的劳动力数量不能小于 0,当 $q_{21} > 33^{(1/2)}/160 + 17/160 \approx 0.142$ 的时候,中国开始投入一部分劳动力生产产品 1。

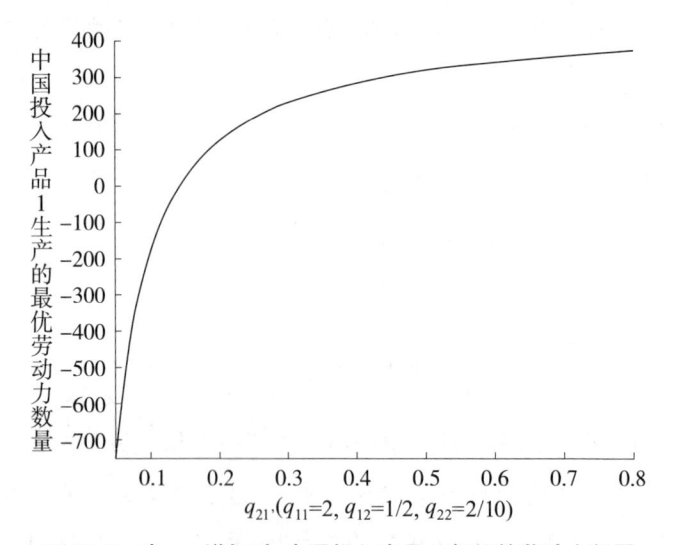

图 13.3　当 q_{21} 增加时,中国投入产品 1 部门的劳动力数量

需要说明的是,根据图 13.3,当 $q_{21} = 8/10$ 的时候,中国投入 375 单位的劳动力从事产品 1 的生产,而非自给自足的 500 单位。这是因为在求解式(13.1)时,我们预先假设了中国和美国进行一部分贸易,$q_{21} = 8/10$ 意味着贸易与否对于两国无差异,这时如果贸易,从美国换取的产品 1 的数量为 100 单位,需要投入的劳动力为 125 单位,与自给自足时生产的数量相同①。根据所求得的中国在不同技术条件下投入产品 1 生产的劳动力数量,可以得到两国的效用,见图 13.4。

---

① 使用 375 单位劳动力生产了 375×8/10=300 单位的产品 1,并且进口 100 单位,所以中国共消费 400 单位产品 1,这与自给自足时投入 500 单位劳动力生产的商品 1 的产品数量是相同的。

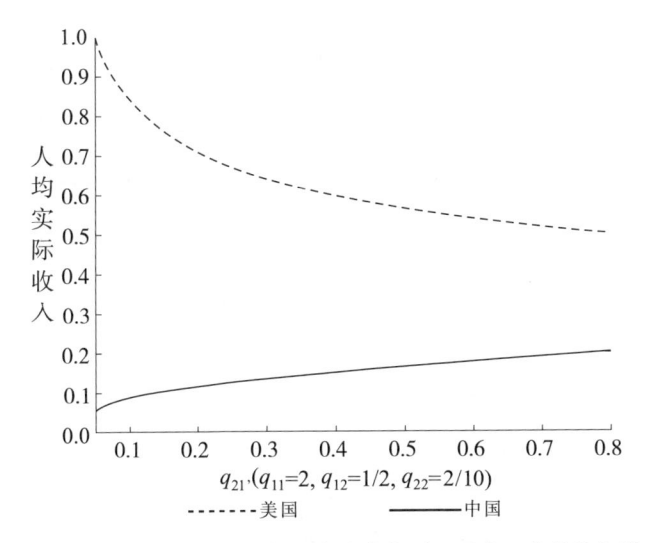

13. 基于广义价值论的国际贸易理论   269

图13.4 当 q_{21} 提升但比较优势不发生变化时两国实际人均收入的变化

从图 13.4 可以看出,随着 q_{21} 从 1/20 增加到 8/10,美国的实际人均收入持续下降,中国的实际人均收入持续上升。当 q_{21} = 8/10 时,两国的比较优势消失,分工交换与自给自足的结果是一样的。但此时美国的实际人均收入降到 0.5,相当于萨文 Act I(a) 以前的自给自足状态的水平,而中国的实际人均收入则提高到 0.2,远高于 Act I(a) 以前的自给自足状态的水平。①

4) Act III(c):新的比较优势产生并逆转

当 q_{21} > 8/10 时,比如 q_{21} = 1,若其他条件不变,即 q_{22} = 2/10,q_{11} = 2,q_{12} = 1/2,则 q_{22}/q_{21} < 1/4,而 q_{12}/q_{11} = 1/4,所以相对价格 p_1^*/p_2^* 只能位于 (q_{22}/q_{21} < 1/4, q_{12}/q_{11} = 1/4) 之间。根据式(2.5),$RP_{1/2}$ =

---

① 这时虽然假设两国贸易,但是贸易与否的实际人均收入是相同的。另外,此时将中国视为一个生产决策整体,因为在给定的贸易价格,如果中国的生产者是决策个体,收入最大化的选择是生产产品 2。

$\dfrac{q_{11}/q_{12}}{q_{21}/q_{22}} = 4/5 < 1$，此时中国在产品 1 上具有比较优势，美国在产品 2 上具有比较优势，这使中美两国自由贸易再度成为可能。

因为美国可以生产产品 2 的数量至多为 50，出口的数量为 25，这一数量显然并不能满足中国的进口需求，中国会投入部分劳动力同时生产产品 2。我们首先计算中国投入多少劳动力从事产品 2 生产，以及生产产品 2 的数量。计算方法同上，假设中国投入 n_2 单位劳动力生产产品 2，此时中国的效用最大化为：

$$\text{Max } U_2(x_1, x_2) = x_1^{1/2} x_2^{1/2} \tag{13.4}$$

$$s.t.\ x_1 = (1000 - n_2) q_{21} - 25 \dfrac{P_2^*}{P_1^*}$$

$$x_2 = 25 + n_2 q_{22}$$

式(13.4)的约束条件为中国消费产品 1 和产品 2 的数量：消费产品 1 的数量为生产的产品 1 数量，减去为了进口 25 单位产品 2 而需要出口的产品 1 的数量后的余额；而消费的产品 2 的数量为进口的 25 单位，加上中国生产的 $n_2 q_{22}$ 单位。通过式(13.4)，可得应当投入的 n_2 的表达式为：

$$n_2 = \dfrac{25}{2}\left(40 - \dfrac{1}{q_{22}} - \sqrt{\dfrac{q_{11}}{q_{12} q_{21} q_{22}}}\right) \tag{13.5}$$

将其他生产力参数 $q_{11} = 2$、$q_{12} = 1/2$ 和 $q_{22} = 2/10$ 代入式(13.5)可得：

$$n_2 = \dfrac{25}{2}\left(35 - \sqrt{\dfrac{20}{q_{21}}}\right) \tag{13.6}$$

$q_{21} > 8/10$ 时，中国投入商品 2 生产的劳动力数量和生产力 q_{21} 的关系见图 13.5。

13. 基于广义价值论的国际贸易理论　271

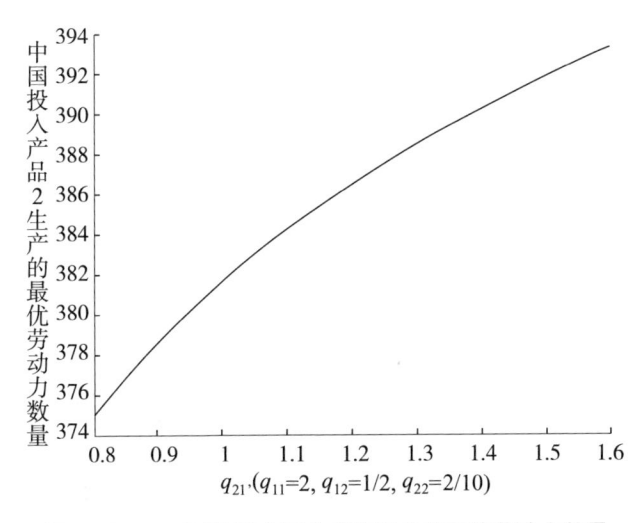

图 13.5　$q_{21}>8/10$ 时中国生产产品 2 所需的劳动力数量

从图 13.5 可以看出,当 $q_{21} > 8/10$ 并继续增加时,中国会持续增加生产产品 1 的劳动力的数量。这意味着,如果中国持续增加产品 1 的生产能力导致中美双方的比较优势发生了反转,如果中国专业化生产产品 1,其出口的数量美国不能全部消化,美国生产的产品 2 也无法满足中国国内的需求,结果是中国无法实现专业化生产。主要原因是中国的人口远大于美国①,这导致两国的市场规模不同,美国市场规模较小,无法在给定的贸易价格下,消化全部中国专业化分工的产出以及满足中国国内的需求。

根据中国生产产品 1 的劳动力数量和相对价格,可得两国的实际人均收入,如图 13.6 所示:

---

① 模型设置中,中国人口是美国人口的 10 倍,现实中约为 4.24 倍[按中国国家统计局数据,2015 年中国人口约为 13.74 亿;根据美国统计局数据,美国人口约为 3.24 亿,数据来源于中国国家统计局人口统计网站(https://data.stats.gov.cn/easyquery.htm?cn=C01)和美国人口统计网站(http://www.census.gov/popclock/)]。

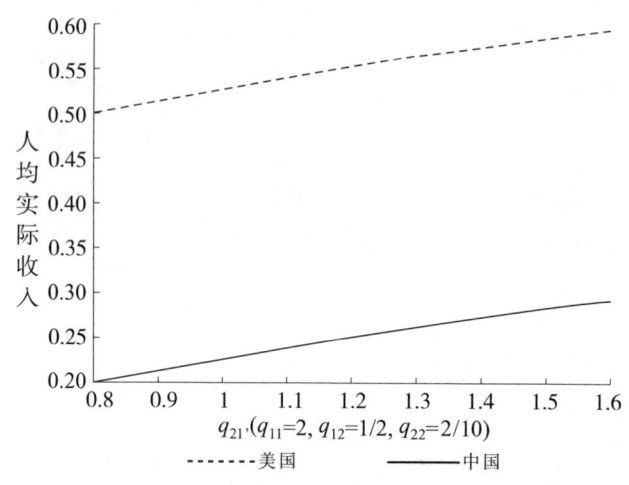

图 13.6 $q_{21} > 8/10$ 时两国实际人均收入的变化趋势

从图 13.6 可以看出，当 $q_{21} > 8/10$ 并继续提高时，虽然中国没有实现单一产品的专业化生产，但是两国的实际人均收入都是上升的。这一趋势同比较优势发生逆转前中国提升产品 2 的生产力的影响是相同的，如图 13.7 所示：

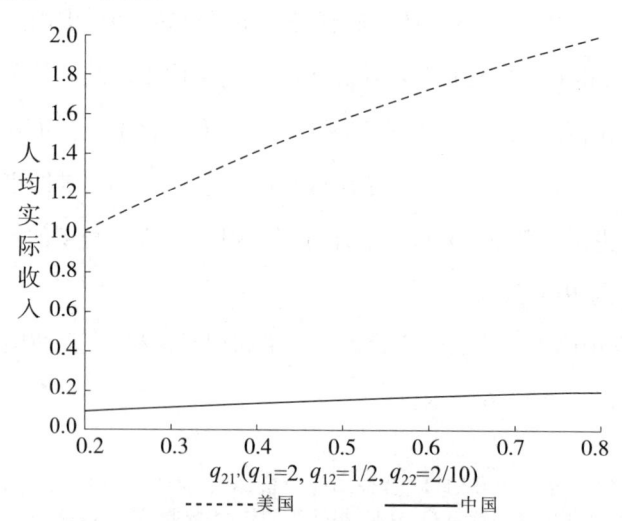

图 13.7 中国对于产品 1 的生产力持续提升至 8/10，两国实际人均收入变化情况

13.5.3　得自两种分析范式比较的结论

通过比较萨文基于新古典范式的分析与我们基于广义价值论的分析,得出如下几个结论。

1) 处在国际分工交换中的任何一个或两个国家提高自己具有比较优势的产品的生产力,两国都将从中受益。

关于中美两国任意一方比较优势产品生产力提高的实际人均收入效应,两种分析得出的结论是一致的。虽然萨文只是讨论了中国具有比较优势的产品 2 的生产力即 q_{22} 的提高对中美两国实际人均收入的正效应,但同样的结论也适用于美国具有比较优势的产品 1 的生产力即 q_{11} 的提高。

2) 在不改变初始比较优势格局和分工方向的前提下,中国具有比较劣势的进口产品 1 的生产力即 q_{21} 的提高,导致美国的实际人均收入持续下降,中国的实际人均收入持续上升。

按照萨文的分析,只是当中国进口产品 1 的生产力即 q_{21} 的提高以至于两国初始比较优势消失时,美国的实际人均收入才会下降,中国的实际人均收入才会提升。的确,按照新古典范式,中国产品 1 的生产力的提高在开始阶段即从 1/20 增加到 2/10 时,两国的实际人均收入并不发生改变。但是如果继续提高,达到 $2/10 < q_{21} < 8/10$ 时,美国的实际人均收入开始下降,中国的实际人均收入则开始上升,如图 13.8 所示。①

---

① 这是由于在中国产品 1 生产力提升的开始阶段,产品的相对价格不发生改变,所以人均实际收入也不改变。

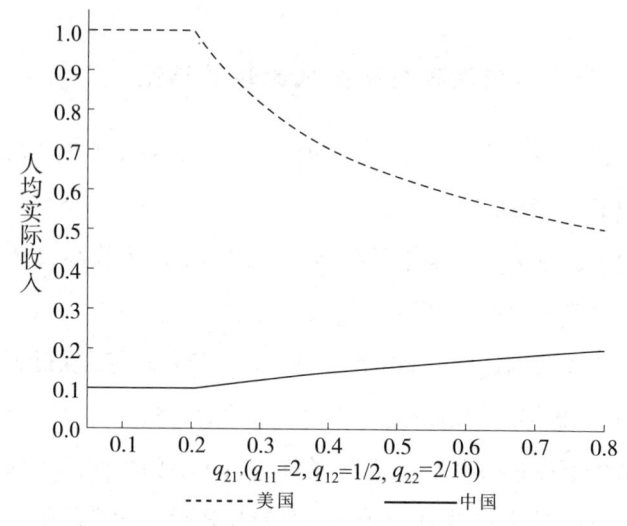

图 13.8 q_{21} 从 1/20 提升到 8/10 时,两国实际人均收入的变化

而按照广义价值论的分析,从中国进口产品 1 的生产力提高之初,直到中美两国原有的比较优势消失从而各自进入自给自足状态,美国的实际人均收入都是持续下降的,中国的实际人均收入都是持续上升的,如图 13.4 所示。为便于对比,特将图 13.4 复制如下:

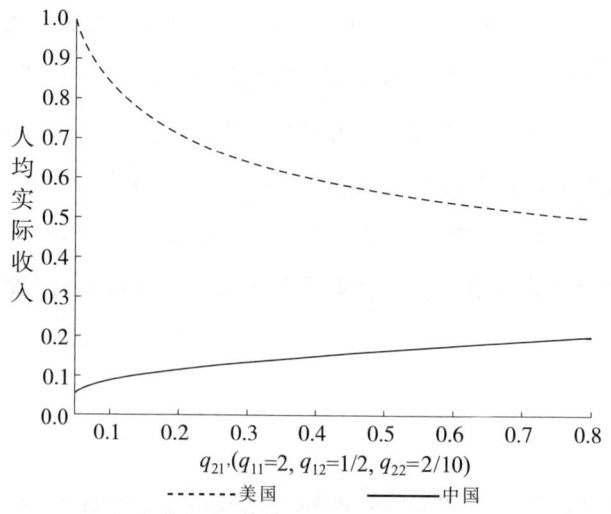

图 13.4 当 q_{21} 提升但比较优势不发生变化时两国实际人均收入的变化

3)在由两个市场规模(劳动力资源)不同的国家构成的贸易模式中,若市场规模大的国家由于其进口产品1生产力的提高导致其出口产品2的相对价格提高,从而导致其专业化生产的全部产品2在扣除了用于出口换取产品1的必要份额后,出现了过多的剩余(相对其给定的消费模式而言),相应的劳动力资源就有可能转移到产品1的生产,从而导致市场规模大的国家可能同时生产两种产品①。

萨文之所以没有考虑到这种情况,可能是出于简单化的考虑。但是根据新古典的分析方法,在 q_{21} 提升至 2/10 之前,中国的专业化分工模式并不发生改变,相应地,双方的实际人均收入也不发生改变。这是因为根据新古典的分析方法——具体而言即根据有约束的最优化的分析方法,得到的均衡价格与贸易可行的价格区间可能并不一致。在 q_{21} 提升至 2/10 之前,虽然贸易可行的价格区间已经改变,但是由于最优化条件没有改变,所以相对价格并不改变,这也是两国的实际人均收入不发生改变的原因。而当 $2/10 < q_{21} < 8/10$ 时,根据新古典的最优化方法得到的相对价格就与贸易可行的价格区间发生了矛盾。

这一矛盾的产生是因为有约束最优化分析方法忽略了用于交换的产品机会成本的变化对贸易可行的价格区间的影响以及相应的市场容量对分工模式的影响。而我们基于广义价值论的分析,则充分考虑到了这两方面的影响,得到均衡价格也与贸易可行的价格区间一致,因此得出与萨文不同的结论。

4)后发国家相关领域持续的技术进步会使发达国家避免"永久性"实际人均收入损失。

---

① 黄玖立和李坤望(2006)也对市场规模进行过讨论,其侧重点是地区市场规模、出口开放程度和经济增长的关系。

尽管萨缪尔森在文章结尾强调，无论一种发明使一个国家收益还是受损，只要能增加世界国民产值净福利（World Real Net National Product Welfare），从实用主义角度可以证明，自由贸易对每一个地区来说，仍然优越于关税和配额（Samuelson, 2004, pp. 142 - 143），但萨文通过 Act II 的分析毕竟得出这样的结论，即中国进口产品 1 生产力的提高导致美国实际人均收入"永久性损失"（Permanent Loss）。这里，撇开这一结论能否成为保护主义者反对自由贸易的论据不说，对所谓"永久性损失"是否真的是"永久性"有必要做进一步分析。

如前所述，萨文的所谓永久性损失，是指由于中国的进口产品 2 的技术发明使生产力由 1/20 提高到 8/10，导致中美两国各自失去比较优势而回归自给自足状态，从而使美国的实际人均收入由自由贸易时的 1 下降到 0.5，而中国的实际人均收入则由自由贸易时的 0.1 提高到 0.2 这样一种状况。显然，这种损失并非是永久性的。正如萨文所解释的：这里的"永久性"是就前述中国的技术发明仍然有效而言的（Samuelson, 2004, p. 137）。

我们基于广义价值论的分析则表明，当中国的产品 2 的生产力跨越 8/10 继续提高时，中美两国又出现了新的比较优势从而使自由贸易重新成为可能，只不过这时的专业化分工方向发生了逆转：中国在产品 1 上具有了比较优势，而美国在产品 2 上具有了比较优势，两国分别生产产品 1 和产品 2 并根据比较利益率均等的原则进行交换，双方的实际人均收入相对于此前的自给自足都会有明显的提高，如图 13.6 所示，随着中国产品 1 的生产力不断提高，在其他条件保持不变时，萨文所谓的"永久性损失"就会永久性消失。

5) 中国初始进口品生产力的提高，由此导致的中国实际人均收入上升和美国实际人均收入下降，都既不是自由贸易的必然结果，也不是保护主义政策使然。

首先,在其他条件不变的情况下,根据广义价值论,中国进口品的技术进步会提高整个国家的综合生产力,从而会提高单位出口品的价值或均衡贸易价格,而由于美国的生产力未发生任何变化,美国同量100单位出口产品1换取的进口产品2的数量自然减少,从而导致其实际人均收入较中国进口品技术进步发生之前而下降;与此同时,由于受到出口产品市场(即美国进口需求)容量的限制,中国还不得不将一部分资源转入进口品的生产,从而使中国实际人均收入进一步增加。在这一过程中美国利益的减少显然不能归咎于中国进口品生产力的提高,而只能怪自己出口品和进口品生产力停滞不前,以至于相对于中国的技术进步而言,美国自己的综合生产力水平下降了,实际人均收入自然就减少了,但两国的比较利益率仍然是均等的,贸易利益的分配是公平的。

其次,当中国进口品生产力进一步提升到 8/10 时,中美两国进入自给自足状态,这是双方比较优势尽失所导致的必然结果,并非任何一国实行贸易保护政策的结果。至于比较优势的消失,也不能单纯归咎于中国进口品生产力的提高——如前所述只要这种技术进步能够增进本国的福利,其行为就是天经地义合情合理的——美国出口品生产力长期停滞不前也难辞其咎。

最后,当中国进口品生产力进一步提升到 8/10 以上,以致新的比较优势出现并发生逆转时,中美两国任何一方继续保持自给自足必然导致两败俱伤,而相对而言,美国的损失会更大,其"永久性损失"会变成名副其实。

诚然,由于任何理论模型都是对经验现象不同程度的抽象与简化,有其适用的分析范围。我们所采用的李嘉图式的模型是贸易领域的基础模型,其单要素生产函数的假定是对现实的高度抽象,所以我们所得的结论主要是解释性的,目的是说明技术进步对于贸易利益的影响及其影响的方向,并讨论这种影响的公平性问题。有关中美贸易领域的其他问题,诸如贸易利益的分配变化对不同产业的影响,等等,无疑超出了我们采用的模型所适用的范围。但我们仍可以基于现实中某两国的贸易及产业数据,验证技术进步、比较优势逆转等对贸易利益的影响。

13.6 国际贸易模型的经验验证

本章前5节概括了基于广义价值论的国际贸易的基本原理及若干政策结论。本节将通过中美两国和日英两国相关双边贸易的分析,对以上理论模型和政策结论给出经验验证。

13.6.1 中美两国汽车/家具贸易

本节将通过对中美两国汽车和家具行业的相关数据,具体分析劳动生产力的变化对均衡的影响。本节经验检验中所用的中美贸易数据来自于中国商务部的年度国别贸易报告,用于估算中美劳动生产率的数据则分别来自于中国国家统计局发布的统计年鉴和美国经济分析局(Bureau of Economic Analysis)。由于数据可得性的限制,我们最终选择三个数据集的交集进行经验检验。其中汽车及零部件行业代表高技术含量行业,而家具制造业则代表低技术含量的行业,三个数据集所涵盖的时期并不完全重合,时间为2004—2017年。

1)中美贸易数据

从2006年起,中国商务部每年提供中美贸易的年度报告,报告中涵盖了从 2004 年至今中美贸易的较为详细的数据,其中根据 HS 编码①统计的中美贸易主要商品构成能够帮助我们对贸易商品按照生产技术的含量进行分类。

表 13.1 列出了 2004—2017 年中国和美国之间汽车和零件类商品与家具类商品的进出口贸易额。在这 14 年中,总体上中国对美国出超,其中汽车和零部件商品中美双方互通有无,而家具类商品美国则完全从中国进口而不对中国出口。从这一侧面可以看出中美两国在国际分工和国际贸易中的基本角色,即美国主要负责生产和输出技术含量较高的商品,而中国主要负责生产和输出技术含量较低的商品。

表 13.1 汽车与家具行业中美贸易额

年份	美国对中国出口（百万美元）		美国从中国进口（百万美元）		贸易总额（百万美元）		占总贸易额的比例(%)	
	汽车	家具	汽车	家具	汽车	家具	汽车	家具
2004	656	0	3379	14420	4035	14420	1.75	6.26
2005	939	0	4208	17055	5147	17055	1.80	5.98
2006	1291	0	5135	19359	6426	19359	1.87	5.65
2007	1970	0	6087	20362	8057	20362	2.08	5.26
2008	1878	0	6384	19405	8262	19405	2.02	4.74
2009	1921	0	4993	16024	6914	16024	1.89	4.38
2010	4504	0	6995	19956	11499	19956	2.52	4.37
2011	6762	0	8183	20490	14945	20490	2.97	4.07
2012	7028	0	9389	22443	16417	22443	3.06	4.19
2013	10289	0	9813	24124	20102	24124	3.57	4.29
2014	13213	0	11451	25528	24664	25528	4.18	4.32
2015	10890	0	12914	28109	23804	28109	3.98	4.70

---

① 世界海关组织主持制定的《商品名称及编码协调制度的国际公约》(International Convention for Harmonized Commodity Description and Coding System),简称为协调制度(Harmonized System,HS),亦简称为 HS 编码。

(续表)

年份	美国对中国出口（百万美元）		美国从中国进口（百万美元）		贸易总额（百万美元）		占总贸易额的比例(%)	
	汽车	家具	汽车	家具	汽车	家具	汽车	家具
2016	10988	0	13579	29054	24567	29054	4.25	5.02
2017	13179	0	14656	31920	27835	31920	4.38	5.02

数据来源:商务部《国别贸易报告:美国货物贸易及中美双边贸易概况》(2005—2017年, https://countryreport.mofcom.gov.cn/record/index110209.asp)。"汽车"对应目录中的HS编码第94项的"车辆及其零附件,但铁道车辆除外","家具"则对应HS编码第94项的"家具和床具"或"家具;寝具等;灯具;活动房"。因为商务部每年提供的数据中同时包含当年数据以及去年同期数据,而去年同期数据又往往与上一年公布的数据存在一些差别,为了保证统计的一致性,本文采用当年公布的数据而非去年同期数据,同时由于两年的数据差别很小,所以并不会影响本文观点的一致性。最后两列"占总贸易额的比例"中的比值分别为汽车或家具的双边总贸易额占中美两国当年双边总贸易(包含汽车和家具)的比例。双边总贸易额等于美国对中国出口主要商品构成合计除以合计占贸易总值的比例与美国对中国进口主要商品构成合计除以合计占贸易总值的比例这二者之和。

  这里需要注意的是,虽然美国对中国出口的汽车类商品的总价值低于从中国进口的同类商品,但是这并不能说明美国对汽车类商品的生产力低于中国。这是因为,首先,中美两国对某种商品的进口数量应与各自对该商品的总需求量呈正比,美国从中国进口额高于中国从美国的进口额只能说明美国对这些商品的需求更高;其次,即使汽车类和零件类商品相对于家具类商品的生产技术含量较高,但细分种类中也存在技术含量的高低,例如中国通常从美国进口发动机或者电子系统属于高技术含量的商品,而美国从中国进口的如齿轮等零部件则属于较低技术含量的商品。但是,在没有更为细分的商品贸易统计数据时,我们仍将汽车及其零部件视作一类商品,即相对于家具类商品具有较高的技术含量。

  另外,根据比较利益率的定义,我们需要计算汽车类商品和家具类商品的贸易总额。从绝对数量上看,无论是高技术含量商品还是低技术含量商品,其贸易总额都逐年递增,虽然个别年份有所下降,但是总体呈现上升的趋势。从其占两国贸易总额的比例来看,以汽车类商品代表的高技术含量商品占比上涨迅速,从 2004 年的 1.75% 至 2017 年的 4.38% 共增长了约 2.5 倍,而以家具类商品为代表的低技术含量商品的贸易额占比则呈现逐渐下降的整体趋势。

尽管汽车和家具商品只是中美两国贸易的一小部分,但是其贸易的结构符合我们将中美两国贸易放入两部门两商品模型的假设,即作为部门 1 的美国主要负责生产高技术含量的商品 1(汽车类商品)以交换低技术含量的商品 2(家具类商品),而作为部门 2 的中国主要负责生产较低技术含量的商品 2(家具类商品)并通过双边贸易来获取较高技术含量的商品 1(汽车类商品)。

2) 部门劳动生产力的估算

由式(3.9)和式(3.11)可知,计算均衡交换比例和平均比较利益率的关键是计算两个部门各自生产两种商品的绝对生产力,即美国和中国的汽车制造业和家具制造业的生产力。由于中美两国的统计数据的结构并不完全相同,且没有关于行业生产力的直接数据,我们需要分别推算美国和中国的汽车制造业和家具制造业的生产力。

根据商品的劳动生产力等于单位时间内创造的商品价值,我们计算汽车和家具的每年平均劳动生产力等于任意一年中生产该汽车或家具的总价值除以投入在相应生产过程中的总劳动时间。因为美国的生产数据中包括汽车行业和家具业每年的国内生产总值以及每年全部雇员及兼职的总工作时间,所以我们可以直接计算美国相关产业的劳动生产率。

但是我们未能在统计年鉴中找到汽车和家具制造业每年的国内生产总值,所以我们采用交通运输设备制造业大中型工业企业的工业销售产值来近似汽车与零配件行业的国内生产总值,采用家具制造业大中型工业企业的工业销售产值来近似家具制造业的国内生产总值。

此外,由于统计年鉴中也没有行业总生产时间的数据,我们采用相关行业的大中型工业企业的职工总人数乘以推算出的中国制造业的平均工作时间来计算。而中国制造业每年的平均劳动时间通过以下公式计算:

$$中国制造业平均工作时间 = \frac{中国劳动力平均工作时间}{美国劳动力平均工作时间} \times 美国制造业平均工作时间 \quad (13.7)$$

其中中美劳动力平均工作时间来自于宾州世界表(Penn World Table 9.1)。

最终我们得到表 13.2 中的统计结果。可以看出,在绝对水平上,中美两国的汽车及零件生产力呈现随时间增长的趋势,但是中国的增长率明显高于美国,2004—2017 年,中国在汽车和零件行业的劳动生产力累计增长了 87.38%,相比之下,美国的累计增长仅为 37.05%。其中的一个重要原因是中美的经济发展阶段,汽车制造业在中国作为发展中国家的新兴产业,获得高于发达国家成熟行业的增长率是一个较为正常的现象。

表 13.2　中美汽车制造业和家具制造业劳动生产力及增长率

(累计增长率以 2004 年为基期)①

年份	家具制造生产力 (美元/小时)		汽车及零件生产力 (美元/小时)		家具制造生产力累计增长率		汽车及零件生产力率累计增长率	
	中国	美国	中国	美国	中国	美国	中国	美国
2004	494.16	228.78	156.56	189.25	1.0000	1.0000	1.0000	1.0000
2005	350.08	247.65	158.98	193.27	0.7084	1.0825	1.0154	1.0213
2006	291.13	259.28	171.16	189.72	0.5891	1.1333	1.0933	1.0025
2007	297.23	271.61	192.62	206.26	0.6015	1.1872	1.2303	1.0899
2008	323.71	281.50	202.84	201.63	0.6551	1.2304	1.2956	1.0654

---

① 累计增长指特定年份相对于基准年份的总增长幅度。

(续表)

年份	家具制造生产力（美元/小时）		汽车及零件生产力（美元/小时）		家具制造生产力累计增长率		汽车及零件生产力率累计增长率	
	中国	美国	中国	美国	中国	美国	中国	美国
2009	375.63	323.06	225.97	249.97	0.7601	1.4121	1.4433	1.3209
2010	337.32	342.22	213.00	259.89	0.6826	1.4958	1.3605	1.3733
2011	267.03	354.13	197.23	257.55	0.5404	1.5479	1.2598	1.3609
2012	293.75	361.20	198.45	256.69	0.5944	1.5788	1.2676	1.3563
2013	333.98	367.47	214.91	255.86	0.6759	1.6062	1.3272	1.3520
2014	381.03	373.66	228.16	254.04	0.7711	1.6332	1.4574	1.3423
2015	403.06	387.82	229.03	259.84	0.8156	1.6951	1.4629	1.3730
2016	409.52	397.02	233.12	257.13	0.8287	1.7354	1.4890	1.3587
2017	446.15	412.62	264.17	259.37	0.9029	1.8035	1.6873	1.3705

数据来源：估算中国劳动生产率的数据来自于中国国家统计局网站（https://data.stats.gov.cn/easyquery.htm?cn=C01），数据包括工业部分按行业分大中型工业企业主要经济指标中的企业单位数工业销售产值（现值）和企业单位数，以及历年统计年鉴工业大中型工业企业主要指标中的平均用工人数（http://www.stats.gov.cn/tjsj/ndsj/）。估算美国劳动生产率的数据来源于美国经济分析局（Bureau of Economic Analysis, https://www.bea.gov/data/employment）的 GDP by Industry 和 Employment by Industry 部分。

同时我们也看到，中国的汽车制造业作为新兴产业，其增长路径的波动性要高于最为成熟产业的美国汽车制造业。如 2009 年之后，中美两国的汽车制造业的生产力都经历了先跌后涨的过程，其间中国的累计增长率最大跌幅为 12.7%（从 2010 年的累计增长 37.33% 到 2014 年的 34.23%），但之后中国生产力的反弹幅度（从 2011 年的 25.98% 到 2017 年的 68.73% 共增长 33.9%）也明显高于美国（从 2014 年的 34.23% 至 2017 年的 37.05% 共 2.83%）。

反观家具制造业，在绝对水平上，中国的劳动生产力在绝大多数年份都高于美国，但是中国的劳动生产力总体呈现了下降的趋势，2004—2017 年累计下降 11.58%，其中 2011 年更是只有 2004 年的 54.04%。而美国则与中国相反，呈现出了强劲而稳定的增长，2004—2017 年累计增长 80.35%。

我们还可以观察到表 13.2 中中美两国两个制造业部门的劳动增长率与表 13.1 中中美两国的两种商品的贸易总额的走势正相关。如图 13.9 所展示的,汽车类商品的双边贸易总额占中美双边贸易总额的比重与美国汽车制造业的劳动生产力的累计增长率高度正相关,2004—2017 年的相关性系数为 0.7845,同时与中国家具制造业劳动生产力增长的相关性系数为 0.2702——低正相关。另外,家具类商品占总贸易额的比例的变化趋势也和中国家具类制造业的劳动生产力的累计增长率呈正相关关系,样本内相关性系数为 0.4474,与美国汽车制造业的生产力增长相关性为 -0.7423。

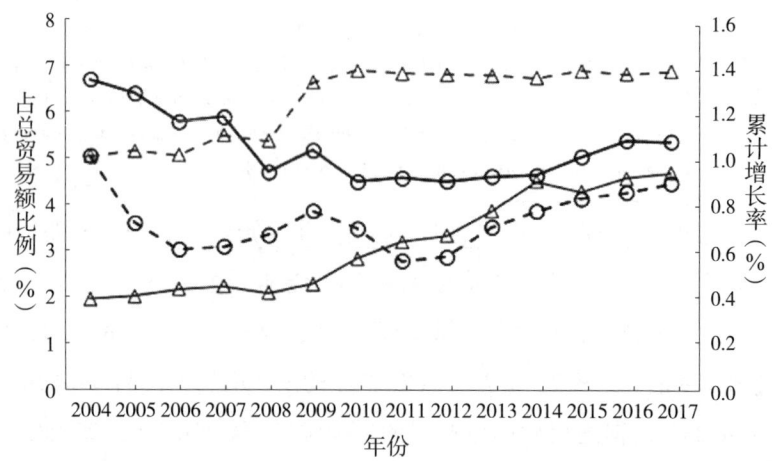

图 13.9　中美贸易总额增长与劳动生产力增长的关系

数据来源:根据表 13.1 和表 13.2 计算所得。

对数据的初步统计结果表明中美两国的双边贸易中,高技术含量的商品(汽车及零配件)的贸易增长趋势同国际分工中主要负责生产高技术含量商品的部门(美国)的高技术劳动生产力的增长高度正相关。同样,低技术含量的商品(家具)的贸易增长趋势同国际分工中主要负责生产低技术含量商品的部门(中国)的低技术劳动生产力的增长高度正相关。

这些基于中美贸易数据和推断出的劳动生产力的统计结果,初步印证了我们将中美两国的汽车和家具贸易纳入广义价值理论的两部门两商品模型的合理性。

3) 检验结果

为了进一步检验实际经济运行中商品交换价值和部门比较利益率与理论结果的关系,我们通过中美贸易和商品相关的制造业生产力数据来计算。

A. 中美汽车/家具社会平均生产力和均衡交换价值

式(3.9)表明两种商品的均衡交换价值等于其社会平均生产力的比值,而社会平均生产力又等于同一商品在两个部门中的生产力的几何平均值。如图13.10所示,我们首先推算出中美两国汽车和家具制造业每年的平均生产力,同时计算了以2004年为基期的生产力的累计增长率。

一个看似违反直觉的结果是家具制造业的社会平均生产力始终高于汽车制造业。虽然中美两国的数据统计口径的差异以及汽车制造业和家具制造业内部本身技术含量的差异——如汽车制造中的发动机部分属于高技术而其他零配件的技术含量较低——可能导致家具制造业的平均生产力高于汽车制造业,但实际上这并不与广义价值理论的结论相悖,因为基于比较利益率均等原则的结论都是某种比值关系,换句话说,都是相对的而非绝对的关系。因此,比较生产力的增长率可能比比较其绝对水平更有意义。

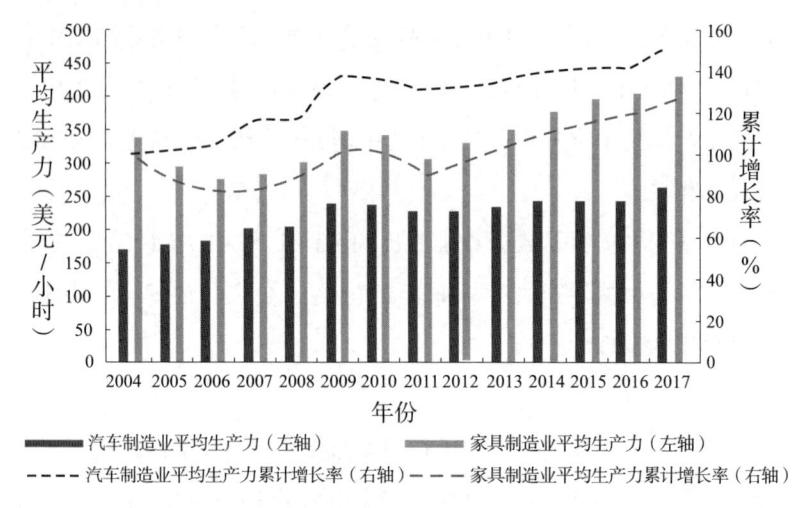

图 13.10　汽车和家具制造业的平均生产力

从图 13.10 中可以看出,汽车制造业的生产力增长相比于家具制造业显著的快速和稳健。2004—2017 年的 14 年中,汽车制造业的平均生产力共增长了 60%,而家具制造业则只增长了 26%,其中 2004—2006 年和 2009—2011 年更是出现了明显的衰退(相比于基期)。导致这一结果的一个主要原因是中国汽车制造业生产力的快速增长和中国家具制造业生产力的衰退。

通过计算家具制造业生产力和汽车制造业生产力的比值,我们的以得出家具类商品相对于汽车类商品的均衡比较利益率,同时我们也通过中美贸易的实际贸易总额计算出家具类商品相对于汽车类商品的实际比较利益率。如图 13.11 所示,由于汽车制造业的平均生产力增长总体上快于家具制造业,家具制造业相对于汽车制造业的均衡交换价值(虚线)总体上呈现下降趋势。从 2004 年的 1.95 至 2017 年的 1.54,均衡交换价值下降了约 21%,其中 2011 年达到了最低值 1.36,相比于 2004 年下降了约 30%。

13. 基于广义价值论的国际贸易理论　287

	2004	2005	2006	2007	2008	2009	2010	2011	2012	2013	2014	2015	2016	2017
实际交换价值	3.57	3.31	3.01	2.53	2.35	2.32	1.74	1.37	1.37	1.20	1.04	1.18	1.18	1.15
均衡交换价值	1.95	1.68	1.52	1.43	1.49	1.47	1.44	1.36	1.44	1.49	1.57	1.62	1.65	1.64

──▲── 实际交换价值　------ 均衡交换价值

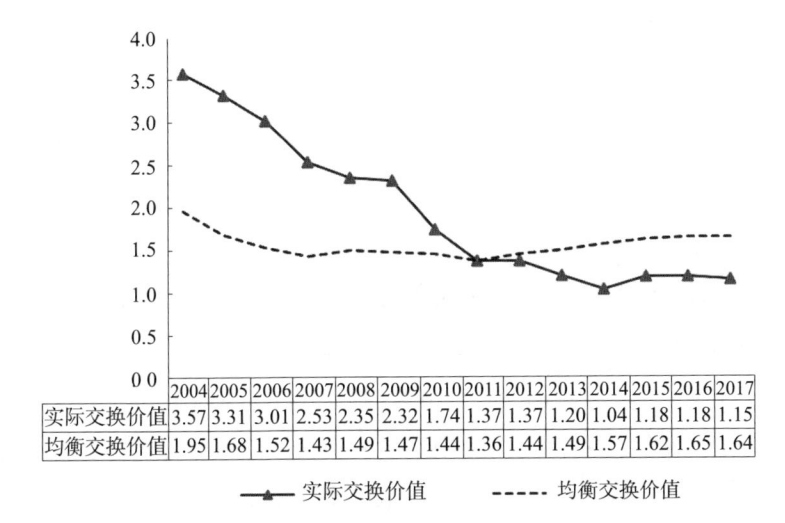

图 13.11　家具相对于汽车的实际和均衡交换价值

其中实际交换价值等于中美家具类商品贸易总额除以中美汽车类商品贸易总额,均衡交换价值等于中美家具制造业平均生产力除以中美汽车制造业平均生产力。

对实际交换价值而言,虽然和均衡交换价值并不相等,但是这并不能成为否认基于比较利益率均等及其结论的证据。恰恰相反,实际交换价值的几个特征在一定程度上印证了均衡交换价值的存在和有效。

首先,实际交换价值的总体趋势和均衡交换价值一致。从 2004 年至 2017 年,实际交换价值从最初的 3.57 下降到 1.15,共下降了 68%,下降的幅度超过均衡交换价值的 3 倍。此外,2011—2012 年,实际交换价值和均衡交换价值曲线发生了交叉,换句话说,2011 年中美贸易中家具类商品相对于汽车类商品的实际交换价值基本等于均衡交换价值。

其次,从 2012 年开始,实际交换价值低于均衡交换价值,但是并没有大幅偏离均衡交换价值。通过计算 2004—2017 年实际交换价值和均衡交换价值的标准化价差,我们发现 2014 年之后,实际交换价值重新向均衡交换价值收敛,价差从 2014 年的 -1.146 收敛至 2017 年的 -0.94。

图 13.12 中均衡交换价值的变化率向后移动一年以便更清楚地展示均衡价值的变动对实际交换价值变动的领先关系。途中两条曲线的相关性系数为 0.22。

此外,我们发现实际交换价值每年的变化方向也大致和均衡交换价值的变化方向相同,我们还发现均衡交换价值的改变在某种程度上领先于实际交换价值的变化。图 13.12 展示了均衡交换价值和实际交换价值每年的变化率,为了方便展示均衡交换价值变化相对于实际交换价值变化的领先关系,我们将均衡交换价值的曲线向后移动一年。途中两条曲线的相关性系数为 0.22,这说明均衡交换价值的变化可以解释其后一年的实际交换价值变化的 22%。

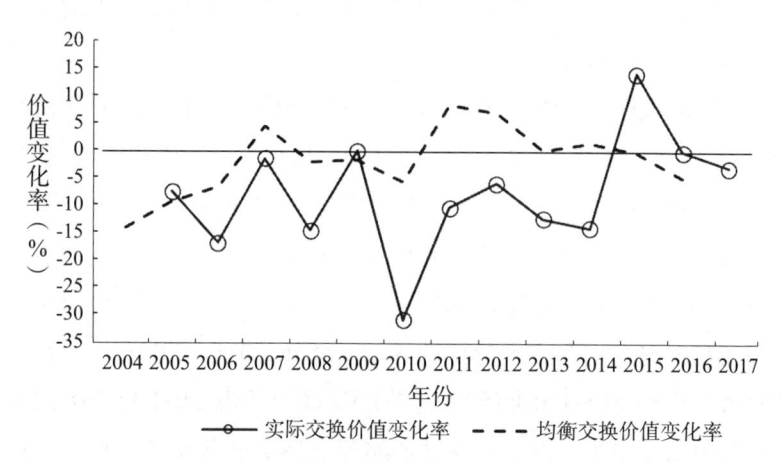

图 13.12　均衡交换价值与实际交换交换价值

以上这些发现都在一定程度上证明了不可直接观测的均衡交换价值的存在,并且实际交换价值——可观测的两种商品的相对价格——围绕这均衡交换价值波动。

B. 相对生产力和比较利益率

我们分别根据式(3.10)和式(3.11)计算中美贸易汽车与家具贸易的实际比较利益率和平均(均衡)比较利益率。其中一个部门的实际比较利益率是实际交换价值和该部门相对生产力的乘积的函数,而平均比较利益率则是两个部门的相对生产力比值的函数。

我们首先计算中国和美国的汽车制造业相对于家具制造业的相对生产力,即分别用中国和美国的汽车制造业生产力除以中国和美国的家具制造业生产力。图13.13展示了中美比较生产力的发展路径。我们可以看到美国的相对生产力呈现明显的下降趋势,这是因为美国汽车制造业的生产力增长速度明显慢于其家具业生产力的增长速度(表13.2)。与美国相反,中国相对生产力总体上呈现上升的趋势,因为在总体上,中国的汽车制造业呈上升趋势,但是家具制造业生产力则呈下降趋势。但是这一过程中经历过两次回调,一次是2007—2009年,美国次贷危机后中国的家具制造业生产力在2008年快速反弹,但汽车制造业的劳动生产力增长缓慢。另一次是2011—2015年,其间中国的汽车制造业劳动生产力经历了一轮下滑,但是家具制造业的劳动生产力持续上升。

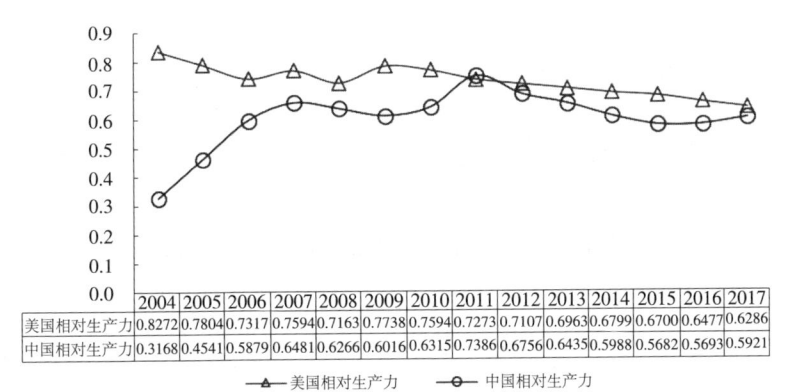

	2004	2005	2006	2007	2008	2009	2010	2011	2012	2013	2014	2015	2016	2017
美国相对生产力	0.8272	0.7804	0.7317	0.7594	0.7163	0.7738	0.7594	0.7273	0.7107	0.6963	0.6799	0.6700	0.6477	0.6286
中国相对生产力	0.3168	0.4541	0.5879	0.6481	0.6266	0.6016	0.6315	0.7386	0.6756	0.6435	0.5988	0.5682	0.5693	0.5921

图13.13 中美相对生产力

中国(或美国)的相对生产力等于中国(或美国)汽车制造业的生产力除以中国(或美国)家具制造业的生产力。

中美两国相对生产力的几乎相反的趋势,决定了中美两国的比较利益率在14年中也呈现出收敛和反转的形态。图13.14中,中美两国贸易的平均(均衡)比较利益率总体上呈现出下降的趋势,从2004年的0.62下降至2017年的-0.03。类似于实际和均衡交换价值,中美两国的实际比较利益率也发生了先向均衡状体收敛然后再反转的现象,且反转的时间点也是2011—2012年。发生这一现象的主要原因之一是实际比较利益率是实际交换比例的函数。① 具体地说,给定以家具类商品对汽车类商品为标准的交换价值,美国的比较利益率随着实际交换比例的降低而下降,而中国的比较利益率则随着商品的实际交换比例的下降而上升。

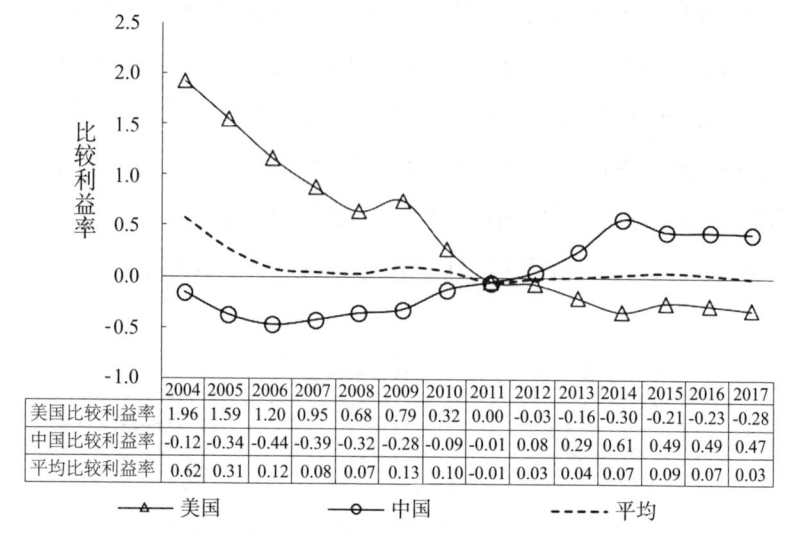

	2004	2005	2006	2007	2008	2009	2010	2011	2012	2013	2014	2015	2016	2017
美国比较利益率	1.96	1.59	1.20	0.95	0.68	0.79	0.32	0.00	-0.03	-0.16	-0.30	-0.21	-0.23	-0.28
中国比较利益率	-0.12	-0.34	-0.44	-0.39	-0.32	-0.28	-0.09	-0.01	0.08	0.29	0.61	0.49	0.49	0.47
平均比较利益率	0.62	0.31	0.12	0.08	0.07	0.13	0.10	-0.01	0.03	0.04	0.07	0.09	0.07	0.03

图13.14 平均比较利益率和实际比较利益率

---

① 将 $t_{ij}=1/q_{ij}$ 代入比较利益率式(3.10)可得: $CB_1' = \dfrac{x_2}{x_1}\dfrac{q_{11}}{q_{12}} - 1 = R_{2/1} \cdot RP_1 - 1 > 0$; $CB_2' = \dfrac{x_1}{x_2}\dfrac{q_{22}}{q_{21}} - 1 = \dfrac{1}{R_{2/1} \cdot RP_2} - 1 > 0$。

从图 13.14 中可以看出,由比较利益率均等原则推导出的均衡的比较利益率,即平均比较利益率可以被看作是两部门交换的一个基准,在这一基准水平上,两部门的交换是公平的。但是正如实际交换价值会围绕着均衡交换价值波动,实际的比较利益率也会围绕着均衡的比较利益率波动。这反映了其他原因导致双边贸易往往并不够公平,但是因为存在着公平的基准,所以贸易的趋势仍会在大幅偏离基准后向基准收敛。

另外,中美两国国际贸易的比较利益率的变化在很大程度上反映了中美两国相对综合国力的变化。图 13.15 中,美国和中国贸易的实际比较利益率差值(美国减去中国)的下降趋势和美国与中国以购买力平价计算的国内生产总值[GDP(PPP)]的下降趋势高度正相关,14 年间的相关性系数高达 0.98。同时比较利益率的差值的变化似乎领先于 GDP 差值的变化。如 2012 年美中两国的比较利益率地位发生反转,中国的比较利益率开始高于美国,而其后的 2017 年,中国的 GDP(PPP)首次超过美国。

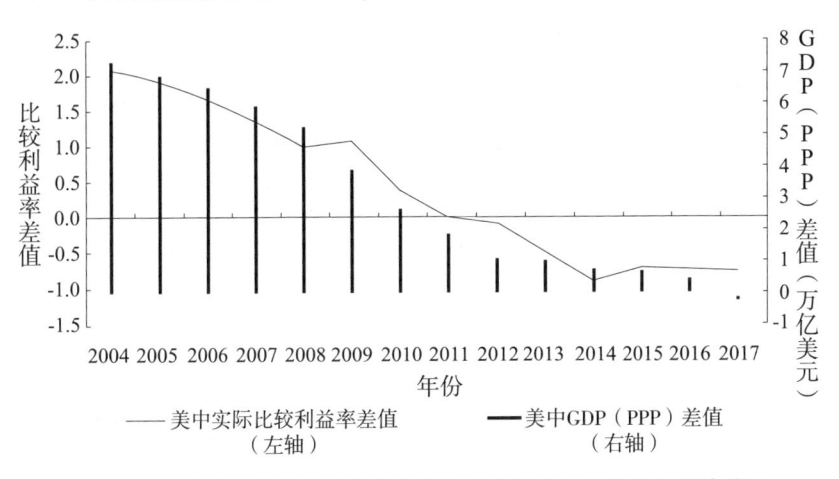

图 13.15　美中实际比较利益率差值和美中国内生产总值差值的关系

数据来源:美中 GDP(PPP)数据来自 Penn World Table 10.0(https://www.rug.nl/ggdc/productivity/pwt/? lang=en)中的以产出法计算的实际 GDP(Output-side real GDP at chained PPPs in mil. 2017US $)。

美中实际比较利益率则来自于作者的计算。差值统一为美国数据减去中国数据,即美中实际比较利益率差值为美国实际比较里利益率减去中国实际比较利益率,而美中 GDP(PPP)差值则等于美国 GDP(PPP)减去中国 GDP(PPP)。

最后需要特别强调,尽管按照比较利益率的定义,理论上比较利益率应为正值,但是实际计算中,无论是均衡值还是实际值都出现了负数的情况。但这并没有在本质上违反了比较利益率均等的原则,其中有以下几方面的原因。

根据比较利益率的原始式(3.4) $CB_1' = (x_2 t_{12} - x_1 t_{11})/x_1 t_{11}$,$CB_2' = (x_1 t_{21} - x_2 t_{22})/x_2 t_{22}$,比较利益率表示的是一个部门相对于生产自身具有比较优势的商品而生产具有比较劣势的商品所产生的相对机会成本。首先导致负机会成本的原因可能来自于真实数据和理想数据的偏离。汽车和家具的贸易总额并不能和公式中的 x_1 和 x_2 完全等价,且我们计算得到的商品生产力——用于生产的劳动时间的倒数——也可能与理论值存在差距,因此在缺乏理想数据的情况下,我们更应该关注比较利益率的发展趋势和相对状况来判断其与理论的符合程度以及对现实经济的解释力,而不是过度关注于其绝对数值本身。其次,中美的比较利益率差值与中美 GDP(PPP)差值的高度相关性也从侧面印证了比较利益率定义的合理性,包括允许负比较利益率存在的合理性。

13.6.2 经验验证:日英两国电工仪表/集成电路贸易

关于本章模型和结论的验研验证,有两种可供选择的研究思路,一是基于现有数据,建立计量模型,对某两国的全行业分工和贸易状况进行经验研究;二是选取有代表性的案例,进行案例研究。

13. 基于广义价值论的国际贸易理论   293

就第一种思路而言,可考虑建立如下计量模型:

$$\ln Y_{ijt} = \beta_1 \ln K_{ijt} + \beta_2 \ln L_{ijt} + \beta_3 \ln RD_{ijt} + \beta_4 \ln RD_{ijt}^2 + \beta_5 \ln RD_{-ijt}$$
$$+ \beta_6 \ln RD_{-ijt}^2 + \beta_7 \ln RD_{i-jt} + \beta_8 \ln RD_{i-jt}^2 + \beta_9 \ln RD_{-i-jt} + \beta_{10} \ln RD_{-i-jt}^2$$
$$+ \nu_i + \tau_t + \varepsilon_{ijt}$$

其中,$i = i_1, i_2 \cdots, i_n$ 表示一国可贸易部门的行业分类;$j = \{CH, US\}$ 表示参与分工和贸易的两国。$\ln L_{ijt}$ 为劳动投入量的对数值,$\ln RD_{ijt}$ 为研发投入的对数值,作为衡量技术进步程度的指标,$\ln RD_{-ijt}$ 为本国除 i 以外的其他行业研发投入的对数值,$\ln RD_{i-jt}$ 他国 i 行业研发投入的对数值,$\ln RD_{-i-jt}$ 为他国除 i 以外的其他行业研发投入的对数值。此外,$\ln Y_{ijt}$ 为 j 国 i 行业在 t 期的实际增加值的对数值,$\ln K_{ijt}$ 为资本存量的对数值,本书拟建立同时考虑截面和时间效应的固定面板数据计量模型,ν_i 和 τ_t 分别衡量截面和时间效应。前面第 13.6.1 节有关中美两国汽车/家具贸易的经验验证所遵循的就是这一思路。

然而,进一步的研究我们发现,该计量模型在数据选取上受到极大的限制。大家知道,衡量两国分工方向需要基于净出口数据,我国海关部门采用并公布的国际贸易商品分类体系主要为 HS 编码和联合国《国际贸易标准分类》(Standard International Trade Classification, SITC),如 HS 编码分类共包括 22 类、98 章产品,而行业增加值、研发投入、劳动投入量(就业人数)等数据则是由统计部门依据国民经济行业分类(GB/4754 - 系列)统计并公布,现阶段,依照公开数据,仅能够得到部分大类的行业增加值、研发投入、劳动投入量(就业人数)等数据,而资本存量数据则需要作者估算。由于海关和统计部门的行业分类统计口径并不一致,两类数据无法匹配。

有鉴于此,本小节拟采取案例分析的方法进行经验研究,这就要求我们选取的案例和数据,要尽可能地保证行业划分标准一致、统计口径一致、数据质量相似,保证经验研究的科学性。

我们试以日本和英国在电工仪表和集成电路这两种商品的生产和贸易为例,分析技术进步和比较优势逆转对贸易的影响。之所以将日英两国而非中美作为经验验证案例,是因为受统计制度、数据质量和统计口径的限制,中、美两国的产业、贸易等数据无法完全匹配,而日本、英国同为 OECD 国家,统计制度、口径等相对一致,数据质量相对较高。本节所使用的数据来自 WIND 数据库、日本财务省以及 OECD 发布的 Structural Analysis(STAN)数据库。

从电工仪表(产品 2)和集成电路(产品 1)的贸易情况看,2009—2013 年,日本对英国的电工仪表表现为净出口;2009—2013 年,日本是英国的集成电路净进口国。这表明,在初始的分工和交换中,日本在电工仪表生产上具有比较优势,英国在集成电路的生产上具有比较优势。随着日本在集成电路生产上的技术不断进步,日本对英国的净进口额不断减少,并在 2014 年后发生比较优势逆转,成为集成电路的净出口国。同时,在分工上,日本成为电工仪表的净进口国。日英两国的电工仪表和集成电路的贸易状况如表 13.3 所示:

表 13.3　日本对英国的电工仪表和集成电路贸易额

(单位:10 亿日元)

年份	电工仪表			集成电路		
	出口金额	进口金额	净出口额	出口金额	进口金额	净出口额
2009	23.55	16.94	6.61	2.35	3.41	-1.06
2010	24.75	19.21	5.54	2.82	4.41	-1.59
2011	25.67	20.93	4.74	2.81	3.72	-0.92
2012	23.97	21.28	2.69	2.89	3.46	-0.57
2013	28.60	27.06	1.55	2.95	3.35	-0.40
2014	26.36	33.93	-7.57	3.44	3.34	0.09

(续表)

年份	电工仪表			集成电路		
	出口金额	进口金额	净出口额	出口金额	进口金额	净出口额
2015	23.90	36.74	-12.84	3.89	3.39	0.50
2016	22.21	33.37	-11.16	4.15	3.65	0.50

数据来源：WIND 数据库，日本财务省(https://www.mof.go.jp/statistics/index.html)。

接下来，分析技术进步及比较优势逆转对日英两国国民产值净福利的影响。由于电工仪表和集成电路同属于电子设备下的子类，为排除其他行业的影响，这里不采用人均 GDP 作为国民产值的衡量指标，而是采用电子设备行业人均增加值作为国民产值的衡量指标。2009—2016 年，日英两国电子设备行业的实际增加值（2010 年价）及劳动投入量如表 13.4 所示：

表 13.4 日本和英国电子设备行业实际产业增加值及劳动投入量

日本			英国		
实际行业增加值（百万日元）	从业人数（千人）	工作总小时数（百万小时）	实际行业增加值（百万英镑）	从业人数（千人）	工作总小时数（百万小时）
5952340.41	643.00	1248.00	5005.73	99.11	187.73
6564832.90	659.00	1295.20	5237.93	94.90	184.07
7042380.26	682.00	1331.61	5340.64	92.20	174.08
6694003.79	666.00	1296.57	5220.07	86.84	158.58
5421756.00	637.00	1166.41	4221.72	79.78	147.10
6491800.00	637.00	1236.80	4519.00	85.49	162.39
6616479.85	651.00	1257.73	4432.19	88.83	172.68
6773452.48	652.00	1250.54	4109.30	83.05	156.43
6954163.41	628.00	1198.16	4119.02	80.33	146.51
8043775.55	630.00	1217.03	4090.29	76.96	138.41
8120764.74	629.00	1220.64	4463.62	82.17	152.92
8419312.11	641.00	1233.41	4259.20	74.91	141.94

数据来源：OECD STAN 数据库。

日英两国电子设备行业的人均和时均实际增加值（2010 年价）如

图 13.16、13.17 所示：

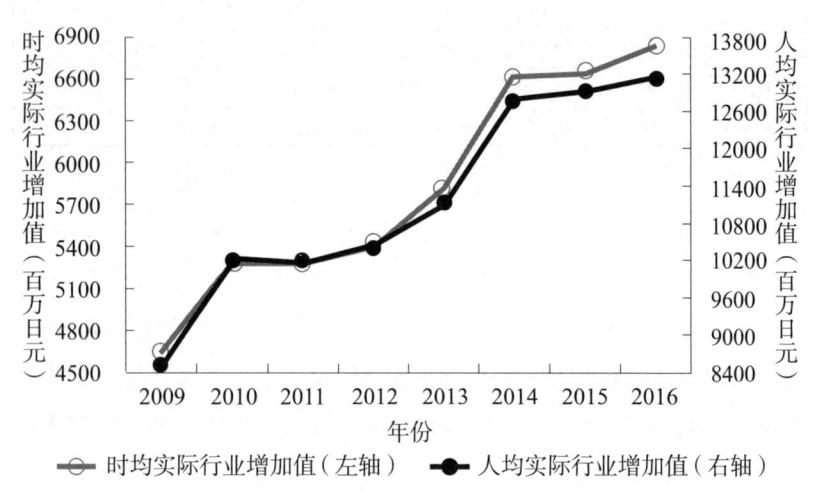

图 13.16　日本电子设备行业人均和时均实际行业增加值

数据来源：WIND 数据库。

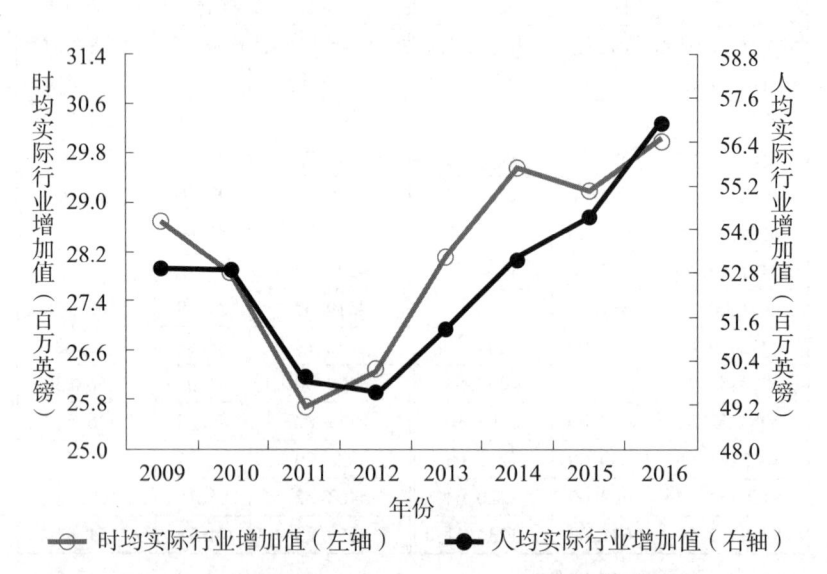

图 13.17　英国电子设备行业人均和时均实际行业增加值

数据来源：WIND 数据库。

可以看出,随着日本具有比较劣势的产品(集成电路)生产力的不断提高,在不改变初始比较优势格局和分工方向的前提下,无论是以劳动投入量计算还是以劳动投入时间计算,日本的实际人均产出都呈持续上升的趋势,而英国的实际人均产出持续下降。但是,随着日本在比较劣势产品上的生产力进一步提高,日英两国的比较优势发生逆转,进出口产品重新配置,新的分工贸易格局下,两国的实际人均收入再度提高,这与本章前述结论一致。

13.6.3 经验验证的意义

本章的经验验证,对于推进国际贸易理论研究和各国产业经济政策的制定有以下几方面的意义。

1) 基于比较利益率均等原则形成的均衡交换比例的存在性和有效性

本章的经验研究用真实的双边贸易数据检验了广义价值理论中基于比较利益率均等原则推导出的商品均衡交换价值和部门平均比较利益率的存在性和有效性。通过将2004—2017年的中美汽车类商品和家具类商品以及两国的汽车制造业和家具制造业纳入到广义价值论经典的两部门两商品模型中,我们发现了均衡交换价值和平均比较利益率存在的证据。另外,通过计算实际的商品交换价值和实际的中美两国比较利益率,我们发现虽然实际值与均衡值存在偏差,但是实际值本身围绕着均衡值波动,当实际值与均衡值偏离度过高时,会向均衡值收敛。此外,尽管汽车和家具贸易只占中美两国贸易总额的很小比例(接近10%),但是据此得出的两国比较利益率的差值的变化与中美两国GDP(PPP)差值的变化高度正相关。这说明本的模型很好地捕捉到了宏观经济运行趋势的特征。

2) 比较利益均等的均衡交换价值提供了公平贸易的基准

由比较利益率均等原则推导出来的均衡交换价值为双边均衡贸易

价格的形成提供了一个基础,为判断贸易利益分配是否公平合理提供了一个客观尺度。前面通过对萨文的评析,特别是通过基于广义价值论的分析,一方面阐明了任何具有初始比较优势的产品生产力的提高都会使参与国际分工交换的各国从中受益,另一方面论证了后发国家通过技术创新持续地提高比较劣势产品的生产力,不仅有助于本国福利的改善,从长期来看也有可能导致国际分工方向的逆转,从而使各国(包括发达国家)从新的贸易模式中获得更多的利益。只要均衡贸易价格即真正的国际价值是根据比较利益率均等原则确定的,国际贸易利益的分配就是公平合理的。这就为我国政府高举全球化和自由贸易旗帜,反对贸易保护主义,提供了新的理论依据。由于实际经济运行中双边贸易本身嵌入在多边贸易中,同时可贸易商品的种类数量繁多,基于两部门两商品的理论模型所推导出的均衡状态必然和实际值之间存在偏差。但是这种偏差并不是无限发散的,相反,我们发现理论推导出的均衡状态可以被视为实际交换价值和比较利益率波动的基准,或者说,均衡状态本身隐含在实际数值的波动之中,而比较利益率均等原则揭示了这种隐含的基准价值。因此贸易双方的比较利益率和贸易商品的交换价值始终处在动态平衡之中,或者说,存在着变化的周期。而了解这种动态平衡和周期有助于政策制定者对具体行业在历史、当下以及未来的经济环境中进行更精确的定位。

3)不同产业的技术进步会影响分工模式转换和利益分配

中美双边贸易中实际交换价值和实际比较利益率向均衡收敛然后再背离的过程暗示了以支持生产力提高为目的的产业政策的有效性。因为中国汽车制造业劳动生产力相对于美国汽车制造业劳动生产力以及相对于中国家具制造业劳动生产力的持续性大幅度的提高引发中美两国比较利益率的收敛和反转。这说明没有一成不变的国际分工模式,也没有固化的商品贸易价格。以提高高技术商品劳动生产率为目标的产业扶持政策或激励机制可以有效的提高新兴经济体和发展中国家在双边贸易中的地位。

从萨缪尔森(Samuelson,2004)提到的二次工业革命之后美国的制造业超过英国,再到日本汽车行业占领美国市场,都是后发国家起初不具有比较优势的生产力进步,使得比较优势发生逆转和贸易模式发生改变的例子。目前中国的高端制造业、数字经济、大数据以及人工智能产业的蓬勃发展,已经逐渐由最初的模仿进入创新和赶超阶段。以手机产业为例,20世纪90年代摩托罗拉的一家独大早已不复存在,摩托罗拉品牌也已经收归联想旗下。中国手机品牌以华为为代表,已经出口美欧等国家和地区并开始与苹果、三星在高端市场形成三足鼎立的竞争态势,替代了摩托罗拉、诺基亚曾经在这一领域的地位。

4) 发展中国家既要发挥比较优势又要弱化比较劣势

我们构建的简单模型对后发国家的发展战略有一定启示。根据我们基于广义价值论的分析,技术进步会增加当事国人均实际收入,无论这一技术进步是发生在具有比较优势的产业,还是在具有比较劣势的产业,因为其中任何一种技术进步都会提高该国的综合生产力水平,在其他国家生产力保持不变的情况下,本国的比较生产力水平就会提高,从而会提高单位劳动所创造的价值量。区别仅仅在于,具有比较优势产业的技术进步,会使贸易国双方同时受益,而比较劣势产业的技术进步,在初期的表现是技术进步国家一方受益,但是从长期来看,可能导致国际分工方向的改变,新的分工和贸易模式同样会提升所有贸易参与国整体的福利水平。

13.6.4 经验验证存在的不足

本节的经验研究尚有以下几方面有待改进。首先,由于经验研究中产生了数值为负的比较利益率,这与理论模型的基本假设——比较利益率为正数——相悖。尽管我们论证了实际上的负值本质上并不违反比较利益率均等原则，且能够有效反映宏观经济的发展趋势，但是我们仍需要进一步修正理论和经验模型，使整个理论构架更为完善和自洽。其次，由于数据可得性的原因，本节只是选取了中美两国的汽车/家具以及日英两国电工仪表/集成电路双边贸易进行经验检验，这只能作为后续更广泛的经验分析工作的切入点，后续的研究应该纳入更多的行业乃至全球的经济体进行综合分析，以求论证广义价值理论和比较利益率均等原则的普适性。

14. 广义价值论的应用

以上各章,从分工交换的起源到交换价值的决定,从 2 部门到 N 部门,从局部均衡到一般均衡,从静态分析到比较静态分析,从产品交换到功能性分配,从可变分工到不变分工和混合分工,从国内分工交换到国际分工交换,全面阐述了广义价值论的基本原理。本章尝试运用这一抽象理论对复杂劳动的折算、不同部门生产力的比较、工农业产品交换的剪刀差以及之间的不等价交换等经济学界长期争论不休的问题作出合理的解释,以期展示广义价值论比任何其他价值理论都更胜一筹的可应用性。

14.1 广义价值论与生俱来的可操作性

价值本来是各种使用价值相交换的比例,而传统的劳动价值论完全否认了使用价值在价值决定中的作用,从而也就排除了从可度量的交换价值中推导价值的可能性。传统劳动价值论中的抽象劳动和社会必要劳动时间,都仅仅是一种抽象的规定,没有任何可操作性,因为决定价值的既不是抽象的劳动时间,更不是部门的绝对劳动耗费。广义价值论是在具体劳动和使用价值形态上讨论价值决定的,它完全是根据具体劳动的生产率即单位劳动时间生产的使用价值量来推导均衡交换比例的,这就使原本抽象的价值理论具有了可操作性。一般而言,只要我们掌握了两个部门生产两种商品的平均劳动耗费以及相应的机会成本,我们就可以容易地计算出两种商品的均衡交换比例即广义价值。

进一步说,广义价值论中的劳动量是用劳动的自然尺度——时间来度量的,我们只需了解一个部门生产某种商品所平均耗费的时间,就可以计算商品的广义价值,至于单位时间中实际投入了多少劳动、多少资本和多少土地,以及这些生产要素的质量如何,都无关紧要。① 实际上,广义价值论排除了传统劳动价值论中复杂劳动的折算以及不同部门生产率的比较问题,它把价值归结为时间,体现了时间就是价值、时间是最宝贵的资源以及时间节约这一人类社会最一般的经济规律,是一种真正的时间价值论。

14.2 复杂劳动与简单劳动难题的破解

传统劳动价值论中最难解的问题之一,就是复杂劳动与简单劳动的折算问题。马克思虽然指出复杂劳动是倍加的或自乘的简单劳动,但他认为,复杂劳动折算为简单劳动是一个社会过程,似乎没有理论模型可供计算(马克思、恩格斯,1972b,第 58 页)。后来的学者在这方面一直百思不得一解。广义价值论提供了一种解法。

首先,我们可以通过两部门单位劳动创造的价值量之比,来判断各部门劳动的相对复杂程度。设两部门单位平均劳动创造的价值量之比为 $v_{1/2}$,由部门单位平均劳动创造的价值量[式(4.8)]可知,两部门单位平均劳动创造的价值量之比,实际上就是两部门综合生产力之比,即

---

① 实际上,广义价值论中的时间,并不单纯指劳动时间,而是包含了一定人力、自然力和资本在内的所有投入品共同发生作用的时间,可以把它归结为使用一定资本和土地的一定量劳动发挥作用的时间即劳动时间,当然也可以把它归结为配备一定量劳动和土地的一定量资本发挥作用的时间即资本时间……也许把价值实体或尺度归结为一般时间更合适,更符合时间就是金钱、时间就是生命、一切节约都归结为时间的节约、时间节约是人类社会的一般经济规律等观念。

两部门比较生产力系数,如式(14.1)所示：

$$v_{1/2} = \frac{V_1^t}{V_2^t} = \frac{\frac{1}{2}(1+\sqrt{q_{11}q_{12}/q_{22}q_{21}})}{\frac{1}{2}(1+\sqrt{q_{21}q_{22}/q_{12}q_{11}})} = \frac{1+CP_{1/2}}{1+CP_{1/2}^-} = CP_{1/2} \quad (14.1)$$

式(14.1)表明,如果 $CP_{1/2}>1$,意味着部门 1 单位平均劳动创造的价值量大于部门 2 单位平均劳动创造的价值量,也就意味着部门 1 的劳动复杂程度大于部门 2,反之亦反;如果 $CP_{1/2}=1$,则意味着两部门的劳动复杂程度相等,两部门的等量劳动创造等量价值(这就回归到了马克思的劳动价值论)。而 $CP_{1/2}$ 的值就是我们所探求的复杂劳动折算为简单劳动的倍数。

其次,我们也可以由式(5.5)直接推导出复杂劳动与简单劳动的折算比例比：

$$\frac{T_2}{T_1} = R_{2/1} \frac{t_{22}}{t_{11}} = \frac{x_2 t_{22}}{x_1 t_{11}} = \frac{t_{22}}{t_{11}}\sqrt{\frac{t_{11}t_{21}}{t_{12}t_{22}}} = \sqrt{\frac{t_{22}t_{21}}{t_{12}t_{11}}} = \sqrt{\frac{q_{11}q_{12}}{q_{22}q_{21}}} = CP_{1/2} \quad (5.5)$$

式(5.5)表明,两部门之间的必要劳动投入比决定于部门之间的综合生产力之比,也就是说部门必要劳动投入量与部门比较生产力成反比,比较生产力较高部门可以用耗费劳动较少的产品换取比较生产力较低部门耗费较多劳动的产品。式(5.5)亦给出了异质劳动相交换的均衡比例,同时也给出了不同复杂程度劳动的折算比例,因为在一般情况下,比较生产力较高的劳动同时也是复杂程度较高的劳动。①

14.3 工农业产品剪刀差的测算基准

马克思指出:"生产力当然始终是有用的具体的劳动的生产力,它

---

① 关于运用广义价值论这一基本原理对中国的工人、农民和知识分子三大阶层的收入分配的研究,可参考蔡继明、刘澜飙(1999)。

事实上只决定有目的的生产活动在一定时间内的效率。"(马克思、恩格斯,1972b,第59页)所以,不同部门的生产力水平,不好直接进行比较;我们不能因为生产一盎司金与生产一吨铁需要同量劳动时间,就说金的生产力低于铁(马克思、恩格斯,1973,第87页)。正因为如此,在马克思看来,无论各部门的生产力水平发生了怎样的变化,同量劳动所创造的价值总是相等的,因此才引出资本有机构成低的部门(等量资本支配的活劳动相对多,从而创造的价值相对多)剩余价值向资本有机构成高的部门(等量资本支配的活劳动相对少,从而创造的价值相对少)转移的所谓价值转形问题。可见,不同部门生产率能否比较,对于确定部门之间的交换比例以及相应地确定经济剩余在部门之间的分配,无疑是至关重要的。但这个问题在以往的三种价值理论中都是无解的。广义价值论为这一问题的解决提供了一条新的思路,它通过不同部门综合生产力之比这一中间环节,把绝对生产力转化为比较生产力,从而使不同部门的生产力水平有了比较的可能,详见式(5.4)—式(5.9)以及式(6.9)的推导。

广义价值论的这一创新对于调整产业结构和部门间的收入分配关系,具有重要意义,特别是为我们正确理解工农业之间的交换关系提供了一个实证的标准。

1949年中华人民共和国成立以来,国家通过工农业产品的剪刀差即工农业产品的不等价交换将农村的大量剩余劳动转移到城市,以加速工业化的实现过程。唐仁健等(1992)认为,从中华人民共和国成立后到改革开放前,农业通过"剪刀差"向工业提供了6000多亿元的资本积累,相当于1982年国营企业固定资产的原值,"剪刀差"使每个人民公社平均仅剩下2715.9万元的财产,若再扣除地产仅剩543万元,每个生产大队的集体积累人均不到1万元,每个农户平均拥有财产不超过550元,每个农业人口平均全年收入只有70多元,其中有1/4的生产队社员年收入在50元以下;牛若峰(1992)认为,从1952年到1989年的37年间,我国通过"剪刀差"和农业税(扣除同期国家财政支农资金)从农业中拿走了7000多亿元,超过了1987年国营工业固定资产原值;徐从才、沈太基(1993)对"剪刀差"的最低估算是,从1950年到1978年的农业净流出是4481亿元;中共中央政策研究室、国务院发展研究中心的《农业投入》总课题组(1996)估计,在1954—1978年的24年中,政府通过工农产品剪刀差大约取得了5100亿元收入,同期农业税收入为978亿元,财政支农支出1577亿元,政府提取农业剩余净额为4500亿元,平均每年从农业部门流出的资金净额达155亿元。

  以上数据之所以大相径庭,除了考察年代的差异,根本的原因是判断工农业产品等价交换与不等价交换的测算方法和标准不同。最早的一种方法是根据工业劳动者与农业劳动者的报酬得出三个农民的劳动等于一个工人的劳动,按照这个比例计算,1952年农产品价格低于价值17.4%,同期工业品价格高于价值27.03%,剪刀差差额为102.3亿元;1957年农产品价格低于价值33.6%,同期工业品价格高于价值38.8%,剪刀差差额为271.6亿元;1977年农产品价格低于价值34.0%,同期工业品价格高于价值19.6%,剪刀差差额为690.7亿元。李炳坤(1981,第44—46页)认为,工人的报酬是农民的3倍,在很大程度上正是工业品高于价值、农产品低于价值造成的,这种把问题的结果作为研究同一问题的前提,是站不住脚的。因此,他对比经济发达的资本主义国家大体上是一个工业劳动力等于一个农业劳动力,苏联一个工业劳动力大体等于1.4个农业劳动力,并考虑到中国工农业劳动的复杂程度差别比苏联大,由此确定我国一个工业劳动力等于两个农业劳动力。按照这个比例计算,1952年农产品价格低于价值22.6%,同期工业品价格高于价值42.0%,剪刀差差额为141.2亿元;1957年农产品价格低于价值38.8%,同期工业品价格高于价值53.9%,剪刀差差额为339.9亿元;1977

年农产品价格低于价值 14.1%,同期工业品价格高于价值 28.5%,剪刀差差额为 934.8 亿元。严瑞珍等(1990)则按照我国工农业劳动者的文化程度,推算农业劳力折合成工业劳力的系数为 0.45,即一个农民在劳动能力上大体相当于 0.45 个工人。根据这一折合系数计算,从 1953 年到 1985 年全国预算内的固定资产投资共 7678 亿元,平均每年 240 亿元左右,大体相当于每年的剪刀差绝对额。武力(2001)鉴于计算工农业价值的劳动和劳动率方法很难准确估计工农业产品各自所包含的活的劳动及其价值,因此通过农副产品和工业品的国家计划价格与自由市场价格以及国际价格的比较,推算出 1960—1978 年,国家通过统购统销获取的牌市价差额为 2800 亿元,约占同期农业国民收入(16523 亿元)的 17%,而同期农业税则为 897.6 亿元,占农业国民收入的 5.4%。

上述研究方法和采取的标准普遍存在三个问题:其一是工人和农民劳动生产力的折算缺乏理论依据;其二是在农产品统购统销和计划经济体制下,不仅进入自由市场的农产品所占比例很小,根本不能反映全部农产品的实际价值,而且几乎全部工业品的计划价格也都严重偏离其实际价值;其三,也是最重要的,何为实际价值,到底是按实际耗费的劳动测算,还是按投入的各种要素成本乘以一个平均利润率即生产价格来计算,长期以来都没有一个科学的价值理论作为根据。以往的估计大都是从工农业部门的绝对生产力出发的,因而其等价交换的标准是前述狭义价值,这明显会高估以往工农业产品不等价交换的程度。

广义价值论为研究和测算"剪刀差"提供了一个新的思路。根据广义价值论,中国城乡之间和工农之间,必然存在着比较生产力的差别,而工业部门的比较生产力一般会高于农业部门,这样,在以往的所谓工农业产品的不等价交换中,至少有一部分是由工农业部门比较生产力的差别决定的。笔者(蔡继明,1998a)曾根据广义价值论基本原理并运用统计计量方法,测算了我国 1987 年城乡居民实际相对收入差别为

2.68，而其中由比较生产力差别决定的部分占 70.9%；1995 年城乡居民实际相对收入差别为 3.02，由比较生产力决定的部分占 75.2%。① 由此可见，1995 年城乡比较生产力差别造成的城乡相对收入差别的份额比 1987 年提高了。笔者当时预测，随着改革的深化，特别是在市场经济体制建立以后，城乡相对收入差别中由比较生产力决定的份额会进一步增加。② 由此，我们提出如下政策建议：

首先，由比较生产力差别决定的相对收入差别（包括城乡之间、地区之间和行业之间）应该维护。因为这部分相对收入差别反映了社会分工和生产力发展的客观要求。如果我们从"三个有利于"和"效率优先"的角度出发，那么，就应该承认这部分相对收入差别的合理性并加以维护。即使从"兼顾平等"的角度认为这部分收入差别过大，也不应该去直接缩小这部分收入差别，而应该在如何缩小城乡之间比较生产力差别上做文章。迄今为止，人们一提到城乡相对收入差别，大都笼统地主张采取限制政策，这种观点至少是不全面的。

其次，超过比较生产力差别的收入差别应该缩小乃至消除。这部分差别产生的原因主要是城乡隔绝的二元户籍制度、就业制度、教育医疗和社会保障制度以及土地制度等不合理的因素，无论从效率优先的角度，还是从兼顾平等的角度，这些因素都应该逐步缩小乃至完全消除，因为它们既不符合平等的要求，也不符合发展生产力的要求。

根据以上基本的价值判断，政府缩小城乡收入差距的目标有两个层次。第一个层次是消除当前城乡收入差距中的不合理的部分，把城乡收入差距缩小到由比较生产力决定的城乡相对收入水平。这主要依

---

① 这篇论文详见本章附录 C。
② 虽然蔡继明（1998a）采用的方法和标准与武力（2001）不同，但从广义价值论的角度看，我国工农业产品的不等价交换，也许并非像以往所想象得那么严重，至少我们需要在确定合理的合乎逻辑的等价尺度的基础上，再对工农业产品之间的交换进行实证分析，才能得出更加客观的结论，在这点上，二者的认识是一致的。

靠价格政策、就业政策、转移支付(福利)政策来实现。第二个层次是缩小城乡比较收入到理想的自然差距程度。这主要依靠加快农业转移人口市民化进程,加快农地流转和集中,实现农户土地规模经营,盘活农村闲置宅基地,吸引城市工商资本下乡参与乡村振兴,实现城乡融合发展。

14.4 价值"转形"问题的伪科学性

前面在分析工农业产品剪刀差的测算基准时已经指出,不同部门生产力的比较,对于确定部门之间的交换比例以及相应地确定经济剩余在部门之间的分配,无疑是至关重要的。正是因为马克思认为不同部门生产力不能比较,才得出无论劳动生产力水平高低或发生什么变化,等量劳动投入不同部门所创造的价值总是相等的结论①,而当马克思按照从抽象上升到具体的进程分析现实的资本主义生产关系时,他发现商品交换的比例并不是根据劳动耗费确定的,而是根据等量资本获得等量利润的原则确定的。为了解决劳动价值论与现实的矛盾,马克思采用了价值转形的处理方法,即把根据平均利润率决定的交换比例作为价值的转化形式而界定为生产价格,由此引发了一场跨世纪的"转形"争论。有关转形问题争论的实质是如何看待诸如不同部门资本有机构成的差别和资本周转速度的差别等非劳动因素对商品价值的影响——这些非劳动因素是直接影响价值决定呢,还是仅仅影响价格或价值的转化形态?其实,抛开价值转形过程中的逻辑矛盾和计算错误不说,只要我们把价值理解为商品生产者或买卖双方之间的关系,理解为调节价格运动的规律,理解为商品的均衡交换比率,那么,所谓生

---

① "不管生产力发生了什么变化,同一劳动在同样的时间内提供的价值量总是相同的。"(马克思、恩格斯,1972b,第60页)

产价格本身就是价值,非劳动生产要素以及诸如资本有机构成和周转速度的差别等非劳动因素对商品均衡交换比率的影响,就是对价值决定本身的影响。这里,无须用任何转形来解释。

马克思之所以把由平均利润率决定的生产价格不是看作价值而是当作价值的转化形式(这和他把工资不是看作劳动的价值而是看作劳动力的价值或价格的转化形式,遵循的是同一逻辑思维方式),根本原因就是一方面否定非劳动要素对价值决定的影响,另一方面又不得不承认现实,只能对虚构的价值与真实的价值(生产价格)之间的矛盾进行强制的抽象。斯拉法(1963)曾用机智而隐晦的方式戳穿了"转形"问题的虚幻性,他强调指出:"剩余分配的决定,必须和商品价格的决定,通过相同的机构,同时进行。"(斯拉法,1963,第12页)也就是说,剩余价值分配和生产价格的形成只有通过交换过程同时决定,不存在一个预先在思维中确定的价值,然后再通过交换转形为生产价格。①

而根据本书所阐述的广义价值论原理,不同部门等量劳动所创造的价值量与其比较生产力正相关,比较生产力高的部门(也就是马克思所谓资本有机构成高的部门)价值总量高于劳动总量,比较生产力低的部门(也就是马克思所谓资本有机构成低的部门)价值总量低于劳动总量,而比较生产力是由相关两部门四个绝对生产力变量决定的 [式(4.5), $CP_{1/2} = \sqrt{\dfrac{q_{11}q_{12}}{q_{22}q_{21}}}$],其中每个绝对生产力又是由劳动、资本、土地、技术、管理等因素决定的,如果一个部门比另一个部门使用了较多数量和较高质量的非劳动生产要素,那么其比较生产力水平就会高于另一个部门,在两部门劳动量相等的情况下就会创造高于另一部

---

① 很多痴情的原教旨马克思主义者还以为斯拉法解决了马克思的"转形"问题(胡代光等,1990),殊不知斯拉法不是解决而是根本否定了"转形"问题的存在!

门的价值量。由此形成的均衡交换比例 $R_{2/1} = \frac{x_2}{x_1} = \sqrt{\frac{t_{11}t_{21}}{t_{12}t_{22}}} = \sqrt{\frac{q_{12}q_{22}}{q_{11}q_{21}}}$
式(3.8)和单位商品价值 $V_1^c = \frac{1}{2q_{11}}(1 + CP_{1/2})$；$V_2^c = \frac{1}{2q_{22}}(1 + CP_{2/1})$ 式(4.6)本身就是价值,而不是任何其他转化形式。也许,如同斯拉法的分析,这才是所谓"转形"问题最彻底的解决办法。

14.5 按生产要素贡献分配的价值基础

尽管从中共十三大到中共十九大,官方和学界都逐渐承认非劳动生产要素参与分配有其必要性与合理性,对待私有制和剥削,采取了一种宽容、肯定甚至鼓励的态度。但所有这一切,都只停留在政策层面上,对非劳动收入的性质和价值基础并没有做出任何新的界定和说明,从而并没有为发展非公有制经济和保护私人财产提供必要的理论依据。

本书作者蔡继明早在1988年就与谷书堂教授共同提出按生产要素贡献分配是社会主义初级阶段的分配原则(见谷书堂、蔡继明,1988)。毫无疑问,承认按生产要素贡献分配本身,并非什么经济学理论的创新,法国经济学家萨伊早在1803年、美国经济学家克拉克在1899年就已经提出过这样的论点(见萨伊,1963;克拉克,1997)。问题在于,按生产要素贡献分配的价值基础是什么?

显然,传统的劳动价值论不可能为按生产要素贡献分配提供价值基础,因为该理论恰恰是由于否定了土地、资本等非劳动生产要素在价值决定中的作用,所以,在分析各种非劳动收入时,仅仅是从所有权关系,而不是从生产要素在财富的生产和价值的创造中的作用贡献去论证各种收入其存在正当合理性。而单纯从所有权出发,当然不能说明各种收入的数量是如何规定的。许多学者正是从传统的劳动价值论出发,把价值创造与价值分配分割开来,认为价值是唯一地由活劳动创造的,但价值的分配可以依据生产要素的所有权进行,因此,按生产要素分配仍然是以劳动价值论为基础的。①

至于其他的价值理论,无论是萨伊三位一体的分配理论还是新古典边际生产力分配理论,都缺乏严密的逻辑一致性。新剑桥学派的领袖琼·罗宾逊早在1953年就指出了新古典价值和分配理论的逻辑悖论(罗宾逊,1984),由此引发了旷日持久的所谓"两个剑桥之争"或"资本争论"(参见 Robinson,1956;Garegnani,1966;Garegnani,1970;Levhari,1965;Pasinetti,1966)。面对以斯拉法、罗宾逊为首的新剑桥学派的批评,新古典综合派的领袖萨缪尔森也不得不承认边际生产力价值论的不完善性(参见 Samuelson,1962)。

而广义价值论的建立,为理解按生产要素贡献分配的价值基础,提供了一条新的思路。如果我们承认就同一部门内不同的生产者而言,传统的劳动价值论中价值决定于社会必要劳动以及劳动生产率与价值量成正比的原理本身就已经确定了非劳动生产要素在价值决定过程中所起的作用,那么,只要我们能够论证劳动生产率与价值量成正比的原理同样适用于不同部门,就能够最终说明非劳动生产要素在价值创造中所起的作用。幸运的是,广义价值论恰恰为后一命题提供了证明。根据广义价值决定的基本原理,比较生产力与部门价值量成正比。而不同部门的比较生产力水平,同样是由包括非劳动生产要素在内的多种因素决定的,因此,非劳动生产要素实际参与了价值创造。按生产要素贡献分配的价值基础,就是广义价值。

---

① 一些学者(如卫兴华,1991;陈德华,1990;宁向东,1991)在中共十六大之前,对生产要素按贡献参与分配完全持否定态度;在中共十六大确立了生产要素按贡献参与分配的原则之后,一些学者(如卫兴华,2003a,2003b;沈思,2004)虽然也不得不接受生产要素按贡献参与分配的提法,但他们只承认各种生产要素对物质财富的贡献,不承认对社会财富或价值的贡献。而在市场经济条件下,离开了价值形式,何以衡量生产要素的贡献?参见蔡继明(2009)。

显然,只要我们全面地把握按生产要素贡献分配的思想,把价值的创造和价值的分配统一起来,把非劳动收入和剥削区分开来,把剥削与私有制区分开来,保护合法的非劳动收入与保护私有财产就会顺理成章,消灭剥削和发展非公有制经济就会并行不悖,我们就能够打破传统观念和思维模式对人们的束缚,使保护私有财产逐步成为全社会的共识,从而为非公有制经济的进一步发展扫清思想上、理论上的障碍。

以上仅仅是就广义价值论基本原理的研究目前所达到的深度和广度,对经济学界长期争论的一些理论难题做了一些分析,这并非意味着广义价值论只能适用于这些有限的范围。随着广义价值理论的不断扩展,包括前述经济增长理论和国际贸易理论的进一步完善,诸如地主与佃农、企业家与员工、官员与民众之间的分工合作关系以及国际分工交换中的自由贸易与贸易保护、进口替代与出口导向等政策领域,广义价值论将会有更广泛的应用。

附录C:中国城乡比较生产力与相对收入差别[*]

自1958年以来,我国一直实行着严格的户籍管制制度。这种制度把国民严格地分成城镇居民和农村居民两大社会阶层。由于经济的和非经济的因素的共同作用,我国城乡居民收入之间存在着相当大的差别,这种收入差别一向受到政府和各界人士的关注。本文的目的是以广义价值论为基础,把决定中国城乡收入差别的经济因素和非经济因素区分开来,并据此提出政策建议,以减少和消除城乡居民收入差别的

---

[*] 本文发表于《经济研究》1998年第1期。该文试图运用笔者创立的广义价值论,特别是作为其核心的比较生产力概念,来具体分析中国城乡居民的相对收入差别在多大程度上是由城乡比较生产力的差别造成的。但是,现在来看,这一工作的思路虽然是正确的,但技术上并不令人满意。本书收录时删除了与本书前面已阐述的广义价值论基本原理重复的部分,并按全书统一格式对相关序号做了调整。

不合理成分。

C-1 我国城乡居民相对收入差别的现状

C-1.1 我国城乡居民收入的界定

大多数学者在计算我国城乡居民收入差别程度时，只是简单地用"城镇居民人均生活费收入"对比"农村居民人均纯收入"。这样做的结果大大低估了实际收入差别程度。因为这两个指标统计口径不同，缺乏可比性。我们认为，能够客观和全面地反映城乡居民实际收入和差别程度的指标是可支配收入。

根据《联合国收入统计指南》，可支配收入是指住户可用于最终消费支出和其他非义务性支出以及储蓄的总和，它是由基本收入、财产收入和转移收入构成的住户总收入扣除住户交纳的税金、社会保险和养老基金之后的余额（转引自国家统计局农调总队课题组，1994）。我国1980—1995年城乡居民人均可支配收入如表 C-1 所示：

表 C-1 中国城乡居民收入差别状况

年份	农村居民人均可支配收入(元)		城镇居民人均可支配收入(元)		城乡相对收入差别：$r = I_1/R_1$
	R_0	R_1	I_0	I_1	
1980	191	180	620	577	3.21
1981	233	228	682	665	2.92
1982	270	265	722	708	2.67
1983	310	305	770	755	2.48
1984	355	345	870	847	2.46
1985	398	369	967	864	2.34
1986	424	400	1144	1069	2.67
1987	462	435	1269	1166	2.68
1988	545	464	1478	1225	2.64
1989	602	505	1705	1466	2.90

(续表)

年份	农村居民人均可支配收入(元)		城镇居民人均可支配收入(元)		城乡相对收入差别：$r=I_1/R_1$
	R_0	R_1	I_0	I_1	
1990	686	656	1922	1897	2.89
1991	709	693	2149	2045	2.94
1992	784	748	2484	2287	3.06
1993	921	810	3034	2613	3.23
1994	1221	989	3853	3082	3.12
1995	1578	1343	4739	4057	3.02

注：实际收入 R_1 和 I_1 是扣除物价因素后的城乡可比收入。
数据来源：国家统计局(1996)和国家统计局农调总队课题组(1994)。

在我国现行统计调查方案中，农村居民人均纯收入被定义为农村居民家庭总收入中扣除从事生产和非生产经营费用支出、缴纳税款和上缴集体任务后，可直接用于生产性、非生产性建设投资、生活消费和积蓄的那一部分收入(国家统计局农调总队课题组，1994)。可见，农村居民人均纯收入的基本内容与可支配收入一致，因此可以直接作为人均可支配收入使用。

调查方案中城镇居民人均生活费收入被定义为家庭全部收入中能用于安排日常生活的实际现金收入，即全部现金收入中扣除赡养费和缴纳的各种税款后的余额(国家统计局农调总队课题组，1994)。显然，城镇居民实际消费而未进入现金收入的消费品和服务，如住房、公费医疗和实物收入等，都没有在城镇居民人均生活费收入中得到体现。根据可支配收入的定义，国家统计局农调总队课题组(1994)测算出各年度的城镇居民的人均可支配收入。这样，我们可以确定城乡居民实际收入差别程度。

C-1.2 我国城乡居民相对收入差别的统计分析

根据有关统计资料，我们测算出 1980—1995 年我国城乡居民相对收入差别 r,也就是城镇居民人均可支配收入与农村居民人均可支配收入之比。表 C-1 中的数据表明,1980—1995 年,我国城乡居民相对收入差别经历了三个变化阶段。

第一阶段:1980—1985 年,城乡相对收入差别逐渐下降。

这个时期由于农村率先实行改革,通过联产承包责任制使农村生产力得到解放。因此农村居民人均实际收入增长很快,年平均增长率高达 12.0%。而城市仍囿于传统体制的束缚,城镇居民人均实际收入增长相对缓慢,平均年增长 4.9%。所以,城乡相对收入差别由 3.21 下降到 2.34,收入差别减少了 39.4%。

第二阶段:1985—1993 年,城乡相对收入差别逐渐提高。

这个时期改革的重心转移到城市,城镇居民收入大大增加。由于物价上涨比较快,尽管城镇居民人均实际收入平均年增长只有 4.5%,但农村居民人均实际收入增长更慢,年平均增长率仅为 1.8%,所以,城乡相对收入差别逐渐提高。

第三阶段:1993—1995 年,城乡相对收入差别逐渐下降。

随着市场经济体制的建立和发展,城乡居民收入都有很大的提高。因为有通货膨胀的影响,城镇居民人均实际收入增长比较慢,平均年增长 3.4%。而同期国家连续大幅度提高农产品收购价格,并在农村开展了大规模的脱贫工作,使农村居民收入有了较快的提高,人均实际收入平均年增长 8.7%。因此,城乡相对收入差别逐渐下降。

C-1.3 城乡相对收入差别的现状及变动趋势

城乡居民收入差别在世界各国都是存在的。但是我国城乡收入差别之大在亚洲乃至世界是首屈一指的。1993 年,我国城乡相对收入差别高达 3.23,而亚洲各国一般在 1.5—2.0 之间(邵俐玲,1992)。

1994 年,随着社会主义市场经济体制的逐步建立,我国城乡经济关系日趋好转。由于国家对经济的干预减少了,国民经济按其内在规律需要自动调整各种比例关系,也包括城乡收入关系。这样,农村居民收入增长速度开始超过城市,使城乡相对收入差别缩小。随着市场经济体制的发展和完善,未来几年我国城乡居民收入差别会进一步缩小,最终达到合理的自然差别水平。

C-2 我国城乡居民相对收入理论模型

社会财富如何分配,本质上取决于社会财富是如何生产出来的,或者说取决于价值是如何形成的。因此,一定的价值理论总是构成一定的收入分配理论的基础。本文试以笔者10年前提出的广义价值论(蔡继明,1985b;蔡继明,1987;蔡继明,1988)为基础,构建一个有关我国城乡居民相对收入的理论模型,用以阐明我国目前的城乡居民的相对收入差别是如何由城乡的比较生产力水平决定的。

C-2.1 绝对生产力和相对生产力(略)

C-2.2 两部门的交换价值模型(略)

C-2.3 比较生产力与广义价值量成正比(略)

C-2.4 城乡居民相对收入差别形成的价值基础(略)

既然生产者(部门)的比较生产力决定其创造的财富或社会价值的多少,那么在公平交换的前提下,比较生产力较高的生产者将获得较多的收入,而比较生产力较低的生产者收入相对也少一些。也就是说,比较生产力是城乡居民相对收入差别形成的经济根源,因为这种收入差距完全是以商品的社会价值(广义价值)量为基础的,是由客观经济规律本身决定的。

假定一年时间内,城镇居民人均创造价值 V_1,而农村居民人均创造价值 V_2,那么由广义价值决定的城乡居民相对收入差别可表示为:

$$v = \frac{V_1}{V_2} \qquad (C-1)$$

根据第 3 章的均衡交换比例公式(3.9),可得到:

$$v = \frac{V_1}{V_2} = \left(\frac{\bar{t}_{11} \cdot \bar{t}_{21}}{\bar{t}_{22} \cdot \bar{t}_{12}}\right)^{\frac{1}{2}} \qquad (C-2)$$

因为部门必要劳动时间 $\bar{t}$ 与部门生产率 u 成反比例关系,所以,公式(C-2)可表示为

$$\underline{v} = \left(\frac{u_{22} \cdot u_{12}}{u_{11} \cdot u_{21}}\right)^{\frac{1}{2}} \qquad (C-3)$$

下面我们推导部门生产率 u 的计算方法。假定全国城镇人均收入 I_{10} 为城镇居民的标准商品价值量,全国农村人均收入 I_{20} 为农村居民标准商品价值量。又假定 I_{11} 和 I_{12} 分别为城镇居民在城市和农村从事生产经营所能获得的人均收入,而 I_{21} 和 I_{22} 分别为农村居民在城市和农村从事生产经营所能获得的人均收入。那么,

$$u_{11} = \frac{I_{11}}{I_{10}}, \ u_{12} = \frac{I_{12}}{I_{20}}; \ u_{21} = \frac{I_{21}}{I_{10}}, \ u_{22} = \frac{I_{22}}{I_{20}} \qquad (C-4)$$

为了获得 $I_{11}, I_{12}, I_{21}, I_{22}$ 四个变量的值,我们需要建立城市和农村人均收入模型。在城市经济中,生产要素投入包括劳动力和固定资产投资,所以城镇居民人均收入取决于劳动者平均教育年限 AE_1 和人均固定资产投资数量 AK_1,即

$$I_{11} = F_1(AE_1, AK_1) \qquad (C-5)$$

而在农村经济中,生产要素投入包括劳动力、固定资产投资和土地。所以农村居民人均收入取决于劳动者平均教育年限 AE_2 和人均固定资产投资数量 AK_2 以及人均耕地面积 AL,即

$$I_{22} = F_2(AE_2, AK_2, AL) \qquad (C-6)$$

如果一些城镇居民到农村从事生产经营,他们人均占有耕地和农村居民一样,为 AL。而平均教育年限为 AE_1,人均固定资产投资为 AK_1。于是城镇居民在农村的人均收入为:

$$I_{12} = F_2(AE_1, AK_1, AL) \tag{C-7}$$

类似地,农村居民在城市的人均收入为

$$I_{21} = F_1(AE_2, AK_2) \tag{C-8}$$

于是,利用式(C-5)—式(C-8)我们可以分别确定 I_{11}、I_{12}、I_{21}、I_{22} 的值,再利用式(C-3)和式(C-4),我们就可以确定完全由经济因素即比较生产力决定的城乡相对收入差别 v。

C-3 城乡人均收入模型及相对收入差别的确定

1995 年是我国计划经济体制向市场经济体制全面转变的第三年,各种资源流动性大大加强,价格也基本放开。因此,1995 年我国城乡经济关系基本上可以看作是公平竞争和供求一致的,城镇居民收入和农村居民收入主要由各自的比较生产力决定的。这样,我们可以利用 1995 年各省横截面数据建立城镇居民和农村居民的人均收入模型。

C-3.1 城镇居民人均收入模型

城镇居民人均收入多少取决于城镇居民平均教育年限 AE_1 和人均固定资产投资 AK_1。此外地域因素也对城镇居民收入水平产生影响,由于沿海开放城市特殊的区位优势和经济特区的设立,这种影响变得更加复杂。根据 1995 年全国 29 省区市城镇居民人均货币收入 UI 的情况,我们把 29 个省区市分成 4 类,按收入水平高低分别以虚拟变量 SS_1 的值"0"、"1"、"2"、"3"标识。这样,全国 SS_1 的平均值是 0.862。城镇居民人均收入 UI 的线性回归方程为:

$$UI = 1020.59 + 234.47 \times AE_1 + 0.054 \times AK_1 + 1308.07 \times SS_1$$
$$(0.846)\ (1.529) \qquad (0.45) \qquad (9.89)$$
$$R^2 = 0.923, F = 99.42$$

括号中为各回归系数的 t 检验值。拟合优度 $R^2 = 0.923$,方程显著性检验 $F = 99.42 > F_{0.01}(3, 25) = 4.68$,说明回归方程与样本观测值很吻合。方程中常数项为1020.59,说明城镇居民人均收入中相当一部分（约1/4）是平均分配的结果,平均主义在城市中还比较严重。AE_1的系数是234.47,说明城镇居民平均教育年限每增加一年,人均收入可以提高234.47元;AK_1的系数是0.054,说明人均固定资产投资每增加1元,人均收入只提高0.054元,但这并不表明城市投资是无效率的,因为平均主义分配削弱了各要素对收入的影响力;SS_1的系数是1308.07,说明经济发展状况对我国城镇居民收入有巨大影响,经济最发达地区上海和广东城市人均货币收入比最不发达地区高出3924.21元。显然,所有解释变量系数的经济含义都是合理的,模型是有效的。

C-3.2 农村人均收入模型

农村居民人均收入 AI 的多少取决于农村居民平均教育年限 AE_2,人均固定资产投资数量 AK_2 和人均耕地面积和质量。由于耕地质量不可量化,仅用耕地面积对农村人均收入 AI 进行回归结果不合理,因而我们在模型中舍弃耕地面积这一解释变量。另外,农村居民收入还受到地域因素影响,沿海经济发达地区农村居民收入明显高于内地。这种差别是改革开放政策和自然条件等因素造成的,我们用虚拟变量 SS_2 来标识。这样,天津、江苏、广东、浙江、北京和上海6个省市用"1"标识,而其他省份用"0"标识。这样,以1995年各省农村人均纯收入及相应变量值①进行回归分析得到农村人均收入 AI 的线性回归方程为:

$$AI = 193.3 \times AE_2 + 1.85 \times AK_2 + 1134.77 \times SS_2$$
（16.09）　　（5.34）　　（8.39）

$R^2 = 0.904$　　$F = 120.99$

---

① 由于统计资料中提供的数据有限,这里的 AE_2 是1990年的人口普查数据,AK_2 是1993年的数据。

括号中为各回归系数的 t 检验值。拟合优度 $R^2 = 0.904$,方程显著性检验 $F = 120.99 > F_{0.01}(3,25) = 4.68$,说明回归方程与样本观测值很吻合。方程中 AE_2 的系数是 193.3,说明农村居民平均教育年限每增加一年,人均收入可以提高 193.3 元;AK_2 的系数是 1.85,说明人均固定增产为增加 1 元,人均收入可以提高 1.85 元,不过这里大部分是土地的贡献;SS_2 的系数是 1134.77,说明经济发达地区农村居民人均收入比不发达地区平均高出 1134.77 元,可见经济发展状况对居民收入有很大的影响。显然,这些解释变量系数的经济含义都是合理的,模型是有效的。

C-3.3　比较生产力差别对相对收入差别的影响

现在我们已经建立了城镇居民和农村居民人均收入模型,根据前文中有关论述,我们可以确定由比较生产力决定的城乡相对收入差别 v,从而确定城乡比较生产力差别对我国城乡居民相对收入差别的解释程度。城镇居民人均收入模型中回归变量是城镇人均货币收入,而农村居民人均收入模型中回归变量是农村人均纯收入。农村人均纯收入是可支配收入;而城镇人均货币收入虽然不是可支配收入,但它近似地与可支配收入成正比例,因此在下面的求比运算中不会影响运算结果或影响很小。这样,我们就可以利用农村人均纯收入和城镇人均货币收入来确定 v。

根据《中国统计年鉴 1996》,1995 年全国城镇人均货币收入 $I_{10} = 4288$ 元,农村人均纯收入 $I_{20} = 1578$ 元。我们把 I_{10} 和 I_{20} 分别看作城市和农村标准商品的价值量。根据模型,我们需要农村居民和城镇居民的平均教育年限。然而只有第三和第四次人口普查的统计资料中才有按城乡区分的人口文化程度的数据,因此我们只能确定 1987 年和 1995 年这两年的 v。

表 C-2 所测算的是 1987 年与 v 相关的数据:

表 C‑2　1987 年与 v 相关的数据

AE_1	6.689	AE_2	4.668
AK_1	1479.3	AK_2	166.9
SS_1	0.862	SS_2	0.207

数据来源：《中国人口统计年鉴 1988》《中国统计年鉴 1988》。

根据式（C‑3）—（C‑8），我们得到：

$I_{11} = 3796.40, I_{22} = 1446.00, I_{12} = 4166.32, I_{21} = 3251.66$；

$u_{11} = \dfrac{I_{11}}{I_{10}} = 0.885,\ u_{22} = \dfrac{I_{22}}{I_{20}} = 0.916,\ u_{12} = \dfrac{I_{12}}{I_{20}} = 2.640,\ u_{21} = \dfrac{I_{21}}{I_{10}} = 0.758$；

$v = 1.9$

由此我们看到，1987 年城乡居民实际相对收入差别为 2.68，而其中由比较生产力决定的部分占 70.8%。

表 C‑3 是 1995 年与 v 相关的数据：

表 C‑3　1995 年与 v 相关的数据

AE_1	8.448	AE_2	5.917
AK_1	2461	AK_2	151
SS_1	0.862	SS_2	0.207

数据来源：《中国人口统计年鉴 1994》《中国城市统计年鉴 1993—1994》。

与 1987 年 v 的测算方法相同，就 1995 年而言，我们得到：

$I_{11} = 4261.84, I_{22} = 1658.00, I_{12} = 6242.87, I_{21} = 3543.66$；

$u_{11} = \dfrac{I_{11}}{I_{10}} = 0.994,\ u_{22} = \dfrac{I_{22}}{I_{20}} = 1.051,\ u_{12} = \dfrac{I_{12}}{I_{20}} = 3.957,\ u_{21} = \dfrac{I_{21}}{I_{10}} = 0.826$；

$v = 2.25$

1995 年实际城乡相对收入差别为 3.02，因此由比较生产力决定的部分占 74.5%。显然，1995 年城乡比较生产力差别造成的城乡相对收入差别的份额比 1987 年提高了（见表 C‑4）。可以预测，随着改革的深化，特别是在市场经济体制建立以后，城乡相对收入差别中由比较生产力决定的份额会进一步增加。

表 C-4 比较生产力对城乡相对收入差别的解释力

年份	v	r	$v/r(\%)$
1987	1.90	2.68	70.8
1995	2.25	3.02	74.5

C-3.4 我国城乡相对收入差别形成的其他原因

在实际城乡居民收入差别中,比较生产力决定其中一大部分但并非全部。还有一小部分是由其他因素决定的,其中包括:(1)近代中国社会形成的城乡差别的影响;(2)传统的户籍制度对城乡之间劳动力流动的限制;(3)改革重心由农村向城市的转移以及有利于城市居民的政策实施等。这些因素经济学界大都做过详细分析,本文不再赘述。

C-4 若干政策建议

以上我们运用广义价值论对我国城乡居民的收入分配现状做了实证分析。在提出政策建议之前,我们必须对上述实证分析的结果做出价值判断。根据我们对所谓公平分配原则的理解(蔡继明、耿明斋,1993)并结合本文有关比较生产力与相对收入差别的分析,对目前我国城乡相对收入分配的状况,似乎可以做出如下的价值判断。

首先,由比较生产力差别决定的相对收入差别应该维护。

本文的分析表明,目前(1995年)我国城乡之间的实际相对收入差别为3.02,其中由城乡之间的比较生产力差别决定的成分为2.27(占实际相对收入差别的75.2%),这部分相对收入差别反映了社会分工和生产力发展的客观要求。如果我们从"三个有利于"和"效率优先"的角度出发,那就应该承认这部分相对收入差别的合理性并加以维护。即使从"兼顾公平"的角度认为这部分收入差别过大,也不应该去直接缩小这部分收入差别,而应该在如何缩小城乡之间比较生产力差别上做文章。

迄今为止,人们一提到城乡相对收入差别,大都笼统地主张采取限制政策。我们认为这种观点至少是不全面的。

其次,超过比较生产力差别的收入差别应该缩小乃至消除。

对于城乡间实际相对收入差别超过比较生产力差别的那部分(为24.8%),则无论从效率优先的角度,还是从兼顾公平的角度,都应该逐步缩小乃至完全消除,因为它们既不符合平等的要求,也不符合发展生产力的要求。

根据以上基本的价值判断,政府缩小城乡收入差距的目标有两个层次。第一个层次是消除当前城乡收入差距中的不合理的部分,把城乡收入差距缩小到由比较生产力决定的城乡相对收入水平。这主要依靠价格政策、就业政策、转移支付(福利)政策来实现。第二个层次是缩小城乡比较收入到理想的自然差距程度。这主要依靠发展农村教育,增加农业投资来实现。为此,我们提出如下两条具体的政策建议。

1)改革户籍制度,消除城乡歧视,促进城乡劳动力的流动

旧社会留下了二元的城乡经济社会格局,但没有留下刚性的二元户籍制度。二元户籍制度刚性是计划经济体制的伴生物,它必将随着市场体制的建立而逐渐废止。改革开放以后,由于我国户籍管制的松动,农村人口城市化进程加快。然而,二元户籍制度刚性仍然存在,致使农村人口城市化远滞后于农村工业化。我国农业人口仍然占我国人口的70%左右,比世界农业人口占世界总人口的比重高出20多个百分点。我国人口约占世界人口的1/5,城市人口却达不到世界城市人口的1/10。我国人口城市化水平比同等人均 GNP 国家低7个百分点。由此,我国的人口城市化仍是亟待解决的一大难题。

我们认为,在户籍制度创新上要坚持市场取向改革原则,把人口流动置于社会主义市场经济轨道上,承认人口流动的最终决定力量是市场,而不是行政或政府计划。为此,必须改革以限制人口流动为主要内容的传统二元户籍制度,建立适应市场经济发展要求的现代户籍制度,这是逐步缩小不合理的城乡收入差别的一个重要途径。

2)加大农业投入,发展农村教育,提高农村比较生产力水平

首先要切实增加农业投入,在持续稳定发展的前提下,合理安排整个国民经济发展规模和速度,妥善安排工农业两大门类资金投放比例;其次要合理调整和优化农业生产结构,发展农业科技;再次,要加快农村剩余劳动力转移步伐,这是增加农民收入的关键;最后,要发展农村文化教育事业,提高农村居民素质。

附记:本文是作者承担的中华社会科学基金项目"中国三大阶层的相对收入差别"的核心部分。本文有关数据的收集、整理和人均收入模型的设计,是由我的硕士研究生杨正和刘澜飙协助完成的,中国社会科学院经济研究所李实研究员对初稿提出了宝贵意见,在此一并向他们表示衷心的感谢。本文曾先后在国家体制改革委员会主办的"收入分配理论与政策研讨会"(1997年4月,北京)和澳大利亚中国经济问题国际研讨会(Perth,1997年7月)上宣读。

修订版附注:原文式(C-2)和式(C-3)本是同一个变量关系的两种表示,实际上都是本书表示均衡交换比例的式(3.9),该公式本身并不能反映比较生产力与价值量的关系。要测算城乡居民比较生产力与收入的关系,需将原文测算的城乡居民劳动生产力的相关数据代入本书表示部门比较生产力与单位平均劳动价值量关系的式(4.8),由此得出1987年的$v=1.84$,小于原文的1.90;1995年的$v=2.13$,小于原文的2.25,这表明原文高估了1987年和1995年城乡居民收入差别中由比较生产力差别决定的百分比,这两年城乡居民不合理的收入差距实际上大于原文的估计。

15. 广义价值论与狭义价值论的比较

本书第1章从经济学说史的角度回顾了各种狭义价值论的产生和发展,从第2章到第14章阐明了广义价值论的基本原理及其扩展和应用,并在必要的地方说明了广义价值论和狭义价值论的联系与区别。本章作为全书最后一章,拟从广义与狭义、一般与特殊的角度,对本书所阐述的广义价值论与流行的三大价值论进行一下比较分析,以此完成全书的写作。

15.1 狭义与广义的含义

狭义(Special)和广义(General)都是就"一定范围"而言的,狭义指适用范围较窄(小)的定义,广义指适用范围较宽(大)的定义。

牛顿力学是相对论力学在速度远小于光速时候的一个特例。从这个意义上说,牛顿力学是狭义力学,而爱因斯坦相对论力学是广义力学。

而就相对论而言,狭义相对论只在惯性系中有效,它考虑的是平直时空的问题,不涉及引力。把相对论从惯性系推广到非惯性系,使其在不管有没有加速度的情况下都能适用,就是广义相对论。

凯恩斯(1999)把自己的就业、利息和货币理论称为"通论"即 General Theory,也就是把他以前和同时代经济学家的相关理论看作是狭义的(即只适用于有效需求充足和充分就业特殊形态),而自己的理论是

广义的(适用于有效需求不足和非充分就业的常态)

谈到狭义政治经济学与广义政治经济学,应该说我国流行的政治经济学即马克思主义经济学属于狭义(政治)经济学。马克思在《资本论》第一卷序言中说:"我要在本书研究的,是资本主义生产方式以及和它相适应的生产关系和交换关系。"(马克思、恩格斯,1972b,第8页)同样地,西方主流经济学的研究对象是以私有制为基础的资本主义市场经济,也属于狭义经济学。而作为一门研究人类各种社会进行生产和交换并相应地进行产品分配的条件和形式的科学即广义的政治经济学,如恩格斯所说"尚有待于创造"(马克思、恩格斯,1971,第163页)。

狭义与广义也分别对应于特殊与一般:如就本书所要探讨的价值理论而言,狭义价值论是指适用范围较窄的特殊价值论,广义价值论是指适用范围更宽泛的一般价值理论。

15.2　一般、特殊和个别的辩证法

一般和个别、普遍和特殊、共性和个性,这是辩证法表示同一系统中同等关系的重要范畴。毛泽东在《矛盾论》中曾指出:关于共性和个性、绝对和相对的辩证关系的道理,是关于事物矛盾的问题的精髓,不懂得它,就等于抛弃了辩证法。

共性指不同事物的普遍性质;个性指一事物区别于他事物的特殊性质。共性和个性是一切事物固有的本性,每一事物既有共性又有个性。共性决定事物的基本性质;个性揭示事物之间的差异性。个性体现并丰富着共性。共性只能在个性中存在。任何共性只能大致包括个性,任何个性不能完全被包括在共性之中。共性是一类事物与另一类的区别,而个性是同一类事物中不同个体的区别。

马克思指出:"最一般的抽象总只是产生在最丰富的具体发展的地方,在那里,一种东西为许多东西所共有,为一切所共有。这样一来,它就不再只是在特殊形式上才能加以思考了。"(马克思、恩格斯,1979a,第42页)这里揭示了人类认识事物所遵循的一个普遍规律和思维方式,是我们构建中国特色社会主义政治经济学体系必须遵循的一个重要的方法论原则。

因为受历史的局限,马克思主义政治经济学中所有的范畴,如商品经济、剩余价值、资本、工资、利润、利息、地租等,几乎都被界定为私有制社会和资本主义生产方式所特有的范畴。显然,我们不能把马克思《资本论》中的范畴简单地直接搬用或移植到中国特色社会主义政治经济学体系中。按照一般特殊个别的辩证法和马克思所揭示的最一般的抽象产生的路径,我们必须根据当代资本主义和中国特色社会主义的实践,对商品生产、生产劳动、资本和剩余价值以及工资、利润、利息地租等范畴的一般属性、特殊属性和个别属性重新加以界定,才能在借鉴马克思主义政治经济学范畴体系的基础上,构建合乎逻辑的中国特色社会主义政治经济学范畴体系。这就要求我们:

15.2.1 勿把一般的经济关系和特定的所有制联系在一起

马克思曾把商品、货币和价值规律看作是私有制经济特有的范畴,未来公有制社会将实行计划经济。而当我们面对现实的社会主义公有制经济中同样存在商品货币关系时,商品、货币和价值规律这些范畴就不应再只是在私有制这种特殊形式上加以思考了。既然一种经济关系,如商品货币关系、交换关系既存在于私有制条件下,又存在于公有制条件下,那么,它赖以产生和发展的原因就绝不是所有制,更不是私有制,而是所有制以外的某些因素。关于计划和市场的争论持续了很长时间,直到邓小平的南方讲话强调计划不是社会主义特有的,市场也不是资本主义特有的,中共十四大(1992)才将社会主义市场经济体制正式确定为改革的目标模式,而中共十八届三中全会,则进一步明确让市场在资源配置中起决定性作用。

然而,一种广为流行的观点认为,马克思当年所设想的计划经济是建立在生产力高度发达的资本主义基础上的,而中国的社会主义是建立在半殖民地半封建社会的基础上,所以我们现在还没有条件实行计划经济,而不得不实行市场经济。只有将来生产力有了高度发展之后,才能实行计划经济。这种观点仍然没有突破传统的思维定式,它很容易成为极左派过早遏制和消灭市场经济的理论依据。

我认为,市场经济作为一种资源配置的方式,可以和不同的所有制结合在一起。如果说人类社会刚刚产生的时候商品货币关系还不存在,但商品货币关系一旦产生就不可能消失,它会随着人类社会永远存在下去。因为市场经济产生于个别劳动同社会劳动的矛盾,而这个矛盾是不会消失的。中华人民共和国成立之初,之所以没有搞市场经济而搞了计划经济,是由于当时我们所处的特殊的历史环境:一是人与人之间的利益矛盾还没那么突出;二是美国等资本主义国家对我们的经济封锁;三是我国要建立强大的国防,必须尽快实现工业化。由于这些特殊的原因,当时搞计划经济比搞市场经济是优越的。再加上当时社会分工还不够发达,人们的需求也比较简单,在这种情况下,容易对社会生产实行简单的计划。随着人们的需求越来越复杂,这种简单的计划难以反映客观现实。随着我国工业化的基本实现,那种非均衡的发展应当让位于由市场调节的均衡发展。这样,原来一系列实行计划经济的原因都变成了必须实行市场经济的条件。然而,正是由于我们总是把市场经济这种一般经济关系与特定所有制联系起来,所以使得我们在计划与市场体制的选择上走了几十年的弯路。在构建中国特色社会主义政治经济学体系时,必须根据马克思的上述方法论原则,对社会主义市场经济存在的原因和不可替代的作用给予充分的理论证明。

15.2.2 勿把适用于一般商品经济的范畴当作资本主义的特殊范畴

同样地,马克思也曾经把劳动力商品、资本、剩余价值、利润、利息、地租等看作是资本主义生产方式特有的范畴,而当我们面对现实的社会主义生产方式中同样存在的劳动力商品、资本、剩余价值、利润、利息、地租等范畴时,我们就必须对这些范畴的一般属性、特殊属性和个别属性,做出更加全面的界定了。事实上,也只有当具有与劳动力商品、资本、剩余价值、工资、利润、利息、地租等经济范畴相同属性的经济关系不仅存在于资本主义社会,同时也存在于社会主义社会,对这些经济范畴的属性才能做出更一般的抽象。

15.2.3 一般经济规律及其特殊和个别表现

马克思首先区分了人类社会的一般经济规律及其特殊的和个别的表现形式。

马克思指出,时间节约和社会总劳动按比例分配,是人类社会一般经济规律,这一规律不依任何社会形态的变化而变化,但在不同的社会形态中有不同的表现形式(参见马克思、恩格斯,1979a,第120页)。在生产要素分属于不同所有者的分工交换经济中,上述一般规律是借助于价值决定于社会必要劳动时间这一特殊规律而实现的;而在马克思所设想的全社会共同占有生产资料的未来社会,上述一般规律则表现为有计划按比例发展规律。至于生产价格规律、垄断生产价格规律、垄

断足够价格规律①则是价值规律在不同所有制和垄断条件下具体发挥作用的个别形式。

15.2.4 生产方式的一般、特殊和个别

接下来,马克思分析了生产方式的一般、特殊和个别形式。马克思认为,**劳动过程**作为人以自身的活动来引起、调整和控制人和自然之间的物质变换的过程,即创造使用价值的过程,是人类生活的永恒的自然条件,作为一般生产方式,它是人类生活的一切社会形式所共有的(马克思、恩格斯,1972b,第 201—209 页)。但是,单纯的仅仅生产使用价值的劳动过程对于商品经济和商品生产者来说,就不够了。在商品经济中,商品生产者必须生产出满足社会需要的使用价值,而他的产品是否为社会所需要,只有通过交换,取得价值形态,才能够间接证明。商品经济的特殊生产方式是**劳动过程和价值形成过程统一**。而对于资本主义商品经济来说,仅仅生产价值是不够的,只有当一种生产方式能够为资本家带来剩余价值时,这种生产方式才是有意义的。所以,资本主义这种个别的商品生产方式就是劳动过程和价值增殖过程的统一。

15.3 广义价值论与劳动价值论的比较

从广义价值论的基本公式来看两者的关系,我们不难得出广义价值论是最一般的价值理论,而劳动价值论则是广义价值论的一个特例。以两部门模型为例,这种关系通过比较生产力系数而得到说明。如果比较生产力系数等于 1,广义价值就等于劳动价值,否则的话,广义价值就大于或小于劳动价值。

---

① 垄断生产价格和垄断足够价格是生产价格的变形。参见蔡继明(1992)。

从产品价值决定的分析方法上来看,广义价值论采用的是平均数分析法,这与劳动价值论和斯拉法价值理论是一样的。但在处理功能性收入分配问题时,劳动价值论是引入生产价格来说明资本收入的决定,它所依赖的是统一的平均利润率假设,而广义价值论则根据比较利益率均等假设并运用边际分析的方法,将新古典经济学的边际生产力理论与广义价值论结合起来,构建了与广义价值论基本原理相统一的功能性分配理论,其结论与新古典的功能性分配理论相同,而与劳动价值论和斯拉法价值论相左。

生产价格和广义价值的关系,也是理解狭义价值论和广义价值论时不可忽视的一个要点。事实上,不论是李嘉图,还是马克思都已认识到,即使在供求一致的条件下,如果引入资本有机构成和资本周转因素,商品纯粹按照狭义价值(即作为其一种特殊形态的劳动价值)进行交换的情况实际上是非常偶然的,只不过李嘉图对此一筹莫展,而马克思虽然巧妙地利用生产价格这一工具来解决这一问题,但还是留下了一些逻辑矛盾。而按照广义价值理论,即使在供求一致和不引入资本有机构成与资本周转因素的条件下,商品也未必按照劳动价值进行交换。

15.3.1 生产价格和广义价值的相似点

首先,二者所面对的都是商品并非按照部门价值即部门平均劳动耗费决定的狭义价值进行交换的经济常态。在狭义价值论中,只有那些资本有机构成比率恰巧等于社会平均资本有机构成比率的部门,其生产价格才会等于狭义价值;在广义价值论中,只有比较生产力系数等于1的部门,其广义价值才会等于狭义价值。

其次,二者在各个部门的价值总量之和都分别等于各个部门的绝对成本总量之和。在狭义价值论中,各个部门的生产价格总和等于各个部门的绝对成本总和;在广义价值论中,各个部门的广义价值总和等于各个部门的绝对成本总和。

最后,二者都以一个统一的比率为前提。生产价格的形成以部门间统一的平均利润率为前提;广义价值的形成则以部门间统一的比较利益率为前提。

15.3.2 生产价格和广义价值之间的区别

首先,生产价格的决定所根据的原则是等量资本获得等量利润;而广义价值的决定所根据的原则是等量机会成本获得等量比较利益。

其次,生产价格与劳动价值的偏离取决于资本有机构成,并且生产价格与资本有机构成是同方向变动的关系;广义价值与劳动价值的偏离取决于比较生产力系数,并且广义价值与比较生产力系数成同方向变动关系。

最后,资本有机构成的变化,由此造成的物化劳动和活劳动的比例的变化本身并不会影响到广义价值的决定,但是资本有机构成的变化一般是和劳动生产力的提高联系在一起的,如果劳动生产力的变化使比较生产力系数发生了改变,那么,广义价值也会发生相应的改变。

15.4 广义价值论与新古典价值论的比较

在产品价值决定方面,广义价值论不同于由克拉克和马歇尔所建立起来的新古典价值论:前者采用的是平均数分析方法,或者采用的是边际分析方法;前者从实物量出发,根据比较利益率均等原则导出商品的交换价值,其中不存在循环论证问题,后者把货币看作给定的价值尺度,越过了物物交换的逻辑和历史起点。

在处理功能性分配问题时,新古典价值论的功能性收入分配原理是建立在边际生产力基础上的。这种理论使用边际分析方法,并以生产要素可以相互替代为前提。按照这种分析方法,劳动收入由劳动的边际生产力(或边际产值,或边际收益产品)决定;资本收入由资本的边际生产力(或边际产值,或边际收益产品)决定。这样,劳动收入和资本收入可以相互独立地用各自的边际生产力(或边际产值,或边际收益产品)来决定。广义价值论借鉴了边际分析方法,把新古典的边际生产力理论融入广义的要素价值决定模型,建立了与产品广义价值决定原理相统一的功能性分配理论。

虽然在承认各种生产要素都参与价值创造,从而都主张按生产要素贡献分配这一点上,广义要素价值论与新古典要素价值论有着异曲同工之效,可谓"殊方同致""殊途同归"。但两种理论在如下方面有着本质的差别。

首先,二者的分析路径不同。新古典要素价值论是以边际生产力论为基础的,它假定在其他条件保持不变时,持续地追加某种生产要素,在达到一定点后,每追加一单位生产要素所产生的总收益(Total Revenue)的增量,即边际收益产品(Marginal Revenue of Product,MRP),将随着该生产要素投入的增加而递减。从边际收益产品曲线和生产要素投入量可以确定此生产要素所创造出的全部收益,即这个生产要素对总收益的贡献。在完全竞争的市场条件下各生产要素对总收益的贡献等于各生产要素的报酬,从而,劳动、资本、土地等生产要素的报酬即工资、利息、地租等收入,即决定于这些生产要素对总收益的实际贡献。

而广义要素价值论则是以李嘉图的比较利益说为基础,借鉴了斯拉法利润率与价格同时决定的思想和马克思的劳动生产力概念以及新古典的边际分析方法,根据比较利益率均等的原则,构建了广义产品价值决定模型,并通过分析各种生产要素对比较生产力的影响而揭示出它们对广义价值形成所做出的贡献。

其次,二者的内在逻辑不同。新古典要素价值论认为各生产要素的贡献直接体现在其边际产量即边际生产力水平上,以要素的边际收益产品(边际产品×边际收益)作为分配的尺度,而要素的边际收益产品概念本身就意味着产品价值决定与要素价值决定或功能性分配的分离;广义价值论则根据各生产要素的绝对生产力对广义价值的影响,并解析出这些要素在广义价值决定中所做的贡献,并依照各自贡献的比例确定各要素的价值,这再次体现了产品价值决定与要素价值决定即功能性分配的统一。这是广义价值论(包括广义产品价值论和广义要素价值论)与新古典价值论及劳动价值论的一个明显差别。

15.5　广义价值论与斯拉法价值论的比较

广义价值论继承了斯拉法价值理论将价值决定与价值分配融为一体的传统:在斯拉法价值论中,资本价值和利润率决定于同一过程;在广义价值论中,广义价值和比较利益率决定于同一过程。

当然,广义价值论和斯拉法价值理论也有不同之处。斯拉法价值理论沿用了古典学派的统一利润率假设,而广义价值则彻底放弃了统一利润率的假设,采用了统一的比较利益率假设,在这种假设下,各部门的利润率实际上是各不相同的。

此外,斯拉法价值论把工资看作是外生给定的,而广义要素价值论则把工资作为内生变量,这就放宽了该理论的限定条件。

15.6　结论:狭义价值论是广义价值论的特例,广义价值论是狭义价值论的一般化

根据本书第3章的分析,在两部门交换模型中,如果综合生产力系

15. 广义价值论与狭义价值论的比较   335

数 $CP_{i/j} = 1(i,j=1,2)$，广义价值就等于狭义价值，否则的话，广义价值就大于或小于狭义价值。这正说明了狭义（劳动）价值论是广义价值论的特例，而广义价值论则是狭义价值论的一般化，广义价值论和狭义价值论的关系是一般和特殊的关系。

另外，狭义价值论也是广义价值论的基础，因为商品生产无非是为了商品交换，而商品交换就是两种劳动产品的交换。从式（4.4）中可以看出，单位商品 1 和商品 2 的价值都是由 t_{11}、t_{12}、t_{21}、t_{22} 这四个数值决定的。t_{11} 是部门 1 生产单位商品 1 的劳动成本，t_{12} 是同样条件下生产单位商品 2 的劳动成本，也是前者的机会成本；t_{22} 则是部门 2 生产商品 2 的单位成本，t_{21} 是同样条件下部门 2 生产商品 1 的单位成本，也是 t_{22} 的机会成本。在部门 1、部门 2 都有很多生产者的情况下，t_{11}、t_{12}、t_{21}、t_{22} 这四个数值都只能是部门平均单位成本，而不可能是某单个生产者的单位成本，除非这个生产者代表了部门平均水平。这样，t_{11} 和 t_{22} 是以狭义价值的身份参与商品广义价值的决定。所以说，广义价值论是以狭义价值论为前提和基础的。

在此基础上，我们就不难理解，广义价值论并不是对狭义价值论的简单否定，而是一种理论的扩展。在以马克思劳动价值论为代表的狭义价值论中，商品的价值决定只取决于其自身的平均成本，而与机会成本无关。广义价值论将机会成本纳入到商品价值决定中，解决了传统的狭义价值论的许多理论难题。现在，我们再来考察马克思"社会必要劳动时间"的概念就会发现，它所定义的价值只是在狭义价值论的算法之内具有"社会"意义，在广义价值论的算法中，它不过是"部门必要劳动时间"而已，真正具有"社会"意义的必要劳动时间是两个部门生产同一商品的部门必要劳动时间的几何平均，即式（3.8）中的 $\sqrt{t_{11}t_{21}}$ 和 $\sqrt{t_{12}t_{22}}$，而真正的均衡交换比例不是由部门必要劳动时间决定，而是由两种商品的社会必要劳动时间或社会平均劳动时间之比决定，如式(3.9) $R_{2/1} = \dfrac{x_2}{x_1} = \sqrt{\dfrac{t_{11}t_{21}}{t_{12}t_{22}}} = \sqrt{\dfrac{q_{12}q_{22}}{q_{11}q_{21}}} = AP_{2/1}$ 所示。

15.7　尚需研究的问题

本书是从理论分析的角度来研究分工与交换经济中的价值计算的，在广义价值论的理论模型完成之后，还需要通过建立计量模型来进一步验证理论分析的科学性。虽然由于受现有统计资料的限制，在对各产业的机会成本的计量和测算方面还存在着较大的困难，但我相信这种困难只是暂时的，随着统计资料和计量方法的不断完善和发展，广义价值论的计量模型也会逐渐建立起来的，这也是本人及其团队今后打算进一步研究的课题。

本书分析了价值理论从狭义价值论到广义价值论的进展，并在许多方面对广义价值论本身做了进一步探讨，但是对于广义价值论这一理论体系来讲，仍然存在很多尚需进一步研究的问题。

比如，在引入时间因素以后，怎样将广义价值理论从比较静态分析发展为动态分析？

在用边际分析方法处理要素价值决定时，如何面对生产技术不变或具有不变技术系数的生产函数的情况？

新古典的边际分析方法与古典的(和新剑桥学派的)剩余分析方法能否统一？

所有这些问题，都有待于在今后的研究中逐一加以探讨。当然，我也希望对价值理论有兴趣的学者和研究生加入我的研究团队，共同推进广义价值论的研究。

附录 D：广义价值论的基础及推广[①]

自广义价值论问世以来，主要受到了两方面的批评：其一，有的学者认为，"比较利益率相等的交换原则""是一个未得到证明的命题"（刘玉勋，2005），其二，有的学者认为，单以"平均值"的方法求得比较劳动耗费，在理论上缺乏逻辑的连贯，"具有随意性和主观性"（丘宏志、寇雅玲，2005）。本文试图从一般性的交换原则出发，建构一个在理论上更完善、更一般化的广义价值论体系，并由此证明比较利益率均等原则是市场竞争均衡的结果，对于广义价值（比较劳动耗费）取平均数的理由，也给予了更全面的论证，从而对上述两方面的批评也顺便做出了解答。

D-1 交换条件

所谓交换条件，就是交换双方通过交换获得的比较利益大于零。

D-1.1 若生产者 1 生产 x_1 量的产品 1，生产者 2 生产 x_2 量的产品 2，对生产者 1 来说，交换的利益为 $x_2 - \dfrac{T_1}{t_{12}}$；对生产者 2 来说，交换的利益为 $x_1 - \dfrac{T_2}{t_{21}}$，只要二者皆大于零，则可进行交换。即：

$$x_2 - \frac{T_1}{t_{12}} > 0 \text{ 且 } x_1 - \frac{T_2}{t_{21}} > 0，\text{又 } T_1 = x_1 t_{11}，T_2 = x_2 t_{22}，\text{可得：}$$

$$\frac{t_{11}}{t_{12}} < \frac{x_2}{x_1} < \frac{t_{21}}{t_{22}} \qquad (\text{D}-1)$$

[①] 本附录是作者与自己指导的博士生江永基合作对广义价值论批评者的一个答复。收入本书时，个别符号做了修改，以便与全书保持一致。

式(D-1)为两者的交换条件,即 $RP_{1/2} = \dfrac{t_{12}t_{21}}{t_{11}t_{22}} > 1$。

D-1.2 若生产者1生产 x_1 量的产品2,生产者2生产 x_2 量的产品1

对生产者1来说,交换的利益为 $x_2 - \dfrac{T_1}{t_{11}}$;对生产者2来说,交换的利益为 $x_1 - \dfrac{T_2}{t_{22}}$。$T_1 = x_1 t_{12}$,$T_2 = x_2 t_{21}$。只要二者皆大于零,则可进行交换。可得:

$$\frac{t_{12}}{t_{11}} < \frac{x_2}{x_1} < \frac{t_{22}}{t_{21}} \qquad (\text{D-2})$$

式(D-2)为两者的交换条件,即 $RP_{1/2} = \dfrac{t_{12}t_{21}}{t_{11}t_{22}} < 1$。

D-1.3 小结

若生产者1生产 x_1 量的产品1,生产者2生产 x_2 量的产品2,两者交换的条件为 $RP_{1/2} = \dfrac{t_{12}t_{21}}{t_{11}t_{22}} > 1$;若生产者1生产 x_1 量的产品2,生产者2生产 x_2 量的产品1,两者交换的条件为 $RP_{1/2} < 1$。

D-2 广义价值

关于广义价值,我们做两点额外的前提假设:①(1)两生产者依据等价原则交换;(2)两生产者所生产的价值总量等于两生产者的总劳动时间。令两产品的广义价值各为 V_1^c、V_2^c,产量各为 x_1、x_2,则根据假设(1)得:

---

① 我们接受原分析的三个前提假设,即(1)单一投入要素;(2)线性的生产可能线;(3)公平竞争和供求一致(参见蔡继明、李仁君,2001,第59—60页)。关于市场公平竞争的假设,留至比较利益率均等的交换原则时讨论。

15. 广义价值论与狭义价值论的比较　　339

$$x_1 V_1^c = x_2 V_2^c \Leftrightarrow \frac{x_2}{x_1} = \frac{V_1^c}{V_2^c} \qquad (D-3)$$

根据假设(2)得：

$$x_1 V_1^c + x_2 V_2^c = T_1 + T_2 \qquad (D-4)$$

解联立方程式(D-3)、式(D-4)得：①

$$V_1^c = \frac{T_1 + T_2}{2x_1} \qquad (D-5)$$

$$V_2^c = \frac{T_1 + T_2}{2x_2} \qquad (D-6)$$

D-2.1　若生产者1生产 x_1 量的产品1，生产者2生产 x_2 量的产品2，则 $T_1 = x_1 t_{11}$，$T_2 = x_2 t_{22}$。将式(D-3)代入式(D-5)、式(D-6)之一可得：

$$2 V_1^c V_2^c = t_{11} V_2^c + t_{22} V_1^c \qquad (D-7)$$

式(D-7)经整理后得：

$$\frac{t_{11}}{V_1^c} + \frac{t_{22}}{V_2^c} = 2 \qquad (D-8)$$

式(D-8)为一新命题，即两产品各自的绝对成本(狭义价值)与其比较成本(广义价值)比率之和为2。

再由式(D-3)及式(D-7)两式可得：

$$2\left(\frac{V_1^c - t_{11}}{t_{11}}\right) = \frac{T_2}{T_1} - 1 \qquad (D-9)$$

$$2\left(\frac{V_2^c - t_{22}}{t_{22}}\right) = \frac{T_1}{T_2} - 1 \qquad (D-10)$$

---

① 这就是"为什么被社会承认的单位产品的劳动耗费即比较成本恰巧就是相互交换的两个产品的绝对劳动耗费即绝对成本的算术平均数"(见丘宏志、寇雅玲，2005)的原因。

由式(D-9)、式(D-10)知：$\dfrac{T_2}{T_1} \gtrless 1 \Leftrightarrow V_1^c \gtrless t_{11}$；$\dfrac{T_2}{T_1} \gtrless 1 \Leftrightarrow V_2^c \lessgtr t_{22}$。

式(D-9)、式(D-10)式经整理得：

$$V_1^c = \frac{t_{11}(1 + \dfrac{T_2}{T_1})}{2} \qquad (D-11)$$

$$V_2^c = \frac{t_{22}(1 + \dfrac{T_1}{T_2})}{2} \qquad (D-12)$$

式(D-11)、式(D-12)即两产品各自的广义价值（比较劳动耗费）。两者比例可由式(D-1)及式(D-3)得知：

$$\frac{t_{11}}{t_{12}} = \frac{t_{21}}{t_{22} RP_{1/2}} < \frac{V_1^c}{V_2^c} < \frac{t_{21}}{t_{22}} \qquad (D-13)$$

这里 $RP_{1/2} > 1$，而且 $\dfrac{t_{22}}{t_{12}} < \dfrac{T_2}{T_1} < \dfrac{t_{21}}{t_{11}}$，可得：

$$\frac{t_{22} - t_{12}}{t_{12}} < \frac{T_2}{T_1} - 1 < \frac{t_{21} - t_{11}}{t_{11}} \qquad (D-14)$$

由式(D-14)与式(D-9)、式(D-10)及其相关结论亦可得以下之新命题：

若 $t_{22} > t_{12} \Rightarrow \dfrac{T_2}{T_1} > 1 \Leftrightarrow V_1^c > t_{11}$ 且 $V_2^c < t_{22}$；

若 $t_{21} < t_{11} \Rightarrow \dfrac{T_2}{T_1} < 1 \Leftrightarrow V_1^c < t_{11}$ 且 $V_2^c > t_{22}$。

D-2.2 若生产者 1 生产 x_1 量的产品 2，生产者 2 生产 x_2 量的产品 1，则 $T_1 = x_1 t_{12}$，$T_2 = x_2 t_{21}$。

同理可得：

$$2V_1^c V_2^c = t_{12} V_2^c + t_{21} V_1^c；\quad \frac{t_{12}}{V_1^c} + \frac{t_{21}}{V_2^c} = 2$$

$$2\left(\frac{V_1^c - t_{12}}{t_{12}}\right) = \frac{T_2}{T_1} - 1 \;;\; 2\left(\frac{V_2^c - t_{21}}{t_{21}}\right) = \frac{T_1}{T_2} - 1$$

当且仅当 $\frac{T_2}{T_1} \gtrless 1$, $V_1^c \gtrless t_{12}$ 且 $V_2^c \lessgtr t_{21}$。

$$V_1^c = \frac{t_{12}\left(1 + \frac{T_2}{T_1}\right)}{2} \;;\; V_2^c = \frac{t_{21}\left(1 + \frac{T_1}{T_2}\right)}{2}$$

两者比例为：$\frac{t_{12}}{t_{11}} = \frac{t_{22}}{t_{21}} RP_{1/2} < \frac{V_1^c}{V_2^c} < \frac{t_{22}}{t_{21}}$，这里 $RP_{1/2} < 1$。

另外，$\frac{t_{21} - t_{11}}{t_{11}} < \frac{T_2}{T_1} - 1 < \frac{t_{22} - t_{12}}{t_{12}}$。

若 $t_{21} > t_{11} \Rightarrow \frac{T_2}{T_1} > 1 \Leftrightarrow V_1^c > t_{12}$ 且 $V_2^c < t_{21}$；

若 $t_{22} < t_{12} \Rightarrow \frac{T_2}{T_1} < 1 \Leftrightarrow V_1^c < t_{12}$ 且 $V_2^c > t_{21}$。

D-3 依比较利益率均等原则确定的广义价值

D-3.1 比较利益率均等的交换原则是市场竞争均衡的结果

以上在两个生产者交换的广义价值体系中，由于不考虑市场竞争，所以采用的交换原则是一般性的交换原则，即交易双方产品交换的比较利益大于零。其中并没有要求具体的交换比例，只要双方交换所得的利益大于零，透过双方的协商、议价能力（Bargain Power），采取双方都认可的交换比例即可。这是一般的情况。

不过，在市场公平竞争及供求一致的前提假设下，可以由比较利益率均等原则决定出一个具体的交换比例，而这个具体的交换比例是市场竞争均衡的结果，并非"不符合历史、也不符合逻辑"和具有"随意性和主观性"（丘宏志、寇雅玲，2005）且"未得到证明的命题"（刘玉勋，

2005)。

在进行论证之前,有几点必须事先加以说明:1)两部门的生产者都可依比较利益大小,自由选择加入何种商品部门进行生产;2)比较利益率原始的定义为:"生产者通过交换而得到的收益高于其所让渡的产品的机会成本的差额除以其所让渡的产品的机会成本。"(蔡继明、李仁君,2001)在等价意义上,我们重新定义比较利益率为:"生产者通过交换而得到的收益高于其所让渡的产品的机会成本的差额除以交换所得到的收益"①;3)比较利益率均等原则的意义就在于:"交易双方在交换的过程中,所换得的每单位商品的比较利益相等。"可由此进行我们的论证:

假设市场上有两个生产部门,其中部门 1 生产 x_1 量的产品 1,部门 2 则生产 x_2 量的产品 2;在供求一致的前提假设下,生产量即为交换量。通过交换,部门 1 的比较利益率 $r_1 = \dfrac{x_2 - (x_1 t_{11}/t_{12})}{x_2}$,部门 2 的比较利益率 $r_2 = \dfrac{x_1 - (x_2 t_{22}/t_{21})}{x_1}$。因此 $r_1 = 1 - \dfrac{x_1}{x_2}\dfrac{t_{11}}{t_{12}}$,$r_2 = 1 - \dfrac{x_2}{x_1}\dfrac{t_{22}}{t_{21}}$。

若 $r_1 > r_2$,即部门 1 所换得每单位产品 2 的比较利益大于部门 2 所换得每单位产品 1 的比较利益,那么产品 1 的生产者会有生产更多产出的动机来跟产品 2 的生产者进行交换以取得更多的比较利益;另一方面,产品 2 的生产者为避免比较利益的损失会减少产出,甚至为争取产品 1 的生产者的利益而退出产品 2 的生产,改投到产品 1 部门中。因此,x_1 增加,x_2 减少,而这个结果会进一步导致部门 1 的比较利益率下降,而部门 2 的比较利益率上升;同理若 $r_1 < r_2$,交易双方自发性的自利动机会使产品 2 的产量 x_2 增加,而产品 1 产量 x_1 减少,最后导致

---

① 重新定义的原因仅在于方便解释其经济含义。利用原本的定义亦可推论出比较利益率均等原则是竞争均衡的结果,这就是上面所说的"等价意义"。

15. 广义价值论与狭义价值论的比较　343

部门 1 的比较利益率上升,而部门 2 的比较利益率下降。直到 $r_1 = r_2$ 时,市场才能够均衡。经整理后可得均衡的交换比例(产量比) $R_{2/1}$:

$$R_{2/1} = \frac{x_2}{x_1} = \left(\frac{t_{11}t_{21}}{t_{12}t_{22}}\right)^{\frac{1}{2}} \quad (\text{D}-15)$$

根据式(D-1)、式(D-15)可以绘出 r_1、r_2 间的关系图,见图 D-1:

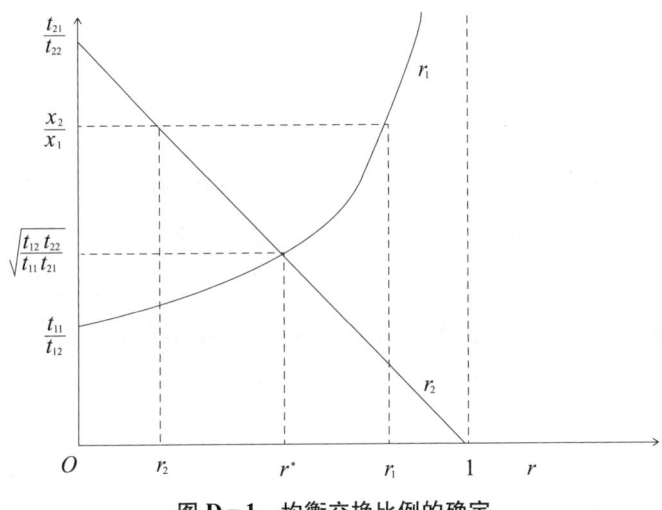

图 D-1　均衡交换比例的确定

因为 $\dfrac{\mathrm{d}r_2}{\mathrm{d}(x_2/x_1)} - \dfrac{\mathrm{d}r_1}{\mathrm{d}(x_2/x_1)} = -\dfrac{t_{22}}{t_{21}} - \left(\dfrac{x_2}{x_1}\right)^{\frac{1}{2}} \dfrac{t_{11}}{t_{12}} < 0$,满足马歇尔稳定性条件(Marshallian Stability Condition),所以由交换比例 $\left(\dfrac{t_{12}t_{22}}{t_{11}t_{21}}\right)^{-\frac{1}{2}}$ 以及比较利益率 $r^* = 1 - \left(\dfrac{t_{12}t_{22}}{t_{11}t_{21}}\right)^{-\frac{1}{2}} \dfrac{t_{22}}{t_{21}}$ 所构成的均衡点是稳定的。

同理,若部门 1 生产 x_1 量的产品 2,部门 2 生产 x_2 量的产品 1,则市场竞争均衡要求:$\dfrac{x_2 - (x_1 t_{12}/t_{11})}{x_2} = \dfrac{x_1 - (x_2 t_{21}/t_{22})}{x_1}$,可得均衡交换比例为:

$$R_{2/1} = \frac{x_2}{x_1} = \left(\frac{t_{12}t_{22}}{t_{11}t_{21}}\right)^{\frac{1}{2}} \quad (D-16)$$

由均衡交换比例及均等的比较利益率所构成的均衡点仍旧是稳定的。

综合以上所证,比较利益率均等原则无疑是市场竞争均衡的结果。

D-3.2 广义价值的决定

由式(D-15)、式(D-16)分别代入各自的 T_1、T_2 定义,可得:

$$\frac{T_2}{T_1} = \left(\frac{t_{21}t_{22}}{t_{11}t_{12}}\right)^{\frac{1}{2}} = CP_{1/2} \quad (D-17)$$

在两部门的情况下,不管生产部门生产何种商品,只要两部门生产不同的产品,然按照比较利益率均等原则进行交换,这个式子恒成立。

若部门1生产 x_1 量的产品1,部门2生产 x_2 量的产品2,将式(D-17)代入式(D-11)、式(D-12),则其各自产品的广义价值为:

$$V_1^c = \frac{t_{11}(1+CP_{1/2})}{2} \; ; \; V_2^c = \frac{t_{22}(1+CP_{1/2}^{-1})}{2}$$

同理,若部门1生产 x_1 量的产品2,部门2生产 x_2 量的产品1时,各自产品的广义价值为:

$$V_1^c = \frac{t_{12}(1+CP_{1/2})}{2} \; ; \; V_2^c = \frac{t_{21}(1+CP_{1/2}^{-1})}{2}$$

D-4 总劳动时间比与比较生产力判定系数的关联

D-4.1 从数学上分析

在比较利益率均等的交换原则下,由式(D-17)我们知道 $\frac{T_2}{T_1} = CP_{1/2}$,两者互为充要条件;但在交换条件下,$\frac{T_2}{T_1} \gtrless 1$ 是 $CP_{1/2} \gtrless 1$ 的充分条件,而 $CP_{1/2} \gtrless 1$ 仅是 $\frac{T_2}{T_1} \gtrless 1$ 的必要条件:

以生产者 1 生产 x_1 量的产品 1,生产者 2 生产 x_2 量的产品 2 的情况为例,则 $T_1 = x_1 t_{11}$, $T_2 = x_2 t_{22}$。在交换条件下,由式(D-14)知:
$$\frac{t_{22} - t_{12}}{t_{12}} < \frac{T_2}{T_1} - 1 < \frac{t_{21} - t_{11}}{t_{11}}。$$

若 $\frac{t_{22} - t_{12}}{t_{12}} > 0$,则 $t_{22} > t_{12}$,此时 $\frac{T_2}{T_1} > 1$。又 $t_{21} > t_{22}$, $t_{12} > t_{11}$,所以可以得知:
$$t_{21} > t_{22} > t_{12} > t_{11} \tag{D-18}$$

在比较利益率均等原则下,$CP_{1/2} = \left(\frac{t_{21} t_{22}}{t_{11} t_{12}}\right)^{\frac{1}{2}}$,代入(D-18)式可知:$CP_{1/2} > 1$。

若 $\frac{t_{21} - t_{11}}{t_{11}} < 0$,则 $t_{21} < t_{11}$,此时 $\frac{T_2}{T_1} < 1$。又 $t_{21} > t_{22}$, $t_{12} > t_{11}$,所以可以得知:
$$t_{12} > t_{11} > t_{21} > t_{22} \tag{D-19}$$

将式(D-19)代入 $CP_{1/2} = \left(\frac{t_{21} t_{22}}{t_{11} t_{12}}\right)^{\frac{1}{2}}$,可知:$CP_{1/2} < 1$。

若 $\frac{T_2}{T_1} = 1$,即 $\frac{x_2}{x_1} = \frac{t_{11}}{t_{22}}$,代入式(D-15)得:$\frac{t_{21}}{t_{12}} = \frac{t_{11}}{t_{22}}$,则 $CP_{1/2} = 1$。

综合以上分析可知:$\frac{T_2}{T_1} \overset{>}{<} 1 \Rightarrow CP_{1/2} \overset{>}{<} 1$。

D-4.2 从经济学意义上分析

$\frac{T_2}{T_1} - 1$ 的经济学意义是:生产者 1 花费 1 单位劳动时间(成本),生产 $\frac{1}{t_{11}} = q_{11}$ 单位的产品 1,通过交换可以得到 $\frac{x_2}{x_1} q_{11}$ 单位的产品 2。对生产者 2 来说,每单位产品 2 必须花费 $t_{22} = \frac{1}{q_{22}}$ 单位的劳动时间,所以为交换生产者 1 的 1 单位劳动时间,生产者 2 必须花费 $\dfrac{x_2}{x_1}\dfrac{q_{11}}{q_{22}}$ 单位的劳动时间;换言之,生产者 1 花费了 1 单位的劳动时间(成本),可换得的收益为生产者 2 的 $\dfrac{x_2}{x_1}\dfrac{q_{11}}{q_{22}}$ 单位劳动时间。故 $\dfrac{T_2}{T_1}-1=\dfrac{x_2 q_{11}}{x_1 q_{22}}-1$ 表示生产者 1 以劳动时间计量的净收益或净损失。

生产者 1 的 1 单位劳动时间和生产者 2 的 $\dfrac{x_2}{x_1}\dfrac{q_{11}}{q_{22}}$ 单位劳动时间在量上并一定不相等,但这些劳动时间所生产产品的交换价值(广义价值)却是恒等的,即:

$$V_1^c q_{11} = V_2^c q_{22} \frac{x_2}{x_1}\frac{q_{11}}{q_{22}} \qquad (D-20)$$

化简后即为式(D-3)。

式(D-20)经整理得:$\dfrac{x_2 q_{11}}{x_1 q_{22}} - 1 = \dfrac{V_1^c q_{11} - V_2^c q_{22}}{V_2^c q_{22}}$。在生产者 1 有交换的净收益的情况下,即 $\dfrac{x_2 q_{11}}{x_1 q_{22}} - 1 > 0$,生产者 1 的 1 单位劳动所生产商品的广义价值大于生产者 2 的 1 单位劳动所生产商品的广义价值,换言之,生产者 1 的绝对生产力的广义价值大于生产者 2 的绝对生产力的广义价值,即 $V_1^c q_{11} > V_2^c q_{22}$;有净损失时,$V_1^c q_{11} < V_2^c q_{22}$。所以两部门总劳动时间比表示生产者 1 相对于生产者 2 的单位生产力价值:$\dfrac{T_2}{T_1} = \dfrac{V_1^c q_{11}}{V_2^c q_{22}}$,两部门总劳动时间比不仅受到比较生产力 $\dfrac{q_{11}}{q_{22}}$ 的影响,而且也受到两产品相对广义价值 $\dfrac{V_1^c}{V_2^c}$ 的影响。

在比较利益率均等原则下,比较生产力判定系数 $CP_{1/2} = \left(\dfrac{q_{11} q_{12}}{q_{21} q_{22}}\right)^{\frac{1}{2}}$,

受到比较生产力 $\frac{q_{11}}{q_{22}}$ 以及 $\frac{q_{12}}{q_{21}}$ 的影响,事实上,q_{11}、q_{12}、q_{21} 以及 q_{22} 的相对变化体现在 $\frac{V_1^e}{V_2^e}$ 的变化上。

D-5 广义价值论基本命题的推广

原书(蔡继明、李仁君,2001)上的三个基本命题基本上都是成立的,不过由于命题(1)已经成了第二个额外的前提假设,实际上我们只修改了其中的命题(2)及命题(3)(即新命题1、新命题2)。这样一来,虽少了一个旧命题,却多了三个全新的命题。新命题如下:

新命题1:若依一般性交换原则进行交换,且部门平均劳动成本已定的情况下,某部门商品的广义价值与他部门相对于该部门的总劳动投入时间呈同方向变动;若依比较利益率均等原则——作为一般性交换原则下的一个具体可行的交换原则,则某部门商品的广义价值与该部门比较生产力水平呈同方向变动。其数学表达式为:①

$$\frac{\partial V_1^e}{\partial (T_2/T_1)} > 0, \frac{\partial V_2^e}{\partial (T_2/T_1)} < 0; \frac{\partial V_1^e}{\partial CP_{1/2}} > 0, \frac{\partial V_2^e}{\partial CP_{1/2}} < 0$$

新命题2:若某部门的总劳动投入时间小于他部门的总劳动投入时间,则该部门的广义价值大于其狭义价值;反之,则该部门的广义价值小于其狭义价值;两部门的总劳动投入时间相等,则广义价值等于狭义价值。在比较利益率均等的交换原则下,若某部门对他部门的比较生产力判别系数大于1,则该部门的广义价值大于其狭义价值;某部门对他部门的比较生产力判别系数小于1,则该部门的广义价值小于其

---

① 在此节的数学表达式中,(1)表示在生产者1生产 x_1 量的产品1,生产者2生产 x_2 量的产品2的情况;(2)表示在生产者1生产 x_1 量的产品2,生产者2生产 x_2 量的产品1的情况;无注明即表示在任何情况下皆成立。

狭义价值;若某部门对他部门的比较生产力判别系数等于1,则广义价值等于狭义价值。其数学表达式为:

$$(1)\ \frac{T_2}{T_1} \gtrless 1 \Leftrightarrow V_1^c \gtrless t_{11}\ 且\ V_2^c \lessgtr t_{22}\ ;\ CP_{1/2} \gtrless 1 \Leftrightarrow V_1^c \gtrless t_{11}\ 且\ V_2^c \lessgtr t_{22}$$

$$(2)\ \frac{T_2}{T_1} \gtrless 1 \Leftrightarrow V_1^c \gtrless t_{12}\ 且\ V_2^c \lessgtr t_{21}\ ;\ CP_{1/2} \gtrless 1 \Leftrightarrow V_1^c \gtrless t_{12}\ 且\ V_2^c \lessgtr t_{21}$$

新命题3:两部门各自的狭义价值与广义价值之比的总和为2。其数学表达式为:

$$(1)\ \frac{t_{11}}{V_1^c} + \frac{t_{22}}{V_2^c} = 2\ ;\ (2)\ \frac{t_{12}}{V_1^c} + \frac{t_{21}}{V_2^c} = 2。$$

新命题4:某部门相对于他部门的广义价值比,大于该部门生产该种商品的狭义价值与生产他种商品的机会成本之比,而小于他部门生产该种商品的机会成本与生产他种商品的狭义价值之比。在比较利益率均等原则下,广义价值比为交换比例的倒数。其数学表达式为:

$$(1)\ \frac{t_{11}}{t_{12}} < \frac{V_1^c}{V_2^c} < \frac{t_{21}}{t_{22}}\ ;\ (2)\ \frac{t_{12}}{t_{11}} < \frac{V_1^c}{V_2^c} < \frac{t_{22}}{t_{21}}。$$

在比较利益率均等原则下:

$$(1)\ \frac{V_1^c}{V_2^c} = \frac{x_2}{x_1} = \left(\frac{t_{11}t_{21}}{t_{12}t_{22}}\right)^{\frac{1}{2}}\ ;\ (2)\ \frac{V_1^c}{V_2^c} = \frac{x_2}{x_1} = \left(\frac{t_{12}t_{22}}{t_{11}t_{21}}\right)^{\frac{1}{2}}。$$

新命题5:若某部门生产某种商品的狭义价值大于他部门生产同种商品的机会成本,则某部门商品的广义价值小于其狭义价值,而他部门商品的广义价值大于其狭义价值。其数学表达式为:

(1)若 $t_{22} > t_{12} \Rightarrow V_1^c > t_{11}$ 且 $V_2^c < t_{22}$;若 $t_{21} < t_{11} \Rightarrow V_1^c < t_{11}$ 且 $V_2^c > t_{22}$;

(2)若 $t_{21} > t_{11} \Rightarrow V_1^c > t_{12}$ 且 $V_2^c < t_{21}$;若 $t_{22} < t_{12} \Rightarrow V_1^c < t_{12}$ 且 $V_2^c > t_{21}$。

这五个命题皆是上述讨论的结果,不另行证明。

参 考 文 献

Abowd, J. and F. Kramarz(1999), "Margolis D. High Wage Workers and High Wage Firms," *Econometrica*, 67(2): 251-333.

Anderson, S., A. De Palma and J. Thisse(1992), *Discrete Choice Theory of Product Differentiation*, Cambridge: MIT Press.

Arrow, K. and G. Debru(1954), "Existence of an Equilibrium for a Competitive Economy," *Econometrica*, 22(3): 265-290.

Baldwin, R. (2006), "Globalisation: The Great Unbundling(s)," *Economic Council of Finland*, 20(3): 5-47.

Bernard, A. B., S. J. Redding and P. K. Schott(2007), "Comparative Advantage and Heterogeneous Firms," *Review of Economic Studies*, 74(1): 31-66.

Blaug, M. (1975), *The Cambridge Revolution: Success or Failure? Revised Edition*, Great Britain: Eastbourne Printers Limited Eastbourne.

Blinder, A. (1973), "Wage Discrimination: Reduced Form and Structural Estimates," *Journal of Human Resources*, 8(4): 436-455.

Blume, L. E. (1979), "The Ergodic Behavior of Stochastic Processes of Economic Equilibria," *Econometrica*, 47(6): 1421-1432.

Brandt, L., J. Van Biesebroeck and Y. Zhang(2012), "Creative Accounting or Creative Destruction? Firm-level Productivity Growth in Chinese Manufacturing," *Journal of Development Economics*, 97(2): 339-351.

Burstein, A. and J. Vogel(2017), "International Trade, Technology, and the Skill Premium," *Journal of Political Economy*, 125(5): 1356-1412.

Chamberlin, E. (1962), *The Theory of Monopolistic Competition: A Re-orientation of the Theory of Value*, Cambridge: Harvard University Press.

Chor, D. (2010), "Unpacking Sources of Comparative Advantage: A Quantitative Approach," *Journal of International Economics*, 82(2): 152-167.

Costinot, A., D. Donaldson and C. Smith(2016), "Evolving Comparative Advantage and the Impact of Climate Change in Agricultural Markets:Evidence from 1.7 Million Fields around the World," *Journal of Political Economy*,124(1):205 – 248.

Dixit,A. ,and J. Stiglitz(1977) ,"Monopolistic Competition and Optimum Product Diversity," *American Economic Review*,67(3):297 – 308.

Dornbusch,R. , S. Fischer, and P. A. Samuelson(1977) ," Comparative Advantage, Trade,and Payments in a Ricardian Model with a Continuum of Goods," *American Economic Review*,67(5):823 – 839.

Eaton,J. and S. Kortum(2002):"Technology,Geography,and Trade," *Econometrica*, 70(5):1741 – 1779.

Frobenius, G. (1912), *Über Matrizen aus nicht negativen Elementen*, Göttingen: Königliche Akademie der Wissenschaften.

Galor,O. and H. E. Ryder(1989) ,"Existence,Uniqueness,and Stability of Equilibrium in an Overlapping-Generations Model with Productive Capital," *Journal of Economic Theory*,49(2):360 – 375.

Garegnani,P. (1966),"Switching of Techniques," *Quarterly Journal of Economics*,80 (4):554 – 567.

Garegnani,P. (1970) ,"Heterogeneous Capital,the Production Function and the Theory of Distribution," *Review of Economic Studies*,37(3):407 – 436.

Gaubert,C. , and O. Itskhoki(2018) , "Granular Comparative Advantage," National Bureau of Economic Research,No. w24807.

Graham,Frank D. (1923) ,"The Theory of International Values Re-examined," *Quarterly Journal of Economics*,38(1):54 – 86.

Green,J. R. and M. Majumdar(1975) ,"The Nature of Stochastic Equilibria," *Econometrica*,43(4):647 – 660.

Greenwald,D. (1982) , *Encyclopedia of Economics*,New York:McGraw-Hill.

Helpman,E. ,M. Melitz and Y. Rubinstein(2008) , "Estimating Trade Tlows:Trading Partners and Trading Volumes," *Quarterly Journal of Economics*,123(2):441 – 487.

Hemming,M. F. W. (1962) ,"Review," *Journal of the Royal Statistical Society Series A(General)*,125(3):509 – 514.

Hercovitz,Z. and M. Sampson(1989) ,"Output Growth,the Real Wage,and Employment Fluctuations," *American Economic Review*,81(5):1215 – 1237.

Hicks,J. R. (1963) , *The Theory of Wages* 2nd *ed.* ,London:Macmillan.

International Labour Organization(2018) ,"Global Wage Report 2018 / 19:What Lies behind Gender Pay Gaps,"Online.

Keynes, J. M. (1924), *A Tract on Monetary Reform*, London: Macmillan.

Levchenko, A. A., and J. Zhang (2016), "The Evolution of Comparative Advantage: Measurement and Welfare Implications," *Journal of Monetary Economics*, 78(C): 96–111.

Levhari, D. (1965), "A Nonsubstitution Theorem and Switching of Techniques," *Quarterly Journal of Economics*, 79(1):98–105.

Levy, D. L. (2008), "Political Contestation in Global Production Networks," *Academy of Management review*, 33(4):943–963.

Longfield, M. (1971), *Lectures on Political Economy*, delivered in Trinity and Michaelmas Terms, 1834, Dublin: R. Milliken & Son. Reprinted.

Malthus, T. R. (1820), *Principles of Political Economy Considered with a View to Their Practical Application*, London: Murray.

Malthus, T. R. (1836), *Principles of Political Economy Considered with a View to Their Practical Application* 2nd ed., London: Pickering.

Malthus, T. R. (1926), *An Essay on Principle of Population*, London: Macmillan. Reprinted.

Mankiw, N. G. and P. Swagel (2006), "The Politics and Economics of Offshore Outsourcing," *Journal of monetary Economics*, 53(5):1027–1056.

Matsuyama, K. (1995), "Complementarities and Cumulative Processes in Models of Monopolistic Competition," *Journal of Economic Literature*, 33(2):701–729.

McKenzie, L. W. (1954), "On Equilibrium in Graham's Model of World Trade and Other Competitive Systems," *Econometrica*, 22(2):147–161.

McKenzie, L. W. (1959). "On the Existence of General Equilibrium for a Competitive Economy," *Econometrica*, 27(1):54–71.

Melitz, M. J. (2003), "The Impact of Trade on Intra-industry Reallocations and Aggregate Industry Productivity," *Econometrica*, 71(6):1695–1725.

Melitz, M. J., and G. I. Ottaviano (2008), "Market Size, Trade, and Productivity," *Review of Economic Studies*, 75(1):295–316.

Mincer, J. (1974), *Schooling, Experience and Earnings*, New York: Columbia University Press.

Morishima, M. (1973), *Marx's Economics: A Dual Theory of Value and Growth*, New York: Cambridge University Press.

Nash, J. (1950), "Equilibrium Points in N-person Games," *Proceedings of the National Academy of Sciences of the United States of America*, 36(1):48–49.

Newman, P., and A. Arbor (1962), "Production of Commodities by means of Commodities," *Swiss Journal of Economics and Statistics* (SJES), 98(1):58-75.

Nikaido, H. (1968), *Convex Structures and Economic Theory*, Academic Press INC.

Oaxaca, R. (1973), "Male-Female Wage Differentials in Urban Labor Markets," *International Economic Review*, 14(3):693-709.

Okubo, T. (2009), "Firm Heterogeneity and Ricardian Comparative Advantage within and across Sectors," *Economic Theory*, 38(3):533-559.

Pasinetti, L. (1966), "Change in the Rate of Profit and Switches of Techniques," *Quarterly Journal of Economics*, 80(4):508-531.

Perron, O. (1907), "Zur Theorie der Matrices," *Mathematische Annalen*, 64(2):248-263.

Putterman, L. (1990), *Division of Labor and Welfare: An Introduction to Economic Systems*, New York: Oxford University Press.

Ricardo, D. (1817), *On the Principles of Political Economy and Taxation*, London: John Murray.

Robinson, J. (1956), *The Accumulation of Capital*, London: Routledge & CRC Press.

Robinson, J. (1961), "Prelude to a Critique of Economic Theory," *Oxford Economic Papers*, New Series, 13(1):53-58.

Samuelson, P. (1962), "Parable and Realism in Capital Theory: The Surrogate Production Function," *Review of Economic Studies*, 29(3):193-206.

Samuelson, P. (1966), "A Summing Up," *Quarterly Journal of Economics*, 80(4):568-583.

Samuelson, P. (1967), "Marxian Economics as Economics," *American Economic Review*, 57(2):616-623.

Samuelson P. (2004), "Where Ricardo and Mill Rebut and Confirm Arguments of Mainstream Economists Supporting Globalization," *Journal of Economic Perspectives*, 18(3):135-146.

Sattinger, M. (1975), "Comparative Advantage and the Distributions of Earnings and Abilities," *Econometrica*, 43(3):455-468.

Sattinger, M. (1978), "Comparative Advantage in Individuals," *Review of Economics and Statistics*, 60(2):259-267.

Solow, R. M. (1957), "Technical Change and the Aggregate Production Function," *Review of Economics and Statistics*, 39(3):312-320.

Stigler, G. (1958), "Ricardo and 93% Labor Theory of Value," *American Economic*

Review, 48(3):357-367.
Tirole, J. (1998), *The Theory of Industrial Organization*, Cambridge: MIT Press.
Torrens, R. (1821), *An Essay on the Production of Wealth*, London: Longman.
Viner, J. (1937), *Studies in the Theory of International Trade*, New York: Harper and Brothers Publishers.
Wendner, R. (2004), "Existence, Uniqueness, and Stability of Equilibrium in an OLG Economy," *Economic Theory*, 23(1):165-174.
Yates, M. D. (2005), "A Statistical Portrait of the U. S. Working Class," *Monthly Review*, 56(11):12.
Young, A. (1928), "Increasing Returns and Economic Progress," *The Economic Journal*, 38(152):527-542.

〔埃〕阿明,萨米尔:《不平等的发展》,高铦译,商务印书馆2000年版。
〔美〕巴兰,保罗:《增长的政治经济学》,蔡中兴、杨宇光译,商务印书馆2000年版。
〔美〕巴兰,保罗、〔美〕保罗·斯威齐:《垄断资本》,南开大学政治经济学系译,商务印书馆1977年版。
〔英〕布劳格,马克:《经济理论的回顾》,姚开建译,中国人民大学出版社2009年版。
〔英〕布劳格,马克等:《世界重要经济学家辞典》,汪熙曾等译,经济科学出版社1987年版。
〔法〕杜阁:《关于财富的形成和分配的考察》,南开大学经济系经济学说史教研组译,商务印书馆1961年版。
〔德〕杜能:《孤立国同农业和国民经济的关系》,吴衡康译,谢钟准校,商务印书馆1986年版。
〔奥〕冯·维塞尔,弗:《自然价值》,陈国庆译,钱荣堃校,商务印书馆1982年版。
〔日〕高师岸根:《李嘉图国际贸易理论中的劳动价值论》,《经济资料译丛》1983年第2期。
〔美〕霍兰德:《大卫·李嘉图百年评价》,刘震东译,陈彪如校,商务印书馆1979年版。
〔英〕杰文斯,斯坦利:《政治经济学理论》,郭大力译,商务印书馆1984年版。
〔英〕凯恩斯:《就业、利息和货币通论》,高鸿业译,商务印书馆1999年版。
〔美〕克拉克:《财富的分配》,陈福生、陈振骅译,商务印书馆1997年版。
〔美〕克莱因:《凯恩斯的革命》,薛蕃康译,商务印书馆1962年版。

〔法〕魁奈:《魁奈经济著作选集》,吴斐丹、张草纫译,商务印书馆 1979 年版。
〔英〕李嘉图:《李嘉图著作和通信集》第八卷,寿进文译,胡世凯校,商务印书馆 1987 年版。
〔英〕李嘉图:《李嘉图著作和通信集》第九卷,胡世凯译,商务印书馆 1986 年版。
〔英〕李嘉图:《政治经济学及赋税原理》,郭大力、王亚南译,商务印书馆 1962 年版。
〔苏〕列宁:《列宁全集》第 25 卷,人民出版社 1988 年版。
〔英〕罗宾逊:《不完全竞争经济学》,陈良璧译,商务印书馆 1961 年版。
〔英〕罗宾逊:《生产函数与资本理论》,收入《经济学论文集》,顾准译,蔡受百校,商务印书馆 1984 年版。
〔英〕马尔萨斯:《政治经济学定义》,何新译,商务印书馆 1960 年版。
〔英〕马尔萨斯:《政治经济学原理》,厦门大学经济系翻译组译,商务印书馆 1962 年版。
〔德〕马克思、恩格斯:《马克思恩格斯全集》第一卷,人民出版社 1956 年版。
〔德〕马克思、恩格斯:《马克思恩格斯全集》第三卷,人民出版社 1960 年版。
〔德〕马克思、恩格斯:《马克思恩格斯全集》第十三卷,人民出版社 1962 年版。
〔德〕马克思、恩格斯:《马克思恩格斯全集》第十九卷,人民出版社 1963 年版。
〔德〕马克思、恩格斯:《马克思恩格斯全集》第二十卷,人民出版社 1971 年版。
〔德〕马克思、恩格斯:《马克思恩格斯全集》第二十三卷,人民出版社 1972b 年版。
〔德〕马克思、恩格斯:《马克思恩格斯全集》二十五卷,人民出版社 1974a 年版。
〔德〕马克思、恩格斯:《马克思恩格斯全集》第二十六卷第一册,人民出版社 1972c 年版。
〔德〕马克思、恩格斯:《马克思恩格斯全集》第二十六卷第二册,人民出版社 1973 年版。
〔德〕马克思、恩格斯:《马克思恩格斯全集》第二十六卷第三册,人民出版社 1974c 年版。
〔德〕马克思、恩格斯:《马克思恩格斯全集》第三十二卷,人民出版社 1974b 年版。
〔德〕马克思、恩格斯:《马克思恩格斯全集》第四十六卷上册,人民出版社 1979a 年版。
〔德〕马克思、恩格斯:《马克思恩格斯全集》第四十七卷,人民出版社 1979b 年版。
〔德〕马克思、恩格斯:《马克思恩格斯选集》第一卷,人民出版社 1972a 年版。

〔英〕马歇尔:《经济学原理》上卷,朱志泰译,商务印书馆 1964 年版。

〔英〕马歇尔:《经济学原理》下卷,陈良璧译,商务印书馆 1965 年版。

〔奥〕门格尔:《国民经济学原理》,刘絜敖译,格致出版社 2013 年版。

〔英〕穆勒,约翰:《政治经济学原理》下卷,胡企林、朱泱译,商务印书馆 1991 年版。

〔英〕穆勒,詹姆斯:《政治经济学要义》,吴良健译,商务印书馆 1993 年版。

〔奥〕庞巴维克:《资本实证论》,陈端译,商务印书馆 1964 年版。

〔英〕配第:《爱尔兰的政治解剖》,周锦如译,商务印书馆 1964 年版。

〔英〕配第:《赋税论 献给英明人士 货币略论》,陈冬野等译,商务印书馆 1978 年版。

〔英〕皮尔斯,戴维:《现代经济学词典》,宋承先等译,上海译文出版社 1988 年版。

〔美〕萨缪尔森、〔美〕诺德豪斯:《经济学》第十六版,萧琛等译,华夏出版社 1999 年版。

〔法〕萨伊:《政治经济学概论》,陈福生、陈振骅译,商务印书馆 1963 年版。

〔古希腊〕色诺芬:《经济论 雅典的收入》,张伯健、陆大年译,商务印书馆 1961 年版。

〔英〕斯拉法:《用商品生产商品》,巫宝三译,商务印书馆 1963 年版。

〔英〕斯密,亚当:《国民财富的性质和原因的研究》上卷,郭大力、王亚南译,商务印书馆 1972 年版。

〔英〕斯皮格尔,亨利·威廉:《经济思想的成长》上册,晏智杰等译,中国社会科学出版社 1999 年版。

〔法〕涂尔干,埃米尔:《社会分工论》,渠敬东译,生活·读书·新知三联书店 2000 年版。

〔法〕瓦尔拉斯,莱昂:《纯粹经济学要义》,蔡受百译,商务印书馆 1989 年版。

〔英〕威克斯蒂德,菲利普:《政治经济学常识》,李文溥译,复旦大学出版社 2016 年版。

〔澳〕杨小凯:《经济学:新兴古典与新古典框架》,张定胜、张永生、李利明译,社会科学文献出版社 2003a 年版。

〔澳〕杨小凯:《发展经济学:超边际与边际分析》,张定胜、张永生译,社会科学文献出版社 2003b 年版。

〔澳〕杨小凯:《经济学原理》,中国社会科学出版社 1998 年版。

〔澳〕杨小凯、张永生:《新兴古典经济学与超边际分析》,社会科学文献出版社 2003 年版。

〔希腊〕伊曼纽尔:《不平等交换》,文贯中、汪尧田等译,夏申、杨宪光、汪尧田等校,对外经济贸易大学出版社 1988 年版。

〔英〕伊特韦尔,约翰等:《新帕尔格雷夫经济学大辞典》第 1 卷,陈岱孙等编译,经济科学出版社 1992a 年版。

〔英〕伊特韦尔,约翰等:《新帕尔格雷夫经济学大辞典》第 2 卷,陈岱孙等编译,经济科学出版社 1992b 年版。

〔英〕伊特韦尔,约翰等:《新帕尔格雷夫经济学大辞典》第 3 卷,陈岱孙等编译,经济科学出版社 1992c 年版。

〔英〕伊特韦尔,约翰等:《新帕尔格雷夫经济学大辞典》第 4 卷,陈岱孙等编译,经济科学出版社 1992d 年版。

Démurger,S.、M. Fournier、李实、魏众:《中国经济转型中城镇劳动力市场分割问题》,《管理世界》2009 年第 3 期。

白暴力:《"三要素创造价值说"现代形式的理论缺陷》,《北京师范大学学报》(人文社会科学版)2002 年第 4 期。

蔡昉、都阳、王美艳:《中国劳动力市场转型与发育》,商务印书馆 2005 年版。

蔡继明:《按劳分配为主体、多种分配方式并存的实质是"按贡献分配"》,《经济学动态》1998b 年第 5 期。

蔡继明:《按生产要素贡献分配的理论基础和政策含义》,《学习论坛》2004 年第 7 期。

蔡继明:《按生产要素贡献分配理论:争论和发展》,《山东大学学报》(哲学社会科学版)2009 年第 6 期。

蔡继明:《比较利益说与广义价值论》,《南开经济研究所季刊》1987 年第 1 期。

蔡继明:《比较利益说与劳动价值论》,《河南大学学报》(社会科学版)1985b 年第 6 期。

蔡继明:《重新认识剥削与私有制的关系》,《人民论坛》2013 年第 12 期。

蔡继明:《从按劳分配到按生产要素贡献分配》,《政治经济学评论》2008b 第 2 辑。

蔡继明:《从按劳分配到按生产要素贡献分配》,人民出版社 2008c 年版。

蔡继明:《从狭义价值论到广义价值论》,格致出版社·上海三联书店·上海人民出版社 2010 年版。

蔡继明:《从中共十三大到中共十七大——解读平等、效率和公平关系的演变》,《经济学动态》2008a 第 1 期。

蔡继明:《非劳动生产要素参与分配不等于剥削》,《中共中央党校学报》2003b

年第1期。

蔡继明:《关键是弄清非劳动生产要素的作用——也谈深化对劳动价值论的认识》,《学术月刊》2001a年10月号。

蔡继明:《贯彻按贡献分配原则,理顺收入分配关系》,《群言》2003c年第6期。

蔡继明:《广义价值论初探》,《商业经济与管理》1988年第2期。

蔡继明:《合理调整分配关系 共享经济发展成果》,《中共中央党校学报》2012年第2期。

蔡继明:《价值理论创新与新世纪思想解放》,《当代经济研究》2003d年第7期。

蔡继明:《垄断足够价格论》,南开大学出版社1992年版。

蔡继明:《论非劳动生产要素参与分配的价值基础》,《经济研究》2001c年第12期。

蔡继明:《论分工与交换的起源和交换比例的确定——广义价值论纲(上)》,《南开学报》1999c年第1期。

蔡继明:《论价值决定与价值分配的统一》,《政治经济学评论》2003a年第1辑。

蔡继明:《论垄断足够价格》,《经济研究》1991年第2期。

蔡继明:《论社会主义初级阶段收入分配的价值基础》,《中青年经济论坛》1989b年第4期。

蔡继明:《论我国现阶段的公平分配原则》,《经济学家》1999a年第2期。

蔡继明:《平等与效率的抉择》,《理论与现代化》1989a年第4期。

蔡继明:《试析李嘉图体系的第三个矛盾》,《经济学动态》1985a年第3期。

蔡继明:《效率优先兼顾平等》,《人民政协报》经济周刊,2000年12月21日。

蔡继明:《再论非劳动生产要素参与价值创造》,《理论视野》2001b年第11期。

蔡继明:《中国城乡比较生产力与相对收入差别》,《经济研究》1998a年第1期。

蔡继明:《中国经济学研究的八大误区》,《财经科学》1999b年第1期。

蔡继明、陈臣:《论古典学派价值理论的分野》,《经济学动态》2017年第6期。

蔡继明、高宏、李亚鹏:《异质劳动、分工和报酬决定:一个垄断竞争模型》,《中国经济问题》2014年第1期。

蔡继明、耿明斋:《公有制商品经济中的收入分配》,陕西人民出版社1993年版。

蔡继明、江永基:《广义价值论的基础及推广:兼答广义价值论的批评者》,《经济评论》2009年第6期。

蔡继明、江永基:《基于广义价值论的功能性分配理论》,《经济研究》2010年第6期。

蔡继明、江永基:《专业化分工与广义价值论:基于消费—生产者两阶段决策方法的新框架》,《经济研究》2013年第7期。

蔡继明、李仁君:《广义价值论》,经济科学出版社 2001 年版。
蔡继明、李亚鹏:《劳动异质性与价值决定》,《经济学动态》2011 年第 4 期。
蔡继明、李亚鹏:《怎样进一步合理调整分配关系》,《经济学家》2011 年第 11 期。
蔡继明、李亚鹏、林森:《分工体系与广义价值决定》,《南开经济研究》2012 年第 6 期。
蔡继明、刘澜飙:《中国三大阶层的收入分配》,中国青年出版社 1999 年版。
陈岱孙:《从古典经济学派到马克思》,商务印书馆 2014 年版。
陈德华:《评否定按劳分配的几种观点》,《求是》1990 年第 5 期。
陈东琪主编:《中国经济学史纲(1900~2000)》,中国青年出版社 2004 年版。
陈钊、万广华、陆铭:《行业间不平等:日益重要的城镇收入差距成因》,《中国社会科学》2010 年第 3 期。
陈宗胜、武鹏:《影响收入分配的"三大差别"》,《人民日报》2010 年 11 月 3 日第 016 版。
辞海编辑委员会:《辞海》缩印本,上海辞书出版社 1979 年版。
丁堡骏、张洪平:《揭开劳动生产力和商品价值量之间关系之谜》,《税务与经济》1994 年第 3 期。
董志勇、徐梅:《价值总量之"迷"与绝对价值量》,《生产力研究》2008 年第 22 期。
樊纲:《现代三大经济理论体系的比较与综合》,上海人民出版社 2006 年版。
樊明、喻一文等:《收入分配行为与政策》,社会科学文献出版社 2013 年版。
冯金华:《劳动、价值和增长:对"价值总量之谜"的一项研究》,《世界经济》2018 年第 2 期。
傅娟:《中国垄断行业的高收入及其原因:基于整个收入分布的经验研究》,《世界经济》2008 年第 7 期。
高峰:《生产劳动、价值总量与劳动价值论》,《南开学报》(哲学社会科学版) 2002 年第 1 期。
谷书堂:《对"按贡献分配"的再探讨》,《改革》1992 年第 5 期。
谷书堂:《求解价值总量之"谜"两条思路的比较》,《南开学报》(哲学社会科学版) 2002 年版第 1 期。
谷书堂:《社会主义经济学通论》,上海人民出版社 1989 年版。
谷书堂、蔡继明:《按贡献分配是社会主义初级阶段的分配原则》,《经济学家》1989 年第 2 期。
谷书堂、蔡继明:《论社会主义初级阶段的分配原则》,《理论纵横 经济篇》

(上),河北人民出版社1988年版。

谷书堂、柳欣:《新劳动价值论一元论:与苏星同志商榷》,《中国社会科学》1993年第6期。

顾严、冯银虎:《我国行业收入分配发生两极分化了吗?——来自非参数Kernel密度估计的证据》,《经济评论》2008年第4期。

国家统计局:《中国统计年鉴1996》,中国统计出版社1996年版。

国家统计局:《中国主要统计指标诠释》(第二版),中国统计出版社2013年版。

国家统计局农调总队课题组:《城乡居民收入差距研究》,《经济研究》1994年第12期。

郝大海、李路路:《区域差异改革中的国家垄断与收入不平等——基于2003年全国综合社会调查资料》,《中国社会科学》2006年第2期。

何炼成:《也谈劳动价值论一元论:简评苏、谷之争及其他》,《中国社会科学》1994年第4期。

何宇:《"价值总量之谜"再解》,《当代经济研究》2007年第4期。

胡代光等:《评当代西方学者对马克思〈资本论〉的研究》,中国经济出版社1990年版。

胡寄窗主编:《西方经济学说史》,立信会计图书用品社1991年版。

黄玖立、李坤望:《出口开放,地区市场规模和经济增长》,《经济研究》2006年第6期。

姜付秀、余晖:《我国行政性垄断的危害——市场势力效应和收入分配效应的实证研究》,《中国工业经济》2007年第10期。

金碚:《马克思劳动价值论的现实意义及理论启示》,《中国工业经济》2016年第6期。

《经济研究》编辑部编:《建国以来社会主义经济理论问题争鸣(1949—1984)》上册,中国财政经济出版社1985年版。

康秀华:《论劳动生产率的提高与商品价值量之间的关系——对商品价值量与劳动生产率成反比的传统观点的质疑》,《沈阳师范学院学报》(社会科学版)1998年第4期。

李炳坤:《工农业产品价格剪刀差问题》,农业出版社1981年版。

李仁君:《价值理论》,中央文献出版社2004年版。

李实、罗楚亮:《中国城乡居民收入差距的重新估计》,《北京大学学报》(哲学社会科学版)2007年第2期。

李实、赵人伟:《中国居民收入分配再研究》,《经济研究》1999年第4期。

李石泉:《究竟怎样维护劳动价值一元论——李运福的〈怎样维护劳动价值一元

论〉读后感》,《社会科学》1995 年第 7 期。
梁琦、许德友:《论 Dixit-Stiglitz 模型对新经济理论的贡献》,《管理学家》2010 年第 7 期。
刘解龙:《全面认识劳动生产率对商品价值量的影响》,《当代财经》1996 年第 12 期。
刘玉勋:《评广义价值论》,《经济评论》2005 年第 2 期。
柳欣:《马克思经济学与资本主义》,《南开经济研究》2013 年第 6 期。
柳欣:《资本理论——价值、分配与增长理论》,陕西人民出版社 1994 年版。
柳欣主编:《中国经济学三十年》,中国财政经济出版社 2008 年版。
鲁友章、李宗正:《经济学说史》上册,人民出版社 1979 年版。
宁向东:《试析否定按劳分配的几种资产阶级自由化观点》,《山东医科大学学报》(社会科学版)1991 年第 1 期。
牛若峰:《论我国农业问题的症结和与出路》,《中国农村经济》1992 年第 5 期。
《农业投入》总课题组:《农业保护:现状、依据和政策建议》,《中国社会科学》1996 年第 1 期。
钱伯海:《深化劳动价值认识的理论思考》,《南开学报》(哲学社会科学版)2002 年第 1 期。
丘宏志、寇雅玲:《广义价值论批判——与蔡继明教授商榷》,《经济评论》2005 年第 2 期。
任重、周云波:《垄断对我国行业收入差距的影响到底有多大?》,《经济理论与经济管理》2009 年第 4 期。
邵俐玲:《中国城乡居民收入分配国际研讨会综述》,《经济学动态》1992 年第 2 期。
沈思:《如何理解生产要素按贡献参与分配的原则》,《思想理论教育导刊》2004 年第 2 期。
宋承先:《马克思国际价值理论初探》,《世界经济文汇》1984 年第 1—3 期。
苏星:《再谈劳动价值论一元论》,《经济纵横》1995 年第 7 期。
唐仁健等:《中国农业政策改革的系统考察》,《农业经济问题》1992 年第 9 期。
唐元:《劳动生产率同商品价值量的关系之我见》,《宁夏社会科学》1985 年第 2 期。
魏建斌、杨思远:《科技进步与劳动价值论的关系》,《经济学家》2005 年第 2 期。
卫兴华:《按贡献参与分配的贡献是什么》,《政治课教学》2003b 年第 5 期。
卫兴华:《评否定按劳分配思潮中的几种观点》,《高校理论战线》1991 年第 1 期。

卫兴华:《我国现阶段的个人收入分配制度问题》,《中国流通经济》2003a 第 12 期。

卫兴华:《再论深化对劳动和劳动价值论的认识》,《宏观经济研究》2001 年第 3 期。

文浩:《比较优势》,《今晚报》2019 年 7 月 30 日。

吴易风:《价值理论"新见解"辨析》,《当代经济研究》1995 年第 4 期。

武建奇:《生产率、经济增长和价值总量的关系——基于劳动价值论的一个解释》,《中国经济问题》2005 年第 6 期。

武力:《1949—1978 年中国"剪刀差"差额辨正》,《中国经济史研究》2001 年第 4 期。

武鹏:《行业垄断对中国行业收入差距的影响》,《中国工业经济》2011 年第 10 期。

谢富胜:《西方学者关于马克思"价值转形"理论研究述评》,《教学与研究》2000 年第 10 期。

徐从才、沈太基:《论我国工农产品贸易条件及其完善——兼论我国工农业协调发展的对策》,《财贸经济》1993 年第 12 期。

徐东辉:《基于双重价值转形理论论证劳动生产率与单位商品价值量的反比关系——兼与何干强教授商榷》,《当代经济研究》2016 年第 12 期。

徐东辉:《质疑单位商品价值量与劳动生产力成正比说》,《当代经济研究》2012 年第 2 期。

徐素环:《全面考察商品价值量与劳动生产率的关系——兼评谷书堂与苏星"劳动价值论一元论"之争论》,《当代经济研究》1997 年第 5 期。

严瑞珍等:《中国工农业产品价格剪刀差的现状、发展趋势及对策》,《经济研究》1990 年第 2 期。

晏智杰:《论李嘉图学派的解体》,收入《马克思主义来源研究论丛》第三辑,商务印书馆 1983 年版。

晏智杰:《破解"价值总量之谜"——与谷书堂教授切磋》,《江汉论坛》2007 年第 7 期。

晏智杰:《西方经济学说史教程》,北京大学出版社 2002 年版。

杨德明:《琼·罗宾逊谈西方资产阶级经济学和资本主义经济危机》,《世界经济》1987 年第 2 期。

叶林祥、李实、罗楚亮:《行业垄断、所有制与企业工资收入差距》,《管理世界》2011 年第 4 期。

岳希明、李实、史泰丽,《垄断行业高收入问题探讨》,《中国社会科学》2010 年第

3期。

张二震、马野青:《当代国际分工新特点与马克思国际价值理论新发展》,《经济纵横》2008年第3期。

张军扩:《"七五"期间经济效益的综合分析——各要素对经济增长贡献率测算》,《经济研究》1991年第4期。

张五常:《交易费用的范式》,《理论经济学》1999年第3期。

张卓元主编:《论争与发展:中国经济理论50年》,云南人民出版社1999年版。

赵爱清:《论劳动生产率与商品价值量之间的关系》,《财经科学》2001年第2期。

中共十三大:《沿着有中国特色的社会主义道路前进》,人民出版社1987年版。

中共十四届三中全会:《中共中央关于建立社会主义市场经济体制若干问题的决定》,人民出版社1993年版。

中共十五大:《高举邓小平理论伟大旗帜,把建设有中国特色社会主义事业全面推向二十一世纪》,人民出版社1997年版。

中共十六大:《全面建设小康社会,开创中国特色社会主义事业新局面》,人民出版社2002年版。

中共十七大:《高举中国特色社会主义伟大旗帜,为夺取全面建设小康社会新胜利而奋斗》,人民出版社2007年版。

中共十八大:《坚定不移走中国特色社会主义道路 夺取中国特色社会主义新胜利》,人民出版社2012年版。

中共十八届三中全会:《中共中央关于全面深化改革若干重大问题的决定》,人民出版社2013年版。

中共十八届五中全会:《中共中央关于制定国民经济和社会发展第十三个五年规划的建议》,人民出版社2015年版。

中共十九届四中全会:《中共中央关于坚持和完善中国特色社会主义制度、推进国家治理体系和治理能力现代化若干重大问题的决定》,人民出版社2019年版。

周其仁:《在台州读萨缪尔森》,《经济观察报》2006年4月27日。

邹薇、庄子银:《分工、交易与经济增长》,《中国社会科学》1996年第3期。

邹新树:《单位商品价值与劳动生产率成反比吗?》,《经济学家》2002年第2期。

朱富强:《论自然时间不能作为劳动价值的衡量尺度》,《岭南学刊》2008年第5期。

初 版 后 记

本书作为教育部人文社会科学研究十五规划项目,于2002年立项,原定完成时间应该是2004年10月31日。本项目之所以拖延至今,除了由于这个期间笔者又承担了一部长达110万字的《收入分配经济学手册》(经济科学出版社2009年版)的翻译工作以及另一部学术专著《从按劳分配到按生产要素贡献分配》的写作,并于2005—2006年赴哈佛大学做了为期1年的富布赖特访问学者,主要还是因为项目本身的研究难度造成的,其中最大的难点也是本书前言提到的创新点,即广义要素价值的决定和不变分工体系中的价值决定。不管什么原因,我对于此项目的拖延结项都表示歉意,而对教育部和清华大学科研管理部门对我的宽容表示感谢!

本书中有关不变分工体系价值决定与可变分工体系价值决定的一致性论证,以及广义要素价值决定模型的数学推导,是在我的博士生江永基和李亚鹏的协助下完成的。而2008年春节期间通过电子邮件与李仁君教授(曾经在我的指导下完成有关广义价值论研究的博士论文,现任海南大学经济学院副院长,时下正在日本做访问学者)有关不变分工体系的讨论,对于我上述观点的形成也颇有裨益。在此,特向他们表示诚挚的谢意!

蔡继明

2009年8月30日